COSMIC
GARDEN
Forerunner

The Portal to Cosmic Consciousness

THE CONVOLUTED UNIVERSE
BOOK ONE

迴旋宇宙 1

地球謎團與平行宇宙

意識覺醒的旅程，持續中.......

劃時代的先驅催眠師
Dolores Cannon（朵洛莉絲·侃南）著
法藍西斯·蔡承志 譯

園丁的話

每本書都有它的頻率，也因此有它自己的命運與時機。

這本續曲和之前的序曲相隔數年，除了中文書的頻率要與原文調頻外，或許也在等候一個適當的時機，等候較多人的心智能夠接受這些資料的時候。

如我在序曲所説，這是由較高次元的存有透過催眠個案所傳遞的宇宙奧秘，以對話形式所呈現的宇宙學課本。請允許這些訊息擴展你的視野，開啓你意識的力量和心靈記憶。

記得，宇宙是無限的，創造是無限的，靈魂是無限的，我們，是無限的。而身為人類的終極目標，就是不再將靈魂寄居在厚重濃密的身體，不再困陷在三次元的物質性裡。我們要回到創造的源頭，回到光。

如何回去？我們其實都知道。我們心裡都有答案。而不論你是困在地球業力迴圈的靈魂，還是初到地球的星辰之子，你都能從朵洛莉絲的書裡得到需要的資料和撫慰。

希望這本書能喚醒你靈魂的記憶，知道我們都來自光，也都將回歸於光。

地球就算再好玩，還是不要忘了回「家」。

—— 二〇一九年二月補記 ——

發覺很有必要聲明：對於體驗或學習朵洛莉絲的量子療癒催眠法有興趣者，請聯繫宇宙花園，service@cosmicgarden.com.tw，以避免自行搜尋到違反朵洛莉絲教導，未以個案福祉爲重或假冒QHHT之名者。

目錄

作者序

在此要特別建議讀者，閱讀本書前最好能先讀過《監護人》（*The Custodians*）（編按：也建議閱讀《迴旋宇宙序曲》）。《監護人》記述了我從一九八六年起，針對幽浮和外星人綁架案例的研究，並涵蓋了我這一路由簡入繁的探索過程。我發現，所謂的被外星人綁架和目睹幽浮現象原都只是冰山一角。隨著工作進展，我得到的資料愈趨複雜。當《監護人》編撰完成，我知道內容過於龐大，而且有些資料偏離幽浮主題，進入了非常錯綜複雜的「形上學」領域。我因此決定將部分內容拿掉，放在另一本討論較為繁複理論的新書。這就是本書的源由。

我假定（或許並不正確），讀者閱讀我的工作成果至此，對我透過催眠探究超自然現象的背景已有所熟悉。我的催眠根基可追溯到一九六〇年代，當時還是使用比較老式的技巧。在生兒育女告一階段後，我於一九七九年重回催眠領域。我那時想專注在前世療法和前世回溯，因此開始研究新式的催眠誘導法。這種方法使用到意象和觀想，效果也較為快速。經過多年的催眠治療和探究，我發展出自己一套專門運用類似夢遊狀態的催眠技巧。這個方法能使我和個案的潛意識直接溝通，因而接通浩瀚豐富的心靈資料庫。

朵洛莉絲・侃南

隨著工作的進展，經常有其他存有利用這種深度出神的狀態，透過個案溝通，傳遞資料。這個現象已經持續了二十年以上，至今仍不斷有新資料湧入。這些訊息都會放在日後的新書。我被告知已經通過考驗，我想提出的問題，都能得到答案；這是因為我一直忠於所得的資料，從不曾篩檢或更改。我將自己視為記者、心靈研究者和「失落的」知識的調查者，因此這是場永無止境的搜尋。

從書中的催眠記錄裡，讀者會注意到這些透過個案進行溝通的存有，使用的是個案心智裡的字彙，他們用這些字彙提供類比，嘗試用人類能夠理解的方式來解釋無法說明的種種。因此，他們使用的常不是正規的英文語句。他們會從個案心裡找到最接近的名詞和動詞來創出詞彙。不論這是怎麼做到的，這個方法確實有效，而我們也能了解他們試圖傳遞的訊息。

第一篇

地球謎團

第一章：亞特蘭提斯

長久以來，人類始終對一個重大謎團感到好奇，那就是亞特蘭提斯文明的存在與否。許多人認為它只是個神話，一段傳奇，然而它依舊傳唱不絕。我始終認為，即使是神話或傳說，都有某些事實的根據，而我也在我的催眠工作中一再驗證確有其事。

當我的催眠個案進入了最深度的催眠狀態，我們能夠以許多方式直接跟潛意識接觸。我發現，一旦接通潛意識心靈的智慧，所有知識便擷手可得。通常個案是直接透過經歷前世而取得資料，另些時候，他們被帶到可以取用資料的地方讓他們自己詮釋。通常這是到了靈界的圖書館。這個奇妙的龐大建築物裡保存了曾經存在以及未來將存在的一切知識，還有所有想像得到的主題。這是靈界裡我最喜歡去的地方，因為我一直在尋找「失落」的知識。

這個地方由一位監護人管理，他的工作是審核那些希望取用資料的人，判定他們的目的。我被告知，我能夠取得任何想要的資料；我因為沒有任何扭曲和篩檢地盡所能真實描述資訊而證明了自己的可靠性。當然，總是會有些還不能透露的資料，因為目前的人類心智還無法處理。儘管如此，從我已經進行了超過二十年以上的回溯工作（譯注：以此書中文版出版來算，已經四十年以上了），我注意到在早期階段被禁止揭露的資料，如今已開始釋出。這讓我覺得人類的心智終於進步到了可以瞭解複雜觀念的階段。

這些年來，當個案進入這種深層的出神狀態，我的好奇心就會驅使我盡可能地就許多主題提問。每當有接收知識的管道，我絕不會放過機會。這個篇章資訊的傳遞已經超過十五年了，我一直把它們擱在一邊，持續累積更多的訊息，直到現在時候已到，才放到這本書裡。

亞特蘭提斯的部分資料乍看下可能有些矛盾，但我不這麼想，因為我認為不同個案所看到的是亞特蘭提斯的不同時期。我發現，亞特蘭提斯並不是單一的大陸、城市或地方。這個名字指的是那個時代的那個世界，也就是代表該文明最先進的部分。然而，當時的那個世界並不是所有地區都已發展到同樣程度，這就跟我們現在世界的情況類似。那個優秀文明延續了好幾千年，在達到人類所能企及的最高發展的過程中，歷經了許多變化，後來因逐漸墮落和衰退而沒落。只要審視我們的世界，看看過去這一、兩千年來的歷史，我們就能看到類似的現象。我們的這個世界也經歷過種種改變和進展，有些很好，有些就不是那麼理想。

他們告訴我，許多活在現在的人也都曾經生活在亞特蘭提斯的時代。我們之所以在現在回來，是因為人類又一次接近可能使我們的世界陷入如亞特蘭提斯一樣的險境。時間的運作就像螺旋運轉，它把類似情境帶到了我們這個時代，而我們正沿著相同的路徑前行。我們之所以重返地球，就是要確定人類不再犯下同樣的錯誤；活在這個動盪的時期，我們只需要一世的時間就能償清通常需要十次人世才能平衡的業力，因此我們都志願在這時候來到這裡。

以下由布蘭達所提供的資料是亞特蘭提斯在衰頹前的光輝歲月。

布：亞特蘭提斯的歷史綿延了好幾千年。我們可以從它的大略發展開始談起，如果你想知道更多細節，我們可以再就歷史的各個面向做整理並提供給你。

朵：這是地球上最早出現的先進文明嗎？還是之前有其他的？

布：很難說，它們都可以追溯到好久好久以前。亞特蘭提斯崛起前，地球上的主要文明是來自幫助人類的銀河社群。他們幫助了亞特蘭提斯，人類因此才發展出自己的文明。人類需要有自己的文明才能加入銀河社群。亞特蘭提斯被毀時，外星人都很沮喪，因為當時人類的發展已經快達到可以加入銀河社群的階段了。它的被毀對人類造成嚴重打擊，人類大幅倒退，當時便沒能進入銀河社群。

朵：你想從哪裡開始？我一向喜歡照順序，這樣我比較容易整理。

布：好。如我剛才提過的，當時是由整個銀河社群的多個殖民地一起幫助亞特蘭提斯發展。他們一直在觀察人類，試著幫助人類進步。不過他們基本上都隱藏起來。人類當時的發展在農業的基本事務階段，那時有了火，也建造了一些簡單的城市。他們覺得人類的程度還不到能夠接受有不屬人類種族存在的知識。他們看到亞特蘭提斯有一群人最進化。這群人有最高度發展的文明，他們生產貨品，也有藝術和文學等等。這些人很城市化。於是外星人開始幫助這些人加速文明的進展。外星人有一種激發人類以更快速度想出各種發明的方法。他們用這種能量刺激人類的心智。當看到了成效，他們便開始在世界的其他文明中心如法泡製，別的文明也因此崛起。你特別問到亞特蘭提斯，所以我只說亞特蘭提斯。

朵：亞特蘭提斯只是一個地方嗎？

布：剛開始只是一個地方，不過隨著文明成長，它的影響力散播到其他地區。於是大家所說的亞特蘭提斯，便不只包括原先稱為亞特蘭提斯的那片土地。因為它的文明向外擴散，所以在影響範圍內的人也都可以稱為亞特蘭提斯的一部份。

朵：我們稱它這個名字是正確的嗎？

布：這是適合的名字。它是從原始名稱修正來的。你也知道，當文明傳播到遼闊區域，主要語言裡就會出現方言。在南方發展出的方言，它的發音比較接近「亞特蘭大」，而在你的語言，發音又有更多改變。不過夠正確了，因此……這是直接的發展（指發音），而這個名稱就是我現在提到的文明。

朵：所以還有其他文明，不過你現在想專注在這一個。

布：因為你似乎很想知道關於這個文明的資料。那我就來說說其他文明吧。所有文明的發展都很穩定。因為亞特蘭提斯的發展最早，所以他們較為超前。不過其他的文明也在進步，因此可以相互合作。這對人類的益處是必要的。亞特蘭提斯文明持續進展。一般說來，他們很快樂、長得很好看。他們的情緒跟身體一樣健康，是個美麗（fair）的民族。這個字（指fair）不一定是白皙的意思，而是表示美麗。……你們的語言對字眼的描述很不精確。

朵：我知道。我聽過這樣的說法。他們有沒有什麼膚色或是怎樣的特徵容貌是最普遍的？

布：沒有。最初有，後來隨著他們向外擴散，開始和其他人接觸之後，就都混在一起了，這和你的國家很類似。有時候他們可以從膚色分辨那人的祖先來自哪裡。不過他們覺得這不重要，所以不在意。剛開始時，他們基本上是偏紅色的金髮和少數的褐髮。膚色是淡橄欖色，介於淡橄欖色和淡黃色之間。眼睛通常是綠或淡褐色。之後出現了金髮和黑髮，咖啡色眼睛，淺色和深色皮膚這些混合型的人。亞特蘭提斯人通常身型高大，而且苗條。

朵：我想要想像一下他們的生活。

布：他們的文化並不跟你們一樣是以金屬為基礎。他們認為原料要儘量以它原本的狀態來使用，因此他們在建造上使用很多石塊和黏土。他們的科學已經發展到能夠操控能量，他們可以操控包括重力在內的所有類型的能量。也因此他們能夠用巨大的石塊來建造高聳建物，這對你們現在文明的基礎和心態來說，是不可能做到的。

朵：那麼他們並沒有使用機器裝置或設備了？

布：沒錯。因為沒有必要。他們知道要如何操控這些能量，他們使用的工具看起來都很平凡簡單，看起來像是不可能發揮那樣的功用。不過，他們知道如何調頻到不同形態的能量流，讓能量互動，產生他們想要的結果。這在你們的語言聽起來很含糊，不過，這是我所能給的最好的描述了。

朵：他們需要很多人來做這個工作嗎？

布：要看做什麼。通常一個人就可以用手邊的工具執行，不過必須獲得全體的同意，能量才會流向正面的方向。

朵：所以並不是每一個人都必須專注在能量上或是傳送能量？

布：不是。不過他們都必須有共識，才不會因為對正在進行的事有不同的意見而阻斷了能量。這就像你們觀念裡的正面思考。你不必非常努力去正面思考。你只是要試著去到達一個一般的心態。在學習這些能量和控制能量的過程中，他們的心靈能力也發展到了高峰。我們的文明所仰賴的許多事在他們的文明都是沒有必要的，譬如電話、政府的繁文縟節等等。管理和行政這類事都很直接，因為大家可以透過心靈感應溝通。每當有事情需要執行，並且必須全體同意時，他們便透過心靈感應詢問並取得同意。這樣的感應幾乎是在瞬間發生，可以排除掉現代社會會遇到的許多問題。

朵：這是他們溝通的唯一方式嗎？就只是透過心智？

布：不。他們也用口語溝通，但是是兩種混合使用。他們認為這樣很自然，從來不會去區分是用口語還是心靈溝通，因為他們會同時使用這兩種方式。

朵：這是他們必須學習的東西，還是天生就會？

布：所有人類天生就有這種取向。這是這個種族的內在能力，不過需要開發。舉例來說，人類的手通常有五個指頭。它們是極為靈巧的工具，能夠做非常細膩的操作工作，但前提是你要發展肌肉並且使用你的手。心靈的能力也是如此。所有人類都具有心靈能力，但只有使用才能讓這種能力進步。

朵：可是對這些人來說，這種能力是天生的？

布：不，他們必須發展這個能力。這個能力只是被視為正常的成熟過程的一部分；他們比現在社會的一般人更能意識到這個能力。他們把它看成是孩子正常發展的一部分，他們發展肌肉的技巧也發展心靈能力。這在現代都被忽略了，但在當時並非如此。這個能力等著被開發，他們自己也必須努力，就好像他們也必須學習走路一樣。心靈的能力一直都在，他們也是花了些時間才察覺能力的存在。早期的人類依靠這種能力存活，但他們並不了解。後來當人類變得比較文明，卻常常忘了有這個能力，但它還是存在。當人類文明因為銀河社群的協助而有了進步，他們知道了這是一種可以開發的能力。他們的科學注意到他們本身必須是和諧的整體，才能與整個宇宙和諧。……這個能力也是你的一部分。如果沒有開發，你不會平衡，也不會是和諧的整體。當時的人很少生病，如果生病了，他們的心靈力可以幫他們找出自己跟宇宙基本能量失衡的地方。他們的心靈能力可以有無數用途，日常生活的最小細節都用得上。要把所有用途列出是不可能的。光要列出各種應用層面，就要花上許多時間。心靈雖然是透過心智運作，但它遠比心智巧妙得多。心靈是頭腦除了心智外的另一個面向。心智和心靈都是透過稱為大腦的器官運作的不同面向。一個是基本的，處理生活的必要事項。另一種則是畫龍點睛般的細膩完成最後的工作。心靈可以非常精確，而且完成心智無法做到的事，因為心智並不夠精緻。

朵：當時那個世界裡的大多數人都發展出了這樣的能力嗎？

布：那個文明的人，是的。但偏遠地區住民的心靈能力就沒那麼進步。他們幾乎就是憑直覺。

朵：他們有任何型態的政府嗎？

布：最初有，不過隨著文明發展而有了改變，由於心靈的力量，政府最初的目的不再有用，因此政府逐漸調整，改變為其他功能。他們把組織的架構使用在其他更理想的運用上，比如規劃研究。

朵：有運用在科學界嗎？當時有沒有這麼考慮？

布：沒有，因為所做的研究主要是在神祕和心靈事物，因此被看作是個人的探索。每當有人對什麼有所領悟，他們會向這個組織體系報告，持續追蹤那個事實，了解它與整體的關聯，因為他們認為所有一切都相互連結。他們會匯集並組織所有的細節，試圖對宇宙本質有更多了解。這跟每一個人都有關聯。這很複雜，所以必須有個組織。這就是原來的政府演變之後的功能。

朵：他們有沒有保存什麼樣的記載？

布：有，他們必須保存非常龐大的紀錄。由於這個文明的本質，他們並沒有電腦這種東西，不過他們可以使用宇宙的基本能量來儲存資訊，並利用心靈能力來接通。（或許跟我們收集資訊的方法類似。）那是他們主要的儲存區（指心靈層面），也因此你們的考古學家才找不到任何東西。他們的資訊仍然存放在那裡，也隨時可以接通取用。你只需要發展適當的心靈能力就能接通。他們也有教育孩子閱讀，並圖解說明如何發展心靈能力這類的紙製品。不過那早就腐朽了。

朵：我想科學家是希望能找到文字或雕刻，或那一類的記載。

布：是的。是有，不過是在心靈層面。這些存放的紀錄很有條理，而且隨時可以使用。它對你的世界會有重大助益。它幾乎就像阿卡西紀錄，但又不完全像，因為阿卡西紀錄是宇宙的一部分。他們取用那個概念，發現可以用來設立不同類的紀錄。這些紀錄存在於能量層面。

朵：我之前是想到金字塔或類似的東西，我以為可以在實體的地方接觸到那些知識。

布：不是。不過金字塔和其他與天體對齊的巨石構造——我是指歐洲的神祕巨石圈那種東西——都是用來聚集能量的裝置，為的是讓人們接通這些資訊。能量必須被組織和聚集才能發揮這種功用。

朵：如果有人前往這些古代遺址，會不會幫助他們接收？

布：是的，會有幫助。有些巨石群已經不像從前那麼精確的對準，純粹是因為歲差造成晝夜平分點的改變。

朵：你是說天空和地球在變化？

布：是的，所以到了現在，它們都不是那麼對齊了。不過有些對準太陽的還是能發揮功用。譬如說，自從亞特蘭提斯毀滅後，現在的主要聚焦中心就是埃及的金字塔。它們至今還是精確地對齊，和當初建造時一樣，因此金字塔的力量並沒有減少。這是為什麼人們在金字塔裡的特定地方停留長時間之後，他們會體驗到幻覺的原因。因為那就是力量的集中點。除非是又聾又啞又瞎和智力遲鈍，要不你不會接收不到這些放射的。亞特蘭提斯也有類似的巨石結構。如果你們的考古學家能夠找到什麼的話，就是這些巨石結構了，不過它們不再是對準的。這些結構在亞特蘭提斯被毀時都嚴重受損，因此不是對齊的了。你們的考古學家可以根據更早期沒有受損的其他巨石結構，推知它們一度是對準太陽。這些巨石就像是巨大的石製電腦，使用地球和周圍空間的自然能量流運作。以特定方式聚集它們，就能使用宇宙不同層次的能量。

朵：你之前說亞特蘭提斯人不用金屬？

布：用得很少，因為他們發現東西越是經過製造和改變原始形式，越是和宇宙失衡，也失去更多振動。如果你從地球取用東西，使用時並沒有大幅改變它的分子構造，那麼它在能量層面仍然是諧調的，它能夠發揮它的功用。亞特蘭提斯人在建物裡使用很多石頭，這些石頭都是從地球整塊取出後切割，再運到別的地方，沒有經過任何加工，這跟你們精煉某些金屬的做法並不一樣。

朵：所以他們的建築，就連個人住的地方，都是用石頭建造。

布：石頭或黏土或木頭等等。他們家裡有些家具是用石頭雕製。我用「雕製」這個字，只是因為在這個語言裡是這個詞，但它並不能貼切描述那個過程。當他們從地球取得石頭，他們能夠暫時改變石頭的能量場，因此它會變得像黏土一樣容易塑造。於是他們可以像你雕塑黏土那樣，把石頭塑成他們需要的任何樣子。接著他們會讓能量場回到常態，於是石頭又變得像之前那樣堅硬。他們有舒適的生活，和你會期望的文明社會沒有兩樣。

朵：那食物呢？

布：就是規律的均衡飲食。他們在學習能量的過程中，學到了要如何保持飲食均衡，這避免了許多你們的文明因為攝食不均衡而產生的疾病和醫療問題。他們大多數人主要是吃蔬菜、高纖維類食物和很少量的肉。他們不像你們有些素食人士那麼極端，因為身體需要蛋白質，他們也不想只吃蛋。所以有需要的時候他們會殺生吃肉。有些較先進的神祕主義者不覺得有進食的需要，他們能夠直接從宇宙接通和吸收身體所需的能量，而不是間接透過食物取得。（某些外星人就是以這種生存方式。）這是非常先進的技術。即使是像亞特蘭提斯這樣心靈普遍進化的文明，也只有最進化的人可以固定這麼做。

朵：他們的動物和我們今天在地球上的類似嗎？

布：基本上類似。你們的考古學家認為的早期文明，也就是最早有農業、家禽家畜的那些文明，事實上是亞特蘭提斯殞落後的劫餘。他們努力從殘破遺跡中重建文明。他們飼養馴化的動物就是這樣來的，包括牛、山羊、綿羊、駱駝和某種馬類。牠們的品種不同，長得也不一樣，不過這是因為人類不斷汰選繁殖，改變了牠們的長相。但牠們基本上是同樣的動物。這種差別就像是乳牛和犛牛。

朵：他們有什麼交通工具嗎？

布：噢，有的。他們的交通工具就是你們傳說中的魔毯。（這很令人意外，我忍不住笑了。）基本上，他們可以飄浮，因為他們知道如何操控能量和重力。他們多半以飄浮的方式旅行。有時候如果他們想要帶東西，但不想帶在身上，他們不會另外讓物品飄浮而使用額外能量，他們會拿張小地毯或其他可以坐在上面的東西，讓自己和地毯上的物品飄浮起來。

朵：啊哈，就像天方夜譚。

布：是的。他們知道如何操控能量來完成很多事，也包括了在地球旅行。如果他們想去的地方距離很近但不想接通能量，他們會使用動物。因為他們能夠接通這種能量，他們並不需要發展汽車或飛機。銀河社群對這點很興奮。因為就我所知，這個能力似乎是人類種族所獨有。它會是我們對銀河社群的獨特貢獻之一。因為別的星球是透過機器和交通工具來發展。

朵：就像我們現在的做法？

布：是的。銀河社群有點擔心我們現在的文明還沒發展出心靈能力，不過他們知道這些能力等著被開發。他們也還記得另一個文明的情形（指亞特蘭提斯）。如果我們無法成功的接通這個心靈資訊，他們必然會刺激我們，幫助我們去「發現」，就跟他們促成過去的其他發現一樣。這類能量主要是作為個人長距離的交通用途，也用來運輸石頭等東西。你們現代文明裡有些特定的神祕人士還是能夠做到，不過他們住在偏遠隔離的地區。有些在印度的叢林深處。能力最高的是西藏高山的喇嘛。他們因為十分孤立而保有這項能力。他們是最不被亞特蘭提斯毀滅影響的一群。

朵：亞特蘭提斯有娛樂活動嗎？

布：噢，有的，那是人類天性的基本需求。內容則要看是哪個文明，以及他們個別的文化而定。譬如，在亞特蘭提斯很流行一項活動：一群人會把彩帶接在自己的手臂或衣物上，然後他們會全部飄浮起來環繞彼此，排出多彩多姿的漂亮圖案彩帶在他們的身後飛揚。孩子們喜歡看這種表演。亞特蘭提斯人會盡情表現自己的想像力。他們有戲劇和音樂。他們比較喜歡現場表演，不過如果他們想欣賞沒有在當地演出的節目，他們可以調頻心靈到演出的地方，運用心靈能力來觀賞。因此在某方面就跟電視一樣。

朵：他們顯然有高度發展的心靈能力。

布：是的，但亞特蘭提斯的毀滅把他們嚇壞了。這就跟心理創傷一樣。就像一個人在年輕時心理嚴重受創，然後這事影響了他的餘生，除非他自己有所覺察並努力解決這個問題。整個人類種族在心智上受到了同樣的衝擊。亞特蘭提斯的毀滅，還有心靈力中心被毀，把所有人的心靈能力都暫時「燒壞」了。就像是意外看到一起爆炸，由於距離太近，雙眼暫時失明一樣。

朵：這件事影響了他們好幾個世代。

布：是的。這個能力還在，只是麻木了好一陣子，然後又逐漸恢復。恢復的時間並沒有你可能想得那麼久。不過，一般來說，整個人類的潛意識都有這個記憶，因此他們幾千年以來都避免發展心靈能力，可以說他們是害怕再被「燒傷」。

朵：這麼說很合理。他們那樣發展很久了嗎？

布：是的，那是他們文明的主要動力。他們使用水晶來聚集特定類型的能量，透過這些能量跟銀河社群聯繫。他們可以在心智面進行，不過他們會使用特定類的水晶來放大心智能量。他們的結晶學研究非常先進。

朵：你之前說他們透過這種方式跟銀河社群接觸？

布：是的，長距離的通訊。與其接通每個人的感應力，消耗每個人的能量，他們使用水晶。並不是銀河社群裡的每個人都會調頻對準這裡（指地球），那像是嘗試跟聾子講話。必須要使用不同的溝通方式。

朵：他們瞭解水晶通訊？

布：是的。所以他們會使用結晶學所產生的能量來跟銀河社群互動。水晶能量是宇宙的贈禮，也跟他們的文明和銀河社群的多個文明相容。

朵：一個人就可以聚集這些水晶能量嗎？還是要很多人才行？

布：一個人就可以，因為這些水晶吸引不同的能量和地球的能量場，像是電磁場、重力、陽光，諸如此類的。需要怎麼做則要看水晶吸引的是哪種能量。有些不同類的水晶被專門用來吸引特定類別的能量。

朵：水晶是不是要先雕刻或塑造成某種形狀才行？

布：水晶的分子結構、矩陣（matrices）、分子結構的晶格，必須要是特定的設計。而且，沒錯，很多時候外表的形狀也有影響。他們會先從分子層面對水晶進行他們對岩石的類似做法。他們會改變能量場，這樣才能重新設計分子的晶格，以特定方式聚集特定能量。接著他們再重設能量場，讓水晶保持在那樣的狀態。

朵：他們就是這樣來塑造特定的形狀，發揮不同功用？

布：不是形狀！是內部結構。是水晶的分子結構。沒錯，他們會修改水晶的表面，依需要來塑形。但最主要的是內部結構要有正確的分子結構，否則不論做出哪種形狀都沒有用。

朵：我以為是跟切面或跟不同形狀的聚焦有關。

布：首先你必須要有正確的分子結構。就像雪花的構造，但把它想成無限微小的能量層面。你也必須要有正確的形狀，要不然對你並沒有用處。

朵：水晶的大小有沒有關係？

布：最後的大小和形狀要看是什麼用途而定。不過他們的主要考量是分子結構。他們能夠控制這些水晶的分子形狀，這是為什麼他們的結晶學研究那麼先進的原因。他們使用水晶在許多不同的目的，因為他們可以控制形狀、大小和分子結構。

朵：我一直認為水晶愈大，威力就愈強。

布：不見得。他們曾經有個專門聚集特定能量的水晶，大約長三英吋，很細長。那塊水晶是鏡片的形狀，兩端很尖細。如果你從一端看過去，它看起來類似五角星形。而且最寬的部分只有大概八分之一英吋。它很細長，但由於它所聚集的能量類型，它的威力非常強大。我找不到關於它的用途的資料，不過我看得到那個水晶的形狀。

朵：明白。那麼他們必須知道他們想要什麼樣的能量，還有不同能量的功用。

布：沒錯。我想你已經開始了解了。他們用不同的水晶來聚集不同能量，發揮不同的功能。舉例來說，他們有能夠聚集宇宙射線、紫外線類的射線，還有可以在夜間發出可見光的特定類水晶。這類水晶也可以使用體熱等紅外熱源在夜間發光。你們的考古學家已經在中美洲的森林找到了一些這種水晶。這些水晶很多世紀以來都沒有保養，在夜間卻還是能夠發光，不過已經不像過去那麼明亮。在考古學家眼裡，它們就像普通的石頭。他們不懂這些水晶，也不了解它們如何運作，因為這些是很特別的水晶。考古學家找到了大小不等的球體。一直以來都有它們在夜晚會發光的傳言，這也是為什麼它們這麼普遍，到處都發現的原因，因為它們會發光。在那些發現的地點，它們以前是被用來在夜間提供照明。就像大多數的文明都會有夜間活動，當時也是如此，人們需要普遍的人工光源。

朵：它們就像是把城市照亮的巨大街燈？

布：是的。街燈、室內燈、聚光燈，看需要哪種照明。當時也有其它類型的水晶是用來放射熱量，幫助暖和房子。所以他們不必砍伐林木來生火。他們使用這些水晶生熱，留下森林來製造家具，或就是讓林木生長，為大氣補充氧氣。

朵：他們使用哪種屋內照明？

布：石球。各種大小。科學家在中美洲找到大小不等的石球。你只聽過大型的，不過他們也找到像保齡球一樣較小型或更小一些，可以用兩手搬運的。

朵：那些是石頭，可是你說它們是水晶。

布：我之前說過，你們的考古學家把它們叫做石頭，因為外表看起來是石頭，但它們其實是一種特別的水晶。

朵：我認為水晶是可以看透的那種。

布：有些可以，有些不行。它們被稱為水晶並不是因為它們的外表，純粹是因為它們的分子結構。

朵：原來如此。那麼這些較小的石球是用來作為屋內的照明？

布：是的。牆上有個臺座，可以把石球擺在上面。也可以在天花板安裝台架，就像你的首飾上鑲裝寶石的底座。他們可以把石球嵌在天花板上的底座，或是按照他們想要的排法，放不只一個照明的石球。

朵：用來供熱的水晶也是一樣嗎？

布：它們的結構不同，所以外觀也不同。供熱水晶的外觀跟你心目中的水晶比較接近。他們也會搭配室內的陳設使用不同顏色的水晶。他們還把照明光球運用在你沒有想到的安排。因為球體有大有小，他們會拿非常小的，譬如直徑一、兩英吋的，排出漂亮圖案，除了作為光源外，也有裝飾的效果。

朵：接下來的這個問題會偏離亞特蘭提斯的主題，不過在我寫的《耶穌和艾賽尼教派》（*Jesus and the Essenes*）書裡，提到耶穌住在昆蘭（Qumran）時候的事。那時候他們有一種神祕光源，聽起來跟這個很像。你知道那是什麼嗎？

布：那是從早期一代代流傳下來的古老水晶。他們已經沒有製造那種東西的知識了，所以他們把這些水晶看得很珍貴。

朵：他們說那是來自老一輩，就是活在很久以前的人。他們有很多東西都是來自老一輩。

布：是的。那些東西代代相傳，經過一代代的保養和使用。他們也把如何保養的知識傳承了下來，因為只要保養和次元，這些水晶就能永遠發光。保養的方法很簡單。

* * *

我和菲爾合作了很多年，我寫的許多書裡都有他提供的資料。菲爾的資訊是來自三尖塔星球，而不是前往靈界的圖書館取得。三尖塔星球似乎是所有知識的倉庫或存放處。通常有個十二位存在體的團體會提供我們缺少的資料，有時候菲爾會看到影像並透過這些存在體的協助來解釋這些畫面。

我跟其他個案進行催眠時，多半是使用效果非常好的「雲霧法」，不過我和菲爾是使用「電梯法」取得這些資料。菲爾會想像自己在辦公室大樓的電梯裡，當到達具有我們要尋找的資料樓層時，電梯就會停止。

在接下來的這個療程，我們已經先討論了尋找亞特蘭提斯相關資料的可能性。使用什麼方法並不重要，這個工作的關鍵在於能夠取得資訊。

電梯停了，我問菲爾門打開時看到什麼。

菲：明亮的閃光。那是來自我們工作層面的能量。我現在要穿過這些光。我看到一個看起來是飛行器或飛船的東西在田野上空飛行。它的前面尖尖的，後端有點橢圓，空間夠坐兩個人。天空上有其他可以乘載更多人的飛行器。我現在看到遠方有個城市在陽光下閃耀。這是當時的許多城市之一。

朵：你知道我們在哪裡嗎？

菲：這點早先有討論過。跟地球的那個時代有關。這個城市是當時稱為亞特蘭提斯大陸的其中一個。

這似乎很矛盾，菲爾看到了飛行器，布蘭達卻沒有。前面曾經提到當時的文明存在了好幾千年，經歷了許多變化和進展。顯然到了這個時候，他們已經發展出機器裝置，走上了科技。我們也發現了其他的變化。

朵：你看得出是哪種材質的飛行器嗎？

菲：是鋁合金，和現代使用的很類似。

朵：看得出它的推進方式嗎？

菲：是一種稱為水晶動力的方式。那個大陸到處都有水晶能量的射線，射線指向大陸的不同地區。這些飛行器只要讓本身對齊射線就能沿射線前進。這跟你的國家今天所遍佈的高速公路的概念很類似。

朵：他們也有能夠離開地球，在太空中旅行的飛行器嗎？

菲：是的，不過那是不同的構造。有那麼一群人被允許有這樣的機會。他們都是高階祭司或位居最高職務的階層，他們和星際族群有交流。這種經驗在平民百姓裡並不常見。只有具有最高道德品格和理解力的人才能有這樣的經驗，這是他們學習和靈性演化的一部分。這不是享樂的經驗。這是一種學習的體驗。

朵：那塊大陸有沒有任何部分現在是在水平面上？

菲：亞特蘭提斯陸塊確實有些部分正在浮升，而且會再次升到水平面上。但那些並不能被稱做原先那塊陸地的一部份。也就是說，那些沒什麼重要。

朵：我聽說美國有部分是屬於亞特蘭提斯的一部分。

菲：以我們的認知，這並不正確。你是想知道哪塊陸地可以被認為是屬於亞特蘭提斯，但實際上，美國整個大陸一度都是海床的一部分。

朵：如果根據我們今天的地圖，你知道亞特蘭提斯的原始位置在哪裡嗎？

菲：在大西洋。那個時代的有些地區現在在水平面上，有些在水平面下。有的地方在那個時期原是在水面上，後來下沉了一段時間，又再度出現。也有些地方在那個時期原是沈沒的，現在則是在地表之上。從那時候到現在，地球已經經歷過許多次變動。滄海桑田。

朵：那麼那塊大陸的大多數地方現在是在水面下。

菲：沒錯。

朵：那個世界的其他地方呢？那裡一定不是當時唯一有人口的大陸。

菲：當時有個地區有很多不同的文明和民族。他們的社會結構和今天你們在地球的情形相差不大。也就是說，當時有很多不同類型和階層的人。有低下貧窮的勞動階級。還有經濟學上所說的中產和上層階級。

朵：所以除了亞特蘭提斯之外，還有其他的大陸？

菲：沒錯。當時也有些地區不像大陸有被命名或賦予名稱。在那個時期，人類最主要的聚居地區就稱為「亞特蘭提斯」。但如果說當時只有那裡才有人居住就不正確了。「亞特蘭提斯」是當時文明的展現中心。

朵：其他地區並沒有名字？

菲：是的。當時並沒有必要把其他地方納入那時候所稱的「世界政府」。

朵：那些文化跟亞特蘭提斯大陸一樣進步嗎？

菲：有些地區的科技更先進。不過在道德方面，沒有任何地方超越亞特蘭提斯。亞特蘭提斯是當時文明的最高成就。在那個時代，地球以亞特蘭提斯作為尋找真理的象徵。

朵：當亞特蘭提斯發展到這個狀態的時候，人類是不是已經存在很久了？

菲：在這個之前（指亞特蘭提斯）還有很多很多的世代。他們的心靈進展到很高的程度，比今天還要高度進化。

朵：那是當時人類所達到的最高進化程度嗎？

菲：是的，而且是歷來最高。現在地球的道德品格離那種尖端成就還有一大段距離。

朵：我在想，也許有些我們並不知道的早期文明存在。

菲：在亞特蘭提斯文明之前，的確還有其他的文明和大陸。然而，沒有一個凌越亞特蘭提斯，這純粹是從道德和品格角度來說。

朵：那麼在亞特蘭提斯大陸之前，是不是已經有很先進的人類，但那些文明也被摧毀了？

菲：是有這種情形。隨著地球變遷，人類的命運也跟著改變。一直以來總是有些文明比起其他文明特別進步。但由於各種可稱為「不幸」的情況，這些文化似乎從來沒能在當時建立穩固的基礎，它們持續的衰頹、重建，然後又衰頹。直到突然間出現了非常進化的亞特蘭提斯大陸。在此之前有許多文化在心靈品質已經超越亞特蘭提斯。不過，沒有一個是在整個族群的層面上。其他的文化有些個體透過勤奮和克己的訓練，達到了這樣的覺知層次，超越了亞特蘭提斯一般大眾的程度。然而，我們這裡說的是整體人口的覺知。也就是說，一般的文化或居民都達到了高度覺知的意識。在亞特蘭提斯之前，有些文化雖有較高的道德品格，但跟亞特蘭提斯不是同類文化，他們的內部也沒有連繫。那比較是以個體為主，不是整體文明。

朵：所以每一次人類都必須從很低的層次再重新來過？

菲：一直都有知識的守護者，因為那些是要被謹慎守護的祕密。知識受到尊重和保護。不是一般大眾可以接觸到的。知識的守護者，也就是保護這些知識的人，他們都具有較高的道德水準。

朵：那麼在亞特蘭提斯時期之前，地球就已經歷變動，陸塊曾經浮出水面，又再消失。

菲：是的。這是多次的地殼劇烈變動所造成的，這是地球的自然現象。在那段期間，地球還在進行調整，朝著繁榮和長久的生命邁進。年輕的地球在那時候還不穩定。

朵：我們的科學家傾向認為在那個早期時代並沒有人類。

菲：並不是這樣的，科學家認為還沒有生命的地球年代就已經有人類存在了。然而，科學家也沒有後見之明來證實那些人的存在。因為每次的地球變動都會把曾經存在於變動前的人毀滅，他們的文化因此消失無蹤。並不是說那群人全都死亡，沒有人活下來，而是說他們的成就並沒有留下痕跡。這純粹是因為地球每次的自然變動都帶來巨變和破壞。

朵：而每次都有人存活了下來。

菲：沒錯。因為每當有不可避免的變動要發生，大家都會知道。而那些能夠感應和察覺的人就會預作準備，他們因此生還並且繼續生活。一直以來也都有種想法認為人類歷史所能達到的最高成就會是在他們那個時代。這樣的說法在人類歷史很普遍。之前有很多文化也是抱著同樣的觀點。這只能說是人類的天性。

我曾在回溯時接觸到整個文明被地球劇變摧毀的事件。有時是被洪水，有時是被火山噴出的泥漿和岩塊所掩埋。據說這是發生在亞特蘭提斯之前的事，而人類對這些文明高度進化的成就一無所知。科學界沒有這方面的記錄，因為一切遺跡若不是被水淹沒，就是深埋在地球山脈底下。我們的世界就像個焦躁不安的老婦人，時常陰晴不定。

我回到菲爾觀察的場景。

朵：你說你可以看到遠方有個城市？

菲：沒錯。那是知識守護者的基地，也可以說他們是來自這個城市。古代人的「神」（Elohim），真理和道德自然律的守護者。他們守護人類自然和物理法則的最高覺知形式，這種覺知和靈性的覺察合而為一。

朵：那麼具有這種所謂心靈力量的人和整個人口相比是少數嗎？

菲：不是這樣的，那個城市整體來說意識很高。城市本身就擁有某種能量，它提升了居民的潛能，使得覺察的程度比那個國家其他地區的人都高。

朵：是什麼讓那個城市發光？

菲：那是水晶的本質，來自他們的建築原料。就像如果你們今天用的混凝土具有結晶性質，也會有相同情形。

朵：你現在在城市裡嗎？你能不能四處觀察？

菲：我現在有點抗拒接近那個城市。因為要最高能量的人才被允許進入，要不然對整個肉體和精神體都會造成相當的傷害。這個城市的能量很高，如果有人對導引這種能量的做法不熟悉，就會負載過重。因此我們現在是從遠處觀察，這多少是個預防措施。因為這時候的能量太強大，沒辦法傳導訊息。

朵：謝謝你告訴我。我們絕不會做任何會傷害你的事。你可以從遠方觀察取得資訊嗎？

菲：是的。他們有人覺察到我們在附近，他們可以把資料傳給我們，對負責轉達知識的這個載具（指菲爾）也不會造成任何干擾。有些人從心靈之眼知道他們可以從這次的接觸有所學習，因此他們會受到某種無形力量的吸引，被引領到這個地區，朝這個城市前進。到了這裡，他們會本能的感受到與「真理的看守者」之間的連結。看守者會跟這些人接觸，建立起的交流將使他們得到所追尋的真理。

朵：可是我們事實上是來自他們的未來。他們通常都是和不同時代的人說話嗎？

菲：一直都有連結所謂時間屏障（time barrier）的可能，但就最真實的觀點來說，並沒有這樣的屏障。要和較高層次的這群人連繫一直都是可能的，只需要透過思想。思想並沒有障礙。他們很高興你願意嘗試，這是較高層次的意見認可你這麼做。如果不是，就不會被允許了（指作者動機純粹）。

朵：是的，我一直都在尋找知識。我們就待在遠處，這樣你會覺得安全也有保護。我想問些跟這個城市有關的問題。

菲：我們只會告訴你不會危害到這個載具和你稱為任務的知識。任務這個詞是你會用的說法，就是把這些資料帶到你的時代。

朵：如果這個城市的能量那麼強大，那麼不住在這裡的人呢？他們能被允許進入嗎？

菲：就如我們先前說過的，有些人會試圖前往那個城市。然而，由於那種高能量，他們本能地就不會再進一步。他們知道這個地方是禁區。來自較高層次的覺察力會告訴他們不需要再接近了，免得對自己造成傷害。那是內在和直覺的覺察。那裡並不需要守衛或護衛大軍，因為覺察力會讓適合接近的人不覺得需要調頭離開。這是一種自動化的安全特性，可以讓心靈不那麼高層次的人自動走遠。

朵：這個類型的城市是當時唯一的一個嗎？

菲：這是其中之一。每個城市在能量上都有自己的特色。知識和民眾的層次都很獨特。整體來說，城市在呈現的形式上很類似，也瀰漫共同的能量層次。

朵：那麼這些城市有不同的目的或功用嗎？

菲：是的，譬如說，他們有學習身體本質知識、人格元素的城市，還有跟靈性本質的覺察有關，像是靈性元素的城市。也有的城市整合這些元素。

朵：這個城市是那一種目的？

菲：這一個是跟健康和自然有關，也可以說是結合身體和精神方面的覺知，維持健康和身體及靈性覺知間的平衡。

朵：他們可以提供這類建築物的資訊嗎？你說建物是用水晶建造。

菲：建物裡帶有晶體性質的粉末，看起來像是一個個的水晶。這就像建築物本身如果是用結晶體的原料建造，整棟建築就會變成一個水晶接收器。

朵：我最初以為整個城市是用巨大水晶建造的。

菲：不是，是粉末性質，每個粉末都是結晶體的性質。

朵：嗯，我也不認為可以找到那麼大的水晶。牆壁是這種粉末和某種東西混合成的？

菲：沒錯。粉末和一種灰泥成分混合，這種成分可以黏合晶粉為固體形態。它們被調成混凝土狀，然後等著硬化。它們有自行加熱的性質，釋出的能量溫度相當於正午陽光照在上面的熱度。

朵：那些是很大的建築物嗎？

菲：它們有好幾十層樓，需要時也可能有三十層高。那時候就有建造這類建築的知識了，他們有商業和工業，還有所謂的辦公空間。他們也有吸收和傳播知識與資訊的地方，和你們現在社會裡的很像。

朵：這個城市的所有建築物都是使用同樣的材料嗎？

菲：全部都是，這樣整個城市和裡面的居民才會受到這種能量的照射。

朵：可是這個星球的一般城市就不是用這種材料建造？

菲：比較少的城市使用較一般形式的材料，像是普遍的黏土、石頭和木材。

這聽起來比較像布蘭達所看到的城市。

朵：這就可以解釋為什麼這個城市散發出不同層次的能量。

菲：沒錯。就好像這個城市本身反映出這些居民較高階的心智特性。

菲爾描述室內陳設，家具的材料和我們今天所用的類似。那裡的人和衣著也沒有什麼不尋常，除了他們大半都穿長袍或是及膝的短袖束腰外衣。

菲：照明是利用水晶能量，照明用的水晶會發出光能，那種光很亮，有點偏藍色。水晶會透過宇宙能量的激發而散發能量，或是將那種能量轉換為具體可見的光。它純粹是能量的變換器。

朵：地板和牆壁也是使用這種結晶體的材料嗎？

菲：是的。就好像整個城市都是用這種材料建造的。

朵：除了你看到在天上的那種飛行工具之外，還有沒有別的類型的交通工具？

菲：有很多交通和運輸用的飛行工具。在建造和改建的時候，需要長途搬運大量的原料。

朵：運輸用的工具是什麼樣子？

菲：看起來有點像太空梭。我們這裡稱為雙人艇，就是之前提到的那種。從下方看有點像蛋形，後端比前端大一些。前面有個乘坐區。還有可以觀察四周和上下景物的觀景區。你們現在有的摩擦性的機械運輸工具，在當時並不需要。那時的交通工具比較是飄浮性質，以水晶做動力，如果有額外的載重才需要增加輸出的能量。動力水晶可以有好幾種配置，這樣就能合併輸出動能，有充分能量來推進所承載的重量。

朵：你的意思是根據交通工具要拉動或推進的載重，可以安裝幾個比較小的水晶？

菲：沒錯。使用不同類型的水晶所輸出的總能量會是單種水晶的好幾倍。整體來說，這些水晶都是天然產生。不過，它們是依特定規格製成，這樣才能引導能量的輸出。

朵：你說過它們是從某處所投射的能量射線作為動力，就像高速公路一樣？

菲：沒錯。如果進行長距離的運輸，就要設置信標來引導水晶能量。水晶能量放射器要對齊，這樣路徑才會導向座落在一段距離外的另一個信標。接著只需要讓船艇或運輸工具對準這個能量信標，就能沿著它來驅動或推進飛行器。能量必須重新引導，飛行器才能往前或往後行進，並在各地間移動。這純粹只是重新排列水晶，也就是推進的裝置，讓推進力朝著某個方向。這種能量束或信標的範圍很廣，足夠讓好幾架飛行器同時使用，而且還可朝反方向行進。曾經有人把這種信標解釋為一種緊密和範圍狹小的光束，其實這種信標範圍廣而且很普遍。

朵：這些信標放置在星球上很多地方嗎？

菲：沒有涵蓋整個星球，因為使用這類運輸形式所需要的知識並不普及。它們是放置在這塊大陸的策略要地，不是隨意設置的。有些地區需要這類信標，有些地區不用。

朵：所以這個城市裡的交通工具是用不同的方式運作？

菲：這整個城市都遍佈能量，所以不必到處都架設信標或能量束。周圍大氣的能量，也就是環繞的能量，已經足以讓這些飛行器起飛並前往想去的任何地點。

朵：這些船艇能夠接通水晶建物和城市本身發出的能量。

菲：沒錯。

朵：所以如果你想離開城市，你必須使用其他類型的交通工具。

菲：是的。

朵：那麼城市裡的通訊呢？

菲：那是心靈感應的性質。他們不需要使用現代人所說的電話。他們天生就能精神感應，隨時都能知道並和他們想要的人溝通。不過，當時也有所謂的「機器」，和你們的電腦有些類似。它們是用來散播、累積知識和資訊。通常是在城市裡使用，資訊的往來更為精確。

朵：當時的人能夠透過精神感應進行長距離的溝通嗎？

菲：確實可以。有些人可以在星球上的不同地方溝通，他們不需要人工形式的通訊工具，他們也能透過精神感應和位在遙遠距離外的其他星球溝通。這個形式的溝通至今依然存在，只要認知到它的存在。

朵：那就算是某個程度的重新啓動。

菲：沒錯。

朵：星球上的每個人都有這種溝通能力嗎？

菲：不是的。因為有些人並不在意。或許他們覺得不需要這樣的溝通形式，他們也沒有興趣學習和進行這類溝通。

朵：所以並不是整個星球都那麼高度進化。

菲：沒錯。有些人對於能夠促進這類溝通的知識很投入。然而這種溝通本身並不是他們追尋知識的核心。這不是追尋的目的。

朵：他們為什麼要跟其他星球溝通呢？

菲：因為得到的資訊可以幫助他們對自己和別人有更高層次的了解。這些資訊曾經被用來協助提升居民的社會覺知。在星球的層面來說，他們對社會功能也有更完整的理解。

朵：所以是等他們進化到了合適的狀態，其他星球的人便會跟他們接觸嗎？

菲：不是的。那純粹是意識的演進，星球上的人已經到達了能夠覺察存在於自己星球種族以外的事物。他們的意識有了擴展和提升，因此能夠覺知到其他星球間的溝通。

朵：他們和別的星球上的人有實際的接觸嗎？

菲：是的，就如我們前面所說的。有些人被給予和其他星球的人直接溝通的能力或面對面接觸的機會。

朵：是的，你的確說過有些人可以離開這個星球。

菲：沒錯。

朵：別的星球的人也會來這裡嗎？

菲：是的。當時認為交換知識對參與的雙方都有益處。這樣他們的學習就更完整和紮實。

朵：這種交流在他們能夠察覺到前就已經存在很久了嗎？

菲：宇宙的其他地區一直都有這種交流在進行，遠在這個星球出現前就有了。當人口中的特定部份達到了那樣的覺察力，其他星球的人便能跟他們交流。

朵：我很好奇，其他星球的人是不是以前就來過地球，可是是直到後來才被注意到。

菲：早在亞特蘭提斯人出現前，就已經有其他星球的人造訪地球，那些造訪讓宇宙的其他區域知道有這個星球。當時大家都了解地球的進化，也認為最後地球將會建立起心靈感應形式的溝通，而那些星球上沒外出旅行的住民，也很快就能和這個新進演化星球的住民直接接觸。

朵：這個城市有沒有什麼其他類型的機器？

菲：除了存取和儲存資訊用途的機器外，也有通訊類的機器。當時有一種可以確保建物舒適度的機械裝置。有一種保存機可以存放食物和衣服，保持它們的良好外觀和清潔。

朵：「保存機」這個詞很有意思。我想到我們的冰箱。不過不可能是一樣的，因為你還有提到衣服。

菲：我們是從廣泛的類別來說，不是那麼單一的概念。它的確和你們今天社會非常普遍的冰箱和洗衣機的觀念很類似。

朵：我想他們也一直需要有那樣的東西。

菲：沒錯。許多世紀以來，人類就對清潔和保存有需求。

朵：那個城市裡有沒有動物？

菲：那個時候不認為動物在這個水晶城市的街上遊蕩是適當的，雖然在這塊大陸的其他地方還算普遍。動物無法適應這個城市的巨大能量。

朵：當時的人類壽命和我們差不多嗎？

菲：和現在這個時代的一般壽命相比要短些。不過，這不是因為生病或健康問題。而是在這個能量的籠罩下，平均壽命多少會縮短。然而累積的知識卻可以讓一個人的學習時間縮短許多，他就不必花很多很多世來學習。這就好像學習的過程加速了。生活在這種能量的人，他的身體使用程度和速度都遠超過住在能量外的人。這個星球其他地區所盛行的疾病和健康不佳的現象，在這個特定類型的城市並不存在。

朵：那麼這個星球的其他住民跟這個城市居民的壽命並不一樣了。

菲：沒錯。住在能量城市的居民壽命比起平均的歲數要短一些。他們平均約四、五十多歲。住在城市外的居民如果是對清潔和飲食比較有認識的，估計可活到六、七十多歲。不過，也有些人比較原始，他們的壽命就短得多。

朵：我想壽命多半也跟醫學的進步有關。

菲：沒錯。純粹是覺知的層次決定壽命。

我覺得我們對水晶城市已經有足夠認識，於是決定結束這段催眠。我問是否可以下次再回來取得關於他們的知識和能力方面的資料。

菲：我們會試圖提供你在當時最適當的資訊。我們希望你能了解，適切性是每次催眠療程的指導方針。因為在某個療程來説適當的，或許在下一次就不見得適合。

朵：這要看是由什麼能量來回答問題嗎？

菲：要根據整體情況的能量，因為這有很多人參與，並不只是你的能量對整體的運作有影響。這些能量的整體條件構成了適切性。我們會保護他（指載具菲爾）認識**自我**並了解他的**生命**的努力，這兩者向來都是獨特和分離的。因為人們常常會覺得他們就是他們的生命。事實上，一個人的生命是他自我的延伸。一個人的自我和他的生命可以是彼此區隔的。這是從群居的社會文化面向來定義生命，而不是身體的觀點。因此生活經驗就是一個人的生命。當一個人透過這個生命概念來過濾經驗，那些經驗也就成為生命本身的經驗。

這次的催眠讓我感到棘手。雖然菲爾並沒有在那座城市附近，卻似乎有股能量從他身上放射出來。這個能量讓我的頭有點痛，也干擾我的思緒和發問。我很難想出問題，也不容易專心。當我結束這段療程，接著前往約翰的公寓進行另一次探討諾斯特拉達姆斯素材的催眠時，我又有了奇怪的經驗。就是在這天，邪惡的伊斯蘭伊瑪目（imam）用他的能量轟擊我。這段經過寫在《諾斯特拉達姆斯對話錄》第二冊。在同一天兩度暴露在奇怪的能量裡，這是巧合嗎？

＊　＊　＊

接下來的資訊來自菲爾的另一段療程，當時我正在詢問和「地球謎團」有關的問題。

朵：我想把跟亞特蘭提斯歷史相關的問題做個結束。據說亞特蘭提斯人發展出強大的心靈能力。他們能夠用心智完成許多我們現在都辦不到的事。你可以告訴我亞特蘭提斯人在心智層面所具有的能力嗎？

菲：有些能力對你所稱的亞特蘭提斯人比較明顯。他們比較能感應到萬物存在的氣息，感知能力也較強。這些個體的天份是被學習的強烈渴望所驅動，而非利益。你們現在社會的驅動力則是偏向你所定義的利益。

朵：他們可以做到哪些我們今天做不到的事？

菲：當時可以做到的事，沒有一樣是今天做不到的。然而，今天你們星球上大多數人或許都缺乏那樣的動機（指學習的動機）。也是有不少人在試圖重獲失去的知識。

朵：但他們有什麼力量是我們已經失去的？

菲：變形的能力不再使用，也已經遺忘。這是一個人從特定生物改變為另一種生命的能力。這不過是重組一個人的原子構造，仿傚另一個已經建立和可辨識的原子狀態。這個能力跟接納與今天所知不同的生命模型有關。這個概念牽涉到實體星球形成的時候，構成星球的不同能量間的協議（同意某某能量會是如何，某某能量又是如何）。大家同意岩石就會是岩石、樹木就會是樹木，這些都有一致協定。這個協議跟個別能量的需要與渴望是和諧的。然而，有些能量具有改變他們既成現實（實相）的能力，於是他們可能把自己變成別種生物。這麼做沒有違反宇宙法則，它只是宇宙法則的應用。今天你的星球上有許多人有這樣的能力，但他們卻害怕這個天賦。他們對此多少有所覺察，也意識到自己有這種能力。他們被很多不同類型的恐懼所束縛，於是拒絕承認自己的這個天賦。然而這個能力在亞特蘭提斯時代很常見。

這是在好萊塢版本外，我第一次聽到這樣的概念。我想釐清這點。

朵：你的意思是，他們事實上是改變既存的人類身體，變成動物的形式，然後又變回來，並不是靈魂進入動物的身體而已？

菲：沒錯。這是重組某種特定存在的和諧度，然後變成另一個完全不同的存在形式。這是不同的振動。要從樹木的振動改變成石頭的振動只是調整的問題。有些存在體為了某些目的可以隨意做到這點。然而，在亞特蘭提斯毀滅前，許多人因為使用這個天賦和能力而造成很大的破壞與傷害。不只是對他們身邊的人，也對他們本身。這個能力的較高秩序與和諧被摒棄，反而成了自我膨脹和利己的工具。因此就失去了這個天賦。

朵：為什麼會有人想這麼做？聽起來有點像遊戲。

菲：生活裡的遊戲都有它要教導的意義。不過，有些遊戲可以說是被用在不健康和對身心有害的方面。當時的遊戲導致死亡和破壞，那就不再是遊戲，而是對參與的人造成不良後果的負面行為。

朵：變形怎麼會造成死亡和破壞？

菲：那個時代也有欺騙和背叛。你可以想見，當一個文明裡有人能夠變形為另一個人和模仿那個人，惡作劇顯然就會層出不窮。即使是在你的人生，如果你能以別人的身份出現，就有可能藉著假扮那人來惡作劇。當有人把這樣的行為帶到不同的物種和人格時，會有很多人感到混淆和困惑，不知道哪一個才是他們的真正身分。而且他們也會迷失自我，不清楚自己究竟是什麼，是誰。

朵：你的意思是他們把這個能力用在錯誤的目的。

菲：沒錯。這種天賦的原始目的很快的被拋棄，所以當時就認為有必要移除這個能力，以防止整個文明被毀。

朵：這跟半人半獸的傳說有關嗎？

菲：是的。人身牛頭的怪物（minotaurs）就是個例子。那時候有人可以變形為某個狀態，卻仍然保留另一種生物的面向。他們因此變得困惑，不知道自己究竟是什麼，於是兩種就都保留一部分。這個能力後來退化成對兩種實相或兩種存在的認同混亂，也因此所有物種就都可能有喪失身分認同的危機。因此當時的看法是這種跨物種身份應該被禁止。

朵：我也聽說他們很可能在沒有得到別人同意下，就對別人做這種事。

菲：要這麼做的話，那個個體必須先知道他是什麼，要做什麼。他們必須有意識地覺察到這個過程。有些例子是個體收到如何變成另一種生物形式的說明，然後又進一步知道要如何改變為另一種形式，讓原有的身分喪失。那時是認為這個做法可以把個體變得較不具威脅性。

朵：但這事實上違反道德法則，還有宇宙法則。

菲：這個技術顯然是符合法則的。如果它不是基於已經建立的法則，就不可能做到。因此很有可能它當時已經是建立的法則。無論如何，這種行為的道德影響與後果卻和這個星球獲得生命許可的目的相衝突，因為星球的生命許可證是為了要提升，而不是妨礙物種的進化。後來發現這樣的跨種突變阻礙了進化，因此就被移除了。

朵：他們當時還可以使用心靈完成哪些我們現在已經失去或還沒發展的能力？

菲：當時有很多不同的天賦，這是用你的說法（指天賦）。然而，這些只是對宇宙真理的認識。……對這個能力的覺察和使用的認知以後終究會被釋出。

朵：我聽過這樣的說法——他們開始濫用他們的能力和宇宙法則，這是為什麼這些能力必須被停止的原因之一。

菲：正是如此。

＊　＊　＊

以下部分是來自另一次療程，我並不確定是不是在講述同一件事。

朵：有一次，我們談到他們說靈魂最初來到地球住進身體的時候，是進入了動物的身體。我記得你說這樣的做法後來就不被允許。是不是出了什麼事？為什麼被禁止？

菲：當時是提供機會進行你可能會稱為的「移居」體驗（transmigration）的實驗。更簡單的說，就是把意識和覺察力放入動物體內，因此動物就會具有認知的能力和你們所說的意識。

朵：你的意思是，當時的動物比現在的動物來得較有意識嗎？

菲：我們只是說當時動物的身體裡有你所說的「人類」這種動物身體的覺察和意識。動物本身的身體並沒有改變。無論如何，用來區分動物和人類的覺察與意識力，當時被提供給了動物。這只不過是把覺察融合到動物的身體。

朵：這會讓動物有不同的行為嗎？

菲：純粹從靈性角度來看，覺知並沒有什麼大改變，只是被允許去體驗在動物或不同生物形式裡的棲居經驗。就像是你的意識被准許進入動物的意識。你，你自己，你的意識不會有什麼改變。你還是保有自己的身分。然而，你的身體表達形式卻不一樣了。你是在動物身體裡覺察。

朵：你會受限於動物所能做的。

菲：透過動物載具所產生的身體限制，沒錯。

朵：我曾經問過今天在動物體內的生命力的問題，得到的答案是它們並不一樣。

菲：是的。那種覺察或認知力跟棲居在你身體裡的智慧層次並不一樣。它本身就是動物能量，動物的生命力。那個能量和你所具有的意識並不同。

朵：所以那個時候是不一樣的？

菲：跟現在棲居於你們的動物身體裡的並沒有什麼不同。差別只在於當時智力提供給了不只一種身體形式。

朵：所以那就只是一個實驗？

菲：沒錯。在經驗的領域來說，一直都需要有以前不曾做過的新實驗。所以這件事才會被同意。當時負責照顧這個星球的人准許這樣的體驗，好讓智慧體能夠在實體的環境下，透過不同的身體形式來體驗生命。當時是認為這樣可以提升個體在身體裡或身體層面上表現自己的能力。而提升的表現能力可以改善智慧體的能力……我們發現這很難翻譯，因為這個層面（指地球層面）並沒有這樣的概念。無論如何，這裡要表達的意圖是去學習。

朵：這就是最初靈魂來到地球的情況？

菲：這麼說不正確，因為這是在這個星球播種後很久才發生的事。是在這個地球的狀態已經很進步的時候。那是在亞特蘭提斯時期的經驗，當時對生命力有高度的覺察。

朵：我以為那時候並沒有人類，只有動物。

菲：不是這樣的。如果之前沒有人類的發展，就不會有人類肉身的經驗，也就不會提供這樣的靈魂移居的機會。

朵：你是說，那個時候的亞特蘭提斯人較為覺察？

菲：沒錯。他們非常了解生命力，還有生命力在動物或實體身體裡的意義。這就像是把科學帶到了一個高層次。因此他們被准許用更多載具來進行實驗，以便更了解智慧和意識存在於動物體內的現象。當時這麼做是被允許的，但卻因濫用和誤用，使得動物的基因庫被攪亂。這對肉體表現的和諧造成了干擾。如果這個實驗能一直遵循最高的道德規範，就會准許把智力的最高表現放在許多不同動物的生命形式。無論如何，由於這種實驗失去了和諧，於是注定失敗。

朵：我想瞭解一點，他們是先死去，然後才進入動物身體裡，還是他們這麼做的時候，也同時是在人類身體？

菲：可以同時進行。因為當時已經證明意識可以從一個載具遷移到另一個載具。這就像是一個人開始冥想，接著把自我從他的身體移除。然後再把自我放到另一個動物的身體裡。

朵：我以為如果他們把這個當成實驗，那麼他們是在死了之後，變成動物回來，這才是真正的靈魂輪迴。

菲：有些情況是來自另一邊（指死後世界）的人幫助那些還在身體裡的人。因此也可以說，這些例子是以進入動物化身的形式發生。無論如何，這不是傳統的再生觀點，不是現在你們星球對再生的想法。

朵：所以亞特蘭提斯人的心智和智慧發展都非常先進，他們把這些事當實驗在做。

菲：比較正確的說法是他們非常覺知，心胸開闊，但在智力方面就不見得。因為這兩者有些差別。有些人的智力或許不是最高，卻非常覺醒。也有些人可能是天才的層級，但只相信五官，在其他方面都很封閉。

朵：我以為他們的發展很先進。

菲：這兩者不需相提並論。

朵：我想正確瞭解這件事，所以可能會說些聽來無知的話。不過，聽起來他們好像是在玩遊戲？

菲：不是的。因為這不是件輕率的事。就探索來說，這個努力很嚴肅。或者更正確地說，是嚴肅的去研究智慧體棲居在動物形式，也就是身體形態的結果。

朵：他們多少有能力把意識投射到動物裡。然後當他們想要回來的時候，也可以回到自己的身體。

菲：在那些例子裡，沒錯。但更常見的情形是把智能從一個形式轉移到另一種形式。

朵：那是完全的轉移嗎？

菲：就某些方面來說，是的。不過，還是有些微妙的分界，現在不能全部說出來。因為我們知道，這個時候的地球對於同時存在的意識對身體產生的結果缺乏完整的瞭解。無論如何，有些例子是有人選擇離開他之前的身體，然後棲居到層級較低或性質不同的身體形式。

朵：但在那些情況，他們不能回到原來的身體了。

菲：沒錯。

朵：那原本的身體不就會死亡嗎？

菲：也可以由另一個或不同的智慧體來居住。就像交換住所。

朵：但不會是動物的智能進入人類身體的那種交換。

菲：不會，因為動物原本就沒有智能。並沒有你會稱之的動物智能。智能本身是心靈本質，它只是在試穿新的身體，嘗試身體表現的新形式。

顯然這麼做必須要有智慧體的意志或渴望，而動物並沒有先進到具有產生交換住所的意志或要求。而且，如我在《生死之間》（*Between Life and Death*）所寫，動物的心靈比較像是螞蟻、蜜蜂群落的那種集體心靈，和人類的心靈並不相同。

朵：你說這樣的做法導致了不和諧？

菲：沒錯。因為在共同的群體下有不同形式的生命。因此有了突變。真正的形式或……我們發現這個概念很難轉譯，因為這個時候你們對棲居肉體的生命形式的實相並沒有正確的理解。因此我們必須使用你們這時候所知道的，用我們可以用的材料，盡可能接近地描繪出我們所理解和意識到的終極實相。換句話說，我們要運用你在這個階段所知道的知識。無論如何，我們覺得你能了解這樣的描述並不會是我們所期望的那麼正確。因此，我們在詮釋時必須取捨才能傳達出最接近我們所認知的真相。我們也要請你理解，如果我們覺得轉譯會產生我們所稱的錯誤或誤導，我們就不會讓它被轉譯。因此會有一些我們不能說的部份，但純粹是因為它無法從概念上來傳達。因為嘗試傳達這樣的概念，都不會是正確的，而且會產生誤導，這是受限於既有傳達方式的性質。

朵：你就盡你所能吧。你提供的任何資料我都會很感謝。

菲：那就請你直接提出你想了解的問題。

朵：好，你說他們能夠使身體突變……？

菲：是身體突變，不是他們突變了。這其中的分別在於肉體和心靈／精神面向。換句話說，身體會表現或反映出那時候或之前的心靈本質。我們知道肉體只是靈性的反映。因此，在跨種混合時，這些靈性能量裡就有身體對靈性的突變或交互反映。

朵：我在想，在居住在動物身體之後，他們可能和別的動物雜交，而這就是你所說的突變。

菲：沒錯。不過，重點是了解共棲（cohabitation）本身和相關現象並不是這些突變發生的唯一決定因素。如果有人進入某類動物形式，體驗和同化那種生命，接著又轉移到另一種動物形式，就會把之前形式的屬性或同化結果帶到下一個形式。突變就是這樣發生的。

朵：我聽說動物通常不能和別的物種異種交配。我以為你說的突變是指這個。

菲：我們在這裡要傳達的觀點是：肉體形式只是靈性或精神面的反映。因此，如果某種形式裡有兩種外觀的混和，你可以知道這種結果就是突變。

朵：所以透過這樣的做法，他們能夠影響遺傳的……？

菲：（打斷我的話）沒錯，因為遺傳基因完全是受到心靈的影響。因此可以這麼解釋，人類的外顯形式，本質上是心靈的呈現。這種肉體表現形式所反映的是人類的心靈面。因此，這樣的人類形式在宇宙的許多地方都可以看到，這純粹是因為這是類似的呈現。人類形式以人類形式來表現，不論是在這個星球或其他星球。當然還有其他的表現形式，但那些形式並不是人類，而它們也知道，如果要在這個星球顯現自己，那會是人類十分陌生，還可能令人類害怕的外觀。人類形式只是身體形式的一種，是心靈在身體上的呈現。

朵：這帶出了兩個問題。我們可能可以都討論。這是不是可以解釋一些奇怪動物的傳說，像是半人半獸？

菲：沒錯。當時的確有這類跨物種的外顯形式。一池清水被攪亂。

朵：那就是你所說的和諧狀態失衡？

菲：沒錯。

朵：那麼那些都是真實的生物了。

菲：是的。牠們被自己的社會遺棄。因為當時有自詡為純種的一群看不起這些他們稱為「不那麼純的」表現形式的生物，然後就變得有點像種姓社會，就像你們今天的印度。當時有些人被視為具有較高素質，有些則被認為素質較低。

朵：當這類形式出現，譬如半人半馬，牠們能夠繁殖出自己那種後代嗎？

菲：不行，因為牠們的基因沒有遺傳藍圖。牠們只是心靈本質的表現，並不是一種生物品種，這跟你們人類和動物的狀況不同。

朵：那這些混種是一種獨立的，獨特的類型。

菲：沒錯。

朵：好像有很多故事都提到不同的類型。

菲：沒錯。因為當時不只一次這樣的跨物種轉移。事情發生了很多次。但他們並不是你所說的「一種」生物。在深入解釋之前，我們或許需要先對你簡短說明靈性整合的意識。在肉體或人類表現的形式裡，有些能量本身就帶有人類性質。我們這裡純粹是從靈性面來說，不涉及任何實體部份。這些是人類的能量。這些人類能量的實體呈現，就是你所知道的人類形式。身體只是靈性的一種表現。就身體來說，人類形式只是人類性質能量的呈現。人類所專有或特屬的生命力，在實體層面以人類的形式出現。也有些你會稱為「禾草」的能量。禾草只是草葉性質能量的實體表現。你知道能量有很多形式，而這些不同的能量形式在實體層面的呈現也會不同。宇宙是由能量組成的。實體的宇宙只是這些高階能量的呈現或轉換。所以你瞧，宇宙的實相基礎是靈性能量。實體宇宙只不過是靈性／精神本質能量的顯現。因此，當我們把精神能量轉換為實體，就有了你所認知的肉體形式，而這純粹是那部份精神能量的反映或轉換。當你看到這些實體形式，你事實上看到的是那些能量的心靈表達或轉化。也就是說，這些呈現是基於或源自於其組成或反映的能量。於是在「移居」的實驗裡，我們會看到這些混合的能量。馬所特有或專屬的能量跟人類呈現的能量混合了，而這種混雜或混合的能量就自然顯現出半馬半人。

朵：所以牠們的樣子往往就會很類似。你舉半人半馬做例子，是因為我們也有半人半馬的傳說？

菲：沒錯。不過混合的比例並不一致。通常大家都同意這是半馬，也或許是半人。並沒有什麼法則或指令規定人類的哪部份一定要從馬的頸部往上延伸。所有例子的呈現都不同，但是長相類似。

朵：所以傳說是一般性的。

菲：沒錯。

朵：那麼人魚和人面鳥身的傳言也都是有這類事實的淵源了。

菲：是的。

朵：所以當時地球上確實有這類動物漫遊，不過就像你說的，牠們被瞧不起。

菲：我們不會說牠們在地球上漫遊。因為牠們不是普遍散佈在這個星球。事實上，牠們是分佈在實驗進行的區域，只在小範圍出現或是被隔離在那些地區裡。那些地區的文化已經達到高度覺知的層次，因此才能進行並且顯化出這些實驗。

朵：這是為什麼這些傳說差不多都出現在特定的文化。

菲：沒錯。許多人都知道在這個星球的演進過程中有這樣的經驗。不過實際出現的範圍就局限在亞特蘭提斯。

朵：那麼那些魔法的傳說、巫師，或類似可以把人變成動物是怎麼回事？

菲：或許這要歸在幻想和渴望的範圍裡比較正確。這是期望對生命有更多的掌控。因為魔法在人類意識相當盛行的那個時期，人們也渴望對實體環境有更多控制。這些故事讓人覺得他們的確有控制環境的可能。這純粹是心理需求的展現，表達的是個人的威嚴勝過大自然。因此，透過講述和相信這些故事，這些人因共鳴而感受到這種力量。他們可以想像自己擁有一些神奇能力，並因此更能掌控他們的現實環境。這在今天並沒有太大差別，看看那些想運用科學來馴服現實環境的例子，這同樣是想掌控自然力的一種需求。

朵：那麼在亞特蘭提斯的這些例子裡，這些是希望體驗另一種實相或現實世界的人。

菲：沒錯。

朵：你說之後這就被禁止了？

菲：當時認為這會造成不和諧，它的危害會超過任何益處。於是層次遠高於實驗階層的能量便裁定，為了種族的益處，也為了這些個體著想，這種實驗不再被允許。

朵：所以這個實驗影響了所棲居生物的心靈和能量，造成了不和諧？他們的人格或心靈多少被扭曲了？

菲：沒錯。於是當時規定——我們在尋找正確的翻譯——因為突變影響了心靈面，以後不能再有任何這類事情。這在當時因為不適合而不被准許，禁令也一直延續至今。不過這個禁令可能會在某個時候取消。只是考慮到這個星球的現況，短期看來很不可能。

朵：但在亞特蘭提斯毀滅以後，這些記憶留存了下來，這是為什麼我們會有這種傳說？

菲：沒錯。它被記錄下來並代代相傳。隨著時代的變遷，不久就成了傳說。

朵：那種不和諧是不是讓靈魂製造了更多業力？

菲：或許這要從業力被解釋為不和諧，或是不和諧被詮釋為業力的方面來說。這樣的不和諧需要消除，能量才能清理。在這個意義上，它可以被看做是業力。我們感覺在你的脈絡裡，業力代表一種不和諧或能量的偏移，它必須藉由體驗來重新校準。我們覺得，一般對業力的瞭解並不正確，因為它並不是報復的形式。現在大家對業力的普遍理解是一種懲處或處罰式的作用，我們認為這是錯誤的認知。當所謂製造不好的業時，那個人要面對和處理的其實是不和諧或偏移的能量。因此我們覺得這麼說會比較正確：當一個人在清理他的業，他事實上是在重新校準他的能量。

朵：這種能力的誤用是不是造成亞特蘭提斯覆滅的部份原因？

菲：比較正確的說法是它反映了導致覆滅的那些情況。不能說它本身是直接造成覆滅的因素。

朵：我還想再問一個問題，以免等下忘了。這個生命力顯然能夠透過操控基因或是以其他方式，在基因上改變動物的外觀。這是不是也表示我們能夠掌控我們自己身體的細胞構造？

菲：沒錯。你應該了解，這種控制大部份不是從意識層面來進行。身體外觀正確呈現出你的能量。因此你不能以自由意志來改變你的能量的反映（指肉體外觀）。你可以改變你的能量，接著這會在你的影像／外觀上產生相關的變化。然而，你改變不了你在鏡子裡的反射。你可以改變你的外觀，也就是你的身體，接著你的反射才會改變。但你不能只改變反射的影像，卻不改變造成影像的因素。重點是要了解肉體只是反映能量。要改變它，你就必須改變產生影像的原因。

朵：你的意思是我們不能在肉體面改變我們人類的外觀。

菲：如果你們再次被獲准像先前一樣混和不同能量的話，是有可能的。舉例來說，混合草葉和人類的能量——如果被允許——結果就可能出現長了草而不是毛髮的人。

朵：（笑）我看得出那些故事是怎麼來的了。他們想像那是可能的。

菲：完全有可能。不過，要得到許可是另一回事了。

朵：如果我們能夠控制基因，那麼我們就能改變外觀，看起來像另一種人類。

菲：重要的是要了解，只為了改變影像而改變並沒有什麼幫助。這類實驗的價值，在於結合產生那種映像的能量。你必須了解真正的價值是在較高的層面，而不僅是造出有趣的影像。

* * *

我發現，在亞特蘭提斯存續的長時期裡，他們把心智開發到相當高的層次。再加上他們對科學的好奇，想要發現事物的可能性，於是物種混合愈演愈烈。這些在科學上相當先進的人們似乎想解開創造的祕密，聽起來跟我們今天的情況很類似。也許在他們對心智能力的研究達到頂峰之後，「無聊」使得他們的實驗扭曲。他們沒有把心智力量發揮在創造和有益的目的上，卻是用在無益的方面。

每當我把約翰帶入深度的催眠狀態，他總是能來到位於「智慧殿堂」建築群裡的靈界圖書館。約翰在我多本書裡提供的資訊大都來自圖書館的檔案。如同以往，當我們進入那棟建物，圖書館的管理人迎接我們，他希望知道我們的意圖，並讓我們了解有哪些限制。

朵：他能不能找到關於亞特蘭提斯大陸的資料，不論是從館裡的卷冊或哪裡都可以。

約：好的。他說我們對亞特蘭提斯做了很多研究。他說你可以進入收看區。

朵：那是什麼地方？

約：他要帶我到另一個房間，像是個觀看室。你剛才提到亞特蘭提斯，於是便傳來各種影像。全都在牆上。

朵：就像牆面上的螢幕？

約：不完全像螢幕，它環繞著你，然後我就在中間觀看。喔，這個城市真美，真美。它是金色的。看起來在發光，光線好像是來自城市裡的牆壁。現在天黑了，星星都出來了。美麗的滿月。看來他們好像知道怎麼使用月亮的能量。好美。我被這些美麗的景象環繞。我開始看到人了。我向他們靠近。那些人很漂亮。

約翰醒來後提到，那個城市從遠方看來似乎是規劃成一個金字塔形。中央有座高塔，也就是最高點，其他的建築物全都環繞這個高塔，向中央點逐漸升高，不同層面間有坡道相連。

朵：那些人看起來是什麼樣子？

約：哦，就跟我們一樣，不過他們看起來像電影明星。他們的牙齒很完美，還有漂亮的頭髮。他們實驗過不同的髮型和髮色。

約翰說他們的頭髮有好幾個不同的顏色，色彩亮麗就像鳥一樣：有紅色、黃色、綠色和藍色。他們還編了髮辮，盤繞成各種髮型。我評論那就很類似今天的龐克風格，但他反對，他說沒有那麼狂野，他說並不一樣，這個是在豔麗中有自己的美感。

約：他們好像是穿著……禮服，不知道用這個字對不對。不，不是禮服，他們穿的是像束腰的外套和長袍，而且還會發光。我的意思是，他們的衣服會改變顏色。就好像是衣服織了漂亮的虹彩色澤，在不同光照下會發出不同的色彩。……你看著一件服裝，它可能是粉紅色的，不過當你從不同的方向看，衣服卻變成淡藍色。然後你再看，你又看到它是紫色的。顏色會改變和閃爍……這衣服真的很好看。我也看到他們有各種不同的首飾，首飾裡還有水晶。

朵：那個城市呢？為什麼你認為牆壁在發光？

約：我不知道。城市裡有很大的建築物。有的看來就像我們的希臘神殿。還有的像現代的二十世紀建築。有些建築物有二、三十層樓高。

朵：他們是怎麼上到不同的樓層？

約：有移動式的坡道。你上到坡道，然後就到了你要去的地方。那些雖然是坡道，但很難描述。你瞧，這些建築物的構造和我們的不一樣，我們的建築必須裝設電梯。這類建築物則蓋成階梯。（他有困難描述）底下的幾層是錯開的，嗯，這麼說沒錯，就是這個字。這些不只是獨棟的建築。它們是彼此有坡道相通的不同建物。坡道是電動的。坡道就像電扶梯，不過是平坦的。坡道會帶你快速到達你要去的地方。

朵：城市裡有沒有運輸工具？

約：有，有很多運輸工具。有雪茄狀的飛機。還有雪茄狀的車子。不過他們基本上使用很多這類坡道通往城市各處。

朵：他們的車和我們的類似嗎？有輪子嗎？

約：沒有，它們沒有車輪。它們有點像是氣墊船。

朵：它們怎麼發動？

約：用太陽能和水晶。透過水晶取得太陽能。

朵：飛行器呢？有翅膀嗎？

約：沒有，飛行器沒有翅膀。跟我們的飛行器一點都不像。事實上，看起來就像個大雪茄。（笑）而且中間部份都是窗子。它似乎是從尖端的一塊巨大水晶取得動力。從一個看起來是高塔的東西汲取能量。那個高塔就像是協助船艇起降的停靠站。飛行器從這裡補充能量。

朵：它不能飛很遠，是嗎？如果它是從那裡取得動力的話？

約：喔，它能飛行好幾千英里。它把太陽能貯存在電池裡，飛行船從電池取得動力。

朵：他們有任何通訊設備嗎？

約：那裡的人不需要電話。他們能用精神感應交談。

朵：那長距離和市外的通訊呢？他們也能用這種方式來聯絡嗎？

約：是的。我沒有看到無線電或電視或類似的東西。沒有需要。他們也有娛樂，沒錯。他們喜歡音樂。而且有競技場。（他停了下來，接著猛然倒抽一口氣。）啊，老天！好恐怖！這些人真殘忍。

這是第一次有跡象顯示有東西不太一樣。在此之前，他的敍述和其他人的聽起來都很相像。顯然這裡並不全然是天堂。如我前面所説，亞特蘭提斯已經存在了好幾千年，或許約翰看到的是那裡開始墮落和退化時的景象。那裡的人和城市都很美麗壯觀，然而表象下卻隱藏了黑暗和醜陋的祕密。

約：那裡有很殘忍的事發生。看起來像是人類被接在動物身體上。民眾把牠們帶到這個競技場，強迫牠們互鬥。就像羅馬格鬥士對抗那樣。

朵：那群生物是什麼長相？

約：我可以看到其中一個。是男性，不過這個生物看起來像是一個人長在馬背的中間。牠有四條腿和人類的軀幹，但牠就長在牠的背部中間。牠看起來像是被嫁接上去的，應該有馬頭的地方卻完全沒有東西。

朵：我想我知道你在說什麼。（聽起來他是在描述一隻半人半馬）其他生物看起來是什麼樣子？

約：喔，有隻……牠看起來像美洲豹……臉是美洲豹，後腿卻是人的腿。背就像是人類的身體。喔，太恐怖了！這些生物好像是基因錯誤造成的。人們對牠們很殘酷。

朵：只有這兩隻生物嗎？

約：哦，不，有幾十隻。我想至少有一、兩百隻。都在這個競技場裡。牠們在彼此格鬥，而且是生死鬥。民眾就這樣環繞而坐，沒有鼓掌、呼喊或這類的舉動。他們只是覺得這樣很好玩。

朵：你有看到別的生物組合嗎？

約：有。另一隻生物看來像頭公牛。牠有牛的角和臉，還有牛的身體，但該有牛腳的地方卻是人類的腿。這些東西真的很怪誕。還有別的生物。有個看起來就像是有張人臉的蛇。還有……喔！一隻像長頸鹿的動物有個人的臉。

他看到這些古怪的生物後，似乎非常沮喪。

朵：我不希望因為我的好奇心而讓你覺得不舒服。

約：不是，不會不舒服，只是這些都是基因上的錯誤。牠們不能繁殖，那為什麼不讓牠們死了算了。這看起來像是那些民眾喜歡的一種娛樂。這些人很殘酷。

朵：我認為如果他們能夠心靈感應，他們應該是更有同理心和溫和才對。不是那樣的嗎？

約：不是。事實上我有種感覺，他們非常非常驕傲，而且他們看不起其他的生物。他們把地球上的其他物種都當作是糟糕的動物。

朵：你認為是他們聚集了這些生物，然後把牠們放在這裡，讓牠們打鬥？

約：他們會定期這麼做，因為他們總是可以有新的一批來實驗。

朵：這些生物有沒有任何武器，還是就這樣徒手博鬥？我想到羅馬的鬥士。

約：沒有。牠們使用天生的本能。民眾喜歡看，不過他們不鼓掌，也沒有顯露出任何表情。他們不呼喊、不尖叫，不表現任何情緒。他們喜歡看這樣的場面。這是他們的娛樂。

朵：很難理解有人在娛樂時不表現出任何情緒。

約：沒錯，他們不展現任何情緒。這很奇特。這些人實在不是好人。我的意思是，他們很冷酷。他們高高在上。他們嫌惡其他的生命形式。現在他們正走進競技場。他們有種像槍的東西，不過是用水晶製成。他們把槍對準所有殘活動物的心臟部位。

朵：那些不彼此殘殺的生物？

約：是啊，他們在殺害這些動物。槍發出光束，對準牠們的心臟。看起來像是雷射，不過是光束，不是雷射。（厭惡的語氣）現在我被帶到另一個地方，他們在這裡製造這些動物。這些人聚集在一幅畫前。房間裡有隻被隔離的動物，他們開始想像這隻動物長了男子的臉。他們看著一幅長了人臉的動物圖像，然後運用心智讓這隻動物顯現出那個畫面。他們很專心。這是在教他們如何顯化。房間裡有個活生生的動物。看起來是一隻狗。牠正經歷這個過程。牠很痛苦。這是為什麼我認為他們很殘酷。有四個人在做這件事，一個女性和三個男性。這需要合併他們的專注力。他們非常專注的要把人臉放到房間裡的動物身上。

朵：他們只用心智的力量就能做到？

約：是的。他們能夠專注到讓這樣的現象發生。不過他們是專注在重組動物的臉。他們專注在操控動物臉部的細胞構造，但這對經歷這種過程的動物是非常痛苦的事。

朵：他們這麼做是在練習控制心智嗎？

約：大概是吧。不過他們也是想要找出某種寵物類型，就像我們有狗和貓一樣。他們要找出一種特性像人的寵物。

朵：房間裡有任何機器或設備協助他們嗎？

約：有，有一種……看起來像是水晶玻璃。還有石頭，不過這個石頭有延展性。我的意思是，它像橡膠。你可以折它、捏塑它。這個石頭是用在房間內部。

朵：這種石頭是機器的一部份嗎？

約：不是，它只是用在房間裡的內層。他們不在牆壁上漆色，而是用有延展性的石頭來裝飾。

朵：他們不管用什麼東西都有水晶。

約：是的，那裡到處都是水晶。厚重的大塊水晶，還有不同的顏色。我看到裝了水晶的控制板。天花板上有個由水晶組成的星團圖案正發出光芒。

朵：有人在操縱這個機器嗎？

約：他們用心智來操縱，但他們要先和水晶調諧。

朵：我不知道你能不能取得這方面的資料，不過當他們把動物變成半人半動物，這會不會影響到那隻動物？影響到牠的思考和行為？

約：喔，動物很痛恨這樣，因為很痛。很痛苦。

朵：我的意思是，這會讓動物具有更多的人類特性嗎？

約：是的，牠會有更多像是人類的特徵，不過並不是良好的人類品質。

朵：我很好奇這會如何影響動物的生命力，或者說心靈。

約：他們覺得自己可以對這些動物進行實驗的原因是因為牠們是低等的生物形式，而他們是優秀和高等的生命力。他們對動物界的態度是，「我們是高等的，所以我們想怎樣做都可以。」

朵：可是當他們這麼做的時候，不就讓動物變得不那麼低等了？

約：他們並不是要讓動物演進，不是的。他們不覺得動物有靈魂。他們有靈魂，因此他們是神，可以為所欲為。他們是的，他們是神。他們很有本事。他們可以創造和重組那隻狗的臉，讓牠看起來就像個人類。

朵：不過，那樣做毫無用處，不是嗎？如果他們只是要把那些動物放在競技場上自相殘殺。

約：不，他們奴役其中一些生物。他們認為動物是低等生物，所以沒有關係。

朵：他們就是希望讓這些動物看起來更像人類。聽起來他們在玩遊戲。

約：（他皺眉）我不認為他們是在玩遊戲。他們不是好人。我不喜歡他們。

朵：嗯，我不想你看到這種東西而覺得不舒服。

約：喔，看到這些可憐的動物自相殘殺，實在很難過。不過，牠們一直都在忍受極度的痛苦，因為牠們的分子構造已經被打亂了。

朵：做這樣的事似乎違背了宇宙的生命力和破壞他們自己的環境。

約：這是為什麼亞特蘭提斯會毀滅的原因。

　　亞特蘭提斯人被描述為完美的民族。也許他們改造人體的基因技術已經達到精湛或完美的境界。由於已經沒有什麼挑戰，於是他們改造並合併自己和動物的基因。這對他們來說，是向未知冒險的新鮮挑戰。

朵：你能不能看到他們還用心智做些什麼？或許不那麼有破壞性的事，而是他們擁有的別的力量？

約：可以。（倒抽一口氣）他們可以非常輕易地透過想法讓一個人達到性高潮。（他覺得這很有意思）他們喜歡這麼做，他們也會以心智力問候別人和談天。（笑）那是他們玩的遊戲。他們能夠影響地球上的其他生物。他們很有優越感，認為自己是最棒的，一切都是為他們運作，因此他們蔑視低等的生物形式，這也是為什麼他們會拿動物來做那樣的實驗。

朵：他們有把心智使用在建設性的事情上嗎？

約：噢，有的。他們能夠運用心智力量來建造城市。他們能夠以心智力讓重物提升並移動物體。

朵：飄浮術？嗯，那會是正面的屬性。

約：他們非常自我中心。我想，我就是想說這個。一切都要順從他們。

朵：我對那個有延展性的石頭有興趣。

約：那是特定類別的石頭，他們用來建造城市和那些電動坡道。

朵：那些石頭是在天然狀態下產生的嗎？

約：我真的不知道。我現在正在問。依我所看到的，那是經過心智實驗處理過的石頭，所以才會具有延展可塑的特性。他們是非常非常聰明的人，智力很高。然而卻那麼蔑視其他生命。（停頓）噢，真噁心！（他斷然中斷）我不想待在這裡！（厭惡的表情）

朵：沒關係。我不想你留下來。你可以離開那個城市。那個大陸上的其他人也住在像這樣的城市裡嗎？還是那裡只有一小群人？

我在試著讓他脫離那種顯然令人不忍卒睹的情境。

約：不是，有些人住在鄉下。他們住在漂亮的房子裡，而且有漂亮的庭院。（驚訝）這裡沒有我們那種昆蟲。我注意到了，這裡沒有昆蟲。他們可以待在室外，沒有什麼討厭的昆蟲。

朵：你知道為什麼嗎？

約：（驚訝）他們在實驗時製造出很多有害的昆蟲。我不喜歡他們。他們還吃人肉。我看到有一幫人在吃人。

朵：會不會吃的是其中一種動物？

約：不是，不是那樣的動物。他們抓了這個人，然後吃他。這是發生在城市外面。有一幫人坐上飛機。他們抓了其中一個人，他們把他煮來吃。

朵：老天！（我想要改變話題）那些討厭的昆蟲呢？你說他們這麼做是在實驗？

約：是的。所以亞特蘭提斯必須滅亡，因為他們濫用生命力。他們製造那些昆蟲是在創造。我覺得他們並不是很好的人。我不喜歡在這裡。我想離開。

朵：好。如果這讓你不安，你不必留下來。

約：我想離開。你明白了嗎？他們的生命態度真的很傲慢。自認高高在上，所有一切都是為了他們自己的利益。他們不尊重生命，所以才會被摧毀。

朵：我很謝謝你的觀察並告訴我這些資訊。我完全不想讓你不安。

約：讓我不安的是那種吃人的殘忍行為。這真的很愚蠢，一點意義都沒有。我想這就是為什麼今天這世上還有吃人肉的情形。他們就是會一時興起去做這種非常愚蠢的事。

朵：如果你在那裡覺得不愉快，你可以離開觀看室嗎？

約：現在沒有畫面了。我一直以為亞特蘭提斯人是好人，擁有高等能量之類的。不過他們不是。他們很先進，沒錯，不過他們非常非常自大和傲慢，非常不尊重低等生物。那是我們無法了解的。他們很沒道理。他們會去突變這些動物，讓可憐的動物承受痛苦，只因為他們想這麼做。

朵：也許他們是覺得無聊。

約：當他們抓這個人的時候，看起來就是這樣。這群人上了這個飛機，然後抓了這個像土著的人。他就像我們現在到新幾內亞所看到的人一樣。

朵：所以他們那個時候是有土著的。

約：對。他們去了一個有土著的地方，抓了這個人，把他煮來吃。我認為這真的很沒意義。

朵：也許一切都那麼進步，他們覺得無聊。這些對他們是消遣，一種娛樂，讓他們覺得有趣。

約：或許吧。我覺得是這樣。

朵：他們的心智已經演進到了沒有什麼會是挑戰的程度，所以他們想試點不一樣的。

約：圖書館員在告訴我，大多數的地球人認為亞特蘭提斯人具有高等能量。但為什麼他們的大陸會被摧毀？那是因為他們誤用生命力，他們必須被毀。

朵：這比我們聽到的其他說法都合理得多。

＊　＊　＊

以下是約翰另一次前往圖書館觀看室的記錄；他得到了更多資訊。

約：我現在正走進圖書館。我在圖書館管理人這裡。他說，「我在這裡是要提供服務和協助你。」然後他問我，「你要問我什麼？」

朵：在我們詢問亞特蘭提斯的資訊，然後到觀看室觀看令人不安的影像前，如果可以，我們希望能先看看跟亞特蘭提斯人正面力量有關的事。

約：好的。他說，請進觀看室。他覺得困惑，因為他以為我們想要的資料是亞特蘭提斯的沉沒和原因。

朵：我們下一次再看。

約：他說這是為什麼那些資料會讓載具（指約翰）感到不安，因為那是亞特蘭提斯覆滅的原因之一。他說到正義的存在。當一個人使用他的力量在負面事物，他就會吸引負面。這就是亞特蘭提斯文明最後崩潰的原因。

朵：雖然那些資料令人不安，我們還是很謝謝他提供。這次我們想要看看關於他們那個時代的療癒力，瞭解他們運用那些力量達到了哪些成就。

約：他現在給我看這間漂亮的水晶室。這個房間有上千個水晶。看來像極了一片片結霜的玻璃，不過全是用他們製造的水晶做成。他們發現了一種凝膠，將膠和沙混合就形成最理想的水晶。它是裝在一種特殊的裝置裡。看起來就是個生物製品。現在他帶我觀看這個漂亮的地方，這裡發出不同顏色的光。有綠色、藍色、紅色、紫色、黃色、橘色和白色。他說每種顏色都代表身體需要療癒的不同部位。白色是要療癒以太體和星光體。綠色是療癒肉體。藍色是療癒情緒體。紅色是療癒因果體。透過坐在這些色彩的射線裡，進入它們的調和狀態和序列，所有病症就能被療癒。那裡還有一塊讓人躺在上面的板子，周圍以水晶的末端排出不同圖案。看來有點像石板，但是很舒服。上面鋪了一層布，看起來很薄，耐受性卻很強。床布帶著亮銀的金屬色，看起來像太空時代的毯子，可是當躺在上面的時候，感覺卻像泡綿。這張床在不同顏色下移動。顏色必須以正確的順序出現。順序不對就有可能影響健康，因此要照一定的先後順序。不過他還沒告訴我是怎樣的順序。他說這在現在不重要。他說這是亞特蘭提斯最高等級的療癒艙，用來治療達官貴族。

朵：不是為一般人？

約：不是。他說他們有其他很類似的地方。這個像是現在你們國家的那種貴族醫院。

朵：那麼個人的病痛就不必處理了？

約：療癒必須針對整個身心來進行。不只是肉體，還包括情緒體、心智體，這些都必須療癒。

朵：所以如果受了傷或生了病，並不是被當作個別的病症來治療。

約：對。這裡主要是為了靈性發展和療癒過去的錯誤之類的事。有點像精神療法。他現在讓我看到接合骨折和處理這類性質的地方。在某方面，這裡看起來像是我們一般的手術室，只是他們使用的是磨得像剃刀一樣銳利和完美的水晶類工具。

朵：你說你在另一個房間看到的那個用來療癒不同靈魂體的機器，就像生物製品。這是什麼意思？

約：它看起來就像是活的！就像有生命一樣。那是一部電腦終端機，看起來卻像是植物界的東西。因為它看起來可以生長、擴展，就跟植物一樣。它帶些淡綠色。它還有一個水晶液態的顯示器，就像科幻雜誌裡的東西。它看來像是可以生長和繁殖。

朵：如果有人身體不適，是由誰來決定需不需要在這個房間裡治療？

約：當時的人覺察力都很高。當有親人由肉體轉變為能量（指死亡），他們會到這個中心和逝去的人道別、送愛給他們。這是一種療癒過程。哀傷。他們高度進化，知道如何操控能量，也明瞭操控的動機。這時候的人們並不會批判彼此。

* * *

當我在二〇〇一年匯整這本書的時候，我從在曼菲斯（Memphis）進行的催眠療程得到了一小段資料。有位女士提到亞特蘭提斯使用一種頻率機，這是運用光來調節頻率，使人體恢復和諧，達成療癒的目的。這個機器是純能量，透過心智來運作，效果很好。但過了一陣子以後，它被廢棄不用，因為科學家開發出另一種他們認為效果更好的機器。他們偏愛使用威力強大的水晶機器，但他們卻扭曲了能量。水晶跟某類液體一起裝在盒子。房間裡有很多人集中心智使光穿透盒子並產生動力。這個機器後來被用在墮落的用途，使用在錯誤的目的上（尤其是性方面），因此造成扭曲的效應。

隨著亞特蘭提斯人對能量的運用有更多了解，他們的知識擴展了，他們也對操控能量著迷。他們發現新的方法來實驗和引導能量。他們忘了要把能量運用在生活裡的正面用途，像是療癒和平衡。當能量被用在負面用途，就會被錯用和扭曲（多人的專注力又會使得力量倍增），反而成了破壞的力量。這個機器的力量後來大到能夠自行開啟運作而不受控制。這就是亞特蘭提斯毀滅的原因之一。

＊　＊　＊

當我和約翰回到圖書館，我們繼續取得更多資訊。

約：守護人在問，你想要討論哪個主題？

朵：我們還是想知道跟亞特蘭提斯有關的事。我想就亞特蘭提斯的盛世，在它還沒衰頹前的時期問幾個問題。我們想知道亞特蘭提斯興盛時候的家庭生活。你看得到嗎？

約：是的。他正在給我看亞特蘭提斯的照片。

朵：他們有個別的家庭和家庭組織嗎？

約：有，他們有個別的家庭。這些家庭其實都有關聯。大家都活得很長，因此人口很多。一個家庭可以住滿一整個鎮。或者不是整個鎮，但在我們現在會是這麼形容。他們彼此聯繫，每個家庭成員都非常重要。他們每個人都具有不同的技能和技術，能夠互相幫忙。基本上他們不像我們這樣住在一起。每個人都有自己的個人空間，不過他們會聚會，一起用餐、聊天等等。即使夫妻都有個別的房間或空間。他們的房子很寬敞，每位家庭成員都有自己的房間，而且房間都是連接在一起，有點像大庭院。我看到庭院裡有好些人。他們都有親戚關係，不過每個人還是很個人化的。我看到老人和兒童一起活動，這些老人都有好幾百歲。他們不只是一百歲，而是好幾百歲。他們好像特別喜歡和小孩一起活動。我看到大家分別在做不同的事。有些人在冥想。有些人在進行各種科學實驗和活動之類的。他們都有自己的空間意識，有自己的房間可以做自己的事。個體意識對他們來說非常重要。

朵：你說他們會聚在一起吃飯？

約：是的，他們總是會聚在一起吃飯，跳舞唱歌。他們和家人有團體的活動。他們有假日之類的，但基本上每個人是獨立生活。

朵：那麼像藝術和音樂這些呢？

約：噢，是的，他們有美妙的藝術。他們把水晶碎粒混入顏料裡，所以畫作都會發光。說到畫作風格，裡面有像是螺旋的東西。小小的螺形體，看起來就像要蹦到你的眼前。他們也用水晶來演奏音樂。看來像是某種機器把水晶旋轉成螺線狀。就像這樣移動（作出螺旋的手勢）。他們會彈奏弦樂。他們用水晶旋轉……不像是我們現在的水晶，不是岩水晶。原本是的，不過在實驗室已經被轉變，整個大陸到處都有這種實驗室。他們旋轉它，做成像螺旋線一樣。這些旋線被用在吉他上，不過不像我們的吉他或這類樂器。那是很不一樣的樂器。他們有弦樂器，有笛子，還有用長條水晶狀的龐大物件所製的東西。都是用水晶做的。他們在特別的區域彈奏，因此會發出共鳴。這種音樂十分優美，能開啓他們的心，放鬆他們的身體。音樂聽起來很放鬆，充滿靈性。它讓你覺得平靜……他們跳舞、唱歌。我還看到他們身上纏繞很多串的花朵，他們翩然與花朵共舞。看起來不像是古希臘或羅馬的風格。每個人都穿著顏色很漂亮的衣服，有紅、藍、綠和黃色。他們舞動著花串，戴著花環跳舞。音樂有點像合成器合成的音樂和古典樂的組合風格。樂音聽來很類似，但音色很純。音樂不是合成的，沒有噪聲。他們在儀式時使用這種音樂，也用在教堂……不是教堂，是他們的殿堂。說到藝術，到處都有藝術，所有東西都畫上了美麗的圖畫。看來像上了底色顏料。他們使用的顏料比較像固體而不是液體。有些畫在帆布類的東西上，有些則是畫在牆上。也有的是上色在牆面上的雕刻裝飾。

朵：你看得到他們在屋裡是使用哪種光源嗎？

約：他們使用一種有延展性的白水晶能量。它在哪裡都發出光芒，所以永遠都是亮的。他們只要把手抬高或放下，就能讓光更明亮或變暗。就寢時，就像這樣把手放下（手勢，就像是慢慢把手放下）對著牆壁做動作。牆壁接收到他們的振動，房間便會暗了下來。所有東西都是由他們自己的能量來控制。

朵：他們的烹飪或飲食習慣呢？

約：他們有類似大型葡萄園和花園的地方。而且他們有長相怪異的動物照料這一切。牠們在田野和花園工作，看起來像是半人馬、人魚，還有山羊。送進廚房區的食物都是由這些生物處理。牠們負責栽種、收成和採摘果實。牠們獲得食物作為回報。大多數的亞特蘭提斯人很愛牠們，就像一個好農夫愛他們的馬並給牠們很好的照顧一樣。這些奇怪的生物被親切仁慈的對待。

聽起來亞特蘭提斯人在這塊大陸的一部份地區創造出這類生物，而且很喜歡牠們。

朵：我對這些動物很好奇。牠們是從哪裡來的？

約：牠們是為了這種功能製造出來的。牠們是遺傳工程的成果。

朵：你剛剛說有人魚？

約：是的，人魚進到水裡帶回一籃籃的魚。亞特蘭提斯人很開心地歌唱、撫摸並親吻擁抱這些人魚，讓牠們知道牠們受到喜愛，而且他們感謝牠們所做的一切。那些生物也會準備食物。不是人魚。人魚待在水池類的地方，因為牠們是半魚類。小的半人馬生物把滿滿貨車的一籃籃食物和水果搬到中央廚房。還有一種動物，上半身是人，但有山羊的腳。這裡有類似廚房的區域，但看起來一點也不像我們的廚房。它有放置東西的櫥櫃。食物大多數是生鮮處理，不太經過烹煮，水果就是切片或去皮。魚類等海鮮食材被送入一種看起來像是微波爐之類的東西，但不是微波爐。烹煮的速度很快。這個東西有好幾個部份，看起來像水晶艙，需要烹煮的魚類等食材就放到那裡。我沒有看到任何肉。我只看到魚和貝類，像是干貝和蛤。它們只被加熱到剛熟，然後就可以吃了。

朵：這些動物是用基因工程製造出來，專門作為僕役用途的嗎？

約：是的，牠們是作為這些人的僕役。但牠們是被愛的。只要牠們受傷或不適，全家人都會聚集為受傷部位傳輸能量。牠們被當成僕役，不過牠們有主人的愛。就像我們對貓或狗一樣，我們會表達愛和關切。他們很感激這些動物為他們所做的一切，他們是被看作動物而不是人類。牠們有些身體部份比較像動物，不過，牠們的臉基本上都像人臉。

朵：牠們的行為或智力呢？

約：噢，牠們能說話並聽從指示。牠們能夠了解簡單的事，不過，是的，牠們和其他人的智能並無法相比。

朵：雖然牠們看起來有部份像人類，但牠們的智力不比其他人類。

約：牠們的長相並不噁心。牠們看起來很自然，而且受到很好的照顧。牠們被欣賞和感謝，也知道牠們是被寵愛的。我看到有個僕役做了一道水果拼盤。然後這位女士接過來，親吻牠，摸牠的頭，牠的頭長了小角。她就像這樣撫摸牠的角（手勢），然後說，「喔，你好棒。你看，太棒了。好漂亮。大家一定都會喜歡。等一下你們出來，然後……」接著牠們都出來接受全家人的讚賞。牠們就像寵物般被寵愛。

朵：這些生物能不能繁殖？牠們很特別嗎？

約：不能，牠們不能繁殖。牠們是用買的。每隻都獨一無二，不過牠們是大量銷售的生物。人們去販賣這些生物的地方，購買這些動物來幫忙。約翰離開催眠狀態後，描述了廚房裡的生物，那是他記得的最後一件事。那個動物的臉部份像牛，部份像人。就像一個頭上長了牛鼻和小角的人。牠的上半身穿著像圍裙的服裝，因此顯然是母的。

＊　＊　＊

菲：水晶的用途遠超過你們人類現有的理解。未知的用途遠多過你們已知的。然而，當你們接受和適應這些實相的覺察度提升之後，這些用途就會彰顯出來。有些石英能放大和強化人類的能量……我們發現這很難轉譯，因為你們並不了解真正的能量概念。無論如何，透過這些水晶，相當有可能把人類和非人類的能量混合。它們可以作為混合器、區分器或分離器使用，這要看使用或引導水晶的人所給的能量方向而定。水晶是濾器，有許多不同的用途；它的用途只被使用者的想像力所限制。

朵：你提到過濾宇宙射線的石頭。需要過濾宇宙射線的目的是什麼？

菲：過濾和聚焦可以分開或同時進行。這有四個特定的理由或目的。特定的能量最好用。聚焦只是把能量專注或凝聚在單一地方。不同的石頭有過濾或是聚焦的用途，特定的石塊則兩者都可以，看目的而定。宇宙能量是非常強大的能量源頭，但你們尚未觸及……地球還沒發現這種能源——這種豐富的能量比存在於地球上的任何未經加工的原始能量還要強上幾百萬倍。

朵：問題是要能發現它。

菲：問題是要提升意識，接受這個概念，同時也要有責任感才能使用。這個能量在這個星球曾經很普遍，不過由於缺乏責任感，使用它的知識就失落了。

朵：那是在亞特蘭提斯的時代嗎？

菲：是的，沒錯。那個時代失落了很多東西。亞特蘭提斯時期誤用了許多形式和類別的能量。一開始他們對構成物理實相的能量有高度理解。後來這些能量卻被誤用。

* * *

克萊拉從一處很類似菲爾的三尖塔星球的地方收到資訊。她那裡也是一個有奇怪螺線狀建築物的星球，而且資料是存在於整個星球，彷彿這個星球就是一個知識的倉庫。這跟菲爾提出的描述是相同的。克萊拉也激動地說這裡是她的「家」，這點也和菲爾一樣。克萊拉找到這個地方的完整經過收錄在《迴旋宇宙序曲》裡。

朵：你可以告訴我關於亞特蘭提斯的事嗎？是不是有什麼紀錄保存？

克：亞特蘭提斯沉入了海裡。

朵：我想知道它沉入海裡之前的事。那是個什麼樣的文明？

克：高度發展。非常翠綠。而且科技非常先進，超過今天的地球。

朵：這個文明存在了很久嗎？

克：非常漫長的時間。

朵：你能不能告訴我關於他們科技進展的事？

克：他們有轉移和移動能量穿越時空的能力，而且方式比科技還……遠超過——你們是怎麼說？——比今天更先進。（有困難說明）嗯，你們用來描述先進機器的是什麼字？就像電腦和通訊設備。這個設備非常龐大，功能卻非常、非常精細。甚至有部份資訊是在精神感應的層次完成的。

朵：這種機器或電腦是使用哪種動力？

克：都是用太陽能。一切都是太陽能。偉大的中心太陽。

朵：那麼他們沒有我們如今使用的電力？

克：他們曾經有過。不過在亞特蘭提斯接近後期和後期的時候，就全部是透過偉大的中央太陽來產生動力。

朵：這個太陽就是我們在天上看到的那個嗎？還是不同的？

克：就是你知道的那個太陽。

朵：設備和我們今天使用的類似嗎？

克：複雜得多。你們有龐大的太陽能板，還有面積遠超過亞特蘭提斯所使用的太陽能設備。他們的非常先進，運用更有效率，也不佔用那麼大的空間。他們的科技跟發出能量的中央太陽更調諧。就像是接上了更強大的動力。他們連接恆星，以及來自其他恆星的動力。

約翰曾經提到，亞特蘭提斯人也知道如何使用月球的力量。《迴旋宇宙序曲》裡的巴多羅米也提過古代人擁有這項知識。

克：他們和其他星球及恆星的存在體溝通。他們透過溝通交換資訊，並將這些資訊運用在機器和電腦技術，以及其他科技的進展上。

朵：所以，來自星辰的存在體幫過他們？

克：是的。當時是一起協力合作。

朵：我聽說這是因為科學家發展他們的心智力量所達到的成果。

克：是的。透過開發他們的心智，他們向所有的可能性開放。他們接受其他星球的確有生命存在，而且接觸方式並沒有任何限制。由於拋開了受限的想法、感受和信念，他們便接收到來自其他宇宙和星球的訊息。那些星球對他們以精神感應的方式提供資訊。他們會在心智對心智的層面交流，並不需要長長的溝通線路，像是你們的電話線。他們使用這個心靈感應的能力，並透過與許多星球的溝通，更進一步提升了感應力。這是指整個社群，而不是侷限於部份人類。

朵：他們因此成就了很多事。你是這個意思嗎？（是的。）我聽說亞特蘭提斯不只是一個國家，它是指當時的整個世界。

克：在亞特蘭提斯的存在時期，已知的世界就是指那裡。

朵：在這個已知世界，所有的地區都很先進嗎？

克：不，不是所有地區。有些地區很原始，那裡的人還沒有開放心靈接受交流。並不是整個星球都提升到一個比較高的振動層次。有些地方選擇不打開心胸，不擁抱新的生活和存在方式。於是他們成為，你可能會稱為的「被拋棄的一群」。他們不相信自己能超越本身的極限。他們選擇過有侷限的生活，選擇在星球的其他區域居住。而那些敞開心，接受沒有侷限生活方式的一群則進化得很快，而且跟所有的星球溝通。

朵：他們好像完全沒有共通點。

克：一點沒錯。

朵：你可以看到比較先進的一群，那個較科學的社區是分佈在今天地球的哪裡嗎？我知道這個世界改變了很多。

克：改變非常大，滄海桑田。當時的已知世界是在你們如今所稱的大西洋。

朵：那個文明有留下任何遺跡嗎？或許人類將來可以發現？

克：只在以太層面。

朵：那麼在實體層面是找不到了？

克：這個時候是有個可能——如果人類夠開放，真的在意識上相信可以找到的話，那麼就能找到。

朵：有些人認為他們在水底看過一些東西，那些可能是城市的遺跡、道路和建築物。

克：那不是事實。他們看到的是在亞特蘭提斯之後才出現的較晚近文明遺跡。

朵：我也聽說亞特蘭提斯的科學已經高度發展到進行身體的實驗。你有沒有看到這類的事？

克：哪種身體實驗？

朵：基因或類似的實驗？

克：今天在這個星球上所經驗的一切，在亞特蘭提斯時代都曾經做過。無論如何，那些都是在亞特蘭提斯滅亡前許多世紀進行的。在基因上，他們複製動物。他們也複製人類。不過，他們發現這麼做並不適當，因為干擾了人類種族的DNA；如果他們繼續下去，人類將會嚴重受害。所以他們停止了。

所以除了使用心智來影響肉體外，他們當時也進行了基因實驗。我始終沒找出何者為先，或兩者是否在同時期進行。看來他們的好奇心沒有止盡。而來自過去的迴響，又在現代重現。

朵：那就只是個實驗，還是他們有什麼目的嗎？

克：是實驗性的。他們的目的就是要看能不能做到。而當他們發現可以做到的時候，產生的結果帶來了很多難題和麻煩。結果並不適當，於是制定規則的那些人覺得這個實驗應該被停止。

朵：他們遇到哪些問題？

克：出現了不像人的（生命）形式。當時還有很多實驗——你們是怎樣說的？——跨種交配的實驗？（她對這個字有疑問）跨種──複製？混合起來……結果卻比較像動物。這反轉了演化的進程。接著疾病出現了。就這個星球的目的而言，這不該繼續下去。因此當時決定，為了這個星球的利益，禁止再繼續進行。它必須停止，否則會毀滅人類。

朵：聽起來很嚴重。

克：是很嚴重，很嚴重。

朵：不過，不再複製後，他們卻開始混合DNA，混合基因，他們只是想知道結果會如何？你是這個意思嗎？

克：是的。好奇心。實驗。讓我們這麼做，看看會出現什麼情況。先這樣，再試試那樣，看看結果如何。在植物方面，他們進行不同植物、蔬菜和喬木的混種。然後他們想，「哇，我們做成了。為什麼不拿人類來試試？」於是就開始了。接著就變成「噢，好，現在讓我們看看，用這個，還有這個和這個，會是什麼情況。」於是成了巨大的災難。

朵：當他們開始複製、混合不同的基因，你說成果不太像人，比較像動物？

克：他們像是在反轉演化。不過後來變得很怪誕，也很邪惡。

朵：所以出現一些不該出現的組合。

克：而且是從來不曾出現過的。

朵：不過，顯然牠們都能存活。牠們活下來了。

克：牠們活了一陣子。然後陷入一種狀態，以你們的話來說就是「瘋狂」。於是破壞發生，因為牠們變得像是怪獸。

朵：牠們為什麼會發瘋？你的意思是，因為那不是正常程序，所以影響到生物的心智？

克：這是部份原因。不過另一部份是由於動物界和人類的基因混合。這樣的實驗成了科學家的玩具。他們想知道能造出什麼。他們的心態是，我們現在可以變成神祇，隨心所欲地創造，造出以前不曾出現的東西。於是災難降臨。

朵：不過你也說過疾病是被引進的。

克：以前從不知道的疾病被引進了。

朵：這是怎麼發生的？

克：透過混合基因。透過混合生病和健康的基因。而且還有……（不知道該用什麼字）你會說這對人類種族是「外來物體」（異物）。可能是動物，或他們想嘗試引進的不論什麼生物。那就是他們做的事。因此，如果有個基因或種族的DNA粒子有某類疾病的跡象，它就會被帶進整體裡，產生出全新的疾病。

這可能會是休眠的疾病；寄主身體帶了病原，本身卻可能對此免疫。然而，複製的過程把病原喚醒，也因此造成了變化。

克：疾病會突變，而且突變成別的東西。如果有某個疾病隨著DNA引進，然後又有另一種疾病被引進，它們結合所產生的疾病就會非常有破壞力。

朵：所以這些生物，不只是牠們的身體、外觀和心智改變了，而且所有的——我是想說——細菌、分子，也都發生突變並形成不同的疾病。（是的。）產生了前所未有的質變。

克：沒錯。而且規模龐大到他們必須停止所有的實驗，因為他們知道情況已經蔓延。可能摧毀整個人類種族。

英國在一九九七年宣佈官方第一隻複製羊的消息。一九九七年八月的這次催眠療程後，當局公開討論複製的風險和道德議題。我從我的工作已經發現複製人類的技術早已純熟。有很多事一般大眾並不知道。現在看來，政府似乎開始釋出關於複製的初步資料（最近宣佈已成功造出第一隻複製猴——最近似我們的親屬——的消息）。因此，將來當官方宣佈複製人成功的時候，我們也見怪不怪了。

科學家表示，他們能夠複製動物並引進人類基因來改良動物品種，生產更好的肉。最近他們也開始把人類基因引進特定的豬隻，以便移植牠們的器官到人體。由於人體通常會排斥非人類或不相容的一切，如果器官捐贈豬有了一些人類基因，那麼受捐贈的人體就不會排斥植入的器官。

有位科學家提出了異議，他認為混合人類與動物的基因，有可能產生不明疾病，疾病會先從動物開始，接著可能散佈到人類身上。以豬為例，豬有牠特屬的疾病，並不會因為處理的過程或是食用而散播。不過科學家們擔心，如果要移植的豬隻器官是人體的永久部份，血液會不斷流過那個器官，這會把那些疾病的細菌帶到人體系統，可能因此突變出不明的疾病並且散播傳染。這樣的顧慮有充分的理由，因此這樣的捐贈計畫便暫時停止，直到更深入的研究完成再說。

看起來就像是歷史重演。人類又在犯下往昔亞特蘭提斯時代所犯的錯誤。或許這就是這個資訊為什麼在現在出現的目的。它是來自過去的一聲警鐘。

朵：那麼疾病當時就不只是出現在基因實驗裡。它已經開始散播到其他的人類身上？

克：當時還是在基因的範圍。不過科學家知道，如果他們繼續的話就會發生那樣的情況。因為那些生物會融入其他的生物族群，疾病就會傳遍整個文明。於是有權力的便說，我們不能讓這種情形發生。所以那時所發展出的成果便被摧毀。

朵：他們造出的生物是不能生育的嗎？還是能夠繁殖？

克：牠們不能繁殖。牠們只是「複製品」，並沒有生殖器官。

朵：在一開始還沒有失控的階段，他們造這些生物是為了什麼？他們是有目的的嗎？

克：最初的目的純粹是想知道能不能做到，結果失去了控制。

朵：那麼他們並沒有用這些生物來做事？

克：他們根據那群生物的能力，把牠們當成機器人教導。因此在科學家的指令下，牠們的舉止就跟機器人一樣。牠們可以當科學家的助手或他人的玩伴。當他們想到，「噢，既然我們要造出這些東西，我們就該想個用途。」牠們就被設計來看家、牧羊等諸如此類的事。

約翰看到的溫和僕役就是這類生物嗎？

克：然後他們想，「嗯，這樣很好。那我們把其他動物的基因全部引進，看看會得到什麼結果。」結果就是一片混亂。

朵：那麼停止實驗的主要原因是他們害怕情況失控，疾病會散佈出去？

克：那是唯一的原因。因為他們看得出整個文明會被毀滅。因此他們把自己造出的生物全部毀掉。

朵：你說當初是「有權力者」要他們停止。你是指誰？

克：各個政府。

朵：所以他們知道科學家在做什麼。

克：知道，那是他們認可的，直到他們看到這個走向不可行，也不能繼續下去。否則整個文明就會毀滅。

朵：疾病會散佈各處，就連你說的「被拋棄的一群」也會被波及？

克：喔，是的。是的。

朵：所以他們就把造出的生物聚集起來並把牠們消滅？

克：是的。但不是大規模的進行，而是用很安靜和微妙的方式，看來就像是自然發生的。因此整個社區就不會驚恐或恐慌。這是在嚴密控制下進行。一般大眾並不知道實驗造出了一些怪誕的生物。這就有點像你們的政府隱藏許多事不讓民眾知道。亞特蘭提斯那個時代就是這樣。

朵：我一直懷疑許多半人半動物的傳說是來自那個時期。有這個可能性嗎？

克：是的，有可能。就是這樣的。

朵：那麼這些半人半動物的生物，在亞特蘭提斯之後就不存在了？（不存在。）所以傳說有那麼古老了？

克：是的。它是源自亞特蘭提斯。

朵：在羅馬、希臘和埃及時期都有這類故事。所以傳言有確實的根據，不過要回溯到非常久遠之前。這麼說正確嗎？

克：這遠比埃及和羅馬人的年代更早，早得多了。

朵：但它是記憶的一部份，然後變成傳說。

克：是的，沒錯。它一直流傳下來，於是成為集體意識的記憶。

朵：我始終相信，如果回溯得夠久遠，傳說多少都有些事實依據。

克：所有的傳說都是。否則它們又怎會變成傳說呢？一旦成為傳說，每個聽到的人都會想讓故事帶點他們自己的風格和浮誇的想像，讓傳說甚至更偉大，更多彩多姿。

朵：但故事總要有個開始。

克：總是有個開始。

朵：還有沒有什麼是科學家後來被告知必須停止的？

克：那是最主要的。那就是你詢問的重大事件，而且看來適合在這時候提出。

朵：因為我們正開始要步入同樣的歧途。（是的。）我聽說在我們這個年代，二十世紀的今天，有些科學家正在進行同一類實驗。你知道這件事嗎？

克：這是真的。是真的。他們正開始玩弄基因。等到人們知道得比較多了，就會聚眾抗爭。他們會說，「那是不自然的。要順其自然。」

朵：我向來懷疑他們的進展已遠超過對民眾公開的說法。

克：是的，是這樣的。他們會在各處分別釋出少許資訊。和亞特蘭提斯時代一樣，真相被隱藏起來。現在在你這個時候，他們也只透露一點點資訊。只洩露到一定程度，以免一般大眾警覺。然後當足夠的資料被洩露——被一些圈內人故意透露——那時民眾就會群起抗爭說，「我們不能讓這種情況發生。絕對不能發生。因為我們知道這會毀掉人類種族。」

朵：歷史將會重演。

克：是的。不過由於你們這個時代的交流，更多人會透過傳播更迅速地得知這個訊息。如果讓大家知道這有可能毀掉世界，人們就會反抗。

朵：二十世紀的科學家是不是已經開始合併不同種生物的DNA？

克：是的。很秘密的進行。

朵：你可以告訴我這方面的事嗎？我想知道我們已經到了什麼程度。我知道這個主題令人不安。

克：（長嘆一口氣）現在不是適當的時機，我們不能再討論這個主題。

我在《監護人》書中也曾經想要進一步探討這個主題，結果也是一樣。外星人告訴了我許多資料，但也有些事他們並不透露，主要是因為這會對傳輸資訊的載具造成影響。一旦出現這種情況，我不能推翻這些指令；我也不想這麼做。

朵：好的。不過，我被告知外星人在協助我們的政府進行這類實驗。這是真的嗎？（是的。）他們贊成現在在進行的事？

克：外星人在做的純粹是控制事情的發展，把這件事維持在人類不會把自己毀掉的層面。

朵：因為他們多少知道這其中的作用，是嗎？

克：是的，我們知道。

朵：我納悶人類的科學家會聽從他們的話，還是這些科學家在擅自進行？

克：我們有方法讓科學家知道這是有限制的。

朵：我也假設這些實驗是在隱密的地點進行。

克：是的。整個星球都有。不過我們也在監看，不讓事情出軌，這樣才不會摧毀地球。

朵：你認為科學家會讓事情失控嗎？

克：是有可能。這是個有自由選擇的星球。（她似乎不太舒服）

朵：沒關係。如果你不能提供更多資料，請隨時讓我知道，我會尊重的。回到亞特蘭提斯——你能不能告訴我，毀滅時發生了什麼事？是不是有某件事導致大陸沉入海裡？

克：我今天不能討論這個。

朵：為什麼不行？

克：現在不是討論它是如何發生的適當時機。也許將來有機會，等時候到了，資訊就可以釋出。

朵：好的。不過在亞特蘭提斯毀滅之後，有人生還嗎？

克：當時喪失了許多生命。地球需要重新播種。

朵：我相信播種的事，所以這不會讓我感到訝異。讓我跟你說我的一個理論，你可以告訴我正不正確。我向來認為當時的生還者可能到了埃及和祕魯，還有其他地區，就是現在有那些大型紀念碑的地方。而且他們可能帶著建造這類建物的知識，像是操控石頭。這麼說正確嗎？

克：在亞特蘭提斯的時代，我們和亞特蘭提斯人有接觸。因此在合作下，他們也會去造訪其他星球。有些亞特蘭提斯人事發時在別的星球，於是他們便幫助播種今天的埃及和其他地方。有關亞特蘭提斯的資料和記憶便得以延續。生活在別的星球的亞特蘭提斯人回到了地球，他們以肉身形式回來成為秧苗。傳說因此開始並流傳下來。

朵：秧苗，你的意思是……成熟的。（是的。）因為我知道在最初期，生命是從細胞階段發展和進化。

克：是的。這一次不是這樣。那些存在體，你可以說他們放了長假，離開亞特蘭提斯前往另一個星球休假。當亞特蘭提斯從地球上消失，而其他地區浮起，他們回到了地球，重新開始生命。也有很多來自其他星系的存在體來到地球居住，因為當時地球損失了大量生命。這是因為爆炸的緣故。這就是我所能說的了。或許以後當時機恰當，而且議會願意釋出這方面的資訊時，我們就可以透露了。

克萊拉所說關於人類被運送到其他星球，然後在地球發生劇變後回來的情形，跟我曾經收到的資料非常相似，本書後面會提到那些資料。如果未來地球有必要疏散部份人類，這會是可行的計畫。顯然這在過去曾經發生，而歷史也有可能正在重演。外星人總是說他們不會允許人類毀滅。太多時間和能量已經投入在人類的發展上。如果我們不聽勸，他們將逕自出手協助。

* * *

我並不在意克萊拉不能提供我關於亞特蘭提斯毀滅的資料，因為我之前已經從其他個案取得。多年來我一直把這些資料存檔，開始整理這本書後，我才發現原來我已經有了所需的全部資料。這幾年來，這些資料一點一滴地提供給我。

我們已經收到很多線索，知道那個偉大的文明必然要崩塌，因為他們誤用了心智的力量，而且試圖改寫遺傳基因，這違反了宇宙的道德結構。然而，我懷疑這其中還有更強大的力量介入，才造成令亞特蘭提斯沈沒的那場災變。

以下的資料來自靈界那個巨大圖書館的管理人。

朵：我們可以再次取得亞特蘭提斯的檔案嗎？我想知道亞特蘭提斯被毀滅的實際過程。上次他告訴我們被毀滅的部份原因是濫用心智的力量。不過實際的毀滅呢？他可以讓你看看相關的畫面嗎？

約：可以，他正給我看地球深處的裂隙。很深的裂隙，是因為這些水晶。他們使用水晶動力將陽光傳輸到地面，結果導致壓力。他們想接通地球的熔核，這也產生巨大的壓力，因此雪上加霜地摧毀了那座島。他們鑽入地球熔心，引發了爆炸。

朵：他們為什麼要那麼做？（指鑽入地球熔心）

約：他們在尋找另一種能源，他們不要只靠太陽。

朵：所以他們當時是透過水晶使用太陽的能量。他們是怎麼鑽入地球的？

約：透過強大的專注力和心智的力量。

朵：他們的心智能力確實是發展到了相當的程度。（是的。）接下來發生什麼事？你說他們運用水晶和他們的心智在地球造成了這些裂隙？

約：彗星也有影響。

朵：他知道原因嗎？

約：不知道，他只是指出天上的彗星注定了這個事件的發生。科學家一直鑽鑿硬岩到了地球熔心。熔核因此釋出龐大壓力。這不只影響到地球的各大洲，也影響了所有星球。

朵：你是指我們太陽系裡的星球？

約：沒錯。因為散發很多高能量，亞特蘭提斯也沈沒了。

朵：他們不知道自己在做什麼嗎？

約：他們並不瞭解熔核會引發的力量。

朵：所以彗星和這件事其實沒有關係。

約：沒有，不過這個事件在天上有徵兆。

朵：然後呢？

約：心智力的鑽鑿使地球產生裂隙。結果地心的熔核流逸，使得地球失去平衡，因此造成陸沉。

朵：就像火山爆發嗎？

約：沒錯。那是一次地球的大變動。

從催眠狀態醒來後，約翰告訴我他所記得但沒在錄音帶上的事。如往常一樣，個案記得最清楚的，就是我們最後討論的主題。

約：他們了解占星術。他們很精通那項學問。彗星的出現警示他們，不該再深入地球核心尋找這個能源。然而他們卻繼續使用心智力量鑽入地球……想像有個鑽孔深入地心。當它觸及熔核，造成龐大能量的釋出，因而導致火山爆發。沸騰的東西從地心迸出，爆炸，然後……？

朵：我之前在想這一定很像火山爆發，但顯然它的威力比火山爆發還強得多。

約：喔，是的，威力大得多。他們不知道他們無法引導這種能量。

朵：你的意思是停止這個能量？

約：是的，力量太大了。就像火山一樣，但是是火山的百萬倍。整座島嶼就這樣被連根拔起。他很不願意告訴我這些。我想他是不希望大家得到這個想法，然後又來做同樣的事。

朵：用機械鑽入地球的想法確實被討論過。

約：是啊。他真的很抗拒我談這件事。我可以更深入些，不過現在就是「討論完畢，案子結束」……這樣就夠了。

* * *

菲爾在催眠過程中也從三尖塔星球得到地球歷史的知識，其中有些跟亞特蘭提斯有關。

朵：你可以看到造成亞特蘭提斯毀滅的起因嗎？

菲：有很多因素，明顯和不明顯的。不過我們覺得自然現象和你的問題或許比較有關。毀滅是多方面的。最嚴重的是地殼劇變，地震引發火山活動而摧毀陸地。毀滅的主因是當時的統治階層。當時人們被給予使用許多不同形式的能量，這些能量也讓他們有了自毀的能力。他們有很多種可用的能量，但他們卻誤用能量，使得星球的那個特定區域產生很多不和諧的作用力。

朵：我想知道起因是自然現象，還是人類的作為對實際發生的毀滅也有影響。

菲：毀滅主要是因為傲慢和愚蠢的行為所造成。無論如何，當時是有意識到這樣的行為會有後果。但後果卻因所謂的眼前利益而被忽視。

朵：你說他們使用能量，而這類能量是造成火山爆發和地震的部份原因？

菲：沒錯。當時聚集的水晶能量截斷了地球本身的力線。可以這麼說，黏合地球那個部份的黏膠便裂開了。這次的破壞也導致能量不和諧。接著就發生後來的災變。

朵：這表示他們並沒有料到會發生這種情況嗎？

菲：有人警告過那樣的行動會導致這種反應。然而，當時大多數的決策者認為自己不必對自然和上帝的法則負責，因此視而不見。他們的行為造成嚴重的摧毀。

朵：換句話說，他們是在玩弄不該碰的東西。

菲：他們是用不當的做法玩弄事物。並不是說他們玩弄不該碰的事物。

朵：結果就適得其反，毀了他們自己和當時的世界。

菲：沒錯。

* * *

朵：我很納悶，如果亞特蘭提斯是那麼完美的地方，而且發展出那些驚人的能力，是什麼原因導致它毀滅？

布蘭達：就我所知，當時出現了預料外的自然災害。這個災害的範圍很廣，造成全面的混亂。……他們一直發展得很好，毀滅的主因似乎是有一小群人想要擁有比他們應有的更大權勢和力量。但他們還不致造成真正的問題。亞特蘭提斯位在兩個不同的地殼板塊，這兩個板塊間的強大張力造成一場大地震。我的意思是非常強烈，強到地面裂開，裂痕貫穿地殼，岩漿和熔岩由縫隙湧出。這是因為地震引發，不是火山所造成。震動非常猛烈，全世界都感覺得到。地震使得那兩塊大陸上的建物都崩塌了。這個個案（指布蘭達）會這麼說——地震讓亞特蘭提斯成了碎片。

朵：我聽過一個說法，我不知道有幾分事實。據說那群想要擁有力量的人使用水晶或什麼的，這是造成毀滅的部分原因。

布：那可能讓地震更強烈，因為當時地球很不穩定，隨時都可能發生地震。而他們認為他們可以修補，結果雪上加霜，引發了原本不會那麼猛烈的強震。

朵：你認為這是那塊大陸沈沒的原因嗎？

布：大陸並沒有沈到底。它是沈了，而且之後的好幾百年，船隻都不能在那片海域航行，因為那裡的泥漿和暗礁。當時海水太淺，船隻無法穿越海域。隨著後來板塊的分離，暗礁漸漸下沈，水深就足夠讓船隻通行而不至於擱淺。你們的航海史一直有這方面的記載，人們把它歸為無法理解的事。

這個說法可以解釋古老的地圖為什麼和現代地圖不一樣，還有以前的水手為什麼不願意航行到遠方。很多傳說提到怪獸和失蹤的船隻，甚至哥倫布的時代也還有這樣的說法。

或許船隻從地球邊緣掉落不見的傳說就是這麼回事，因為當他們出海沒有回來，他們是真的「掉了下去」。家鄉的人不可能知道他們撞上暗礁而沈沒，或是因觸礁動彈不得而餓死。這個說法也可以解釋藻海（Sargasso Sea）或迷航海域（Sea of Lost Ship）的傳說。

朵：事發時，陸上的居民是不是覺得陸地要沉到海底了？

布：不是的。場面很混亂，它是一場災難，大地劇烈搖晃，熔岩往街道奔流。當時的情況很恐怖，民眾往大海跑，往海裡游，他們想跑離滾熱的熔岩，離開震動的大地。但逃到海裡的人都被淹死了，因為最初的地震引發海嘯，海嘯又回頭撲向陸塊。海嘯橫掃整個島嶼，把沒有被熔岩和強震破壞的一切也都摧毀了。

* * *

以下是二〇〇〇年在紐奧良（New Orleans）的一個案例。一位男士經由回溯催眠回到他所說的亞特蘭提斯，當時他是祭司團的成員。在他們之上有位大祭司，他們正運用水晶試圖抵銷另一群掌權科學家負面作為的影響。那群科學家將他們心智的力量用在負面用途，同時也在進行一些負面的實驗。這群祭司於是透過水晶並導引能量，試圖中和那些科學家所引發的負面效應。不過，這些祭司遇到了問題。他們有一批水晶需要依照特定順序或模式排列才能發揮最強大的效果，但這些水晶並沒有發揮作用。他們不斷重新排列，也運用他們的心智力量，還是沒有效用。

情況越來越惡化，地球發生了很多次的地震活動。他們知道大陸即將沈沒。我問他，他們怎麼能這麼肯定。他說是因為另一群人所做的負面的事。那些作為導致一切嚴重失衡。這個情況加上其它種種現象引發了地震。他們知道這塊大陸，這個島或亞特蘭提斯什麼的，很快就會沈沒。因此他們決定離開，前往別的地方。

他說他們坐船，並帶著他們的團體一起。我請他描述那些船，結果它們看起來很怪異。他說船隻像是大的圓泡泡。船很大，每艘可以乘載大約五十個人。當船隻在水中航行，圓泡泡有一半是在水面上，另一半則是在水面下。水上面那半是透明的。你可以看穿船身。大家在這些泡泡裡面，運用水晶和心智的力量行進。他們帶著水晶，每艘船上都有一些。這群人集中心智所產生的動力，推動著這些圓泡泡船隻在海面航行。他們航向後來所稱的埃及。

當那個團體抵達埃及，他們依舊使用水晶，並且建造了住處。他們始終沒有聽說大陸後來的情況，因為他們從沒遇過活下來並跨海來到埃及的生還者。當時有好幾群當地土著住在那兒，這些土著沒有先進的心靈能力，所以他們並沒有和這些土著混居。他們只和自己人往來，並運用水晶和心智控制的能力，在那裡發展出全新的文明。他們繼續使用先進的科學。

有群生還者帶著先進知識逃離了滅亡的悲劇是出乎意料的例子。他們希望創造一個新文明，不要像前一個文明一樣走向極端。

誰知道還有多少人逃離到其他各洲？這可以說明為什麼世界各地有我們的科學家無法解釋的紀念碑和宏偉建築矗立。當時他們還保有這方面的知識，不過幾代之後可能就失落了。我們將在下一章探討這個可能性。

第二章：金字塔之謎

每次我引導個案進入最深度的催眠狀態，我都有許許多多的問題。當我知道我能接觸的資訊沒有限制時，我那記者般無止境的好奇心就會跳出來接管，並且詢問所有我想得到的主題。

菲爾透過三尖塔星球取得以下的資料。

菲：知識並不在那個星球本身，不過可以透過星球上的交流系統獲得。

朵：那是個交換中心，可以這麼說嗎？一個溝通系統的接觸點？

菲：是的，這麼說沒錯。

朵：你說過從這裡可以接觸到地球過去的紀錄？

菲：沒錯。歷史就在這兒。歷史同時存在於每一處。只不過我可以從這裡取得。

朵：有很多理論談到埃及古金字塔的建造過程。我們可以就這個主題取得資料嗎？

菲：這些建物是運用飄浮技術的協助所建造，如今這個技術在地球某些地區已被重新發現。石塊的移動純粹是以心靈能量來達成。這不只在當時可能，在現在、此時此刻也可能做到。這必須要全神貫注。當時有一群五到七位受過這門和其它科學訓練的祭司。這只是他們所受的訓練之一。知識是從亞特蘭提斯傳來的。金字塔是來自亞特蘭提斯的知識贈禮。

朵：飄浮術是當時用來讓那些石頭浮升的唯一方法嗎？

菲：當時還有伴隨聲調。那也是一種宗教的體驗。

朵：我聽過有些金字塔可能是用不同方法建造的說法。

菲：這世上有很多推測。每當現有的知識無法解釋某樣東西是如何造出來的時候，就會出現使用的是當代文明技術所能理解的說法。因為要想出當代不曾聽聞的建造方法也不合常情。建造金字塔有很多方法。

朵：有人跟我說她看過用灌漿建造，就像我們今天的混凝土灌漿。

菲：我們看到他們是先取得石材並做切割，然後使石塊飄浮。不過，我們也不會懷疑那項資訊，因為我們並沒有全部的資訊。而且這也可能完全正確。不過，就我們所見，我們知道的石塊是在遠方取得，經過切割，再以心靈感應的方式運送。祭司在運送過程會跟隨石塊，然後以心靈力讓石塊飄浮到要放置的點。這個工作是心智層面多過身體。

朵：那麼它們也是靠飄浮去到那兒？

我是指石頭的運輸，但菲爾以為我在說祭司也是飄浮移動。

菲：祭司的運輸方法比較傳統，他們乘坐馬車，不過他們會跟著石塊，讓石塊保持在視線內，這樣才能隨時全神專注在石頭上。採石場的石塊是透過飄浮術運送，移動就位也是一樣。整個抬升過程都是用飄浮術完成。在飄浮的時候，讓石頭飄浮的能量和延伸到石頭裡的能量都被儲存了起來。每個石頭儲存一小部份，於是整個金字塔就具有很多能量。這些石塊因為能儲存人類的能量和其他許多能量，所以它的作用像是水晶。

朵：你提到唱歌和音樂，它們扮演什麼功能？

菲：聚集能量。

在撰寫《耶穌和艾賽尼教派》的期間，由於艾賽尼教徒的生活極為隱密，我很難取得特定主題的資料。當時我試著找出他們是否有什麼方法保障自己不受敵人侵犯。我最多只發現那跟聲音有關，而且他們本身並沒有武器，因為不需要。我也問到金字塔的建造，但我只被告知跟他們文化有關的故事和傳說。當催眠對象回到了前世，他們會深受當時那個人物本身道德架構的影響。因此要讓個案洩露祕密通常是不可能的。

在我進行這個主題好幾年之後，有位在美國的女士提供了一些缺少的片段；原先的個案因心理上的限制而無法透露這些資料。這位女士在某個前世也是艾賽尼的一員，她講授神祕奧義，也肩負保密的重任。由於她沒有進入完全夢遊的狀態，因此在回復意識後，她還記得一些事情。她說，即使是在清醒狀態下，她還是很難說出這些事，因為她的身體會很緊繃，喉嚨無法出聲；可見這些限制在那個前世有多麼根深蒂固。

她在意識上了解艾賽尼教徒需要隱私的理由，她知道必須保護這些資訊，因為如果有某些特定事物被洩露並誤用，有可能造成巨大的壓力和傷害。

她描述還在她意識裡的資料，「我看到的這個河谷，有多達一、兩百人排列並坐。他們運用聲音讓一塊巨大的石頭飄浮起來，並把石頭移動到他們想要放置的地方。聲音很神秘、神聖，卻又是屬於這塊大地。它是結合宇宙一切事物的聲音。除了人聲之外，還伴隨著某種號角。（她不確定該怎麼稱呼那種樂器，因為她這輩子沒見過類似的東西。）那種號角很長，有的彎曲，有的筆直，發出清亮的長音，而且非常和諧。樂音繚繞不絕，要到工作完成才會停止。換句話說，聲音要能持續，所以不能有人同時呼吸。參與的人數則要看工作而定。工作愈困難，規模愈大，參與的人就愈多。」

「使東西飄浮不是聲音的唯一目的，聲音還可以使用在許多不同的地方，發揮不同的功用。特別的音色或音調可以讓人喪失意識，失去力量，或使他們發瘋、憤怒、變得激動。聲音也能用來殺人，不過艾賽尼教徒從來沒有做得那麼過火，因為讓人喪失意識就能達到相同的目的。他們也能用聲音隱形。這跟諧波（harmonic）有關，這是找出能讓物件作用的數學方程式的方法。這只需要一個人就能做到，但如果面對的是行進的部隊，那就要好幾個人了。」

這立刻讓人聯想到聖經裡的約書亞故事和耶律哥（battle of Jericho）戰役。當時聲音震倒了城牆。我們都知道聲音具有這樣的力量，就像特定的音符能夠震碎水晶杯一樣。一個部隊齊步行軍所產生的振動也能震垮橋樑。

我納悶當羅馬人攻擊和破壞昆蘭，逮捕並折磨艾賽尼教徒的時候，為什麼他們不使用這種強大的聲音武器。死海卷軸就是在那個時期被藏進洞窟裡保存的。或許他們知道那個時代將要結束？也許他們已經忘了如何使用這種技術？還是說他們從沒被教導過？我們大概永遠不會知道答案了。總之，古代曾經擁有透過聲音使物體飄浮的知識，到了後代便已失傳。

我回到關於金字塔的問題。

朵：是不是所有金字塔都是用同樣方式建造的？

菲：金字塔建築愈來愈複雜，而且——這個意思很難翻譯——它的演變是由粗糙到更精緻的形式，這跟他們宗教祭司的能量調和有關。這些祭司的調和度愈高，完成的就越多，可能性也越多。這不是一般百姓能夠做到的事。它需要多年的研究和專心一致的努力。這是只有少數菁英透過很多年的學習研究才辦得到。

朵：現代人有可能學會飄浮嗎？

菲：這個答案是「是的」。對於誰可以接收到這方面的知識，並沒有肉體、心理或情緒的限制。決定因素在於個人，看他們自己想不想探究並投入必要的努力來學習。

朵：關於金字塔裡的奇特能量可以保存東西是怎麼一回事？

菲：那只是一種能夠透過人體來聚集的能量。有些能量是人體無法聚集的，它們會跟人類的經驗不協調。當初儲存能量在金字塔的人所無法導入的能量類型，這些金字塔也就不具有。因此金字塔含有的能量是人類經驗所特有的。任何人只要把他的能量專注在物件上，就能補充它的能量；使用水晶工作的人很了解這點。這其中的運作原理是相同的。

朵：我讀過有咒語會讓闖入金字塔的竊賊或褻瀆這些墓葬之地的人死亡的說法。這是真的，還是只是人們的想像？

菲：這不是人們所說的咒語，因為這麼說帶有復仇的成份。這不正確。金字塔充滿了人類的能量，比地球上現有的任何物體或裝置都要多。當一個人進到了金字塔，他進入的是集中的人類能量場域。他們沉浸在能量裡，這些能量是來自提供能量給這些石塊的人。咒語，你所提到的厄運，不過是那些人無法處理這個能量的不平衡表現。因而導致悲劇發生在他們身上。一個受過訓練，有覺察力並有開闊心胸的人進到這些金字塔，他可以接收到儲存在金字塔本身的豐富知識。如果有人抱持開放的心態並且願意的話，這會是很通靈的地方。你也可以說它是通靈的建築物。

朵：那南美洲的金字塔呢？建造方法和埃及的一樣嗎？

菲：建造這些金字塔的人同樣是來自亞特蘭提斯，他們在亞特蘭提斯毀滅期間遷徙到那裡。他們用的方法相同，因為這在亞特蘭提斯是很一般的知識。這些神殿是用來崇拜神。在過了許多許多年之後，這些金字塔在東方和西方建造起來，許多觀念也往不同的方向演變。

朵：但都是相同的原理。那墨西哥的金字塔呢？也是使用飄浮術建造的嗎？

菲：飄浮這項技術後來慢慢流失，許多文明試圖以比較傳統的方式複製這個建築技巧。我們正在搜尋這個知識……這些建築是使用架橋工程和勞工，用傳統方式建造。

朵：這是因為當時已經不知道這個知識了嗎？

菲：是因為那個世代從來沒有得到建造金字塔的知識，但他們希望能夠複製出他們聽過或看過的那些建物。……亞特蘭提斯大陸有金字塔。如今都沉在海裡。這些金字塔注定會再次出現——在劇變之後。儲存在這些金字塔裡的知識，將會釋出給如今地球正在整合的新意識世代。到時候這個知識就能幫助人類演進。

朵：你說的劇變是指什麼？

菲：這是泛指目前正在發生以及以後的十八年這個星球將經歷的許多自然變化。（這一段是在一九八五年記錄。）這些都可寬鬆地通稱「劇變」。不要把它想成是一個巨大的事件。

＊　＊　＊

朵：你可以告訴我是誰建造埃及的大金字塔（Great Pyramids）和建造的原因嗎？還有建造的方式？

菲：這個資訊在之前傳遞訊息時就已經提供很多次了。它是個紀念碑，為了紀念先前文明的成就與成功。這是標記他們的成就，他們的成功，以及他們對實相本質的瞭解的象徵。由於這個紀念碑依然是個謎，顯示了後繼的世代並不瞭解這些知識。等到這種知識能夠被瞭解的時候，那個世代的科技便算達到了足夠的覺察程度，也才能夠知道後續的資訊，而這方面的知識並不在金字塔裡面。這可以說是對地球世代的測試。負責散播能量的那些高階能量體因此可以知道在地球的那個世代已經有了相當程度的理解力，因而可以提供人類其他資料。……要等到對金字塔有了全面的了解，時機才算成熟，因此目前我們還不被允許把保留的資訊傳播出去。

朵：我很想知道這些金字塔是怎麼建造的。你看得到嗎？

菲：你看得到嗎？（笑）很多不同方法都被猜測過，像是透過飄浮術和電磁推動，包括運用音調和心理共振。然而，當你們的理解程度還沒提升到能夠領悟我們給你們的知識的時候，進一步說明並沒有用處。當你透過努力了解的企圖，提升自己到達了能夠理解這些高階實相的層次，你就會獲得更完整的資料。你必須先打好地基才能蓋房子。

朵：這很合理。我聽說過那是以音樂建造。這符合你所說的音調（tones）嗎？

菲：這個音樂是指音調，不是指歌曲。

朵：我們今天的合成器可能產生這些音調嗎？它們可以發出以前無法製造的音調。

菲：這不是從單純的音波或振動實相來看的。不論概念上的實相是什麼，它都是心智能量的音調。你們的心智能量對某個特殊音色產生共鳴——這就是音調的概念——你們的心智能量必須不像今天許多人一樣的散亂嘈雜。你們的心智能量必須也能聚焦，對特定的音調共振。雜音不能，甚至和聲（harmony）也不能。隨著對心智音調（mental tone）的概念越了解，心智能量也可能有許多和音。這些一致的心智音調能夠產生極大威力的能量，如果有足夠的人一起合作，它能夠把你們的地球分裂成兩半。就跟亞特蘭提斯又一次毀滅的力量一樣。

朵：這跟我們之前被告知的外星人飛行器的推動方法是吻合的嗎？透過專注的心智就能做到？

菲：沒錯。

朵：是同樣的能量？

菲：不是同樣的能量。是同樣的概念，不過以不同形式運用。

朵：金字塔就只是紀念碑，還是它們有能量上的用途？

菲：金字塔是你們地球能量的心理反應元件。對你們星球上那些透過本身的行動來試圖提升覺察層次到達與金字塔共鳴的人來說，金字塔多少是個刺激。它是個刺激，不只在概念上，也在反應上。透過調頻並試圖瞭解這些金字塔，你們星球的能量多少會被放大。

朵：據說金字塔也是能量的發射臺，它可以將能量傳送到其他星球，甚至其他星系，這是真的嗎？

菲：沒錯。你們地球上的能量流，可以藉由這種遠超過「完美」概念所能傳達的幾何構造聚集起來。這種理想或完美概念的方形甚或立方體，使得共鳴超越了三次元的實相。你們在這個較低階實相所能觸及的最絕對真理，延伸過你們的三次元實相，這個真理接著在你們銀河系的其他星域被感知到。你們星球所流進流出的能量是被這個真理所引導或同質化。真理於是有點像是偏光鏡。就你的理解而言，這種概念的比喻並不正確，因為其中沒有共同的基礎。不過，我們純粹是想使用你能夠聽懂的說法來讓你了解——真理不只是抽象的概念。它是事實。真理遠比抽象更真實更實際；它也可以被拿來應用。以你們的說法，真理的概念純粹是抽象的。就實相來說，你所稱的「真理」的確有真實的因果關係。這個真理便成為類似濾鏡或甚至一種反射鏡。這很像你們可能會用來反射的雷射光束。雷射是特定波長的同調光（coherent light），它可能反射出你們架設在月球表面的鏡子或地震裝置。你們在月球上的反射裝置就相當於這個金字塔。而真理或宇宙真理的概念便從這個金字塔向外反射。你們的星球上有這個較高階真理和高階知識的反射器，於是那些凝望你們星球的人，就能看到這個真理的反射。在你們的星球上，有人一度達到這個較高階的真理層次，因此這個星球便具有高階真理的反射器。再次強調，真理遠超過單純的抽象概念。

朵：我想我得到的答案比我預期的更深入。（笑）

* * *

菲：金字塔是作為觀測的點。因為星辰的排列可以根據三角形頂峰和最接近的標記星之間的距離計算出來。特定的星體被指定為「標記星」，因此只要到了金字塔上的某個特定位置，仰望金字塔頂峰，並由那裡延伸望向天際，你就能找到標記星或頂峰和標誌星的相對位置。

朵：他們用這個資訊來做什麼呢？

菲：標繪天上的星圖和標示時間，也因此能夠精確得知地球繞日運行來到哪個位置。

朵：我想到金字塔，還有祕魯和墨西哥那些用大石頭建造的紀念碑。他們是不是使用我們二十世紀所沒有的能力把那些石塊豎立起來？

克萊拉：不是的，你們有這種能力。你們沒有使用。

朵：（笑）我聽過這種說法。那是我們不再使用的心智能力。

克：沒錯。

朵：他們怎麼能夠豎立起這麼大型的紀念碑？

克：讓我問你一個問題。石頭是不是當地的？

朵：我想有些是，不過在有的例子裡，據說必須運送一段很長的距離。

克：我們在很多行星和恆星都能以能量直接創造出東西。這些石塊就是這樣創造出來的。它可以在那個地區被創造。如果我們有能力透過精神感應來創造，或就是透過純能量讓它物質化，那麼我們也能把它們從某處運送到任何地方。但是（埃及的）大金字塔大部份是在當地創建的。因此過去這幾百年來令許多人感到不解。這純粹是運用如今我們已經不再使用的心智力量使它成形。就只是創造罷了，再以你們想要的形狀切割石頭，使它符合那個特定金字塔需要的結構。

朵：我看過一些金字塔的石塊接合得實在很完美，沒有用任何灰泥或水泥。為了完全密合，它們甚至有些弧度。

* * *

克：是的。這是透過精神感應完成的，純粹是運用思想。思想能創造一切。首先是要先形成一個想法。接著大家把思想統合，並讓每個角落都能完美密合。由於每個思想都跟其他思想完美接合，當思想相互融合，與其他思想合而為一，在他們所選擇的模式或圖形裡，石塊便能完美接合。

朵：有些人認為可能是用雷射光束這樣的機械完成的。

克：思想是已知的最快速雷射光。每個石塊都是一個思想。因此思想可以作為地基。你可以說一個精神感應的石塊就是一個思想，而所有的思想都結合起來。既然每個思想都是一個精神感應的石塊或實體的石塊——因為思想可以變為實體——一塊就可以擺在另一塊上面。一個接一個，創造出任何想要的模式。

朵：石塊要怎麼運送或放在另一塊上面？

克：透過思想。如果我的思想是要創造這個石頭，我可能會說，「我要把這塊石頭從這裡放到那裡。」這是許多人運用思想來集體建造。我的思想會是，我要把這塊石頭放在這裡，那塊在這裡。思想變成了實相。一個活的東西。一個石頭也是一個存在的生命。它只是不同質量的能量。當你看著石頭，它是個不動的質量。但它完全是空間。我的意思是，它完全是空間，而且它完全是能量。……這個團體一致朝著一個目標來創造，他們把這些思想都聚集了起來。因此創造出一個實體的建物。

朵：那麼團體心智的威力要比個體來得強大。

克：強大得多。而且向來如此，只要思想合一，想要達成的目標合一。

朵：我一直以為金字塔可能是透過飄浮術建造的。

克：你可以稱它是飄浮術。透過你的思想的飄浮，或就是說，「好，我來到這裡，我的思想鑿出了這塊石頭。我會創造它。我會把它帶到這兒。」嗯，這是個好比喻。以你們線性方式的思考來看，你也可以說它事實上是飄浮術。

朵：我聽說飄浮術也可以透過聲音。

克：是有可能。思想比聲音快。思想比光快。

朵：你認為後來的人使用聲音是因為他們忘了怎麼使用心智嗎？

克：是的，是的。人們變得專注在他們個人和日常生活的瑣事上，於是他們開始被拉離集體。被拉離源頭。他們和「萬有一切」分開，變得個體化。這些個人或存在體，選擇了和源頭分開。由於他們與源頭分離，他們開始忘記使用思想。因此他們後來便開始尋找其他方式。

朵：所以他們後來是有可能使用聲音。

克：噢，是的。

朵：原先的那個團體，運用團體思想來建造金字塔的是人類嗎？

克：噢，是的。高度進化的人類。

朵：他們就是你說的亞特蘭提斯的生還者嗎？

克：從星辰被帶回地球的人。

朵：他們就只住在這幾個集中的地區嗎？埃及、祕魯和墨西哥？

克：是的，一開始是。後來人類四處漫遊走動，去發現新的宇宙、新的星球和新的土地。隨著他們的漫遊，他們創造出更多社區。通常出去的不只一個人，因為他們想要有同伴，也或者他們想要相互保護，避免野生動物的攻擊，也避開陌生大地和山川的危險。

朵：最初他們也帶著這個知識。（是的。）但他們多少還是需要團體的心智才能創造出這些大型紀念碑。（是的。）你可以告訴我大金字塔的目的嗎？

克：它是儲存地球所有知識的倉庫。地球的奧祕和創生都在大金字塔裡。

朵：他們想把金字塔變成儲存庫，就像三尖塔星球上的那個？

克：它本來就是類似的儲存庫。不需要轉變。

朵：許多人認為大金字塔的尺寸和方位可以解答它的謎團。

克：是的，而且還不只如此。人類已經失去完全發揮心智的能力。他只用了一小部份。人類必須敞開心胸，相信一切都沒有侷限；只要沒有侷限，你就能超越時空。你也能知道你想知道的一切神秘事物。未來你會接收到更多資訊，因為金字塔群的能量正被重新啓動，那個地區將會出現新的變化。

朵：人們要如何接通金字塔裡的知識？

克：人類目前還沒有準備好。還不夠開放。人類正走進死胡同。人類不願意接受那裡真的存在宇宙創世的奧祕和宇宙的一切知識。地球和宇宙，以及星辰的知識。

＊　＊　＊

布蘭達：金字塔那群人的文化和亞特蘭提斯有關。他們所造的石頭建物是他們科學的成就。當亞特蘭提斯被毀滅的時候，這些石頭建物也無法依原本的設計運作，因為它們的主要核心部份已經隨亞特蘭提斯被毀壞。

朵：這些建物的原有功能是什麼？

布：我能找到的最接近概念就是電腦。它們彼此互動，所以可以運用它們來計算天體。也可以用來控制宇宙能量和地球能量，像是重力之類的。它們是複雜的裝置，可以有很多用途。不過，大多數的概念無法轉譯成你們的語言，因為那些是你們的文明還沒有想到的。

朵：我聽說祕密就在金字塔裡。跟數字和計算有關。

布：是的，是這樣的。金字塔是很精準的設計，尤其是埃及主要的那三座。它們座落和設計的方式、規格，以及所有能夠測量的尺寸，譬如說頂峰到頂峰的距離，諸如此類的。金字塔裡面包含了那個文明的所有數學公式，也包括了你們文明想像得到和還沒有想到的數學公式。將來會在金字塔裡發現一些，但你們可能要過一陣子才會了解和應用。將來會找到用途，你們會認為這是很美妙的發現。金字塔就像個容器，它把這個文明的所有一切科學知識全都濃縮在裡面。

朵：你知不知道它們是使用什麼動力來源？你說在亞特蘭提斯沉沒之後就不能運作了。

布：動力來源就是地球本身。不過無法運作的原因是因為它們跟地球能量流的相互位置不再是平衡的。

朵：我們聽說金字塔是埃及法老的墓穴。

布：當文明失去了關於金字塔的知識，也不知道金字塔的用途，他們就這麼認定了，認為一定是埃及法老的墓穴。於是說法就這樣流傳下來。

至今被發現的一些圖畫和象形文字，除了呈現出金字塔的建造方式，還有奴隸把石頭拖上泥巴坡道，把石頭放在定位的畫面。說不定當初在畫這些圖的時候，金字塔早就已經存在，而且也很古老了。那些圖只是當時人們的想法，反映出他們以為的建造方式。也許他們那個時代也跟我們同樣認為金字塔神祕難解。

朵：那裡面從來沒有發現過屍體。

布：從來沒有任何國王葬在那裡。

朵：那麼裡面的房間是什麼用途？

布：它們的目的比墓穴複雜得多。有些房間是用來進行能量操控。不過，大多數房間的尺寸都是表示計算和數學公式，還有它們跟金字塔測量數字間的關係。

朵：你可以看到他們是怎麼用這些巨大石頭建造金字塔的嗎？

布：有部份是透過控制地球的作用力，部份是把石頭改變成液態，這個過程你已經知道。

朵：所以跟他們在亞特蘭提斯使用的方法是一樣的。（是的。）有人告訴我，他們認為很可能有用上音樂。

布：他們操控能量的方法之一就是控制和運用聲音。

＊　＊　＊

有些個案在回溯到前世的時候，意外地獲得金字塔的相關知識。

二〇〇〇年八月，我在紐奧良和史帝夫進行催眠療程。他在幾個月前到埃及參觀大金字塔時，有過奇怪的經歷。這是他想在催眠療程探究的事情之一。

史帝夫從來沒有想去埃及，對於看金字塔也沒什麼渴望。不過，當他們夫妻前往瑞士拜訪親戚，親戚給了他們一個驚喜；他們已經安排好要帶史帝夫夫婦去埃及看金字塔。史帝夫並不想去，不過他覺得沒有選擇。令人意外的是，逗留的期間，史帝夫卻有段驚人的體驗。

金字塔每天只准三百個人進去，由於埃及人會挑人，尤其排拒外國人，因此由導遊排隊為他們買票。在導遊買票時，史帝夫和太太及親戚走散了。他在吉薩高原的成群遊客裡尋找他們。現場熙來攘往，有好幾百人和好多巴士。

就在他穿過高原朝金字塔前進的時候，怪事發生了。突然間，他像是踏入了某個扭曲的時間。他站在那兒環顧四周，卻發現高原上只有他一個人。他沒有聽到任何聲音，四處是一片寂靜。人群和巴士全都消失了。他的感覺還是自己，但整個地方卻只剩他一個人。他看著金字塔，一股強烈的感受襲來。他突然間情緒澎湃，有種回到「家」的感覺。他知道那是他的「家」，而且是個美好的經驗。他說，在看著金字塔的時候，那種回到家的感受將他完全淹沒。

隨著他繼續朝金字塔走去，一切又在瞬間恢復了正常。聲音突然在耳邊響起，他乍然回到當下，群眾、巴士和現場的活動，又都在他身邊進行著。當他的太太在群眾裡找到他的時候，她驚訝地發現他很激動地在哭泣。他們後來進了金字塔，這對史帝夫是很棒的經驗，但他實在不了解那個片刻究竟發生了什麼事。時間似乎停止，一切都變了，接著又回復正常。

我引導史帝夫進入深度的催眠狀態，我們先進行了正常的回溯。接著我對他的潛意識說話，針對他的疑問尋找答案。

朵：當史帝夫在埃及看到金字塔的時候，他有一段奇特的經驗。他想知道當時發生了什麼事？

史：那是禮物。他是在他靈魂最快樂的地方。那裡有很多的喜悅。

朵：他又回到同樣的土地？（是的。）發生了什麼事？他說那次經驗很奇特。

史：他的靈魂非常開心。靈魂想表達這點。因此那是靈魂給他的禮物。

朵：他說當時其他一切都好像消失了一樣。

史：是的，是這樣的。

朵：在那幾分鐘的期間，他是不是真的進入了別的時間？

史：部份是。意識上並沒有。

朵：可是其他人並不在場。

史：沒有，他們不在場。那是靈魂要給他力量，讓他繼續下去。

朵：為什麼他的靈魂在金字塔那裡最開心？

史：這跟另一世有關。當時他參與金字塔的建造。他是協助建造那座金字塔的主要人物之一。

朵：他怎麼幫忙建造？

史：他負責放置石頭的工程。

朵：怎麼做？

史：有不同的方式。他只負責一種。為每個石頭選擇位置，那是很複雜的科學技術。

朵：必須要完美接合，對吧？（對。）是用工具嗎？

史：一些工具。一些心智力量。

朵：要怎麼運用心智力量？

史：調節腦波跟石塊的振動共鳴。

朵：同步嗎？

史：是的，透過聲音和思想。

朵：他是單獨作業，還是跟其他人一起？

史：是和高度演化的人一起。他們發揮他們的技術，我們則執行建造的部份。

朵：那些人當時是住在那裡嗎？
史：是的，他們住在那裡。他們遷移到那裡。
朵：你說金字塔的建造也有運用聲音？
史：是的。那是一種高頻率聲響，可以調節石頭的分子構造，並照想法來做切割。
朵：聲音是從某個東西發出來的嗎？
史：有時候是。

當時我是想到樂器。

史：它就像音叉。必須用心智才能完成。沒有心智，你什麼都做不到。
朵：你可以看到他們用來發聲的器具是什麼樣子嗎？
史：它很長，跟金屬一樣亮。上面有許多叉狀物。（感覺在觀察）他們拿它來碰觸石頭。
朵：很大嗎？
史：不大，很小，不過很細長。
朵：當他們拿那個東西碰觸石頭的時候會怎樣？
史：有時候石頭會飄浮。有時候碎裂。威力很大。
朵：當它碰觸石頭的時候會發出聲音嗎？
史：會。有時候你幾乎聽不到。幾乎就像火花。
朵：不過，每次一有人用它碰觸石頭，其他人就必須使用他們的心智力量？

史：是的，沒錯。

朵：這樣可以擴大力量嗎？（是的。）你說這些高度演進的人是遷移到那裡的。他們是從哪裡遷來的？

史：我們不確定。

朵：他們知道怎麼教別人建造金字塔。

史：是的。但你必須要能控制你的思想才行。只有特定的人才做得到，不然這會非常危險。

朵：為什麼會危險？

史：有可能把你害死。頻率會在分子層面影響你。你必須在心裡把它擋在外面好保護自己。

朵：你必須引導它往外？（對。）所以如果你沒有正確的思想，它就會跳開或反彈回來？

史：基本上，是的。

朵：所以只有心思純正或正直的人才能引導這個能量。

史：是的。

朵：所以引導心智能量的人必須擁有純淨的心智？

史：是的，只有極少數人能夠做到。

朵：如果有很多人參與金字塔的建造，他們可以運用那群人的心智的集體意識嗎？（不行。）一定是要那些知道如何引導能量的人。（是的。）那種器具可以幫助能量進入石頭裡嗎？

史：是的，透過心智的能量。

朵：你說他們移居到這裡的時候就帶著那個器具。

史：是的，是這樣的。

朵：這是為什麼當史帝夫回到那裡，他會感受到那種情緒的原因。

史：是的。那是給他的禮物，要給他力量。賦予他力量繼續下去。他過去做過很重要且影響深遠的事。他現在也能使用同樣的能力，因為心智很有力量。他能夠做他這生想做的任何事，不過他必須學習紀律。

史帝夫看到的器具長約一英尺（30.48公分）。它以金屬製成，閃亮如鏡。分叉細瘦，握把有個水晶。

＊　＊　＊

西元二千年的時候，有位女性個案在前世回溯時是名埃及男子，擔任某種主管的職務。他站在一座大城市邊緣的沙漠區，監督附近的大型營建工事。他所穿的衣物太過奢華，不像是外出的服裝。他的涼鞋帶子是金的，脖子上掛了沈重的金質項圈，上面有枚太陽圖案的佩章。項圈很重，不過他習慣配掛那麼重的東西。他的頭上還戴了頭盔狀的金質頭飾，盔頂有類似孔雀的羽毛。在熾熱的陽光下，沉重的金質頭飾戴起來很不舒服。

他對工程進展緩慢感到難過。他說大家都累了，對不斷建造感到厭煩。這都是為了滿足統治者的自我，而且永遠無法滿足。他說那棟建築是金字塔型，不過方位不十分正確，而且進行得很慢。他說統治者已經建造了兩座金字塔，一座已經完成，另一座接近完工，但他們又動工建造這第三座。他認為他們應該先把其他的完成再開始建這一個。民眾對不斷進行工事都感到厭倦。

我問他，這些金字塔是怎樣建造的。他說地面下的基座設計了特定的房間和通道，這些必須完美規劃。這個部份是以勞工完成，因為「他們」不能和地球接觸。當然，我想知道「他們」是誰。他說他們是在圓盤裡的存在體，他們指導全部的作業。基座完成後，建物的地上構造便由圓盤所引導的能量來完成。所有工人圍繞著建物，構成一個沒有中斷的圓圈。接著能量就由圓盤引導到個案和其他人，然後再導向工人。這會產生一個能量圈，足以升起巨大的石塊並就定位。重點是工人的身體必須純淨（譬如不能喝酒），這樣能量才能透過他們的身體傳導。接下來發生的事，他們就一無所知。他們可以說是被用來當作導管。

唯一的問題是，有時圓盤會降得太低。通常圓盤飛行物都是在金字塔頂端的預定位置盤旋。能量就是來自那個位置。然而，如果圓盤降得太低，能量會把一些工人擊倒，他們會跌出圓圈之外。個案不知道這會不會傷害到那些工人，不過工人的位置必須立刻有人替補，因為圓圈不能斷掉。他對圓盤的描述和現代目擊飛碟的報告非常類似：閃亮的灰色金屬，大圓圈內有一個較小的圓圈。能量來自較小的圓圈。我問他，裡面的人是什麼樣子。他說他看不到他們的臉，因為他們都戴了很奇特的頭飾。那是為了防範人類讀取他們的心思，得知他們的意圖。金屬頭飾的後腦上半部位比較厚，他說因為那是思想發出的地方。他的頭飾應該就是仿自他們，雖然沒有那樣的功能。

儘管他責備統治者為了滿足自我而不斷建造金字塔，他認為這件事其實是圓盤裡的存在體要做的。總共要連續造七座金字塔，而且全部是特定模式。在他記憶所及，工程始終不斷，至少已經持續了五十年。他為大家感到厭倦而悲嘆，也認為情況實在難以忍受。

金字塔群的最終目的是要將能量導入太空，因此座標必須完全精準。石塊的精確擺放位置是由圓盤來引導。蓋到頂端的時候，建造就變得比較輕鬆，因為那裡的面積較小，不需要那麼多石塊。建造完成後，工人就能填補石縫間的縫隙。即使是這個工作也必須要很精確的完成。他認為他們應該先把一處做好後，再接著進行另一處。

城市裡的一般建築使用不同的方法建造，相形之下也比較粗陋。工人施工時不必那麼講求精確。建造金字塔所用來抬高石塊的能量，對所有參與建造工程的人來說都太強大了。然而，沒有人想違抗圓盤裡的那些存在體。

他們的統治者是個身型奇特，非常高瘦的人。他很老了，看起來卻沒有老化的跡象。統治者說他知道自己在七座金字塔完工前就會死去，不過工作會由其他人接續執行。他強調，圓盤裡的人不能碰觸土地，因此具體的建造部份必須由勞工進行。為了引導「地球」能量，工人必須環繞金字塔的基地，圍成一個圓圈。地球能量顯然是被圓盤「收集」並重新引導。這個能量就是抬高石塊所要用的動力。能量被引導穿透工人，使用他們的身體作為「放大器」。事後他們完全不會記得。這並不重要，因為他們只是工具。個案知道是怎麼回事，不過他也被用來引導能量。他說，數學家、占星家和其他有智慧的人也被當成校準的工具。方位必須精準，這樣完工後，能量的方向才會被導向外太空的適當定點。只有少數人知道不斷建造的目的為何，他是其中之一。但他不了解，最後是要怎麼運用。圓盤裡的存在體只跟統治者接觸。

當我試圖讓故事前進到結尾，那位女士突然跳到另一世，而既然我是在進行療程，我便順著這個走向，沒有再回到那段情節。所有跡象都顯示那是發生在埃及，不過也可能是在亞特蘭提斯。

很難判斷那些金字塔是哪幾座，因為當時顯然有很多金字塔。其中有些可能沒有留存到我們這個時代。而在另一段療程，有位男子在一座大型金字塔的建造現場計算尺寸。他指出，金字塔是要作為地球和天狼星的溝通裝置。

* * *

二〇〇〇年的另一段療程出現了古怪的轉折，雖然沒有涉及金字塔的建造，卻顯然跟埃及的另一個謎團起源有關。

我帶引瑪麗回溯了一段前世之後，我跟她的潛意識接觸，想問幾個問題。她事前便列出了她想知道的事。她曾經有過像是發生在埃及的異象。至少她假定那是在埃及。她看到自己在一個房間裡，室內有個奇怪的裝置。

朵：你能不能告訴她跟那個東西有關的任何訊息？那是真的還是只是想像？

瑪：是真的。她看到的只是一部大型機器的一小部份。雖然我們說是「機器」，但它跟我們知道的機器並不相同。那裡面裝了能量源。

朵：她用這個機器做什麼？

瑪：她像是一個實驗室助理。她知道如何調節能量的強度，讓能量回到人類軀體並重啓生命。這個機器事實上能起死回生。這是個實驗。

朵：這種實驗是在地球進行的嗎？

瑪：都是在地球進行的，不過不是由地球人來進行。知道如何進行的那群是在對這些人（指地球人）做實驗。我不知道他們為什麼死的。

朵：你知不知道這是在哪個國家，或是它有沒有名字？

瑪：出現的名字叫做「塔加」（Targa）。

朵：瑪麗覺得那裡是埃及。不過你認為不是？

瑪：也許塔加是那個團體。那裡是沙漠，氣候炎熱。那個文明就像埃及，不過不是埃及。

朵：你說有很多人不知道為什麼死了？

瑪：他們都成了燒黑的屍體。看起來就像木乃伊。他們就像你見到的那種已經乾縮成木乃伊很久的屍體。

朵：乾枯，你是這個意思嗎？（是的。）他們為什麼會想讓這樣的屍體復活？

瑪：因為那個時代的活人數量十分稀少。不知道出了什麼事。他們必須設法挽回這個星球上的生命力，生命力要夠多。要讓足夠的屍體啓動，要有夠多活人。

朵：不過那樣的做法有用嗎？

瑪：有用。

朵：他們能夠使那些屍體重新作用？

瑪：是的。當你把他們重新包紮起來，他們就像在繭囊裡一樣，這是一段孕育期。就是乾掉的遺傳物質和骨頭。

朵：我想那要等到死亡很久以後了吧。

瑪：對。不過沒有體液。然後你把它們重新包好，把它們蓋好，讓它們在裡面修復重組。

朵：它們必須被包起來。

瑪：完全包覆起來。然後你把這個跟能量源頭相連的管子，從底部，從腳部插進去，打氣。它會發出抽吸的聲音（她做出重擊聲），就像很大的心跳聲。你一直打氣到你看到包裹的繃帶鼓起。然後你把這些包裹起來的屍體放著一直到你要使用的時候。

朵：所以那像是一種不省人事的狀況嗎？（是的。）當你需要它們的時候，它們能夠走路和四處行動嗎？

瑪：這之後的事我就不曉得了。我只看到我在那裡的工作是把它們包起來，為它們補充能量，把它們存放起來。

朵：存放在哪裡？

瑪：架子上。

朵：（我覺得很怪）在架子上？（是的。）但我的印象是，除非有靈魂進入身體，否則它就不算是真正活著。你覺得呢？

瑪：不對，啓動身體系統的是生命力。跟靈魂沒有任何關係。

朵：那它們大概就像是機械或機器人了？

瑪：你讓系統運作，智慧和意識是在後來才進來的。

朵：所以這些人（指外星人）能夠做到這樣的事，而你是擔任幫手。

瑪：就像一個技術人員。

朵：讓我請教你的潛意識一個我覺得很有趣的問題。後來埃及木乃伊的想法是不是從這裡來的？你可以接觸到那個資料嗎？

瑪：噢，是的，沒錯。不過埃及人不知道。他們的做法有點退步。他們沒有裝備。他們有殘存的知識，知道要先包起來，還有生命的回歸等等。他們不是真的知道要如何重建生命。而我們做的就是這個。

朵：所以後來的人並沒有這個設備？

瑪：是的。他們有靈魂出體、來世和星辰變遷的知識。但他們並不知道要怎麼讓身體真的復活。

朵：不過他們記得當你們在這裡的時候，這是可以做到的？

瑪：他們知道有某個方法可以做到。因為他們有些早期的老師曾經和我們在一起。他們知道，不過他們失去了技術。他們有其他的科技，但沒有可以起死回生的技術。

朵：所以他們是試圖要讓人復生。他們以為是這麼做的。

瑪：我想他們記得我們打開包裹的屍體就能在需要的時候讓屍體復生。他們知道這點。因此他們假定把屍體包起來就可以保存生命。不過，後來他們知道還欠缺了什麼東西。

朵：他們沒有的東西。一種要素，知識。不過，這個技術和知識，最初是從哪裡來的？

瑪：不是來自地球。我為他們工作，不過我不是他們的人。他們非常非常有能力，非常非常聰明。而且體型高大。

朵：巨人？（是的。）你知道當時是出了什麼事讓人都死了嗎？

瑪：我不知道。我在這個房間裡工作。

朵：但是他們必須把那些人帶回來，因為當時剩下的人不多了。一定死了很多人。

瑪：是的，很多人。

朵：而這是快速讓人口恢復的一種做法？

瑪：也可以說是拯救種族。

朵：他們不能就是多創造些人，或是從頭來過嗎？

瑪：顯然是不能。這個工作很重要，很多程序，要花很多時間。不過，這也是很靈性很崇高的工作。

朵：所以這不只是為了製造勞工。不是為了那樣的動機。

瑪：不、不、不、不。這裡面有很多的愛，他們愛這些人和這個種族。

這一定是從非常遠古所留下來的記憶，因為這比埃及時代還要早。曾經發生了某種浩劫，死了很多人。當時地球的人口沒有後來那麼多，顯然也等不及讓人種自行繁衍。也許這是填補斷層的程序。用這種方式保存人體，等必要時讓他們復生。她說當時是把乾燥的遺傳物質包裹和保存下來。我們知道，單是一個細胞就包含了完整的遺傳資訊，能夠複製出一模一樣的人。身體遺骸被包裹妥當後就存放起來，等到日後讓他們「重新啟動」（復生）。我希望我們能夠獲得這個程序的更完整資料，不過，她只是負責執行指令的工作人員，只能就她所知的告訴我們。合理的結論是，這個資訊成了種族記憶流傳下來，雖然後代不知其所以然，卻也知道包裹和保存屍體是恢復生命的關鍵。他們可能記得或是傳說有這些包裹的屍體經過漫長歲月又再復活的記憶。歷史經常有這樣的事，人們擁有部份知識，但無法仿效出那些古代存在體的行為與成就。到了後來，包裹和保藏屍體的原因可能失傳，於是退化成一種跟來生有關的儀式。

* * *

就在這本書即將付印的時候，我收到更多關於埃及金字塔和獅身人面像的資料。我不想延遲本書的出版，於是決定新的資料會被放在《迴旋宇宙》系列。這讓我確信，我在這個未知領域的旅程依然繼續行進中。有好多事情等待我去探索。

第三章：未解謎團

以下針對地球各種謎團的解釋，來自於七年間的多位催眠個案。有些內容可能看起來相互矛盾。我在這裡把不同的說法都放進來，激發讀者思考並做出自己的判斷。雖然各個解釋可能都不是全部的真相，但所有說法卻都可能包含了真實的元素。這完全要看載具（催眠個案）的詮釋，還有他們對所接收資料的瞭解程度而定。

祕魯的納茲卡線

朵：你知道祕魯的納茲卡線（譯注：也譯作納斯卡線）嗎？

菲爾：知道。你想知道什麼？

朵：它們的起源和目的一直是個謎。

菲：那是一位藝術家俯瞰這個星球時所繪的圖案。他希望從他所在的地點或觀點，以他的藝術才華來美化這個星球。那是透過精神感應的方式，從遠處，盤旋在天空的飛行器上進行的。不要跟外星人的太空船混為一談了，因為那是地球製造的船艇，以反重力的原理運作。那位藝術家升到了平原高處，來到有利的觀測點，運用精神力量畫出這些線圖。這些就只是「塗鴉」。

朵：除了線條外還有別的東西，不是嗎？平原上也有圖畫。

菲：是的，這就是我們剛才說的。蜘蛛、猴子這些。這些只是藝術創作，沒有特殊意義，就只是某個人的作品。

朵：他只是在玩？

菲：是的，是這樣的。

朵：有位作者認為那些線圖是古代太空人的小航空站。

菲：啊哈！我們覺得這很好笑，因為我們看到這位藝術家，下巴蓄著黑鬍子，身穿白長袍，在他的飛行器上。我們現在就清楚看到他在線圖上方盤旋、思考、停頓，決定他的下一個動作。那些畫沒什麼重要，它們的意義就跟他隨手寫出七喜一樣。

朵：（笑）他們認為那裡是古代太空船起降的地點。

菲：這麼說不正確。外星人的飛行器不需要那樣面積的線圖來引導，因為他們的視力很敏銳，就算是降落在放在沙漠裡的一毛錢上面也沒有問題。

朵：你覺得外星人的太空船曾經因為好奇而去那裡嗎？

菲：去觀察這些線？或許。

朵：這些符號一直被賦予重要意義。

菲：是的，因為這裡頭有很多誤解。誤解會自然地導致恐懼，而如果恐懼的東西比人類還大上許多，那就是敬畏了。

朵：你知道這些圖是在多久前完成的嗎？

菲：要不要我用紀元時間來描述？

朵：好，可以的話。

菲：一萬兩千五百年前。

朵：喔！那很久了。

菲：並沒有很久。

朵：對我們來說是很久了。所以這是那個時候的人畫的。

菲：沒錯。一個人，一個地球人。他不是外星人。

朵：如果他們有能夠懸浮的船艇，想必是很先進的文明。

菲：和你們所說的現代文明相比的話，確實是很先進。從那個角度來看是很先進。然而，如果把你們今天的醫學和醫事技術拿到他們那個時代，你們就會提升到神的地位。

朵：噢，所以我們有些東西是他們不知道的。

菲：沒錯。

朵：那些線圖似乎很久遠了，可是沒有被侵蝕的跡象或……

菲：它們是岩石造的，很難被風吹走。而且那裡的平原，雨並不多。

朵：在那之後，地球不是有過幾次大災難嗎？

菲：當然，但沒有一次把這些圖毀掉，否則它們就不在了。

朵：我以為如果地球曾經有過劇烈變動，那麼海洋水位會升高氾濫，可能把這個地區淹沒。

菲：沒這樣發生過。

朵：這個在飛行船上的人跟亞特蘭提斯有關連嗎？

菲：船艇能夠滯空盤旋的知識，跟亞特蘭提斯時代是一樣的。那個人本身也有亞特蘭提斯的血統。大概就是這個情況。當時還有其他的大陸，包括你熟悉的雷姆利亞大陸（Lemuria）或稱姆大陸（Mu）。

朵：這些大陸在這個人之前就存在了嗎？

菲：和他同時。這個人並不孤獨，當時在那裡就有個文明。

朵：在納茲卡線圖目前所在的地方？

菲：不是同樣地方，可以說是在海岸那裡。

朵：有個離海岸不遠的懸崖面也有記號。

菲：那也是塗鴉，因為他還挺有創意的。當時還有別的線圖，只是因為自然的風化而不見了。這些留存的作品是因為有遮蔽，較不受自然力的侵襲，所以才保存了下來。很多藝術家也使用同樣的方法構成了很大一片的壯觀設計。不過，這些都受到自然力量的長期侵蝕而消失。

* * *

朵：你知道祕魯的納茲卡線圖是怎麼來的嗎？

布蘭達：它們很古老了，也不像以前那麼清楚。一群來自外星文明的訪客想要幫助我們，想要觀察人類，但是他們需要可以降落大型太空船的地方，再用小型船艇在地球旅行。他們選了一處無人居住的地點作為運作中心。他們使用能量束把這些線刻入地面，當作方向的指標，這樣他們才知道該在哪裡降落，也不至於因為使用了能量裝置而洩露行蹤。他們來的時候會關閉所有能量系統，以目視降落。這樣才沒有人知道他們出現。也因此才有這些由一處山峰延伸到另一處，綿延好幾英里長的線條。他們第一次飛過時，就用一道能量束很快描畫完成。他們必須進行得非常迅速，以免被別人發現。動物圖形則是不同的飛行員在閒暇時畫的。他們使用的能量裝置輸出功率很低，才不會被復活島上的另一群人察覺或感測到。……他們觀察不同族群的藝術形式。他們不是用手持的工具，而是使用附在個人飛行器的能量裝置來畫，這純粹是為了好玩，而且也能讓他們演練飛行技巧。

朵：就像在玩，你是這個意思嗎？

布：是的。他們在那裡的飛行只需用到很基本的技術，沒辦法有什麼進步。他們都是很優秀的飛行員，希望能夠維持完美的技巧。就像音樂家每天都必須練習一樣。他們這麼做也是為了讓自己不那麼無聊。

朵：那這些圖形，蜘蛛和猴子等等，就沒有什麼意義了。（是的。）有些科學家花了一輩子時間試著破解這些圖案。

布：這些飛行員認為這很有趣。他們說，「有一天，這群人類的科學家會來到這裡，發現了這些東西。然後他們會納悶，這究竟是怎麼回事。」

朵：（笑）我想知道，地球上發生了這麼多變化，為什麼這些圖形還能存在這麼久？

布：因為它們是用能量束切出來的，能量影響了那個地區；那裡會比沒有能量束的地方更穩定。

朵：沿岸有個看起來像是個乾草叉的圖案。

布：那是他們用來當作引導信標的圖案之一；幫助飛行員以目視進場。當他們進入地球大氣層並開始下降時，高度會降低到在感測範圍內，因此他們必須關掉能量裝置，繞行地球幾圈，繼續在大氣層裡降低高度。當降到能夠看到陸地的時候，通常就很接近岸邊了。那些刻在崖面的圖形就是指示他們方向的指標。他們會朝著那個方向飛行，接著飛過綿延在山峰間的線圖，他們就知道自己是朝正確方向前進。

朵：所以那裡是他們可以降落的地點，而且很隱密。你是這個意思嗎？

布：是的。他們降落在沒有人煙的高原。那裡沒有人類，沒有別的人。他們不必擔心被發現。他們知道自己很安全。太空船可以隨時在起飛的狀態，不必做偽裝來隱藏。

朵：當時在地球上有人類嗎？

布：喔，有！有的！當時在地球上有相當多的人。也有好幾個文明在發展。所以他們才在觀察地球。因為那些文明看來很有潛力，而且他們知道人類具有很快發展出科技文明的好奇心和智力。因此他們在做觀察進度的報告。

* * *

朵：還有一個地球謎團我們也很好奇，那就是祕魯的納茲卡線圖。你知道我說的是什麼嗎？

約翰：知道。他現在就要帶我去圖書館。他說這些圖只能從航行在星球間的交通工具上看到。這個地區是雷姆利亞人的聖地。這是屬於雷姆利亞大陸的一部份。這是當時來這裡幫助人類科技的外星人的降落地點。

朵：我以為這些圖沒有那麼久遠。

約：有些是雷姆利亞人後裔畫的，他們希望能再吸引外星訪客來這裡。

朵：那麼不管最早那批外星人是在什麼時候來的，當時並沒有任何圖畫？

約：他們在地球來來去去有一段很長的歷史。你說的這個藝術很早就開始了。這些線圖是外星人協助製造，因此從空中看起來比在地面更精確。

朵：製作的目的是什麼？

約：來這個地區的外星人是來參觀的，就像來度假。你知道，「讓我們去看看原始世界。」就很像美國人會去新幾內亞或澳洲內地旅行，參觀原住民景點是一樣的道理。這些外星人來到地球觀察人類，並且感受當時當地的氣氛。這個地方一直都有很多飛船降落，甚至到現在還是。這是地球上歡迎外星人來訪的地區。

朵：這些圖畫有任何意義嗎？

約：它們代表不同動物的圖像，甚至還有一個表示人類。這是原始人的心態，想讓外星人知道這裡有人類和動物歡迎他們。有部份圖畫是當地居民畫的，部份是雷姆利亞的後代。這裡一直是很特別的地方，長久以來那些太空飛行器就降落在這裡。當這塊土地還是屬於雷姆利亞的時候，他們就在這裡降落了，如今這裡是南美大陸的一部份，還是一樣。他們曾經在這個地區降落，現在依然如此。

朵：他可以讓你看到那些動物圖形是怎麼畫出來的嗎？是用什麼方法？

約：有個外星人使用來自太空船的能量束。能量指向地面。就是這麼做的。

朵：是只有直線嗎，還是圖形也是這樣完成的？

約：圖形也是。但是是在高空完成。一道能量束往下發射。接著就有一群人類和外星人依著圖形的軌跡……線條燒入地表，作業完成某個段落之後，土壤會化為粉末，於是他們就能清掉。

朵：多年來這一直是個謎，有人很努力想理解這些符號象徵的意義，因為他們知道這些圖從空中才看得出來。在海岸邊的地方有個圖是在山丘的坡面，他們稱為乾草叉。那也是在同一個時期畫的嗎？

約：是的。那是畫來歡迎外星訪客。就跟夏威夷群島的人在訪客抵達時會獻上花環是一樣的道理。他們以這些圖形來歡迎其他星球的訪客。因為這些訪客被認為是療癒者，對當地人幫助很大。外星人也帶來玉米這類穀物。它們最初是由外星人混種育成，作為地球人的食物。這些外星人就像是來這裡出任務的和平工作團。

朵：這表示玉米這類東西並不是源自地球？

約：沒錯，它經過了混種，以便適合在地球栽種生長。

朵：你知不知道哪些植物或食物不是源自地球，而是最初由外星人帶來的？

約：他正在換檔案尋找資料。我們的某些作物是經過了這些外星人混種育成。他說甘蔗、棉花和馬鈴薯都是。這些是地球植物，但是經過了外星人的協助，以某種方式或化學技術養成。尤其是馬鈴薯和玉米，它們是外星人幫土著培育的作物。非常重要。其他外星人則是在印度和那一帶改良棉花。他們協助改造現有的植物。

有一次我去祕魯參觀馬丘比丘，當時一位薩滿告訴我，玉米和馬鈴薯在祕魯是非常重要的作物。有好幾百個品種。

朵：我對香蕉一直很好奇，不知道是不是也是其中一種。香蕉不是從種子長出來的，而是從植物的根。

約：不是。雷姆利亞的時代已經有香蕉了，那是當時很普遍的水果。很多植物和動物是這些外星人以源自地球的物種混種培育生成的。

* * *

朵：我對納茲卡線很好奇。你可以告訴我關於這些圖案的資料嗎？

克萊拉：（停頓了很久，但她的表情顯示有事情正在進行。）剛才我必須起來再看看那些圖。這些圖的原始目的和地脈（ley lines，地球的能量線）類似。當時這裡有個很大的社區。這些圖是用來引導來自別的星球的生命。引導降落。這些圖形裡有不同的社區和航空站，他們可以在這裡降落。

朵：那麼當時那個平原有住人了？

克：是的，住在不同地方。有好幾處，離平原有一小段距離。那裡就像他們可以去的站，他們會在那裡降落。那裡也像是個指標，他們可以知道不同村落的位置和人煙居住的地方。有一些不同的社區。其中一些還沒被發現，不像馬丘比丘已經被知道了。有些地方永遠不會被找到，有的會。有些屬於幾千年前的文明一直沒被發現。

朵：如果圖形能夠留存到現在，為什麼社區廢墟不能呢？

克：因為它們不是分佈在平原上。這些村落的地點有偽裝的作用。你或許會說那是個航空站或機場；他們從天而降的地方。大型太空船在這裡降落，然後你會看到小型船艇開出來。他們以小型船艇到各個村落。

朵：我想到蜘蛛和猴子的圖案——村落的遺址不是在那裡。

克：不是在蜘蛛或猴子的位置，而是在一段距離以外。那是偽裝的手法，讓太空船能夠在猴子圖上找到特定位置。然後從那個位置，他們可以找到要去的地方和村落。猴子圖上的另一個位置就是另一個村落。另一個文明。

朵：我明白。就像一種導航裝置。

克：就是這樣。謝謝你，是的，沒錯。

朵：他們認為這些圖案是古代部落畫的，他們不知道原因。因為在地面上看不出這些完整圖案。

克：沒錯，除非你是在空中，否則看不出圖形。所以是誰……（停頓）我被制止再談下去。我只能說，還有一些從來沒被發現，從來沒被知道的村落。

朵：那麼就不是當時住在那裡的土著，因為土著的開化程度很低。這些東西不會是他們造的。

克：不是，不是他們。是來自一群比土著高階，有智慧的人，那時候他們就住在這附近。不過土著和這個智慧族群之間有交流。

朵：那我假定這是發生在非常久遠前的事情。

克：是的。比印加文明古老得多。遠在印加人來到這裡之前。他們（指外星人）是為了和村民交流，因為他們曾經有過交流，不過村民並沒有太空船上的外星人那樣的智力。外星人和一些村落有往來。當時看到太空船來來去去是很平常的事。這裡是這個星球的聯絡樞紐。從外星人的角度來看地球，這裡就像個大型的登陸場。他們可以來這裡，而且不會被察覺。這是他們來去的地方。至今依然如此。

朵：他們還是會去那裡？

克：是的，他們會去。

朵：他們現在來做什麼？那裡的村落已經不在了。

克：因為這一直是他們的模式。他們在那裡進出比在地球其他地區更不容易被察覺。因為祕魯山區的地理位置很特別。

朵：那麼我假定這些圖形很可能是外星人畫的。（是的。）因為土著恐怕不會有那樣的能力。

克：沒有，他們沒有那樣的能力。

這些納茲卡線的起源說法可能有些自相矛盾。不過我認為，不同的說法也許純粹是因為年代不同，那個地區好幾千年一直以來有外星人造訪和後來的文明發展，也許各個說法跟不同的圖案創造有關。

洪水傳說

朵：他們說這世上的所有國家都有洪水的傳說。

菲爾：這些資訊很多是以原貌流傳下來，而且相當正確。無論如何，洪水傳說確實不只是傳說，而是基於事實。它是因地殼隆起所導致。如果我們從陸地的角度來看亞特蘭提斯的陸沉，它也可以被看成是場洪水。

朵：我納悶洪水傳說是不是跟亞特蘭提斯有關。是發生在同一個時期嗎？

菲：這是為什麼會有洪水傳說的說法。因為就某方面來看，這個洪水是這些傳說中的陸塊下陷或沈沒所造成。無論如何，當時確實有個全球性的問題，因為磁極的改變，導致兩極冰帽溶解。磁極的轉移，自然會造成兩極變動，發生從一極轉換到另一極的變化。這種現象已經出現了不只一次。

朵：這跟亞特蘭提斯陸沉是同時發生的事嗎？

菲：是的，沒錯。確實發生了，而且是同時發生的。那只是當時自然界的許多活動之一。

朵：有人說一定發生過很猛烈的變化，因為恐龍被發現嘴裡還有食物。

菲：沒錯。那種變化十分迅速，導致地球傾斜。它並不是瞬間發生，而是速度非常快，於是造成大氣層移動。大氣底下的地球傾斜了，但氣流和氣團卻沒有完全隨著移動，於是原本覆蓋兩極的較寒冷氣流和氣團，很快地變成位在原本溫暖氣候的陸地上方。你可以想像，當氣團橫掃大地，接著就會出現驚人的狂風。

朵：還有地震和其他火山活動？

菲：沒錯。許多原本位在水面上的陸地沈沒了，而很多原本在水面下的陸地則浮現出來。

朵：那麼整個地球有一段時期是完全被水淹沒的？還是這只是傳說？

菲：這些傳說都跟洪水氾濫有關。無論如何，要說整個地球都被洪水淹沒並不正確。有些地區沒受到洪水肆虐。不過，那些地方並不屬於當時的已知世界。

復活島

朵：在南美洲外海有個小島叫復活島，那裡有很多巨大的雕像。大家始終不明白那些雕像是怎麼來的。

菲爾：你希望我解釋嗎？那些巨石是亞特蘭提斯文明的後裔造的，他們在亞特蘭提斯沒落的時候移居到那裡。那些巨石的象徵意義是向東觀望，等待要回來的那個種族抵達。

朵：所以他們才把雕像造得那麼大？

菲：巨大的雕像是宣示他們對這些人或存在體的尊敬。很多時候，人類的天性常把尺寸和尊重做連結。有個相關的觀點很有趣，當電影明星的畫面被投射在大螢幕上，他們馬上受到愛慕和尊敬。反過來看也是。德高望重的人都被賦予龐大的身形比例。而那些被賦予龐大身形的人也受到高度尊崇。

朵：原來如此。所以雕像都造得比實物大。

菲：的確。而且這是雙向的。所以才有崇拜偶像的狂熱或熱潮的現象。這是人類種族的特性。

朵：那些雕像的面貌為什麼那麼誇張？

菲：那是一種藝術表現手法，就跟有些畫作會特別強調或表達某個面向。

朵：大家很納悶這些巨大雕像是怎麼造出來的。

菲：用的是跟建造金字塔一樣的技術。但材料塑成不同形狀。當時有用到雕鑿工具，就跟現在使用的一樣。運輸方式也跟金字塔一樣，本質上是精神感應，而且是用思想的能量完成。

那些雕像的最上方曾經有類似帽子的石塊。但到現在都已脫落。製造這些帽子的石塊和雕像的材料不同。我很想知道這種所謂「頭飾」的目的。

菲：目的是人們可以坐在雕像的頭頂。於是就能跟雕像朝著同一個水平或方向凝望。他們認為祭司跟雕像一起凝望能夠接收到某種力量或洞見。

朵：他們向外海凝望，觀看他們的族人回來。你是這個意思嗎？

菲：他們認為這樣可以加速族人回來。要先把能量放出去，能量才會回來。雕像都面朝著他們要凝望的方向。祭司們會爬上雕像頭頂，坐在這些石塊或頭飾上面，引導他們的能量，把那些存在體吸引過來。這個做法成功了很多次。外星生物曾經來這裡造訪。飛行船會從海面過來。他們的凝望和渴望就是信標，向外星人發出渴望溝通的信號，於是就會有外星人來到這裡。

朵：是哪一種船艇從海上過來？

菲：乘著氣墊船艇的外星人。這裡說的是氣墊船（hover craft），因為飛行器的類別很多。

朵：我以為是某種水上的船隻。

菲：和人類認知的不同，因為這些船艇是在水上盤旋，不是在水面移動。

朵：原來的亞特蘭提斯人呢？他們還留在這座島上嗎？

菲：因為生活艱困，還有氣候因地軸改變而出現變化，他們在一段時間之後就都分散了。分散到地球的其他地區。目前的土著是屬於印度群島部落，他們是在氣候恢復到現在的狀態以後，才移居到那些島嶼，所以這些巨石是在很多世代之後才被發現的。

朵：當他們發現的時候，自然不明白雕像的目的，是嗎？

菲：是的，他們以為那群石像就是眾神。

朵：我也聽說有人發現了一種書寫形式。從來沒被翻譯出來。那是源自哪個部落？是最初那群還是後來才來的？

菲：是當初豎立雕像的那些人。有些還存在的資料是指導如何懸浮的操作手冊。那些概念很抽象，就算有人能讀也沒有用。必須要對目前不存在於地球的抽象概念和觀念有全面瞭解才行。

朵：有沒有亞特蘭提斯人的祖先留在那裡通婚，然後一直延續到現代？

菲：埃及人，皮膚橄欖色的種族，他們就是跟亞特蘭提斯最密切的直系後裔。橄欖膚色的人是原來的亞特蘭提斯人種。但在氣候惡化後，因環境難以生存，大家都離開了。地球就像個輾轉反側的煩躁老婦人。大家遷移到不同的地區。

朵：外星人有協助他們離開嗎？

菲：他們並不需要協助。航海在當時已經是很成熟的技術了。

菲爾在清醒後表示，他看到祭司們盤腿坐在雕像的頭飾上，看著氣墊艇跨海而來。

* * *

約翰又到了在星光層的圖書館，管理員問要協助找什麼資料。我問他，對於能夠來到圖書館的人有沒有任何限制。他說並沒有，不過，低等能量的靈魂也不會想來這裡。除了他們對尋找知識沒有特別感興趣以外，他們也會因為這個領域所發出的能量上的差異而被驅離。

朵：地球上有很多大家不瞭解的事被認為是謎。

約：這是事實。在天上也同樣有很多神祕難解的事。管理員說，意識心智無法理解所有的事情。所以就某種意義而言，你也可以說那就是限制。不過，人們在超意識狀態下，能夠瞭解意識心所無法瞭解的事。因此，在某種意義上，限制是因為跟心智有關。

朵：你的意思是事情對心智來說會太複雜？

約：是的。他說，你們還不到適合的能量層次。你不會把代數的書拿給才進托兒所的三歲小孩。他說，你們不會那樣做。我們的圖書館也是這樣運作。三歲小孩不會了解代數。

朵：不過有時候他們會給我我原本也不認為自己能懂的東西。

約：這是真的。但是那些知識是要讓你成長。讓你懂得更多。

朵：也是要擴展你的心智。

約：也是要擴展你的心智，沒錯。

朵：好，我們想要找到能夠解釋那些令人不解的地球奧祕的資料。我們必須進入觀看室嗎？

約：那要看你想討論什麼資料。

朵：復活島上有很多巨石像。我們可以得到這方面的資料嗎？

約：他說，可以，請進入觀看室。他說這裡曾經是雷姆利亞大陸的一部份。在雷姆利亞大陸沈沒時，這裡原是一處山頂聖地。雷姆利亞人雖是部落民族，但他們能夠顯化自然律。他們能夠造出這些雕像，運用精神力量和思想來固化石像並且搬運。這是由他們的薩滿、祭司和領導者共同完成的。管理員說，在地球發生變化的時候，這裡是倖免的土地之一。現代的科學家無法確定這些石像的年代，因為石頭來自遠古時期。這種岩石或石塊有它獨特的性質。我找不到字彙。……地質學家認為他們知道年代，但他們真的不知道。這是為什麼這是個謎。這些雕像是古代雷姆利亞文明的遺跡。他說要回溯到兩萬年前左右。

朵：現代科學家認為雕像是用附近山脈的石塊雕成的。

約：石塊是從附近山脈取得，這是事實。不過它們的形狀是被所凝聚的各種能量塑造而成。石塊透過能量引導被賦予了延展可塑的特性。這樣就很容易用石器和黑燧石打造出不同外形。就像用刀切開奶油一樣。非常容易。

朵：有些人認為石塊的來源地離雕像很遠。（是的。）石塊是怎麼運來的？

約：也是透過精神感應的方式。所以才找不到痕跡。

朵：有些雕像塌了。（是的。）我們現在看到的全都面朝同一個方向。除非有被人搬動過，要不然雕像都是面朝著外海。

約：沒有，雕像沒有被搬動過。管理員在說，雕像是朝著當時太陽升起的方向。當時太陽升起的方位和現在並不一樣。而且雕像是對齊太陽排列。

朵：為什麼雕像要面對升起的太陽？

約：這對當時的人有靈性和重要的宗教意義。

朵：那些雕像代表什麼？他們的樣子都很像。

約：代表人的靈魂。也可以說是瞭望臺上的守護者。歷史上一直有這樣的記載。雕像是神靈的形象，代表古雷姆利亞人各部落的守護靈。古代的雷姆利亞有一百三十六個部落。這些雕像代表這些部族的不同支派，也可以說是祖先族群。按照你們的說法，他們都是相當原始的民族，不過他們有高度的靈性稟賦。

朵：聽起來他們有強大的心靈力量。

約：是的，他們的領導者具有強大的心靈力量。

朵：這些雕像的容貌好像很誇張？有原因嗎？

約：有，原因很明確。當時的人看起來就是這個樣子。人類在演進的歷程中已經變得較細緻優雅。事實上，等到我們進入成熟的水瓶世紀的黃金時代，人類還會進一步的「精鍊」。到時人類會更精緻。

朵：雕像的頭頂還放了我們稱為「頭飾」的東西，不過現在已經脫落。那是用不同的石頭做的。

約：是的。這代表某種靈性繩索。他們會把頭髮梳成那樣。有時候他們會說自己是從頭飾被拉離物質宇宙。（笑）所以他們在頭上有這些精巧的髮飾。

朵：那跟製造雕像身體的石頭並不是同一種。

約：沒錯，就像你這一世的頭髮顏色也不一樣。這些人相信這些不同的設計可以幫助他們被抽離身體。他們認為宇宙的主要靈魂——不是他們自己的靈魂——會讓他們進入星光界。方法就是把他們拉離物質界。這是古代史了。

朵：所以科學家才很難理解。他們認為這些雕像是較晚近的族群建造的。

約：它們是雷姆利亞人留下來的。

朵：有別的人來到這座島上嗎？

約：噢，有的，很多人來到這座島。他們還褻瀆了一些石塊。他們吃自己同類的肉。他們就像最低等的動物。

朵：這些人不是原本的那個民族。

約：不是，這些人不是這塊土地的原有民族。事實上，當這些入侵部落來到這個島的時候，島上還有一些雷姆利亞文明的遺民。結果他們被這群兇殘好戰的人給吃了。

朵：原來的後裔有人生還嗎？

約：沒有人生還。他們被入侵的部落完全消滅。復活島的周圍海域雖然有很多動物生命，但要在島上生活卻很辛苦。這些好戰部落抓了這些人，還把他們吃掉。

朵：那這些好戰部落就是現在當地居民的祖先了。

約：是的。現在的居民是這個好戰部落的後代。和現代人相比，雷姆利亞人在靈性和心靈上都非常進步。不過他們的生活很原始。我的意思是，他們沒有我們現在有的各類發明。他們有類似都市的地方，不過是用很容易替代的材料搭建的。像是棕櫚纖維和自然植物一類的東西。

朵：科學家聲稱他們發現了古老的手稿遺物，不過他們不知道年代有多久。

約：這些文稿可以回溯到古代的雷姆利亞人，他們傳給了他們的子孫。但這些後代終究被那些兇殘部落消滅了。那些殘忍的部落覺得他們很可口。他們完全把他們看成動物，然而這群人卻承續了古老的傳統。他們甚至有先知寫下過去發生的事，包括造成雷姆利亞瓦解崩塌的地球變動。

朵：他們保留了這些書寫的東西，卻不知道其中的意義。這麼說正確嗎？

約：雷姆利亞人的後代知道這些東西的意義。

朵：不過其他人……

約：噢，不懂，他們就只是動物。他們很好戰。勝戰民族裡的一些薩滿接收到這個地方的精神，可能解讀出了部份的資料。不過他們……我不想談。他們太好戰，太卑鄙了，他們實在是……我想離開。他現在給我看的是……他們真是可怕的人。他們把那些人的心臟挖出來。噢，實在是太糟糕，太可怕了。

約翰回到清醒狀態時說，他看到這些人追逐雷姆利亞人，其中有個人切開一名男子的胸腔，扯出他的心臟，在心臟還在跳動的時候就把心臟吃了。難怪景象令他反感和厭惡。

朵：好。我不希望你看那些會令你不安的畫面。

約：管理員說，繼續。

朵：好，換個話題。讓我們換個畫面。我們來看看其他的東西。我們不必去看那些殘忍的景象。

* * *

約櫃

朵：聖經裡有很多篇幅談到約櫃，不少謎團圍繞著約櫃的話題。

菲爾：是的，我們對這個主題很熟悉。我們要請你把它看成是接收器，一個無線電接收器，它能轉譯或接收來自高等層面的訊息，並且轉換到物理層次。這樣資訊才能以最高的正確度傳遞給這些人。因為當時的人類覺知或意識並無法傳導這些資料。

朵：你的意思是他們用這樣的方式對民眾說話？

菲：沒錯。那是語音的訊息。

朵：建造約櫃的想法是從哪裡來的？

菲：是個禮物。他們得到建造的想法。部落的工匠和技工以才華打造出這個櫃子，這個容器。不過，這個接收器是由當時幫助星球進化的存在體所設計的。他們也指示最後的成品要放在哪裡，好讓裝置在不被人看到的情況下啓動。這是在天黑後進行的。人們被指示把約櫃放在特定地點，然後這個接受器便被啓動。它會從宇宙吸引能量，這個宇宙能量到今天還環繞著這個行星，而且可以使用。你想知道這個約櫃或接收器現在在哪裡。現在還不是透露它的位置的時候。總之，它被保管得很好。

朵：它還在地球上嗎？

菲：我們不會在現在透露地點。

朵：按照我們聖經的記載，約櫃後來有危險性。

菲：這麼說不正確。它是被誤用了。它本身是惰性的（指沒活動力），不會比一片葉子危險。總之，當時因政治理由使用約櫃就破壞了原本製造的用意。

朵：聖經裡提到，有人碰觸約櫃後就死了。那裡面是否具有某種力量？

菲：那是因為約櫃當時正在通能量，人們因過度暴露在這種能量下而死亡。堅持約櫃會造成死亡的目的是為了防止民眾打開它，然後發現裡面的東西。這也是為了製造一種氣氛來保護這個裝置，要民眾心懷敬畏來看待約櫃。

這部份的錄音有嚴重雜音，完全無法抄寫內容。聽起來就像低音靜電的雜訊，而且很大聲，把菲爾的聲音完全蓋掉。我的問題還隱約可以聽見，他的回答就聽不到了。我詢問百慕達三角的開頭部份和約櫃的其他問答全都被蓋住。如果有什麼方法可以解決這個問題，我還是希望能夠用上這部份的資料。現在也許有辦法用電腦來分離聲音和雜訊了。當這面錄音帶跑到最後，聲音突然恢復。我把帶子翻了面，聽起來正常。這是個奇怪的經驗，因為菲爾自己的錄音機是放在床的另一邊，他的帶子也同樣無法聽寫。假使是帶子有問題，那麼我認為兩面應該都會被影響。如果是麥克風有狀況，那為什麼當我把帶子翻面，這個問題卻不存在了？

一位電子專家說，如果錄音機是放在電視機上或某種電子放射源附近，那麼是有可能出現這種情形。但錄音機是放在床邊小几上，附近連收音機都沒有，而且這也無法解釋聲音為什麼又會突然恢復正常。如果原因是某類電子信號的干擾，那麼我認為帶子兩面都會受到影響才是。

這次事件之後，其他催眠個案也出現這樣的現象。我的錄音機常發生怪事，像是被外界的能量影響（會出現靜電干擾、聲音淡入淡出、速度變快和減慢、同時出現兩個聲音等等）。

由於錄音內容干擾嚴重，我打算扼要陳述催眠內容，這在平常是不會有這種情形的。隔週，當我和菲爾進行療程時，我想知道他們能否告訴我是怎麼回事。

朵：上次我們來這個地方的時候，問了很多跟約櫃和百慕達三角洲有關的問題，而且得到很有趣的資料。不過，不知道為什麼，內容並沒有錄在錄音機裡。你知道原因嗎？

菲：那個資訊帶有跟措辭相似的能量渦旋。於是在這附近產生一股渦流，就跟談話內容所描述的類似。這可以是暗示的力量的證明。因為現在在這個星球上的能量具有一種性質，那就是只要想到，那個思想就會創造出實相。這是我們進入這個覺醒新時代的時候，這個星球能量所具有的性質。

朵：你是指地球還是你現在在的那個星球（三尖塔行星）？

菲：這個實體星球，也就是地球行星。現在這個行星上的能量具有思維就是行動的性質。這說明了要使用這些能量時，必須謹慎才行。因為它們是很有創造力的。

朵：我就知道錄音機沒有問題。

菲：沒錯。錄音機很確實地播放它接收到的內容。你也看到了你的錄音機接收和覺知的層次遠高於人類感官所能察覺的層面。在這個層次（指地球）所製造出的機器和設備也在提升它們的覺知。它的能量層次會自然地被提高，因為它屬於這個地球，是這個地球的一部份，所以以後地球的一切也會充滿這些能量。

我說我想再試著問同樣的問題。我想要使用這些資料，但我現在只能憑自己的記憶，因為錄下的內容並不清楚。

菲：如果你這麼想就問吧！問問無妨。

朵：我在想我們是不是有什麼方法可以不讓錄音機又被干擾？

菲：我們會試著更專注在傳導訊息所需要的能量上面，這樣可以幫助限制透過這個載具（指菲爾）所傳導來的能量。不過這個狀況也可能再次發生，因為這些能量主要是由這位載具傳導來的。因此，他必須要了解能量的廣泛頻譜，並學習限制過來的能量。這個能量沒有傷害性。這只是他接通的能量，然後顯現在你的錄音機上。它並不會造成身體上的傷害。

朵：只不過機器能夠接收到。

接著我再次詢問百慕達三角洲的問題，心裡希望這一次不會出現干擾。後來我謄寫錄音內容的時候，完全沒有任何狀況。菲爾和我合作多年，偶爾錄音機也會有不太尋常的情況發生，不過沒有一次是這麼嚴重。

我在八〇和九〇年代期間對其他個案進行催眠的時候，每當有適合的機會，我都會提出同樣問題。

＊　＊　＊

朵：一直以來都有約櫃很危險的說法。這是真的嗎？

布蘭達：當然是真的！那個裝置很危險。

朵：有的說法提到有人受傷，如果碰觸到或者……

布：如果他們不知道如何操作，也沒有正確絕緣的話，沒錯，他們是可能受傷。

朵：你知道約櫃最後怎麼了嗎？

布：它使用了好幾個世紀。很難說它後來怎麼了，因為在它失蹤前並不只一個約櫃。其中一個被意外地丟棄在深谷。他們把約櫃放在架上，到了一座窄橋，底下是個深谷，其中一個人不小心絆到，約櫃就摔到谷底了。

朵：那是發生在曠野流浪的那段期間嗎？

布：在那之後。有一個約櫃存放在一處神殿好幾個世紀。後來外族侵入，他們必須把它藏起來。第三個還在，不過被偷偷藏在很隱密的地方，只有很少人知道。

朵：我不知道約櫃不只一個。（噢，是的。）它們都在同一個時期存在，還是在掉落深谷後，他們又製造了一個？

布：在造了原本的約櫃後，後來的幾百年裡又做了別的約櫃。目前還有一個存在。落在深谷的，現在已是冰河的一部份了。有時當冰層清澄時還能夠看到。被藏起來的那個被封在一個洞穴裡，我看不出以後會不會被發現。還在的那個是在一處私人金庫裡。

朵：你知道是在哪一個國家嗎？

布：難說。一個技術先進的西方國家。

朵：如果有人在金庫看到或意外發現，他們會知道那是什麼嗎？

布：不可能有人在金庫裡發現約櫃，因為那是私人金庫。它是在一個巨富的私人土地上。

* * *

百慕達三角洲

朵：你對於船隻和飛機在百慕達三角地帶失蹤的現象，有沒有什麼解釋？

菲：關於這個問題有很多推測，然而都是不正確的。這個地區是一處能量渦旋，它是這個星球一個廣闊且能量強大又變化莫測的渦流。能量之所以不穩定，部份是因為深潛在大洋深處的機器，雖然沒有動靜，但也不是完全停止活動。這個星球有大量的能量流通過，足以使這個機械裝置的殘留威力引發聚集效應，結果就是你們所說的機船失蹤事件。這其實只是穿過一個出入口，進到了另一個實相。實際上來說，這些人並沒有失蹤，因為他們還在這裡，只是在別的地方。……有人認為他們已經因自然事件死亡，不過他們只是在另一個實相裡，另一個存在層面，另一個時間架構。這是一個時空的彎曲（bend）或門户，一個出入口，如果你喜歡這個說法。這些人在穿越入口時，身體並沒有受傷，不過心理、精神和情緒方面倒是有影響。當他們通過這個入口，肉體能量的層次會因此提升。許多人會發現自己的精神感應和預知力變得很強。他們發現這些超能力在自己所在的這個實相裡，非常稀鬆平常。他們所顯化的實相是能夠和身邊的人和諧相處。在這裡，如果心智願意相信事情有可能，那麼實相也會非常不同。只要相信想法可能實現，所想的就會成為現實。這純粹是相信什麼是真的，什麼不是。你的信念決定了什麼是真，什麼是假。

朵：一直以來，這些失蹤事件在發生前都通報過飛機上的儀器失靈。

菲：沒錯。因為磁通量（magnetic flux）造成干擾。這是這個現象的徵兆……這個通量（指磁場的強度）是地球磁場和目前人類還不知道的其他能量的彎曲所造成。這些儀器在常態磁場中才能正常運作。如果這些磁場不在正常狀態，儀器的功能就會失靈。也可以說是儀器所在的磁場不是正常運作。

朵：他們也提到地平面看起來很古怪，有時他們所飛越的下方景物看起來很不一樣。

菲：很多東西看起來明顯怪異，這是因為覺知提高了。不只是肉體，內在覺察也是。這些在你們這個實相裡原本都是關閉和看不到的，當覺知提升了，這些事物就變得非常明顯，他們的內在層次也開始消化吸收所收到的資訊，然後再把這種覺察傳輸給意識自我。

朵：這個彎曲的時空一直都在那裡嗎？很多飛機和船隻在那裡進進出出，並沒有遇到麻煩。

菲：不是一直都有。它是變動的，沒有規律。

朵：當這些人通過這個出入口時，他們就到達了某個地方嗎？

菲：是的。那裡的物理質量跟這個實相是一樣的。他們還是在地球，他們只是進到了另一個實相，另一個時間，如果你要用時間做類比的話。可以說他們通過颱風眼後，就發現自己身在一個從來沒去過的地方。他們發現自己在地球上的另一個時間裡。

朵：你有沒有辦法知道這些人是回到了過去還是進入了未來？

菲：這沒有什麼差別，因為老實說，並沒有過去或未來。時間純粹是人類創造的概念，好讓他們認知那些他能夠理解的事件。要說他們回到過去或進入未來並不正確。他們只是「在另一個時間裡」。

朵：我想如果有飛機降落在過去，這會讓那個時候的人很吃驚吧。這些人或許是降落在某處，或者船隻在某地靠岸，不過他們是在另一個時間裡。

菲：一個不同的層面，或許是比較正確的說法。

朵：不過，如果那些人沒料到會發生這樣的事，他們一定很害怕。

菲：他們毫無疑問的都被這個劇烈變化嚇到了。不過，就我們所認知的，多數人都很能夠適應，他們並沒有很想回來，也可以說回到過去。因為其中很多人已經一頭踏入你們的未來，也就是基督意識之所在。這些消失事件在那邊也是大家所知且觀察到的現象，就像這邊一樣。這裡的人就這樣消失，然後出現在那裡。對兩邊同樣是謎，另一邊的人不知道這些人是誰，又為什麼不斷到他們那兒。那些人的故事也令他們難以置信。

朵：未來的人對這些人突然出現一定很驚訝。

菲：從未來的角度來看，並不會那麼驚訝。因為未來已經知道發生在過去的事。這純粹是意識到又有一個人穿過了入口。於是他們迎接並提供協助，好讓這些人調整並適應他們的新實相。

朵：那麼其中有些人可能現在還活著，或者他們在另一個時間裡也變老了。

菲：沒錯。

朵：他們有沒有辦法回來？

菲：現在看來是不可能，因為出入口有些歪斜而且因為風吹而晃動，無法控制。因此只能在適合的時間來到適當的地點，而且出入口要能以適當的方式晃動才行。這需要目前這個星球還沒有的知識。就算可以做到，他們也不會想回來。因為以他們目前的覺知層次來看，這個實相就像是小孩在玩玩具。他們的層次已經提升到遠超過我們這裡。

朵：這些人是願意的呢，還是他們是意外穿過這個通道？

菲：在偉大的宇宙計劃裡，在規律的宇宙運作下，每件事的發生都有原因。所以可以說這些事件都有非常合理的原因。但要說這是預先規劃的並不正確。因為生命中有很多事並非計劃好的，而是時候到了，就發生了。純粹是因為在那個時候該發生那些事。因此，這樣的事在當時發生在那些人身上是非常適合的。舉例來說，其中有些人可能適合更進一步提升進化。或許他們已經準備好要快速晉升到下一個覺知的層次。……我們必須結束這次肉體的轉世才能再生，然後提升到他們所在的那個環境。而這些人可能並不需要如此。他們內在層次的覺醒和訓練已經妥當，也因此他們發現自己在他們所需要的層次。

朵：有沒有可能事先有些徵兆，讓那些要進入那個地區的人知道可能出現這種情況？

菲：內在層面的覺知會提供指引。當一個人發現自己在這種情況，並不能說內在層面沒有徵兆。

朵：你是指他們自己的內心還是什麼嗎？

菲：沒錯。他們必須傾聽自己，所有生命也都該這樣，與自己和諧並了解自己。

朵：那就真的沒有什麼具體的方式可以知道了。他們就是在那個時候剛好出現在那個地方。

菲：不盡然，剛剛說過了，有徵兆，不過沒被注意到。

朵：不過有個案例是一群飛行員奉派搜尋幾架失蹤的飛機。他們沒有選擇，他們必須去找那些飛機。

菲：我們創造出自己的命運。因此也可以說，這些人創造出讓自己失蹤的境遇，就跟很多人選擇他們的死亡一樣。因為每個人都選擇自己的死亡。

我在《生死之間》書裡對這個概念有更多的說明。

朵：地球表面是不是有很多彎曲時空或能場？

菲：不，這是個別的事件。

朵：你之前提到海洋底下的機械還有部份功能，你說這是導致這種事發生的原因之一。

菲：沒錯。你可以想像有面原本很大，但現在已經破裂的鏡子。想像這片大鏡子的一塊碎片現在就懸掛在一條線上。每當氣流或水流撥弄鏡片，上頭的陽光偶爾照射到它的瞬間，閃現的強化穿透了空氣或水，看你要用哪個比喻。你可以明白這是隨機事件，不受人類控制。同理，這些能量流也是這樣隨機地跟一度偉大的社會遺跡互動，並造成這類事件的發生。

朵：這是面真正的鏡子還是只是比喻？

菲：是個比喻。因為鏡子具有水晶的性質。

朵：當初它是怎麼到海底的？

菲：原本不在海底。那是亞特蘭提斯那個偉大文明的某些機械裝置。它在毀滅期間沉沒海裡，如今相當安穩地在海底深處。

朵：它是在某個建築裡面嗎？

菲：在一個高原上，也就是它當初矗立的地方。當整個陸塊沈入海中，連同這個文明所創造的一切也全都沈沒了。

朵：你能不能多解釋一下這個機器的樣子？

菲：沒有需要多說或解釋，嘗試解釋是無謂的。因為不可能有任何適當或符合要求的說明可以讓大家想像。它純粹超過了人類目前的理解力。

朵：我在想像那是一塊金字塔造型的水晶。我不知道這麼說正不正確。

菲：那我們會說，你可以試著用這個比喻在心裡想像你所看到的，你的感知很可能是正確的。我們不會對此評斷，因為那是你的實相，所以就這樣吧。

朵：但你的說法像是那個裝置壞了。真是這樣的話，那麼海底那塊水晶或不管什麼的東西就是破的了？

菲：它是碎的，沒錯。是這樣。

朵：怎麼破的？

菲：這時候最好的說法會是刻意的，是為了防止那些想要把這塊水晶用在不和諧做法的人。因為那些人取得這種強大動力只想用來利己。於是當時認為必須把這個水晶切割，以免被用在破壞的用途上。

朵：所以他們故意破壞它？

菲：沒錯。

朵：這是發生在沈沒的時候，還是之前？

菲：同時。

朵：水晶被毀導致陸塊沉沒嗎？

菲：當時同時發生了很多事，都是因為以不和諧的方式使用這個水晶，使得能量造成危害，因而造成某程度的陸沉。所以這其中是有些關連。無論如何，這並不是單純的因與果。這些可以說是個別事件，但也多少相關。

朵：毀掉水晶的人難道不知道會引發像這樣的災難嗎？

菲：那些人利慾薰心，對他們愚蠢行為的後果並不以為意。他們持續以這種方式使用水晶的能量，最後也就付出代價。

朵：我以為他們可能是因為無知，並不知道會有這樣的後果。

菲：不完全是無知，因為一直有人不斷提出警告。當時因為對使用這些能量和威力的認識逐漸下降，有人終其一生在教育民眾了解這些能量。然而，無知很快矇蔽了教化，和諧也被不和諧壓倒。

朵：那些碎片是在深海底下？

菲：沒錯。

朵：你覺得將來有人會找到嗎？

菲：地殼變動的時候，這塊陸地會再浮出水面。存放在神殿裡要留給後代的資訊，也會再次被發現和運用。他們當時就知道這片土地將被淹沒。這些知識是留給未來找到這些知識的世代。知識將被交付給品德高尚，做好準備，並有能力使用的人。

朵：等有天科學家或不論誰發現了這個知識，他們會知道那是什麼嗎？

菲：但願他們知道。不過，要到那時候才能決定。

朵：那個知識是寫成書的形式嗎？它是如何保存的？

菲：寫成文字，寫在石頭上。到時會需要解讀，因為那是儲存知識的人用他們的語言所寫。所以會需要從一種語言轉譯到另一種。然而，這不是無法克服的難題，因為覺察力會直覺知道要怎麼做。在心理層面完成的工作和過程要比現在純粹透過理性層面來得多上許多。

朵：神殿還在嗎？還是成了廢墟？

菲：躺在海洋下幾英里深處那麼久了，它的狀況自然不會很好。不過，還是足以保存資訊。目前來說，這個評估應該是正確的。

朵：它要等到地殼隆起後才會被發現？

菲：沒錯。而且會是發生在適當的時機，發現這個知識的人將會位在高階，並將知識運用在適當的目的上。除非時機適切，否則這個知識不會被釋出。

朵：這個知識有沒有包括亞特蘭提斯的歷史？

菲：有。裡面包括了這個文明好幾千年來的歷史和日常記錄。還有社會瓦解前和大陸沉沒的摘要。有了這些敘述，將來發現的人就會瞭解那個文明發生了什麼事。

朵：這個機器在亞特蘭提斯時代運作時，是什麼樣的用途？

菲：它是能量的主要來源。當時能夠傳導很多種能量。有些能量有好幾種不同用途，就看如何運用。當時有療癒能量、懸浮能量、照明、供熱和推動等等。有很多能量可以使用。

朵：那麼當機器破裂的時候，由於某些原因，造成了時間的彎曲。

菲：它只是這些能量的隨機反射或傳送。……我們要說，很多活在那個時代的人，如今又再次轉世地球。

朵：地球有好多謎團，我們都在尋找答案。

菲：人們往往問了問題，卻拒絕聽答案。很多人問問題，但不相信答案，於是便繼續問同樣的問題，直到有人提出他們想聽的答案為止。

*　*　*

尼斯湖水怪

朵：大家對地球的一個神秘事物很有興趣，那就是蘇格蘭的尼斯湖水怪。你能不能告訴我關於這方面的資料？

布蘭達：答案很複雜。我在試著整理。現在的地球表面有好幾種這類生物。牠們一般都住在深邃的淡水湖裡。西伯利亞有座湖泊被認為是地表最深的湖，那裡也有類似生物。這些生物都待在水裡深處，沒有理由來到水面。

朵：牠是屬於哺乳類還是其他類別？

布：牠是住在淡水的爬蟲類，而且是很古老的動物，在地球上存在了很久。牠和地球上的一些昆蟲很像。牠已經演化得夠先進，不需再進一步演化，因此牠跟古老以前是一樣的。牠溫和無害，所以身上有保護色，可以避免其他生物的傷害。牠吃生長在湖中的水生植物。

朵：牠們的數量很多嗎？我的意思說，牠們繁殖得很快嗎？

布：牠們繁殖了一些後代。牠們並不像其他動物那麼多產。牠們在湖底的泥裡產卵，從卵孵化。事實上，牠們是介於爬蟲類和兩棲類的中間，比較接近爬蟲類而不是兩棲類。牠們喜歡低溫的環境，主要生活在冷水湖。牠們的數量超過人類所以為的。人類認為他們發現了這裡一隻，那裡一隻，其實不只這些。牠們的數量不多，但有幾個小型的群落。

朵：如果牠們不是哺乳類，就不見得需要浮出水面呼吸？

布：是沒有必要，不過牠們可以。所以牠們才和兩棲類有關，因為牠們有鰓和退化的肺。牠們能浮出水面幾分鐘而沒有呼吸上的困難。不過牠們也可以在水裡呼吸。牠們是水生動物。牠們曾被看過在陸地上出現，不過這種生物很少離開湖泊。

朵：有人曾經用聲納偵測到水裡的反射物。聲納就跟雷達一樣，碰到大型物體會反彈回來。他們真的偵測到什麼了嗎？

布：那次是真的，不過聲納遇到水溫變化也常常會反彈。如果水層有不同的溫度，音波也會彈回。所以他們不要太過依賴聲納的讀數會比較明智。

朵：換句話說，那些照片和其他所謂的證據並不可靠。

布：根據你們科學界的標準，這些都不算可靠。

朵：有人宣稱水怪像史前生物。

布：牠是的。就如我說的，牠在很久很久以前就停止了演化。在另一塊大陸有一些類似你稱為尼斯湖水怪的生物，那裡是……蘇必略湖（Lake Superior）？有一群在那處水域，西伯利亞的貝加爾湖（Lake Baykal）也有一群。還有些零星的，另外亞馬遜河流域也有類似生物，那些喜歡溫水。當地土著報告過牠們的存在，不過掌權人士把這個說法當成迷信打發。

＊　＊　＊

朵：你可以告訴我蘇格蘭大湖裡的尼斯湖水怪的資料嗎？

菲爾：這些生物是屬於內陸水域，也就是說牠們現在沒地方可去。牠們曾經可以在全世界走動，現在卻發現自己被限制住了。無論如何，如今的海洋裡沒有別的動物可以和這種生物相提並論。

朵：牠們最初是從哪裡來的？牠們是倖存的恐龍嗎？還是跟恐龍類似的生物？

菲：沒錯。在過去，世上的各大海域都有很多這類生物。然而在地殼變動期間，由於海水含鹽量的改變，只有這些擱淺的存活了下來。因此牠們沒辦法像周圍的其他生物那樣改變。牠們之所以能夠維持早期狀態，是因為牠們受困其中的水域環境並沒有促成牠們的演進。牠們因此以以前的樣子延續到現在。

朵：牠們比較是兩棲類還是哺乳類？

菲：牠們和海豚、鼠海豚類比較接近，因為牠們有脊椎骨，也呼吸空氣。不過牠們在外表上比較像沒有附肢的蛇或爬行類。

朵：如果牠們能繁殖，我們就會更常看到牠們，不是嗎？

菲：動物的數量和牠們出現的次數並沒有關係。牠們之所以能夠存活至今，是因為牠們孤僻，還有不喜歡陸地的習性。很多人認為這類生物是前寒武紀時期（pre-Cambrian）殘存下來的。不過，其中有許多的確是較晚近的種類，不過這種見解還沒被認可。

朵：你說牠們經歷地球劇變後存活下來。那是在亞特蘭提斯時期或更早之前？

菲：這個星球曾經有過很多次劇烈的變動。那段時期有許多生物因為氣候變遷消失，而不是因為地質的改變。然而，當我們說到這種你稱為尼斯湖水怪的生物，我們會說，這兩種變化都是原因。牠們原本生活其中的大海溫度較暖，由於水溫變低，許多遠洋生物因氣候改變而死亡。當時生活在特定地區的那群，發現靠近湖底的水溫比較溫暖，只要待在那裡便能存活。不過，經過一段時間之後，牠們也適應了較寒冷的氣候，能夠在較冷的水域短時間生活，比如尼斯湖的那群。

朵：那麼亞特蘭提斯的災難是在這之後很久才發生的。

菲：不是這樣的。我們提到的災難持續了非常漫長的時期，比發生在亞特蘭提斯文明的變動更久。整個演變延續了一百萬年，不是一千年。

朵：原來如此。這個世上的其他地區是不是也有這些倖存的生物？

菲：有很多生物在地球許多不同的地區生還，只是你們的文化還沒發現牠們。但有些較為覺察的文化倒是知道牠們。你們的星球上有很多你們不知道的生物。

朵：這些都是海洋生物嗎？還是陸地生物？

菲：若是以分佈情形來說，哺乳類多過魚類。因此，你們所稱的「自然界」的全貌有點被自然界的這種隱藏的親戚給扭曲了，你們並沒有察覺到那整個種族。

朵：這些動物是不是通常分佈在人口沒有那麼多的大陸，像是非洲、南美洲？

菲：牠們住在地球所有已知的地帶。不過，這並不是說牠們是分佈在地表上，也或許是在星球裡。

朵：牠們可能住在地表下？

菲：沒錯。

朵：我們所知世界的絕大多數地區都已經被探索過了。而且我們認為地表上沒有不為人知的地帶了。

菲：已知世界的大多數地區都被探索過了。不過，未知的部份就沒有。所以牠們並不是在已知的世界，因為沒有人知道這些地區。

朵：所以在這個星球底下有我們不知道的生物。

菲：沒錯。地表上的居住者並不知道這些種族和文化的存在。

朵：這些地底下的人是亞特蘭提斯文明的倖存者嗎？還是在那之前他們就住在地底下了？

菲：兩者都有。有些是之前就住在那裡，有些是之後。不過，他們彼此不是那麼和諧。因此不往來，也不太知道彼此，這是因為他們都有想保持隔離的獨特需要。地上居民和地下居民的互動也很少人知道。然而，有兩邊都知道的種族，但他們也不跟任一邊往來。

＊　＊　＊

朵：圖書館管理人可以提供我們尼斯湖水怪的資訊嗎？真的有這類生物存在？

約翰：是的，真的有。牠們是原始生物的倖存者，牠們的祖先在爬行類時代就住在地球上了。

朵：你是指恐龍這類？

約：是的。海裡和陸地，甚至天空，仍然有人類尚未發現的生物。牠們躲藏在特定地區，因此延長了生命。牠們也在繁殖。

朵：我想的是其中特定的一種，我們稱為尼斯湖水怪的那種。

約：尼斯湖水槽裡大概有七隻。（笑）他就是這麼說的，「水槽」。（笑）牠們一直在繁殖。牠們能活得很久，好幾百年。牠們不是經常繁殖。這點跟冷水有關。

朵：牠們如何繁殖？

約：就跟大多數動物一樣。

朵：我的意思是，牠們是哺乳動物還是產卵，還是……？

約：牠們在水裡產卵。要經過很久才會孵化，很久才會長為成體。幾乎要兩年，大概吧。牠們必須小心水裡的魚和其他的掠食動物。牠們在尼斯湖岸的一處懸崖下有個藏身的洞穴。

朵：牠們也呼吸空氣嗎？還是完全在水裡生活？

約：牠們基本上是水生動物，不過可以短暫浮出水面。就像飛魚能夠飛躍在水面上再回到水裡。牠們不需呼吸空氣。牠們有鰓，可以從水中獲得氧氣。

朵：有傳說牠們來到陸地。真的有這種事嗎？

約：偶爾。過去發生過，以後也可能發生。

朵：傳言有人在湖邊看過牠們。

約：是的，有人看過牠們。牠們確實會冒出湖面。不過牠們不會被抓到，因為牠們的直覺很強，牠們很憑本能。

朵：傳言曾經有人用聲納看到牠們的影像。真有這種事嗎？

約：是的。牠們是存在的。現在尼斯湖就有七隻住在懸崖湖邊的水底洞穴裡。牠們吃魚，牠們很巨大。

朵：是的。有些人在牠們冒出水面時，拍到了牠們的照片。還有沒有其他的特定地方有這種生物？

約：非洲有個湖裡有兩或三隻。以前有十二隻。熱帶亞馬遜雨林裡有兩隻，在亞馬遜河外的湖裡面。東南亞的河裡有四隻。

朵：牠們是危險的生物嗎？

約：某程度來說，不會，牠們不危險。不過牠們吃魚，所以有可能把在水裡的人當成了魚。當成較大型的魚類。

朵：你說過還有些別的生物是從那個時代存活下來的？

約：是的。牠們並不是都長得像尼斯湖水怪。牠們是爬行類。有些看起來就像大蜥蜴。

朵：你的意思是也有陸生類型？

約：不，大多數是水生動物。牠們住在河川、湖泊水底和洞穴裡。

朵：你說牠們是從恐龍時代生還下來的。

約：爬行類時代。

朵：殘存下來的種類有沒有主要是在陸地生活，而不是水生的動物？

約：這些種類都經過了生物的突變和演化。那個時期殘存下來的多數是水生動物。……有一種在天空的，你們還沒有發現。這個資料在不久的未來就會知道了。就好像「別再多問了。那個檔案還沒有開啓。」（笑）

朵：如果在空中，我們為什麼沒有看過？

約：牠有辦法讓自己幾乎是隱形的。就是這個原因。

朵：牠是如何辦到的？

約：（他微笑）我不知道。這個主題的檔案還沒開放。他（指圖書館管理人）說，以後會透露更多資料。有一種是住在非洲森林的陸地動物。另有種陸生動物，將來會在安地斯山脈被發現。他說這些可以激發你的好奇心，不過我不能再多說了，因為還沒有定案，檔案也還不是公開的。

* * *

雪人

布蘭達：另外還有些生物被困在演化裡。牠們有好幾個名稱。在你的語言，有很多名字指的都是這種生物，很難決定哪個最適合，包括：雪人（Yeti）、大腳毛人（Sasquatch）大腳（Bigfoot）和喜馬拉雅山雪人（Abominable Snowman）。這是可以預期的，因為這種生物的分佈很廣。只要是積雪覆蓋的山區，就有牠們。這種生物極端害羞，而且害怕人類。牠們的感應力很強，在很遠之外就能感知到其他生物。只要一感應到其他生物，牠們通常都會躲起來。就某方面來說，這類生物和人類有關連。牠們有點像是人類的弟弟。牠們正在發展智慧，這個星球也足以維持不只一種智慧生物，不過，這要現有的優勢智慧物種（指人類）容許才行。這將會豐富這個星球，最終豐富星系社群。

朵：那種生物是從哪裡來的？是地球原有的嗎？

布：是的。當古代人，那些遠古族群協助這個星球發展物種時，他們造出一個智慧種類，也就是今天的人類。這個物種在發展時所表現出的暴力傾向，讓他們感到憂心和難過。他們也注意到，有個平行發展的物種，同樣具有發展出智慧的潛力，而且沒有暴力的特性。於是他們也繼續培育那個物種。當這個物種的潛力能夠完全發揮時，牠們就會和人類有同樣的智能，不過是在不同的方面。這兩個物種都必須大幅調整，彼此才能相處。由於這個物種沒有人類的暴力特性，因此牠們極為敏感和害羞。

朵：不過，牠們進化的時間比人類來得久？

布：不，是因為牠們起步得較晚。

朵：我們聽過很多故事說牠們很暴力。

布：通常那是牠們想嚇走人類的方法，這樣牠們才能逃離和躲藏起來，因為牠們不希望被打擾。以牠們的發展現況來看，牠們進化所花的時間並沒有比人類長。牠們的發展期有可能延緩下來，以確保暴力特質不會意外地進入。不過，有其他意見表示，牠們也許需要一些暴力特質，好讓牠們有需要的能量來應付逆境生存。這是因為人類具有智能之後，暴力的特性曾經幫助人類面對各種逆境而存活。

朵：其實完全順從不見得是好的。

布：是這樣沒錯。

朵：人類一直在向外開發更多土地，這是不是侵擾到了牠們的領域？

布：是的，而且已經有一段時間了。所以我才說，「如果人類願意讓牠們發展，牠們就能繼續發展。」不過，牠們躲藏得很好。整個星球都有牠們。牠們住在高海拔的偏遠山區，還有熱帶地區的雨林深處。牠們已經適應了不同的氣候和高度，不過牠們偏愛偏遠孤立的地區。

朵：嗯，人類害怕自己不了解的東西，那是我們的特質之一。

朵：我們聽說有種生物，我們稱為大腳毛人和喜馬拉雅山雪人？他知道我在說什麼嗎？就是雪人那類生物？牠們有很多不同的名字。

約翰：他說，是的，這類生物確實存在。

朵：牠們都是同一類動物？只是在地球不同的區域被發現？

約：不，他們不是動物。他說他們跟你們一樣是已經進化的生命。

朵：他能不能提供這方面的資料？

約：他說，他們非常溫和、有靈性，他們和大自然之靈非常調諧，這是為什麼他們幾乎可以隱形。他們有讓自己融入周遭景物的力量。他們不會主動找人類，因為他們害怕人類。他們的大自然之靈告訴他們，人類將這個星球帶入歧途並且濫用她的資源。因此他們避開人類。不過他們喜歡人類的食物。

朵：那麼在世界各地被發現的都是屬於同一類嗎？

約：是的。他們都是雷姆利亞劇變後的原始倖存者。

朵：根據描述，他們似乎和動物很相像。

約：我們曾經都是。（笑）

朵：那麼他們還沒有演化。他們還是那樣的身體？

約：就某個程度來說，他們已經演化了。只是他們在精神意識和心理意識上演化的程度超

* * *

過肉體。他說他們是受保護的種族，也可以說是受保護的少數。因為他們跟低等的生命形式非常調諧。

朵：被誰保護？

約：大自然之靈。

朵：從我們有的描述來看，他們不像我們這樣說話。

約：他們能夠精神感應。可是你們人類必須透過說話才能溝通。所以他們不像你們所想的那麼不進化。他們會發出微小的喀嚓聲和動物聲響。他們的精神感應能力遠比人類現在發展出的更強大。老實說，說話是最受侷限的事。我們對別人說的每一個字，對方都是以他自己對那個字的意義的想法與判斷來理解。所以事實上，當我們在說某件事，接收資訊的人因為是根據他們對字彙的經驗與定義，因而接收到的可能是完全不同的事。當你具有精神感應的溝通能力，你們就是在溝通你們正在想的東西。這遠比口頭的說話來得廣泛得多。我們人類只能用口語說話。因此我們有非常、非常大的障礙有待克服。

朵：許多人認為他們很暴力。

約：不是的，他說，基本上他們並不暴力，不過他們有動物的特性。他們害怕人類。他們會接收到環境的氛圍和情緒，可以直覺或心靈感應人類的氣場，或人們周圍的事物。如果他們感覺會受到傷害，這就會引發負面反應。如果他們被逼得走投無路也會如此。不論是人或獸，都不喜歡被逼到絕境。

朵：他們吃哪類食物？

約：他們吃很多堅果和漿果。魚。他們整條吃下去。（他作出難吃的表情，我笑了。）他們由大地取食，吃得很簡單。他們也愛吃蝴蝶等昆蟲。

朵：我們也聽過他們闖入民眾雞舍的傳言。

約：是的。他們吃小動物。他們也吃雞。也吃鼠類。（又作出難吃的表情，我又笑了。）嚙齒類。土撥鼠。不過他們不吃食肉動物。他們只吃草食性動物。

朵：我會以為演化到已具有心智或精神力量的人，應該不會……我覺得這聽起來很原始。

約：別做評斷。（他對我搖手指表示不同意）管理員這麼說，「別做評斷！他們在很多方面都更進化，這些你們無法了解。」因為他們和地球、地球能量，以及大自然之靈都能調諧，他們也能精神感應。這是為什麼他們能夠避開人類。他說，「不要評斷。」

朵：所以儘管以我們的標準來看，他們好像很原始，其實並不見得。

約：沒錯，而且以其他標準來看，他們也並不原始。

* * *

朵：讓我們到地球的另一個區域。為什麼澳洲的動物跟世界其他區域的動物不一樣？有些動物在別的地方都找不到。

菲爾：你這個問題並沒有真正的答案，因為我們不覺得有什麼差別。每個大陸確實有些動物是其他大陸所沒有的。但這不是說牠們和其他地區的動物比起來有什麼獨特之處。

這純粹表示牠們只住在這裡，沒有住在別的地方。或許你可以把問題釐清一下。

朵：在澳洲有個理論，他們認為那裡的動物有可能來自外太空。牠們是外星人帶來的，所以那裡的動物才跟地球其他地區的不同。

這是我在一九九四年第一次去澳洲時聽到的說法。當時有本書對這個理論有詳細的說明。

菲：確實有些動物是由別的星球帶到這個星球的。不過，如果我們要把從外星帶來的動物完全排除，那麼這個星球就會空無一物了。

朵：我是想到播種地球的最初概念，不過我們不是在談那個觀點，是吧？是不是？我心裡想的是把動物運送到地球，也許是播種期之後的階段。

播種地球的理論在《地球守護者》和《監護人》書中都有著墨。

菲：有很多種類被運來，因為我們這裡說的不只是動物界，而是你們這個星球所有存在的生命。地球生命的擴增是因為來自其他行星和次元的生物和存在體。因此你們這個星球的整個生命界，包括任何形態的生物，應該要感謝來自其他星球的生命形式。

朵：那麼澳洲和世界其他區域相比並沒有什麼特別。

菲：比起其他星球，這個星球的生物形式已經提升過很多次。這並不是說哪個比較優秀，可能是因為牠們棲居的環境，因應氣候而產生的變化。或許在你們的星球，有很多人覺得有些動物有點古怪——從能力或是外表來看。無論如何，我們請你從整體來看，並且了解，多樣性並不是這些生物是否原本棲居於這個星球或來自其他星球的指標。整體來說，你們星球上生物的相似性跟其他星球非常不同。

* * *

巨石陣

朵：我想請問關於英格蘭巨石陣的問題。

菲爾：它就是個教導天文學的學校。想學習天文學的人都可以來這裡。

朵：它是哪個種族建造的？

菲：它源自蓋爾人（Gaelic）。這個知識在亞特蘭提斯和它陸沉的時候在世界散播開來，那些在全世界旅行的人使得許多文化從這個知識受惠。

朵：這裡是石塊唯一這麼放置的地方嗎？

菲：只有這裡是這樣的結構，沒錯。全世界很多地方都有巨石，它們的功能一樣，但形式不同。南美洲的金字塔是用來觀測，埃及的也是。地球上有好幾個地方跟這裡類似。

朵：巨石陣的石塊是怎麼架起來的？

菲：運用精神感應，透過思想能量。跟金字塔的大致功能一樣。它們是藉由精神感應的思想能量，由採石場送到那個地點。建造花了好幾年的時間。原始的用途已經失去作用了。不過，這不是說這些紀念碑找不到功能，只不過原始目的跟時間無關，而是距離方面的功用。它是用來追蹤各行星的位置，目的是要確認這個星球跟宇宙已知的其他星球的相對位置。

＊　＊　＊

朵：你知道馬雅人怎麼了嗎？他們很特別。據說他們就這樣突然消失了。

菲爾：使用你們的比喻來說，這個問題的答案是一起纏訟中的官司。這個故事還沒完結，也可以說這個主題還沒有結論。不過這裡只需要說明他們沒有滅絕，而是被運走了。我們這時候不想詳細說明方法，總之他們是被運走了。

朵：你知道原因嗎？

菲：他們自己選擇逃離西班牙人帶來的破壞；他們能夠預見他們的兄弟在西班牙人征服期間的遭遇。

朵：這個情況常發生在歷史上的文明嗎？

菲：這不是沒有先例，不過不常發生。當某個文明整體達到了某個層次，他們為了文明的存續，希望有這樣的運送，那麼，這樣的事就會發生。並不是說有什麼律法說它必須發生。無論如何，透過這些個體的渴望——保護他們覺知的層次，還有他們的成就，使他們能更進一步理解與成長，也為了保護他們的社會——他們就會得到這樣的機會；因為這符合他們的最高利益，也符合他們周圍所有人的最高利益。

*　*　*

麥田圈

朵：關於不斷出現在英國的麥田圈，你可以告訴我什麼？我知道它也出現在其他地方，不過英國的圖案似乎更清晰，而且更精細。你能不能告訴我是誰在製造麥田圈，還有它們是怎麼產生的？

菲爾進入深度的催眠狀態已經快一小時，也回答了很多問題。但他突然間卻睜開雙眼，好像不太舒服。

朵：你不想回答那個問題？

菲：（他似乎非常不舒服）不是，只是……我不知道……我覺得不舒服。不知道為什麼，那種感覺就像是生病了。不太對勁。我不認為這跟麥田圈有關。雖然在你提出那個問題的時候，我有印象好像有些什麼事……。

朵：我們從來不認為麥田圈會造成傷害，因為它們是在玉米田裡。

菲：不過這其中隱藏了什麼。我不確定……不是人類。那裡肯定有……我不知道。這是在更深奧和宏偉的層級。

朵：你覺得是這個讓你不安嗎？

菲：我感覺就像生病了一樣，我的胃很不舒服。（他坐起身）我可以繼續。我只是……先讓我休息一下。

菲爾起身去洗手間。他在我的催眠個案裡是很特別的一位。如果他覺得不舒服，他可以自己從出神狀態醒來。過了一會兒他回來了。那個不安的感覺很快消失，就跟它來得突然一樣。當他再次躺在床上，他很快地放鬆並立刻又進入了深度的催眠狀態。我完全不必做任何事。我提出會讓他安心的催眠暗示——他會感覺非常舒服，我也強調他一直都受到保護。

菲：我們會說，這裡有保護裝置會保護你和這個資訊的接收者。凡會造成任何傷害的東西都不會給你們。

朵：不過他確實是出現了些反應。所以我才擔心。

菲：當時的狀況還看不出需要用上那個裝置。不過，因為建立這種聯繫會造成身體的不適，可以說是因為連結過於密切，所以感到不舒服。連結載具（指菲爾）的那些能量跟載具本身的能量並不相容。

朵：你覺得你現在能回答這個問題了嗎？我只是想知道關於麥田圈的事。是誰製造的，還有目的是什麼？也許你也能告訴我它是怎麼製造出來的。

菲：你們這個星球現在使用的較高階溝通形式稱為二進制（binary），或稱電腦語言。你們認為溝通的最高形式是透過科學家完成的，因此一般大眾對這些知識並不了解。這些麥田圈的用意就是要把提供給你們星球的訊息傳遞給大眾。這樣大眾才能了解你們存在的本質跟一般所相信和接受的觀點截然不同。一切並非如表象所見。投入這種努力的存在體試圖與每個個體在一種更高的個人層次上溝通與共鳴。

朵：是誰還是什麼東西在製造麥田圈？

菲：以現有脈絡要回答這個問題是不可能的，因為這勢必要談到整個人類種族的起源。不過，我們倒是可以透露，這些符號和你們這個星球的生命史有關。這是堂地理課；說的是你們地球生物的起源。現在已有人開始慢慢認出這些符號的重要性，因為它們所傳遞的意義。這些不僅是隨性完成或隨機的藝術。它們確實是溝通的形式。對這個溝通形式有認識的人，將會慢慢了解自己正收到溝通，接著他們也會了解傳送的信息是跟這個行星的生命起源有關。

朵：所以這是象徵作用。像是「帶我們回到我們的根」的做法？

菲：沒錯。

朵：是地球人做的嗎？

菲：一直有人試圖複製麥田圈，不過要說這是人類的創作是不可能的。因為這其中所透露和傳遞的知識，已經有好幾個世紀不被這個星球所知。

朵：麥田圈最早的創作者是誰？做出真的麥田圈的人。

菲：他們的層級是……（尋找字彙）……真理的守護者。

朵：他們在哪裡？

菲：他們的實際位置並不相關。但他們的目的確實有意義。他們現在是在向你們，你們這個種族，呈現你們傳承的真相。

朵：我想我想問的是，他們是在太空船上的外星人嗎？

菲：這就是我們試著不要說的。因為並非如此。總之，我們會說他們不是地球人。

朵：不過他們也不是地球的「看守者」（Watcher）？

菲：沒錯。但這不是說他們就是從別處來到這裡的。他們屬於這裡，這裡是他們的家。不過，他們不屬於你們所知的世界。

朵：那可以說他們是來自其他次元嗎？

菲：他們來自你們的世界，卻不是你們所知的世界。不過，沒有必要洩露他們真正或相關的地點。無論如何，等時候到了，就會透露他們來自的地方。將會有人去找他們，去尋求更深入的理解。

朵：他們也不是來自我們死後要去的靈界？

菲：他們是屬於靈魂界，就跟我們每個人都屬於靈魂界一樣。不過，他們顯化的形式和你們的身體形式並不相同。這並不表示他們就不會顯化出特定的身體形式來達成目標。他們只是不棲居於身體裡。

朵：所以他們多少跟地球有關，只是他們不是我們熟悉的形式。這麼說對嗎？

菲：沒錯。

朵：他們不是往生者的靈魂。

菲：不是，他們不是先具有身體然後才脫離身體。他們屬於高等的生命形式，不在你們所知的身體裡。不過，這不是說他們就不是身體形式。因為在他們的演化歷程中，確實有過身體，只是不是你們所知的那種。

朵：那麼他們的演進已經超越了在太空船的外星人，也超越我們地球人。也可以說，他們多少已經演化到了另一個層次？

菲：他們並沒有超越在太空船的那群，他們是超越了自己的過去。無論如何，還是有進步和提升的空間，而且他們在提升前還有更多的事要完成。事實上，麥田圈是他們企圖向你們這個世界的人傳遞他們那個世界的實相的溝通方式。

朵：你可以告訴我麥田圈是如何產生的嗎？

菲：過程本身並沒有那麼神秘，只不過那種規模在你的世界並不常見。有些人能夠引導並集中能量，因此改變了這些植物的分子構造。就像細枝被彎曲，而且折彎的作用力是來自內部而不是外在。這純粹是對結構本身做了重新的排列，不是環境。

朵：我們認為有運用某類能量。

菲：沒錯。

朵：所以那不是用機器或太空船或別的什麼製造出來的。

菲：不是你所認知的那種。在某個實相裡，機器的本質是精神的，不是物理的。在這個意義上，根據你的問題的定義，我們會說那種機器並不是你所知道的實體。不過，這並不包括你所知的靈界的機械概念。我們並沒有排除靈性／精神上的機器。

朵：我想的是太空船。

菲：這些機器不是用來進行跨次元的傳輸或旅行。只是在心靈世界並沒有機器的概念。我們會說，在三次元世界之外的靈界，確實有你們所稱的「機器」，它們被製造並且有它的特定用途。不過它們不是你所說的三次元產物，而是一種較高階的能量製品。

朵：據說有些人在麥田圈裡會有些身體症狀或感覺不舒服。

菲：沒錯。這就跟這個載具（指菲爾）靠近這些能量時的反應相同。有些人就是跟這些能量不相容。純粹是因為能量本身和目擊者的能量不調諧。

朵：我在麥田圈裡的時候有很美妙的經驗。非常安詳，非常美好，很振奮。

菲：有些人能夠和那個能量和諧，有些人不能。無論如何，這不是主觀的判斷，而是有些音符能跟其他音符協調一致。而有的音符跟其他音符並不調諧。

朵：從他的身體反應來看，好像那種能量不太好。

菲：沒錯。因為那是透過他的經驗所瞭解的感受。對意識濾器來說，有個未知的實體或能量被認知為威脅。我們發現這是對未知害怕的結果。當一個人發現他和實相的許多形式不協調的時候，就會出現類似的身體症狀。

朵：那麼那種能量並不是負面的。

菲：沒錯。這種誤解或缺乏瞭解是可以理解的。因為這個載具從不曾要求要在那個（較高）層面溝通。那對他是個新體驗。

朵：那麼如果他像我一樣真的進了麥田圈，他可能會有不舒服的感覺，因為他的能量會不一樣，和麥田圈不相容。

菲：沒錯。

朵：你知道為什麼麥田圈是出現在像是巨石陣、亞夫布里（Avebury）和格拉斯頓伯里（Glastonbury）這些地區周圍？聽說這些是非常非常古老的力量點。不過，為什麼它們主要是出現在英國這些地區，而不是世界其他地方？

菲：現在在你的行星上有很多能量渦旋的相對點。有些點是能量進入，有些點則是能量出去。它們是能量河流流進和流出你們星球的閘門。現在在這個星球的那個區域有許多渦流在吸進能量，那些是入口。這些渦旋具有過濾的能量，使得進入的能量都是和諧且符合這個行星的需求與目的。就是在這些渦流裡，你們可以找到閘門的看守者，或者應該說，閘門的監護人，他們就是在那裡現身。他們在這時候帶來新的知識給你們的星球。

菲爾從催眠狀態醒來後，對於接收到的資料還有一些記憶。傳遞的資料永遠比口頭轉述給我的更多，這是為什麼問對問題這麼重要。

朵：你對麥田圈有什麼感覺？你說你認為那不是人類，也不是在太空船的外星人製造的？

菲：可是要說他們是在地球，也不完全正確。他們就像是在另一個次元。而且他們好像有科技，也許是第四次元的科技。事實上是機器在製造麥田圈。它們被製造出來，而且跟這裡的機器一樣運作。只不過運用能量的方式跟我們這個層次的機器不同。他們的機器精密得多，而且動作不那麼粗魯。他們跟能量合作。我的意思是，他們真的是在改變能量。

朵：用某種方式來形成或影響能量？

菲：塑造能量。改變能量。調整能量。不過這些機器本身就是能量，而且和能量一起運作。不像我們這裡的機器，他們的沒有笨重的實體形式，但就跟我們的機器是一樣的。

朵：你剛才很強調他們不是在太空船裡的外星人。

菲：他們是來自這裡。我看到的他們比靈魂所在的層面更高。就像是更高等形式的我們。

朵：生活在另一個次元？

菲：也許。我不確定。就好像是我們的能量提高了，但還沒有高到能讓我們脫離肉體。我們還是實體的，物質的，但是是超物質的（ultra-physical）。對，這是個好詞：超物質。更好的能量。就是這樣。依我們的標準來說，他們並不真的是物質形式，不過他們也不是靈魂形式。他們是超過物質／實體的。他們能量形式的頻率比我們高出許多。是超物質。這個詞真是恰到好處。

朵：所以他們能夠觀察我們，我們卻看不到他們。（是的。）我們之前也談過能量世界，還有其他的次元。其中有些可以和我們的世界並存。如果我們能夠提升意識，就像有些人聲稱的，我們將會……

菲：那不只是我們的意識。它像是我們的身體不知怎地轉變到遠高得多的層級。我不確定是怎麼做的，不過我們的原子像是以兩倍的速度在振動。所以如果你提升了所有的頻率，設定好環境讓元素依電子的數量正確振動……我不知道要怎麼解釋。不過，如果你把每個原子的能量層級加倍，讓原子之間的能量比例維持不變，但一切是我們的兩倍高。……這是我們看不到他們的原因，因為他們振動得太快了。……我看到整個麥田圈是在瞬間完成，並不是片段或區塊式的。做這個工作的機器大小跟麥田圈的大小並不一樣。不過那不是我們所了解的物質形式。它是超物質。

這一面錄音帶開始慢慢加速，到了完全不可能抄寫的速度。內容變得沒辦法聽懂。也許帶子可以減慢到能夠聽懂的速度。還好其中部份內容不是那麼重要，所以不用太擔心。帶子大約跑到一半的時候，突然間又開始減速到我能聽寫的速度。在此之前，我聽不出討論的內容。

菲：岩石是岩石，樹是樹。不過，如果你事實上是你的分子的主人，而且你瞭解某些被同意或約定好的模型（model），你就能把你的分子轉換到另一個模型。

帶子的速度從這裡開始第一次恢復正常。前面有好幾分鐘是聽不清楚的飆速雜音。

朵：嗯，這回到了我們能夠控制自己身體細胞的觀念，因此，我們能夠控制疾病。我們可以改變細胞。

菲：完全正確。你甚至還能更進一步。你能夠控制分子。然而在分子或原子的層級上，有些已經確立的模式是無法改變的。

這段錄音出現相反的現象。速度逐漸慢下來，到了一個拖拉的程度。雖然緩慢，但至少還聽得出內容抄寫。我換了台錄音機，結果還是一樣。因此這不是機械速度快慢的問題，一定是有什麼影響了帶子。菲爾之前受到能量影響，覺得不舒服而中斷了深度的催眠狀態，這個機器是不是也受到相同的能量作用？這個情形和《迴旋宇宙序曲》的珍妮絲相同，當時光是提到麥田圈，就對她發生嚴重影響。顯然有某種和麥田圈相關的能量效應，不只影響到我的催眠個案，還干擾了我使用的機器。

* * *

朵：有種被稱為「麥田圈」的現象，也就是英國人所説的「穀物圈」。它們似乎都出現在古老的聖地附近。這其中有沒有什麼關連？

克萊拉：那裡有很明確的能量模式產生，有的是從其他的聖地連到穀物圈，也就是麥田圈。這其中有非常明確的模式。像是你們的——你是怎樣説的？——字謎？

朵：它是個謎？

克：是的。是個謎題，而且是寫在小麥田裡。謎題是給你們看的，而且它完全是由能量產生。當你們看著這個「字謎」，這個拼圖，那是要你們去解開的。

朵：你能不能告訴我是誰或什麼在製造麥田圈？

克：我只能説麥田圈是正面的。是為了愛，為了善。

朵：是外星人嗎？（不是。）你可以給我其他的暗示嗎？

克：是地球的內在能量。我只能說這個了。是地球本身。

朵：那種能量能不能被你這樣的存在體引導？（指透過克萊拉說話的存在體）因為我認為你和太空船的那些外星人是不同類型。

克：（會意的微笑）你認為呢？由你來判斷吧。

朵：（輕笑）我覺得你有很豐富的知識，很有力量。不過我和太空船上的外星人說過話，他們有些也是很有智慧，而且很有知識。

克：是的，他們是的。他們非常聰明，是非常出色的存在體。其中許多在朝向更高階振動前進的過程中，曾經有過地球經驗。然後從地球行星到了他們現在所來自的行星。

朵：但我有個感覺，麥田圈的能量是由比那些在太空船的外星人還要高等的力量所引導完成的。

克：我們會說這是事實。

朵：因為我無法理解地球本身會產生那樣的圖案。也許是使用了地球的能量，但不可能……

克：（打斷我的話）沒錯。這些麥田圈是用上了地球的能量。

朵：而且它是在向我們傳遞訊息。你是這個意思嗎？

克：是的。她一直試圖向我們傳遞訊息。

朵：地球。（是的，是的。）不過有些人認為那是太空船製造的。

克：我們會這麼說，它是來自比太空船高階得多，有力量得多的源頭。

朵：我曾經進到麥田圈。對我來說，那裡絕對有能量射線這類的東西使得麥田打旋。（是的。）因為它似乎是從一個中心點開始，然後從那裡外移。

克：那是非常強大的力量，比太空船強大得多，它運用地球母親的能量產生環圈。如果將來有人能夠解碼，就會知道環圈的訊息。

朵：你可以告訴我那可能是什麼訊息嗎？

克：那是你的謎題。（我們都笑了）

朵：我在麥田圈裡的時候，感覺很平靜，也感受到很正面的能量。不過我曾經被告知有時候有些人在進入之後感到不適，像生病一樣。

克：這要看那個人是在他們自己的旅程，自己道路上的什麼位置。他們所在的旅程位置決定了他們的感受。如果他們在平靜和諧的階段，他們就會感到美好平和——如果他們是在履行合約，在他們的道路上，在他們來此要做的事情的旅程上。如果不是，他們就會覺得想移動，想離開那個地方。就像他們想要在人生旅程中往另一個地方移動一樣。因此我們可以說，如果他們的走向與他們的合約不符，是往反面或消極的方向移動，那麼他們在麥田圈裡就不會覺得平靜。

朵：這就可以說明為什麼有些人會感到反胃，覺得像是生病了一樣。而且他們待在麥田圈裡很不自在。

*　　*　　*

以下這段療程是在倫敦北區一處附早餐的民宿裡進行。我在一九九二年夏天第一次來到英國，在完成了預定的演說後，我迫不及待地想一窺麥田圈。我在英國的出版商是亞力克·巴爾索羅摩（Alick Bartholomew），他也身兼「麥田圈調查理事會」的理事。他會帶我去最新在阿爾敦巴恩斯（Alton Barnes）的米爾克丘（Milk Hill）附近，還有奧利佛堡（Oliver's Castle）地區發現的幾處麥田圈。

蘿拉是位金髮美女，也是位很傑出的占星家。她沒有什麼問題，也沒有特別想解答什麼疑問。當療程開始，她回溯到一段非常正常和平凡的前世。在帶引她走過死亡歷程後，她開始描述靈界。就在這個時候，另一個存有開始透過她說話。驚奇就從這裡開始。在進行這些療程的時候，你必須學會不要把任何事都當作理所當然，並且要對可能發生的預料外的狀況保持警覺。如果出現的存有似乎很有知識，我絕對不會錯過問問題的機會。

朵：我可以問個問題嗎？我們對出現在英國的麥田圈非常感興趣。對於它們是如何形成的，你有沒有什麼資料？

蘿：有的，我們有這方面的資料。它們的製造是作為現在被放置在地球能量頻率裡的模式的一部份。這個模式將會轉移到地球層面的許多人的意識裡，以及地球周圍的能量頻率。當每個人跟這個頻率模式連結，他們就會充滿能量。他們本身的頻率將會與麥田圈裡的模式和其他配置互動。

朵：麥田圈是怎麼製造的？有用到儀器嗎？還是用什麼方法？

蘿：有一個能量頻率系統。每個人將會察覺到他們身體裡的頻率。你有一個特定的頻率，那是你本身的模式。現在當你和旁人互動時，你會察覺到他們的頻率。你是不是察覺到當你在和地球層面的其他人說話時，你若不是喜歡他們的陪伴，就是想要離開他們。

朵：是的，是這樣的。

蘿：啊！那就是能量頻率的直接互動。當你感知到相容的頻率，那個頻率就會與你自己的頻率互動。於是你們就能跟彼此的思想模式聯繫。提到思想模式，這可不是偶然或巧合。那些頻率，那些思想模式，將你們和這個銀河星系，這個宇宙裡的所有智慧生命互連。你們就是這樣溝通的，同時也透過能量線交流。這樣就形成了麥田圈和它的結構（指圖案）。

朵：那麼這些麥田圈是在太空船裡的外星人所製造的？

蘿：沒錯，不過也是透過你們本身的思想模式。你了解嗎？朵洛莉絲，你本身的思想模式將會對這個完整的溝通系統有所貢獻。

朵：這是為什麼我必須在這時候來到英國的原因嗎？還是只是我的猜想？

蘿：不，你不是在猜想。你說的對。不然我們為什麼要把你帶來和其他的麥田圈調查員合作？請記得，每個你所見到的人，你的頻率都會跟他們的頻率相連。而且這個聯繫會延續下去。有些特定的太空船艙，直接跟你們地球上所有生命形式的思想頻率連結，還包括了其他許多頻率。

朵：所以這些麥田圈圖樣事實上是由思想產生？

蘿：這麼想也對。要表達這個溝通是如何發生並不是件容易的事。最簡單的方式就是把它想成是思想波的模式。

朵：換句話說，它不是由某種機器或射線或什麼東西完成的。曾經有人提出個理論。認為跟機械有關。

蘿：那不是機械作用。有很多人試過用機器來製造。大家都知道。不過我們所說的機器，跟你們在地球層面使用的那種實體機械一點都不像。我們是沿用你們的語彙來使用這個字。因為只有這個字最貼近我們的意思。我們所使用的機械更先進和複雜，遠超過你們所能理解。

朵：所以我可能把它想得太簡單了，不過我之所以想提出這些問題是因為他們跟我說過。那麼，是某些人的能量組合產生了這些圖案。

蘿：沒錯。

朵：人們認為這些圖案就像語言，它們在試著對我們傳達某些訊息。這些麥田圈裡有訊息嗎？

蘿：它所傳達的訊息是，每一個人都身在其中，都能發揮作用，有所影響。不論你們選擇看什麼圖案，不論我們使用什麼工具來吸引你們的注意，來改變你們的思想波的模式，我們都會努力去做。對有些人來說，它是你們所稱的射線。有些人則認為那是古老的符號。對另些人來說，那只是些倒平的麥株。我們會使用任何方法去吸引你們的注意。因為只要引起你們注意，你們的思想形式就會和我們的次元互動。這樣一來我們就能隨時提供協助，幫助你們地球層面的每一個人。

第二篇

振動、頻率和層級

第四章：覺醒

我在八〇年代做了很多催眠療程，部份內容已在我的多本著作。有些則依舊存放在我的檔案，等待放入適合的書裡。我們在潘進入深度出神狀態的時候，談了很多主題。不同的存在體會透過催眠療程提供我們資料並回答問題。

潘在一九八八年的一次催眠，看到一位身著長袍的存在體，讓她想到時間老人[1]。雖然她直覺知道這個存在體並沒有性別之分，她還是立刻認為那是位男性。他身穿白袍，內在的強大能量散發出光芒。我們問他從哪裡來，回答是，「界外之界，或者你也可以說是『永恆殿堂』。」

朵：你知道他是誰嗎？

潘：不知道，他說他是本體（essence）的一份子，他的出現是希望促進我們的溝通。為了方便我理解，他讓自己以濃密的實體現身，因為我對著一個有身體的人說話會比對著一片虛無來得容易和自在。這不是第一次了。他曾在許多人面前顯現，在許多不同的時代，在這個星球和其他星球上。他說他的目的不只是促進溝通，也是為了啓發和慰藉。這不是件輕鬆或可以等閒視之的工作，而且也不是單一事件。事實上，為了溝通而現身的情形確實很少發生。他大多出現在人們的沉思、幻想和夢境裡，為的是鼓舞和安慰。

朵：如果說他像個指導者，正確嗎？

潘：他覺得「指導者」這個詞太過狹隘，不過他瞭解那是因為我們對指導者的概念是受限的。如果我們能夠擴展對指導者的想法，他就會接受那個稱謂。

朵：我想我是想把他放到某個類別裡。

潘：是的，他說這是人性。（她笑了笑）他說，我們狹隘的地球人有個問題，那就是我們想要把無限和永恆的東西貼上標籤並分門別類。這是非常狹隘的想法。如果我們能訓練自己把空間想成是一直延伸、沒有時間的盡頭，是永恆且充滿無限的可能性，或許我們就可以開始思考要如何定義「指導者」。就像把某個生命加上性別，多少會限制了我們對那個生命的想法一樣。把任何東西貼上標籤，我們就等於限制了它。他說，與其把他看成「指導者」，不如用「朋友」還好些。因為他並不是想要指導或引領我們，而是以我們要求的任何方式來幫助我們。

朵：他曾經以肉身形式在地球上生活過嗎？

潘：沒有，不過他和請求協助的地球人有密切關聯。他從來不需要以肉身在地球上生活。

朵：他從來不覺得有必要過肉身生活，去擁有這樣的體驗？

潘：從來不覺得有這個需要。他說他只有一個責任，那就是要展現愛的原理。因此，實際

---

1 Father time，西洋傳說中手執鐮刀與沙漏的老者，時間的擬人化。

化為人身會使他分心或延宕他達成更恢宏的使命。

朵：我想到的是不同的層級和次元，我想把他具體放到某個地方。

潘：如果你把這個星球看做是個乒乓球，然後往外擴張到另一個，比如說柳橙大小的球體。接著再向外擴張到一個籃球大小的球體。然後繼續到更大和更大的球體。你可以稱這些為界層或層級。事實上，其中有些就跟乒乓球般的地球一樣遲鈍，一樣濃密和健忘。而他已經超越了這些層級。穿越這些層級並不容易，因為有些很黏稠很麻煩，幾乎就像糖漿般固定和停滯。像衣服在烘乾機裡黏在一起一樣。……他帶著愛的意圖穿越了這些層級，來到最濃密的地方，為的就是我們可以有這樣的溝通。不過在他平常的界域，他並不侷限在我們所想的「層級」。他是光。而光可以穿透——我是想說幾乎一切層級，他的反應則是光可以穿透一切層級。不要去修飾這句話。（譯注：指載具不要把一切修飾為幾乎一切）。

朵：當我們離開物質身體，我們是不是也會從乒乓球向外移動，橫越這些不同層級？

潘：是的。如我所說，會有些困難的層級。我們從本身向外經歷各時代的振動，許許多多的振動。這些並不是向外到了某個點就停止了。它們會繼續朝所有方向往外流動，和每一個人、所有一切的振動交織。每個振動不但具有相當於電的動力和作用，而且還有磁性。因此，我們的振動會受到類似振動的吸引。譬如說，如果我們的思想大多是在特定的層級振動，那麼我們可能比較容易受到特定同心環的吸引。我們如果已經練習將思想、感受和渴望向「萬有一切」投射，投向宇宙最強大的力量和至高的愛——

他修正，不是一個「宇宙」，是許多宇宙——那麼我們就能像魚兒在水中穿梭一樣，也穿越許多許多的層級，因為我們的思想是非常有力的振動。這些極度有力的振動會受到相等強度振動的吸引，因此我們一定能穿越這些較困難棘手的層級。

朵：有沒有什麼障礙會阻礙我們到達某個特定的層級？

潘：我們的思想，我們的恐懼，我們的信念和意圖。

朵：我們能夠到達他來自的那個層級嗎？

潘：我們現在就能用意識做到，它一直都在這個層級，卻不為我們所知，因為我們有百分之九十九的部份是沉睡的。……我們有相當大的部份一直棲身於光和永恆的領域。我們有責任喚醒自己的意識，進入「覺醒」狀態。

朵：我在想，我們都太過專注在身體，因此當我們死去的時候，我們離開了身體，卻無法離開這個層面，因此又回到肉體／物質層面。

潘：這絕對可能。這要看你們的焦點而定。你們那有意識的思想是你跟所有人類擁有的力量源頭。你們在覺知下所產生的思想，將是決定你們會去哪裡的主要因素；它決定你們的意識會不會回來，還有多快會再以肉身形式回到這個星球。

朵：你說我們有百分之九十九的部份是沉睡的？你是指全人類都這樣嗎？

潘：當然有些人類透過他們的思想、充滿愛的意圖，以及他們對永恆不滅的愛與光的實際信念和信心已經覺醒了。這個星球曾經有人超越了濃密沉重的有形物質，而且沒有經過你們所熟悉的「死亡」。他們被稱為「揚昇大師」（ascended masters），這個名詞有點遷就，因為它就是表示他們能夠超越許多麻煩和困難的層級。……要以肉體形式存在於這個星球，又同時以光的形式運作似乎是不可能的。因此，為了實際到達這個狀態（指光的狀態），我們必須褪除濃密的物質，而有些人類也做到了。透過開啓人體裡每個分子的動能，每個分子將完全變成光。透過啓動光，振動被加速到某個程度，於是，除了無限的意識，就連身體也會超越這個層面（指地球層面）。

朵：然後身體就消失了？

潘：沒錯。

朵：因為在另一個次元就不需要身體了。

潘：身體會很令人分心。（笑）你知道，地球的重力會拉住有重量的物體。要在太空旅行，你就必須處理重力和重量。所以他們事實上是具有進行超時空移動的能力，就像一道旋轉的閃光。他們可以依意識來分解和重組。

朵：所以這就像整個身體都分解了。我不知道這個字對不對。消失。

潘：是的。消失是適當的字。這必須是在高度控制的狀況下，而且這些振動是提升到你們肉眼看不到的層次。曾經有人做到了，不過不是你們會認為的正常或普通人。有些人類體認到他們事實上是神的力量的一部份。一旦他們在意識上成為他們所是的光，他們就能分解他們的分子。那些具有進化本質的人能夠重新排列自己的分子。無論如何，這不是常態或常見的事。要把分子重組為濃密的身體形式並沒有什麼道理，所以一旦分解了，要再重組就表示你必須以某種方式回去地球。

朵：有些人認為那會是逃脫死亡的方式。

潘：並不需要逃脫死亡。因為你也知道，並沒有真正的死亡；沒有你能夠逃脫的東西。從靈魂來看，沒有死亡這回事。因此肉身自然不需要被提升到另一個層次。這就像死亡的時候還想帶著外套一起。你用不上外套，那麼為什麼要把它帶去靈界呢？試圖去改變身體，把它帶到靈界是沒有必要的。身體在那個層面不能運作，也沒有用處。不過，如果是試著以肉體形式在它健康或仍能運作的時候，得到更多的知識，那麼，是的，這個方式可以是個工具。因為這會學到遠超過被認為是正常或日常體驗的許多經驗。總之，再說一次，帶著身體離開並沒有真正的意義。

朵：耶穌改變形像[2]（transfiguration）是怎麼回事？那是祂真正的肉身嗎？

潘：那具肉身已經提升到不會腐朽的程度了。在加速的自然腐朽過程中，分子透過能量刺激的先進程序而分離，於是自行分解。這是在加速形式下的自然腐朽過程。當耶穌「死」後在民眾面前現身，祂很可能調節了自己的頻率，或更正確地說，調整祂的心靈或靈魂頻率讓那些人可以看到祂。祂能夠讓人群中只有一人看到祂，必要時也可以調整到讓全體都看到。這個現象在許多不同的地方發生過很多次了。耶穌的經驗並不是唯一的。

2 耶穌帶著彼得、雅各、和雅各的兄弟約翰，暗暗地上了高山，就在他們面前變了形像，臉面明亮如日頭，衣裳潔白如光，馬太福音17:1-2。

我知道許多案例裡的外星人都能做到這點。他們決定自己什麼時候死亡，通常是在他們準備好要離開，進到不同的身體，到別處進行另一次冒險的時候。在這些例子中，他們的身體消失了，或就如他們所說的，「解構」。有人曾看到身體分解成閃爍的物質或個別的微小分子。我從來沒有聽說人類做到過，因為我們要脫離身體通常只能透過靈魂離開這個會腐朽的肉體。

朵：大多數人死後的身體留在地球，而裡面的本質，也就是靈魂，則繼續前進。

潘：沒錯。這是正常的情形，而我們這裡所描述的是沒有百分之九十九沉睡的人。這些人有信念，有渴望，而且也有意圖要帶著身體一起離開。有一些人雖然也渴望超越，卻不相信自己能夠做到，也因此他們做不到，所以他們的身體必須自然死亡。你們的信念系統是攻堅的利器。如果不是真的相信這是可能的，自然就不可能做到。

朵：如果他們想帶著身體一起走，那他們似乎對身體有份眷戀。

潘：看來你自己已經回答了這個問題。人類的身體有個特定的目的——就是以那個形式來體驗生命。他（指「指導者」）所說的大意是，你們要求物質的形式，因此人類就以那樣的方式顯現。重點在這裡。人類不是唯一的「物種」，他特別強調「物種」這個字，語氣還帶了幽默。（笑）人類不是唯一眷戀、執著於肉體形式的物種。你要知道，那些在意識狀態下能夠——讓我使用「分解」這個詞——有意識地分解身體的人，他們並不是處於百分之九十九的沉睡狀態。事實上，如果你了解或意識到這個知識，並且相信自己能夠超越這些層次或階層或存在，那你也就意識到了自己並不需要在沈重和濃密物質界受苦的事實。

朵：在我看來，能夠學會控制心智到那個程度似乎是最後的一課了。這麼說對嗎？

潘：課題。學習。這似乎是語義學的問題。而「最後」的學習，當然，這個詞很受限，因為這樣一來，你會認為那就是學習的結束了。事實上，它是我們所能擁有的最偉大的肉體課程，只要，只要心裡有信念。因此，它必須要超越心智。心智是心靈的工具。

朵：不過，如果你學會控制心智和身體到了那個程度，那就會是在物質層面的最後學習了。

潘：這並不容易，因為我們就像是朝著太平洋前進的孩子。我們像是群微不足道的生物，面對一片遼闊浩瀚的無邊大海。大海看來是那麼廣闊。……我想，他的重點是，我們使用心智作為觸及心靈的工具。但事實上，當我們不再沉睡，我們就會知道，一直以來都是心靈在運用心智。每當你有意識地想提高你的振動，那個想法就具有動力、力量和明晰，你便將注意力對準你想達成的目標。那個想法就像一支箭，簡潔明確地向外射出。它不會停止。而所有覺察到那個清晰和明確想法的意識，也都能為它增添力量。你最初有那個想法就表示你在發射那些思緒；那些和諧的道路和「提升」的振動。加速了的振動。因此，每當你有意識地那麼思考，那麼去做，你就是在實現你的意圖，因為你相信那是可能辦到的。你能夠以肉身的形式達成目標。如果你真的能讓你的心智接受所有一切的每一個分子都是光，而光就等同於愛，那麼你就能把這個想法帶進你的信念體系，然後跟你身體的每一個原子作用。你可以調增力量。你可以讓光閃耀。透過調增力量，透過點燃光，透過加速的振動，你確實能夠分解你的身體。

朵：如果像你所說，人類有百分之九十九的部分是沉睡的，我們可以採取哪些步驟醒來？

潘：他說，好問題！這個資訊當然以前就已經提供過了，但它值得重複敘述。如果我們的心智是我們最強大的工具，而且我們希望完全發揮它的作用，我們會希望有意識地跟那些在光的領域的存在體連結。因此我們要送出這些振動。我們有意識地想著光、想著擴展，想著超越星辰。不要認為這個想法會在某處停止，然後就是另一回事。只要把思想發射出去，就像發射衛星探測器一樣。只要知道那個想法將會實現我們的意圖。我們的**意圖**是我們所發送的人生路線，它具有驚人的威力。不過，這必須經過訓練，而且要能專注。必須要以紀律和專注的方式才能做到。必須要有某種持續性。

朵：那我們平時應該怎麼做？

潘：有意識地把你的思想專注在光上。不只是外部的光，也是來自你的身體的每個細胞所放射的光。來自這個星球本身，來自每個植物和動物，來自空氣和水的光。思索你所接觸的一切，甚至你所想到的一切，本質都是由光構成。而光的核心，最重要的就是愛。人類對愛這個力量有很大的誤解，他們把愛放在一個非常狹小的框框裡。

朵：我們要如何想著光或專注在光上？

潘：人類是怎麼專心的？他在笑，因為他意識到這個問題的重要，而且答案對他來說顯而易見。（笑）他說不要像是看電影那樣去看，而是試著去想像所有的一切都在發光。

只要想著發光。這樣大概會比較容易。

朵：像是想像光暈？

潘：當你提出這個問題，我理解的是彷彿一切都發出煙霧。搖擺、旋轉、形成圖案，然後圖案又消散，煙繼續流動。所以它就像是發出光的煙霧。美洲有很多印第安傳說都提到發光的纖維，這是真的。或許你可以把它想成是發光的絲線，事實上你就像看到光暈不斷浮現！大多數人認為那只是在物件的周圍環繞，但它是遍及裡外，而且不斷延伸。光瀰漫著萬物。

朵：這麼一來，我們就全都連結在一起，因為如果每個個別的光都永遠在前進在延伸，那麼也可以說每道光都會與另一道光重疊。

潘：沒錯。這就是掛毯比喻的意義。

朵：你會如何解釋掛毯的比喻？

潘：我想我們可能把掛毯想得太簡單了。掛毯看來確實是平坦的，雖然它是由許多纖維穿梭裡外所織造形成的圖案與樣式。它事實上是全像的，所以除了長和高度外，它還有深度。

朵：我之所以提出這個問題是因為我曾經被帶到那個有掛毯的房間。

潘：請別忘了，那個資訊是透過其他人類提供給你，而且是以他們最能理解和傳達的形式提供。這些傳遞訊息的存在體對人類的溝通充滿了愛，為了傳達「萬有一切」難以置信的浩瀚，他們會讓跟你對話的人看到許多不同的比喻。而且這些比喻在他們的心智會非常真實。事實上，這些比喻都有了生命。因此真的相信有一間實體形式存在的阿卡西記錄室是很棒的，很好的，而且這也是個好比喻。

朵：很多同樣的比喻都是透過不同的人傳遞。

潘：沒錯。不過他說，其他充滿愛的存在體都「讀了同樣的書」。如果他們發現某個方法能為人類開啓眾多其它的可能性和領域，而且人類能夠因此了解並詮釋這些資料，那麼他們就會傾向使用類似的技巧來影響不同的人。我們對人類工作所碰到的一個問題，就是要不斷證明、確認，並且多少要忍受和接受邏輯。這是很狹隘，而且很沒必要的。覺醒是目的。覺醒到我們的本體是光，我們是愛。我們身體的每個細胞，所有一切，萬事萬物的每個細胞和分子都是愛。推動一切生命的源頭是光。了解了這個知識，並且渴望在那個領域（指光的領域）運作，並相信這是可能的，這些就是讓你到達光的領域的所有要素。

朵：所以我們是陷入了業力輪迴，被困在這裡而無法超脫。

潘：完全正確。因為這就是業力之輪的沉睡狀態。不過這個詞也需要釐清。在業力之輪的人類是沉睡的，因此無從察覺，沒有意識到。

朵：他們不知道自己可以離開（輪迴）。

潘：沒錯。然而，沒有真正相信，沒有真正的信念就無法做到。你瞧，信念是很真實的東西，就像思想。直到信念展現在光下，不然它就像細綁我們的繩索，而我們的大我——我必須說，用這個措詞很混淆，因為還有比大我更大的，然後還有更大的，接著還有比那個大我更大的我。因為我現在所說的大我不是指在天界充滿光細胞的我。我說的大我只是有比較高的認知，但還沒擴展進入「萬有一切」。你看，從這裡就可以知道使用的詞彙對於理解是多麼的關鍵。我希望我們有另一個詞彙可以使用。或許我應該把它稱為「業我」（karmic self）。因為是業我決定了我們的執著罣礙。

朵：決定我們必須學習的課題。

潘：透過我們的信念，我們決定了我們必須學習的東西。如果這次的療程能帶什麼知識給其他人，那就是信念的力量。信念是很艱澀的詞彙，人類很難真正理解。信念是什麼？它超越了你對某事的想法。它是你所想、所感受，而且內心知曉的。但還不只於此。它無從定義。信念就是道路。我們堅守這些信念的道路。身為努力開悟的生命，我們的工作就是要讓信念的路朝著光前進。信念是——這實在很難表達——非常強烈的思維。我注意到我們的朋友認為問題之一是因為語義。當把一個字放在某個浩瀚無限，沒有明確邊際的東西上，我們往往會窄化了那些道路。

朵：為什麼這些資訊現在可以取得了？

潘：首先，一直都有召喚。主要是因為在人類歷史的這個階段，我們有即時的大眾傳播工具。有越來越多人在理性（智性）上逐漸意識到有更高界域存在的可能。一旦在知性上覺察到這種可能性，好奇的人類就會想要嘗試。於是他們發出渴望和意圖，還有最關鍵的：請求。這時候在這個行星上，確實有更多人請求與無形的界域溝通，而我們也有內在的迫切要回應他們的要求。長久以來，天（使）界就一直渴望與人類溝通和接觸。因此這個迫切不一定是新的。天界的渴望已經有很長一段時間，我現在無法區別迫切的原因，我不知道是延續很久了，還是因為某個迫在眉睫的情況。許多人曾經推測這個溝通是因為潛在的星球災難，這時候我們不打算就此討論。

＊　＊　＊

潘：這個力量就像上帝，「萬有一切」的原動力，祂有許多名稱——不過我們現在先把那個力量稱為上帝；祂也是好奇心。好奇心是不可思議的力量，當你發揮這個最強大的力量，只要使用一部份，那個好奇心就能把力量專注之處顯化為實體形式。因此這世上有著各式各樣的生物，因為神的力量是非常好奇的力量。只要運用思想，只要想到任何事，就能使它顯現。思想能創造，而我們是許多，許多，許多，許多的思想之一。

＊　＊　＊

菲爾：在萬有一切裡面有生命，當然也有我們所稱的無生命。這其中的分野遠超過人類所能理解。不過，從更高的意識層面來說，萬事萬物顯然都有意識，不論它們是什麼形式。這裡我們要區分「意識」和「生命」的差別。從你們的觀察角度，很難認知到那個層次的意識。然而，一切事物，甚至岩石，確實都有意識，只是或許不在你們所能察覺的層次。要了解這點，可以這麼說，是的，假使這個意識構成生命，那麼甚至岩石都是有生命的。你們所稱的生命力跟我們所稱的意識是有區別的。無論如何，以你們的觀點來看，意識和生命相互關聯，它們兩者似乎是一樣的。

＊　＊　＊

潘：音樂絕對是偉大的藝術形式。它是行星，也是星際之間的溝通形式。

朵：你能不能解釋為什麼是星際間的溝通？

潘：聲音是振動，這點你已經知道。振動並不會向外延伸到某個點就停止。振動會持續向外傳送。永遠向外傳送的觀點很難理解，因為我們受限的腦袋並不是以永恆和永遠來思考。然而，鯨魚的歌聲是有模式的，它很和諧，而且完全有規律可循。這種振動也會以和諧、具有模式，並有規律可循的方式繼續向外延伸，因此對這種模式及和諧有感應的一群就能接收到。

朵：這表示太空裡的生物能夠收到並且瞭解這個振動？

潘：完全正確。

＊　＊　＊

菲爾：進食並不是必要的。我們棲居的這個星球是活在一個有生命的原生質裡[3]（plasma），

3 由多種化合物所組成的複雜膠體，這種膠體具有不斷自我更新的能力，成爲一種生命物質的體系。

這個原生質包含了生命所需的一切元素。它超越了我們所認為的空氣、水和光。這麼說就夠了——所有一切必要的養分以一種無形的形式遍佈整個地球。問題在於這個原生質會被思想和有形物質的汙染所影響，於是在全球許多地區已經不再純淨。你所稱的「外星人」不必吃有形的東西。他們能夠從宇宙原生質接收沒被汙染和扭曲的生命力。（《監護人》書中有進一步探討。）

朵：許多外星人告訴我，他們不像我們那樣需要食物。進食似乎是人類的特性。外星人可以靠空氣、大氣和光生活。

外星人一直說我們的身體正變得更具有光的性質，這樣我們才能脫離這個次元的密度，而為了因應這點，我們的飲食也正在改變。我們是不是正朝著以光的形式存在的狀態前進？我們也將生存於光中？這就是（宇宙的）計畫嗎？

* * *

我和黎安在一九八九年進行了一次療程，當時我們在探討不明飛行物，所以以為其中的內容跟不明飛行物的經驗有關。然而這個案例顯示，我們往往不知道他們要傳遞的是什麼。案例也顯示，個案通常不是被帶到太空船上，而是去了一個肯定不是地球的地方。（就如《迴旋宇宙序曲》第五章克萊拉的情況。）

黎安清楚記得，就在她要入睡的時候，她看到一道美麗的金光。這個光讓她感覺溫暖、平靜和安寧，在光中她漸漸睡著。房間很暗，因此不可能是來自正常的光源。她記得當晚的一些夢境，她在一個非常潔白的無菌室裡。她也看到一座火山或熔岩，而當她醒來時，心裡還浮現「全像」這個字。

我們之前已探討過她的其他經驗，那些都是發生在她以為睡著後的事。其中一件在《監護人》討論過，那次她被帶到一艘太空船。我原本預期這次和那類飛碟經驗會有關連，因此當她進入出神狀態，我引導她回到當晚，來到她準備就寢的時候。突然間，屋裡不再是暗的，房間很明亮，但她不知道光來自哪裡。接著她看到自己坐在類似觀眾席的地方，她不知道自己是怎麼到那裡的。那個地方一塵不染，她坐在像是露天看台的階梯上，只不過階梯是實體座椅。房間被澄澈的透明牆區隔開來，但不是玻璃材質，整個空間像是無止境地延伸，跟鏡廳（Hall of Mirrors）很類似。那裡的氣氛非常平靜安詳，當我問到她的穿著時，她很驚訝。

黎：就只是在光裡。像是長袍一樣。我想我不是真的穿了衣服，可是也不是沒穿。我知道那裡有人，我看不到，不過我能感覺到他們。所以一定有人。我現在到處看看，我應該可以看到他們。

朵：如果你可以問他們你是怎麼到那裡的，他們會怎麼回答？

黎：（停頓很久）這個好。我一定是自己編出來的。（說得很慢，就像是邊聽邊複誦。）這是你的身體超越了肉體限制，進入時空領域的顯化。來到「合一」——這說不通——宇宙的合一。盡頭——整體的盡頭。不懂。

朵：說不通也沒關係。或許我們以後就會了解。所以那是你得到的答案？

黎：是的。不管這到底是什麼意思。

朵：你在那裡有身體嗎？

黎：沒有，我想沒有。

朵：那麼你是以靈魂形式去到那裡的？

黎：他們說，喔，身體不在這裡。（停頓很久）我想那是跟……我不懂，不過我想要說的正確。你們靈魂的能量……你們是種作用力，你們能夠跨越次元和空間移動。而且不必，我想是不必知道是怎麼做的，當你們準備好時就可以了。這不是透過意志或選擇。意志做不到，這是自然發生的。你們愈想努力，結果就愈困陷。

朵：所以要直到準備好的時候才會發生。

黎：對。所以你們需要那個分隔。那個心態，客觀的和主觀的。

朵：這些存在體和這件事有關？

黎：我想是的。我們來這裡學習、服務，因為他們散發光芒並提供指引。我們也是來這裡瞭解、經歷，這樣我們才能提供服務。

朵：這些都是好事。他們為什麼要你來這裡？

黎：因為將來會出現變化。變化現在正在發生。這是星球的演化，是為了改善這個星球。在我們這個時代，民眾必須透過你的案例知道他們和宇宙以及聖父的合一。到了那時候，這個星球將會安好。我們從這個星球拿取得太多，我們濫用和傷害地球，現在她需要淨化。我們是來這裡幫忙的；我們透過示範，而不是說教。然後仁慈會帶來仁慈。

朵：他們告訴你變化已經在發生了？

黎：是啊，我實在不想知道這些事，不過我想我是應該要了解。

她暫停了下來，顯然是在觀察什麼。接著，她開始描述火山爆發和地震。還有地底冒出的氣體引發爆炸和燃燒。很多人都死了，不過她看到穿梭艇在疏散群眾，把他們送到天空中的一艘大型太空船上。他們會被送往其他星系的星球。

黎：他們是來協助的。我們提升我們的振動層次，還是他們提高我們的振動層級，總之是有人、有什麼這麼做。然後你就這樣「咻」一下子到了那裡。由於你們是能量，你們是以較高的速率波動。而且你們的身體密度不像現在這麼濃密，但你們仍然是同樣的存在體。我想你們必須是那個樣子，因為如果你們要換個星球，那裡的環境會跟地球的不一樣。那裡沒有這麼濃密，所以你們的存在構造必須改變。振動的層級必須改變到更接近光體，而不是我們現在這種濃密物質。我想這就是發生的事。而且是事實，因為人類就算是在這個層面（指地球）也可以改變身體的密度。確實有人穿越了牆壁等等障礙。有人，真的人這麼做過。所以我猜想，如果有演進得更高階的物種——或者「生命」是比較恰當的詞——他們能夠就我們已知的來提供協助，因為你們的內心知道一切。透過提高振動的頻率，就不會有什麼問題，因為即使身體死去，他們還是可以前往其他的地方。

朵：不過這次他們是帶著身體同行。

黎：是啊，他們重新排列粒子來因應這種轉移。

朵：他們把星球上的倖存者都帶走嗎？

黎：（語氣哀傷）不，我想他們沒有。我很希望他們這麼做。毀滅造成了很多死亡。他們沒有把所有人都帶走。

朵：有什麼原因嗎？

黎：他們帶走的是比較進化的人。我也不敢相信，因為這似乎不通。不過我猜是適當的吧。我有什麼資格評斷呢？

朵：比較進化的人才能夠做這種轉移。

黎：我想是吧。我現在看到這個星球有退化的現象。人們退回比較原始，比較野蠻的狀況，就像我們從前那樣。

朵：你是指被留在這個星球上的人？

黎：是啊，退化到比……穴居人更原始。

朵：有什麼原因讓他們這樣退化嗎？

黎：在事情發生後，星球的自然環境改變了。為了維持肉體生命，人類種族有了改變，因為這個星球變得更濃密。整個變化讓空氣更稠密。一切剛剛重新來過。我真不相信我們在重新開始。

朵：嗯，也許這只是一種可能性。也許他們是想告訴我們可能發生的事。不過，這個狀況是發生在留在地球上的所有人嗎？

黎：我很不願意說「全部」。因為這要花相當久的時間，如果一切都……不過不是全部。只有部份，只有部份。就是這樣。理性上來說，這就像天生的缺陷，因為所發生的事。環境已經改變了。……不過一定還有較高等的生命形式，人類形式。

朵：你認為他們是要讓你看到存活下來的人的可能狀況嗎？

黎：不是，不是存活的人。我想他們是存活者的後代。

朵：請他們讓你看看沒有朝那個方向演化的人是怎樣的情況。

黎：（停頓）我不了解這麼不同的情形怎麼會存在。我覺得自己已經不在地球上了。那裡的人太亮了。身體構造裡的光，幾乎像是靈魂的靈魂。不夠濃密，沒法住在地球。不過也許因為這個改變，地球將會是天堂，對吧？

朵：你現在看到的是當初被帶走的那些人嗎？他們現在在別的地方生活？

黎：比較多光和輕盈的人，就是比較進化的那群，他們都被帶走了。我不知道是由誰來判定。那是個很棒的地方。平靜。比較像氣體。比較像是以氣態形式存在，有藍色、淡紫色和紫色。而且你做的事和在地球不一樣。因為你不受束縛。你甚至沒有房子。你有形體。知識是透過思想取得。那裡沒有觸摸得到的實體書那類的東西。那裡的所有東西都沒有密度，只是氣態。那個地方很自由，很像是在漂浮，那裡的每一個人都很好，每個人都很快樂。

朵：那裡並沒有物質實體的構造？

黎：有啊，有一些。就是我以前跟你說過的那種水晶製的東西。我不認為它們是玻璃。它們很漂亮，構造華麗。有水晶塔。還有些大型建物……外觀看起來比較像羅馬式的設計，有圓柱子。但它們不像羅馬建物是用大理石做的。那是帶點藍色的玻璃，淺藍色的玻璃。非常漂亮。

朵：那些建築物的用途是什麼？

黎：我想是用來學習。答案就在你提出這個問題之前冒出來，因為我知道你會問到這個。學習是透過聲音，不是書本。

朵：你認為被太空船帶走的人全都到了這個地方，還是也去了別處？

黎：噢，不，他們不會都來這裡。他們會去他們的家。不是所有人都是這裡的人。

朵：你的意思是這群人全是從別的地方來的？（當然。）他們最初不是來自地球？

黎：喔，我確定有些人是來自地球。所有情況都有可能。不過不是所有人都會來到這個星球。誰知道我們原本是來自哪裡。

朵：他們會去他們熟悉的環境？

黎：是的，他們的家。每個人都是，因為他們結隊旅行，要再次「與岳母會合」。（咯咯笑）家庭成員。那是無止盡的。

朵：這個狀態不是我們所稱的「死亡」狀態？

黎：噢，不是，這是種物理狀態。但不像肉體的濃密物理狀態。

朵：我在試著瞭解。這些人都被帶到船上，分子分解了，然後被帶上這些太空船。（是的。）不過不是所有的人。這些被帶到船上的人都被帶回他們來自的地方，他們原本的家。

黎：是的。他們來地球是要幫助物種的進化，因為物種在進展的過程中忘了神性。於是他們派其他人來幫助靈性的發展，所以那些人不是從一開始就在地球。我想這很合理。

朵：有很多這樣的人嗎？

黎：噢，是的，很多，很多。我知道這些就是被挑選出來帶走的人，因為他們的振動層次較高。不過我個人不明白為什麼會有人被留下。又是由誰評斷呢？神聖智慧的上帝可以把每個人都帶走，因為我們都是一體的。

朵：是的。不過，你有沒有看到有誰回來地球，還是他們全都去了別的地方？我在想這只是暫時的措施。

黎：有些人會回到地球，那些選擇回來的人。因為我現在看到的是非常原始的文化。而且我推測回來的人是為了自己的發展而想要回來的，他們知道這個星球能夠提供他們需要學習或記得的東西。我認為回來的人將會是一段時期的領導者或光體。我不知道他們要協助誰，除非是有不同的物種要演化。

朵：這些被太空船帶回來的人仍然使用他們離開時的身體嗎？

黎：不，我沒看到他們在離開時候的身體。（她嘆氣）沒有，他們不會在原本的身體裡。

將會是一個高度演化的物種和一個沒有那麼進化的物種。就像是天使將會照顧在這裡的新物種。如果他們融洽，那麼……我不知道。我想這個星球會非常不同。我不知道。我不知道。我不知道。

朵：你說你看到倖存者變成像動物般的人，退回原始的狀態。是全世界都變成那樣，還是也有些文明在繼續？

黎：看起來是文明重新開始。

朵：你不認為那可能是世上較孤立的地帶所延續下來的文明？

黎：不是。這個世界回到了沒有建築、科技、汽車和飛機的狀態。回到所有灌木叢都只是嫩芽，樹木剛開始生長的時候。彷彿一切都從頭來過。就像你進到森林，發現一小片從來沒有人進入或不被干擾的林區，一切都非常新，非常鮮嫩。這整個星球就是像那樣。

朵：你認為一切都被摧毀了嗎？

黎：這是再往後的時期。緊接在……這是什麼情形？我看到星球上的水更多了。要不然就是有更多的陸塊被水淹沒。

接著我請她描述這些存在於水面上的大陸輪廓。驚人的是，她描述的和我在《諾斯特拉達姆斯對話錄》第二卷裡面所報告的幾乎一模一樣。她不可能從那本書得到這些資料，因為當我在一九八九年進行這段療程時，那本書還沒有出版。

朵：這是可能的情況。不見得一定要發生。嗯，他們有沒有任何忠告？

黎：很簡單的忠告，就是幾百年來的教導。你要別人怎麼待你，你就怎麼待人。

這項行為準則在我們星球的七大基本宗教裡都找得到：

婆羅門教：這是責任之大要：若有人對你做了會讓你痛苦的事，就不要對別人做。（《摩訶婆羅多》5:1517）

佛教：如果你發現對自己有害，就不要用這種方式去傷害別人。（《法集要頌經》5:18）

儒教：其恕乎：己所不欲，勿施於人（《論語》15:23）

道教：見人之得，如己之得；見人之失，如己之失。（《太上感應篇》）

祆教：能克制自己不做對他人有害之事，就是本性善良（《Dadistan-I-dinik》94:5）

猶太教：你不願加諸自己的，就不要加諸於人；這是全部的律法；其他一切都不過是評註。（《塔木德》，安息日 31a）

基督教：無論何事，你們願意人怎樣待你們，你們也要怎樣待人，因為這就是律法和先知的道理。（《聖經》馬太福音 7:12）

伊斯蘭教：除非能夠以己所欲，施之兄弟，否則你們都不是真正的信徒。（聖行）

朵：有時候最簡單的忠告蘊涵了最崇高的智慧。

黎：如果民眾變得更和善，或是認知到每個人裡面的神……地球的振動頻率就會改變。透過振動提高到那個層次，地球就能某程度的療癒。這個星球將出現淨化，過去我們對這個行星的摧殘，沒有必要再發生。感謝地球的良善，因為我們和這個星球之間並沒有分別。不要製造這種區隔。我們全都是一體的。這個星球、我們、鳥兒、狗，一切事物都沒有分別。只有表象（顯現形式）的差異。只要人們瞭解了這點，那麼這個星球就有了天堂。

黎安從催眠狀態醒來，談到她對睡著後所去的那個地方的感受。

黎：那裡看起來像是有很多鏡子的大廳，不過不是玻璃，你不是看著鏡子然後看到反射的影像。它比較像是隧道，可以一直看過去，而且它被隔成不同區塊。房間是圓的，彎曲的，還有階梯。走廊就在我前面。

由於她之前提到全像圖的概念，我好奇這個鏡廳是不是跟投射出她所看到的災難影像有關。我對她解釋這個概念。她並不知道什麼是全像圖。

朵：顯然你會看到這個是有原因的。這會讓你不安嗎？

黎：不會。（笑）這些是我瞎掰出來的。

我笑了。遇到可能令人不安的事，最好就是用這種方式來應對。如果催眠個案不要太嚴肅看待，這些並不會干擾到他們的生活。日後當他們準備好要更深入探究時，他們的心智也已能夠處理。

黎安並不知道我一直在和別人合作繪製地球變化的地圖，而且我們也是專注在她所描述的各大洲形狀和世界的狀態。我後來介紹她認識這個計畫的另一位成員。當她和貝芙麗談到這些，她很訝異她所記得的有部份跟貝芙麗接收到的竟然符合。（貝芙麗是位藝術家，《諾斯特拉達姆斯對話錄》第一卷的地球變化圖就是她畫的。）

儘管兩人的描述很類似，我仍然傾向認為，這些災變情景只是未來的另一種可能，一個或然率和可能性，它不必然要發生。我不希望那是我們的未來，我們可以聽從勸告，對待地球如同有生命的生物一般，我們要更和善地對待她和彼此。也許這樣就能避免這類的未來。

顯然地，外星人不想冒任何風險。他們在為任何最惡劣的情境做準備。也許他們比我們還要了解人性吧！

第五章：這裡是我的家

曾經有好幾位個案在進行這類催眠治療時，沒有進入前世，卻意外地到了別的地方。那裡肯定不是地球，不過他們每個人都很激動，認為那裡就是他們的「家」。那裡的環境往往十分惡劣，所以這種說法實在難以解釋。不過當個案再次看到那個地方，他們所湧現的強烈情緒卻又不容否認。

第一次出現這種現象是《地球守護者》的菲爾見到三尖塔星球的時候。情感上的連結排山倒海而來。在《迴旋宇宙序曲》的第五章，當克萊拉看到有著尖塔建築構造的類似星球時，她也表現出強烈的情緒反應。如果我們否認輪迴的存在，那麼這種現象就很難解釋了。假使人只在地球活一輩子，那麼他們應該會把這裡當成唯一的家。為什麼他們會對一個完全不像地球的荒蕪和陌生星球湧現那麼強烈的情感？為什麼當他們看到那個星球，他們有強烈的鄉愁並渴望留在那裡，而不是回到他們現在的家——地球？

我把這些人稱為「星辰之子」，雖然我知道這是個概略的詞彙。他們認為這個星球才是陌生的環境；他們不想待在這裡。他們生性溫和，不了解為什麼人們可以如此冷酷地對待彼此；為什麼這個世界會有這麼多的暴力。他們渴望回「家」，雖然他們並不真的知道「家」在哪裡。

在大多數的這類案例，當個案進入了出神狀態，他們說自己是第一次體驗地球生命，也有的說他們只有過少少幾次的人世經驗。這些星辰之子都說他們是志願來這裡體驗，他們希望透過自身沒有暴力的生命力，為這個地球帶來正面的影響。他們被稱為注入或灌輸的地球新血。他們志願來此，然而意識上並不知道，因此他們在這裡很不快樂。很多人試圖自殺，希望藉此脫離這個讓他們無法忍受的處境。

自從我的書被翻譯成許多語言後，我收到世界各地有同樣情緒體驗的讀者來信。他們原以為自己是這世上唯一有那些感覺的人，他們覺得很孤獨，因為這些感受對他們的家人和朋友來說毫無道理。當他們讀到我的書，發現自己並不孤單，知道事實上也有很多人正經歷同樣的混亂，這個意想不到的真相令他們感到安慰。

自我和菲爾從八〇年代後期合作以來，我已經在世界各地發現了許多星辰之子。有些人正經歷跟菲爾同樣的情緒，有些人似乎已經調適過來，開心地住在這裡。後面這群比較年輕，或許那些力量在幫助他們調適上越來越順手。無論如何，在這些案例裡，每個人的潛意識都說他們在這裡是作為能量的導管——因為地球現階段的演化需要的緣故。許多人告訴過我，我們正在經歷劇烈的動盪，因為地球正在改變她的振動，並且準備將地球人類的意識提升到更高的次元，而星辰之子的能量有助於穩定這個轉換現象。

在某次療程期間，有位男子說他的業已經完全償清，他不必再待在這裡。他是被「源頭」派來的團隊成員之一，其他人負責收集資訊，雖然他們在意識上並不知道。

這裡有個實例，個案是在二〇〇〇年接受催眠的一位性工作者。她敘述了非常悲慘的童年遭遇和生活。她完全不想待在這個身體裡，也曾經企圖自殺好離開地球。然而，她在出神狀態時卻說，她是被派來收集人類行為的資料。還有什麼比這個行業更能檢視人性的這面呢？

另有位女性個案則是以比較微妙的方式企圖自殺。她的所有器官發展出嚴重的問題，並已慢慢危害到她的生命。她在催眠狀態下敍述這裡不是她的家，接著便前往她認知為「家」的地方：那是一個漂亮的水世界，她在那裡心滿意足地自在悠游。當她被派到這個世界，棲居在沈重濃密的身體裡，她很反抗，為了回家，她便企圖破壞身體。

我在早期的工作階段，對這些案例多半看不出所以然。後來當我接收到更複雜的資訊，談到次元和其他實相，這才開始變得合理。隨著我吸收的資訊愈來愈多，我也碰到更多這類靈魂，而且通常是在不尋常的情況下。

我發現有兩名催眠對象曾經目睹行星的毀滅。一九九九年，我在新加坡接了一名華人女士的個案，她這輩子一直都覺得莫名哀傷。她的父母表示，她小時候從來不笑。她的胸腔部位感到沉重，幾乎會隱隱作痛。她在催眠時看到她的家鄉星球爆炸。目睹事件發生的震撼導致胸腔的疼痛，而悲傷則是源自她永遠回不了「家」，以及她認識的人都不在了的強烈認知。

由於在新加坡並不容易找到不明飛行物和超自然現象的文獻，因此這個個案就更為可信。我那時候在當地新成立的形上學研究中心演講，是最早到該國做這類演說的作家之一。當地政府對文字和演講內容的管制非常嚴格。這類講題是在一九九九年才首度開放。儘管如此，該中心的負責人說我可以提到我所有書籍裡的內容，但不能談到跟飛碟有關的部份。無論如何，我把我的飛碟書都帶去當地，而且都賣完了，所以也算是成功地把相關資訊帶到新加坡。我那位女性個案不曾接觸過這類文章，她對那次療程的結果很震驚，因為她怎麼也想不到會有這麼奇怪的解釋。

二〇〇〇年，我在曼菲斯接觸到另一個類似案例。一位女士在催眠時重新經歷一名男子搭乘小型飛行船降落在某個行星的前世。她踏出船外後赫然發現，沙土因為曾經暴露在極度高熱下，已經被熔成玻璃狀的物質。她表示一定是極強的熱源才會造成那樣的現象。當她看到一座都市廢墟，她開始嚎啕痛哭。那裡只剩下扭曲建築物的焦黑外殼，沒有一處有生命的跡象，她知道，所有的人都被燒死，連骨頭都不剩。每個人都燒成了灰。這是她（他）的家，他原本期望可以找到親友，卻半個人都沒有了。

她非常難過，情緒激動，過了好一會兒才能釋懷，客觀地敍述所看到的畫面。他到別處尋找生命跡象，卻發現每個地方都被毀了，唯一剩下的是劍尖葉片的植被。接著他想起自己目睹造成毀滅的原因。他當時在一艘較大型的太空船上，看到地面發生猛烈爆炸，湧現巨大的灰雲。不過他不知道為什麼會發生爆炸。他決定下去查看，卻發現毀滅的是他的家鄉星球。他在絕望中只想離開那裡，回到在較高氣層繞行的大型太空船裡。

當他的飛行器停靠在太空船邊的時候，心痛的他不斷哭泣。他忘了要怎麼進入（大概是因為他的心情很激動）。最後他放鬆了下來，這才發現自己已經進到船內。他就是應該這樣進入——運用心智。精疲力竭的他，情緒激動無法自抑，他進到專屬的艙室，在一張類似窗邊的座位躺了下來。他只想睡覺，擺脱星球被毀的景象所帶來的焦慮。

我們再也沒能進一步探究那個故事，因為他躲入睡夢和遺忘之境。我們後來探討了困擾個案的一些議題。這些例子顯示在宇宙漫長歷史的期間，曾經發生過幾次星球被毀的事件，失去家鄉星球的情緒延續到了今生，導致個案極度傷痛；他們覺得自己無家可歸，或者是渴望回「家」，卻不知道「家」在哪裡。適應新世界的階段往往非常辛苦，而原因就藏在潛意識的記錄裡。

＊　＊　＊

丹是位澳洲青年，他從不同國家不斷發電子郵件詢問我的行程，想和我在美國見面。他當時在南美洲健行，計劃在二〇〇〇年六月來美。我勸他不要只為了見我就來美國，但他持續寄送電子信件。他打算先到洛杉磯，然後租車開到芝加哥，預計在我在當地的探測者研討會演說的期間抵達。他說，如果錯過，他會跟著我去阿肯色州。我後來同意了和他合作，並依他預計抵達的時間排了催眠。我並不鼓勵這樣的做法，但由於他非常堅持，又是大老遠前來，我因此覺得應該破例一次。

丹住在會議中心附近的一家經濟旅店，隔天上午，他因為塞車有點遲到，因此我們並沒有準時開始。我們後來才發現這其中的意義。研討會的籌辦人讓我使用他的房間進行私人的催眠療程，因為我們當時（和其他幾個人）是住在一處私人住宅，和研討會地點有相當的距離。我每天都安排兩次療程，當天則只有丹一個人，因為那是研討會的最後一天。

丹在療程前的討論告訴我他來自澳洲，他在倫敦找到很棒的工作，在一家大公司擔任平面設計師。那份工作剛開始很好，過了一陣子，因為進度上的壓力、在大都市生活等等因素，對他的健康造成了影響。他決定辭職去旅行，先不回澳洲。由於他是個好員工，老闆願意讓他請假，並告訴他，等他完全調適好，他隨時都可以回去上班。丹先去了南美，以背包客的方式旅行。他的女友陪他走過部份旅程，然而她對那種簡陋生活不感興趣，最後在阿根廷離開。丹隻身繼續旅途，最後抵達美國。他一直很小心他的花費，也決定在離開美國後便回去澳洲。我們準備在這次的療程探討好幾件事。

依照我的正常程序，個案會從雲端下降，他會發現自己進到了適合探索的前世，我們因此能找出他們的問題根源。不過，丹並沒有降入地球生命，他發現自己到了其他地方。

丹：我離開了雲朵，但沒有下降。我看到一大片有著剪影的亮光。這些光束穿透剪影，向四處散開，所以我看不到任何細節。我感覺自己在太空裡。

朵：如果太空是你想去的地方，那你可以在太空裡飄浮，穿越空間。

丹：我有點像是想像太空裡有這麼個入口。所以也許我應該到那裡。我覺得自己像是在浪裡逆游著要去那兒。我的心智好像不讓我去。也或者是我不知道該怎麼去。

我提出催眠指令，強調他很安全，也受到保護，他可以安全無虞地探索任何事。

丹：我不確定自己是不是已經穿越了，不過我現在看到一個巨大，非常龐大的綠色星球。星球大部份被其他星體遮蔽在陰影裡，所以我只能看到星球的邊緣。距離非常遙遠。

後面有美麗的星辰，左方遠處有個明亮的太陽。太陽投下陰影。我看得到星球的邊緣，那是很漂亮的綠色，就像翡翠。我看得到它的結構，並不平滑；看起來就像科幻小說裡的月球那樣坑坑窪窪的。我現在正飛過一片沙漠，兩旁有些構造物，它們就是道門，沒有別的功用，或者也可以說就是個標誌。

朵：它們算是牆壁嗎？

丹：不是，那是兩根柱子。和華盛頓紀念碑有點像，但是是黃棕色的，而且兩根並排豎立。就像個入口，不過沒有樑或門那種構造。就是兩根標誌。

這又是個有尖塔狀構造的星球，那種構造是很顯著的特徵。

朵：你正穿飛越那道門嗎？

丹：或者該說從上方飛過，有點像老鷹。看著這裡，我有種渴望的感覺。這兩根柱子豎立在平原上，平原就像片沙漠。從我的位置看過去，右邊有翠綠的海洋。更遠處有個小海灣。那裡不像是海灘。它就像沙漠到那兒就終止了。接著再往內陸一點有群岩石，就像海洋中有塊石頭露出來，而且是非常大塊的。

朵：你必須穿過門口的柱子才能到那裡嗎？

丹：不，它就像是標示。你已經在這裡了。這裡是——找不到更適當的字了——這裡是我的家。

朵：你說當你看著那兩根柱子，你有渴望的感覺。

丹：是啊。（激動）再看到這裡，讓我想起最早那種全然自在的回憶。我想進一步探索。就像我在記憶中拍了一幅照片，然後非常珍藏。

這讓我有似曾相識的感受，因為菲爾和克萊拉也描述過這種心情。按照邏輯，這個地方完全不該激起那樣的情緒。然而我在很久前就學到，邏輯與此無關。情感取代了邏輯。

丹：我也知道我在這個地方並沒有身體。我想看看自己，然後我知道我只是本體（essence）。我幾乎覺得我就是這個星球。也可以說我就是這個地方。而且這裡，這片海洋和我們的很像，不過它完全是翠綠色的。那些沙漠也和我們的很像，不過，我現在這個化身對這裡並不熟悉。這裡不一樣，但又感覺親切。我覺得我像隻老鷹，就這樣看著一切。我可以看到好遠。

朵：那裡有沒有都市，還是就只是土地？

丹：如果我往沙漠看去，那裡看起來並沒有人煙。沒有建築，只有沙漠。如果要我坦白說，我覺得柱子就像能量的調音叉。而我的存在知道這個音叉、這個音調和振動。而且每次在我需要來到這裡的時候，它就會帶我回來，因為它像個焦點，像個水晶。在這裡非常自在。

朵：很好。不過你感覺這裡有跟你一樣的存在體嗎？

丹：我並不覺得自己是孤單的。我覺得更穩定、更自在。能在這裡就讓我很開心。我覺得自己就是所有一切。我忍不住就是感覺到自己內心那種愉快的感受。我就只是存在。這實在很難描述。

朵：你覺得自己就像純粹的能量，沒有身體？

丹：是的，因為我和任何東西都無關。我就是一切，就是這樣。岩石的寂靜、沙漠的炎熱、海洋的翻騰。這一切都令人自在，都好極了。

朵：你在那裡做什麼？

丹：就是存在。不過或許是因為我這時候只專注在一個部份，因為這樣實在很自在。如果一定要說我有個什麼目的，那我實在說不出來，因為我只是要在這裡。（停頓）關於這些柱子，有一點，我覺得它們幫助我旅行。比如說，如果我想來這裡，這兩根柱子可以幫上忙，因為我對它們很熟悉，它們可以讓我回到這裡。這只是舉例。我並不是說我就是這麼做的。

朵：你的意思是從你之前在的地方回到這裡？

丹：去任何我想去的地方。所有的地方。那兩根柱子跟屋子前面的門廊燈很像。它們就像是我們為送比薩的人留的燈。你知道就是這裡了。

朵：用來辨認地方。不過，柱子怎麼幫你旅行到別的地方？

丹：我想它們並沒有幫助我旅行到別的地方。它只是一個回來的方式。現在我看到美麗的光。就只是光。我現在看到另一個影像，所以我已經離開那裡了。……我從第三者的角度，似乎可以看到有什麼事在進行，但我想那可能只是幻覺。它有點像水母，因為外形就像個球體。球體上有群尖細的觸角或觸鬚，可以讓我和那個地方連接。不過不是附著，而是像進入海洋的壺穴或洞穴裡的人會留下一條繩索，引導他們回到水面一樣。這就是那種東西。

朵：嗯，這是個說明的例子。你沒有身體，不過你和那個地方有連結。但顯然你在某個時候離開了。讓我們離開那個場景，我要你來到你離開你那個「家」的時候。

丹：我直覺知道我需要一些改變。那是首先出現的想法。跟時間有關。我不知道原因。

朵：並不是因為發生了什麼事或有什麼情況嗎？

丹：你有沒有用吸塵器把紙巾吸進去的經驗？（有啊！）我就是那種心情。就像看著它「咻」一聲，看著它消失進入管子，然後感覺我的能量就這樣「咻」地出去。所以我不確定那是不是有意識的選擇。現在我幾乎想哭了，因為很痛苦。這整件事很痛苦。這個分離。

朵：這樣很好，因為當我們有某種情緒，我們就知道這是重要的事件。不過，你說就像能量被吸進去。你是指離開那個地方嗎？

丹：是啊，如果我必須描述我看到的景象，我會說我正忙著欣賞我的漂亮柱子和我那美麗的海洋，然後突然間，我就不在那裡了。我沒有感覺自己作出那個決定（指離開那裡）。我現在看到像是星系的東西，還有我總是會在書上凝視的銀河美景。就這樣一直凝視，一直讚嘆。

朵：它們很美。

丹：是啊，美極了。實在太美了。當我試著回想我是什麼時候離開的，我就看到了這些。

我知道這是正確的影像，因為它就像記憶一樣。感覺上我像是飛進場的飛機，或說像隻老鷹，因為沒有聲音。我可以看到那兩根柱子，感覺非常愉快。我說，「我又來這裡了。」太棒了。然後我就會一直等待，等待下次再來這裡的時候。不過當我說到吸進去？那就不是很舒服了。我不確定它會把我帶到哪裡。我現在可以感覺到。我意識到我不會回來了。

朵：不過我們知道它在那兒。而且不論任何時候，你都能透過心智來到這裡。

丹：是啊，不過沒什麼幫助。（啜泣）

朵：你說你被吸進去的時候，感覺自己是股能量。然後這一次你知道你再也不會回去了。讓我們繼續跟著那個感覺。

接著丹試圖抗拒去別的地方。他真的不想在離開這裡這麼久之後，又要離開。我接連提出指令，最後他才放鬆下來。他發現自己來到一個很不尋常的人生。他猜想那是在埃及，因為那座繁忙的都市有金字塔造型的建築。那也可能是更古老的文明。他住在一座金字塔型的巨大建築物裡，有很多龐大的房間和地底坡道及隧道。他一個人住在這個寬闊的地方，感到非常孤單和無聊，偶爾他會從窗口或門口向外觀看民眾的活動。雖然他不是囚犯，他卻覺得孤立，感覺自己被困住。我帶引他往前，看看他是做什麼工作。他擔任某個人的顧問，但那個人不常在那裡，所以他覺得無聊。除了顧問外的時間，他都無所事事。他覺得他的工作跟宇宙能量有關，而且是用手勢來聚集他的思想。

丹：他不是一直都在這裡。我看到一個大光球。我看到光球穿越空間。然後我看到我們在直接溝通。我不知道我們在說什麼。我甚至不知道我們為什麼在說這些。或許是在提供建言，也或者我是在向他報告現況，就像報導新聞。

朵：報告關於地球還是關於你現在在的這個地方？

丹：這個地方。這裡不是地球。現在我很確定了。這裡的東西太大了。我們在地球上是有很大的東西，不過這個地方的要大多了。我在告訴他發生的事，還有我們該如何處理。不過我還是被這種不完整的感覺淹沒。坦白說，那種感覺像是我所做的並不那麼重要，而且很無聊。

朵：這個大光球有時候會進到那個房間？

丹：是的，我想他有這個能力。我現在看到畫面，是一個體格結實的人。身型高大健壯。如果我看著自己，我會說我是普通的體格，而他就很魁梧。我想他比我重要得多。我認為他統治這個地區。

朵：當他到那裡的時候，他看起來跟你一樣嗎？

丹：是啊，但是比較高大。我覺得沒有人很喜歡我。我認為他沒有很尊重我。我就像個僕人。沒有被禮貌對待。我在這裡感覺好孤單。我在地球也有同樣的感受。我只想離開，我想結束這種日子。我覺得自己真的被困住了，我是這麼認為，不過不是被囚禁。我必須澄清這點。我覺得我很舒適。我有很好的職位，不過我就像是這個大人物的總管。我告訴他一些事情，而如果有人想見他，他們必須透過我。我會告訴他們能不能被接見。這實在很無聊。

出乎意料，這時候旅館房間有人在敲門。我已經把「請勿打擾」的牌子掛在門上，而且清潔人員不會在下午這麼晚才來。但敲門聲持續著，於是我對丹提出催眠指令，表示要暫停一會兒，而且任何噪音都不會干擾到他。然後我去看是誰在敲門。結果是研討會的負責人和他太太。他們帶著手推車，想要拿他們的行李。他們必須結帳退房，不然就要多繳交一天的房錢。我安排療程時並沒有想到這點，於是這會兒進退兩難。我請他們過十五分鐘左右再回來，先讓我把丹帶離催眠狀態。我實在不喜歡這樣，因為我們還沒有機會處理他的任何問題，然而，除了引導他恢復意識之外，我沒有選擇。他們離開了，不過我知道他們很快就會回來。

我引導丹的人格回到他的身體，把他帶回現在。我實在不喜歡在匆促的狀況下工作，我知道這樣沒辦法做到最好。我覺得比較理想的處理方式是帶引他回到正常意識，而不是倉促進行卻無法有最大的效益。於是我對他的潛意識提出指令，要潛意識幫助他，讓他學習與人類的情緒共處。然而我也知道，我需要更多時間才能讓指令更有效力，尤其是我還沒找出他的問題根源。我覺得我這下讓丹失望了。如果我們能夠有我通常所需的時間，我知道我們就會找到答案。

我及時把丹喚醒，因為他們剛好就在這時候回來敲門。丹和我一樣不滿意，因為他也覺得沒有找到答案，而且沒有完成那段療程。我們下樓到研討會場的桌子旁邊，我女兒南希在那裡賣我的書。我們知道，除了再安排一次療程來完成需要完成的事以外，沒有別的選擇。我覺得虧欠他，也知道我不該收他另一次療程的費用，因為我覺得這次出現這個狀況是我的責任。所以我同意了讓他來阿肯色州的家；我從來沒有讓陌生人來過我家。

我要丹到了附近時打電話給我，到時我們會去接他，帶他上山到家裡。我對這點很謹慎，我儘量不讓讀者或粉絲知道我住的地方，否則我就沒有半點隱私可言。不過我相信我的直覺，我相信他是位好青年，而且他跨越了半個地球來和我合作。他一直都住在和旅館相較下費用便宜的經濟旅店，不過亨茨維爾並沒有這種地方。

丹先在芝加哥觀光，待了幾天，接著就開車到阿肯色州。他抵達的時機實在是糟糕到極點。前一晚，我們歐札克高原下大雨，溪水暴漲。他從鎮上打電話來，說他昨晚在比弗湖畔紮營過夜，到了夜間風雨轉強，他驚醒的時候帳棚裡已經積了好幾英吋的水。顯然他的帳棚並不防水，他付了慘重代價才知道。他又買了新的帳棚，然後開車到我們的亨茨維爾小鎮。

當他打電話來時，我完全沒想到他這麼快就到了。我們很擔心天氣。我告訴他，溪流的水上漲，通往我們家的主要道路都不通。如果改走鄉下小路，那就得花上一陣子才能到他那裡接他上山。每次溪水一漲就只有走這條路才能來我家，而且要多花一個小時左右。他說，他會在一家小型便利商店等我們下山。他起初詢問走法，想要自己開來，不過我告訴他想都別想。對這個地帶不熟的人，如果想走這條偏僻的鄉間小路，光靠口頭指引是不可能的。結果他在那裡等了兩個多小時，我們才終於抵達。在回家路上，南希開我的車，我則搭他的車，這樣我才能向他沿路介紹景點。這個地區非常偏遠，一片自然鄉野，不過我喜歡這種隱私性。因為我平常花很多時間旅行，在各大城市演說，身邊經常圍了很多人。回到家裡我很享受這樣的與世隔絕。

我決定讓丹在客房過夜，不過他堅持在院子裡露營。事實上，他還希望晚上會再下雨，這樣他就可以看看新的帳棚是不是防水。我們用了晚餐，等到可以開始進行催眠時，天色已經很晚了。他很放鬆，所以很容易再讓他進入出神狀態。我知道這次我們會有充裕的時間探討他的問題，而且不可能受到干擾。我希望他能夠回到上次那個場景，結果他立刻就到了那兒。

丹：我正看著通往我房間的入口。牆上完全沒有設計或任何東西。很簡樸。牆壁絕對是石頭做的。我可以感覺我腳下的石材。很涼快，感覺很好。那裡有像是提燈的東西。我想它們可以發光，不是火，是光。是某種化學作用。燈光很舒服。不會刺激我的眼睛。

朵：那個東西很特別，不過它不是火燄？

丹：不是，絕對不是火燄。我現在正看著它。它就像是……我是想說螢光燈，不過不是。這個光很柔和，是一根金色的長管子，頂端有會發光的東西，像是玻璃水晶。就我瞭解，它們是化學作用產生的光。我想那用不了多少動力，也沒有接線。——是的，這裡是我的地方。同一扇窗，而且沒有東西遮住視野，只除了當我向外看，我的右邊有座金字塔。左邊也有一座，不過比較小。我左邊那座金字塔的旁邊還有一個，但是更小。

朵：那麼有三座了？

丹：包括我這座共四座。我隔壁那座比我這個大得多。我這座和最大那座還有另外兩座都是相通的。我要從房間先往下走，才能去到其他的金字塔。這些金字塔透過好幾個隧道相連，就像迴廊一樣，沿途也都有這種提燈。……我必須下去。讓我看看這該怎樣走。井狀的通道，我想是吧，不過我沒看到有梯子。

朵：可是通道帶你到了地底下。

丹：對。我覺得這整個地方感覺起來很慎重（指經過仔細考慮後的設計）。

朵：慎重。你的意思是？

丹：這些建築不見得是住的地方。這裡像是聚焦的據點……一個能量的聚焦點。我現在記起來我們提到的這個高大人物是沿著能量在旅行。他可以變成能量。我走出了我的房間，現在在一個平台上，像升降機一樣。我看到閃爍的燈光。這個升降機下降得很快。

朵：你說你是為這個人提供訊息。

丹：是的，那是我的工作。現在狀況比較清楚了。我替他和民眾聯繫，他們把他當成神——不過我知道他不是神。我知道他就跟我們所有人一樣，也是宇宙的一部份。也許我忘了要怎麼做到他能做到的。我偶爾會看到這個大光球。民眾——我不想用「普通」民眾，不過你可以說，基本上就是沒有享有這些祕密的人。他們崇拜他，非常崇拜。他們認為他是神。我知道他不是。不過我也無能為力，因為我已經忘了一些祕密了。而且他也不太可能告訴我。是權力這種東西在作怪。我現在甚至看到爭執的畫面在眼前閃過。我說這樣不對，但他不在乎。

朵：你的意思是他們崇拜他是不對的？

丹：是啊，因為宇宙的一切都是平等的。但他因為可以做他們做不到的事，民眾自然認為他是某個神祇。而我還是必須向他提供訊息。我只知道我很想再次脫離這個處境。這種感覺很不好。我有時想過要逃跑，只是缺乏決心，也會感到害怕。我也沒有地方可以去，我想。

朵：你會跑去哪裡？

丹：問題就在這兒，我不知道該去哪裡。我很肯定自己是唯一知道他實在不該被那樣崇拜的人。而且他掌握的祕密也應該拿出來共享，作為提升和鼓舞人心的示範，而不是被當作「我比你好」的說法。我猜想他是在利用和吸收人們的能量。我不知道這麼說是否正確或恰當，不過這是小我的想法——「看看這個。瞧我的本事。我可以做到。所以我比較棒。」我在想，他是來自別的地方。我認為那比較像是一個空間而不是地方。他發展出一種，宇宙的……這很難用言詞表達。就說是有種宇宙能量。當你在那條能量流裡，可以做得很好或做得很差，也或許做不到。他就做得很差，因為他是匆促跳進能量流裡。這個能量流讓他擁有這些力量，我們可能看著他說，「噢！哇！好神奇。你一定是神才有辦法做那些事。」然而他並沒有運用這種因自我覺察所產生的力量，其實不只是自我覺察，這是知曉和存在的狀態。他有力量卻沒有謙卑，反而因此非常自大。而我，我知道自己也有類似的力量，力量或者是來自別處。我隱約記得另一種存在的形式，也或許我就是瞭解宇宙所具有的力量和意識。我告訴他，他這樣做不好，他卻因此奚落我。他喜歡那樣。他表現得一副不關我的事。一副「不然你要怎樣」那種驕傲自大的態度。

朵：但你說他不是一直都在那裡。他來來去去的。

丹：他不必一直在那裡。他可以去他想去的任何地方。這沒有什麼。一旦你了解宇宙的原理，你就沒有任何阻礙，你隨時可以出現在任意的地點。這是根本的物質與能量。就我們所瞭解，這兩者並沒有差別。

朵：除非我們自我設限。

丹：嗯，我們可以把物質侷限為一種形式，不過，物質和能量並沒有不同。當你了解意識是區分一切形式的元素，那麼當意識觸及一個可以控制那種形式的空間，不論那種形式裡面的是什麼，又有什麼差別呢？沒有差別。那只是把聚集的能量放在有形的物質裡。

朵：你是說當你能夠控制還是不能控制的時候？

丹：你能控制的時候。當你了解的時候。

朵：當你了解，你就能控制能量？

丹：（嘆氣）這個嘛，我是說「控制」，但其實不是這個字，這是我們所瞭解的字。不過，這不只是「你是能量」而已。你是它，所以你可以是它。有形物質的形式只是具體的能量。時間是能量。我們是能量。意識是能量。我們能夠引導能量進入一個形式。當你把這個形式放進它的純粹源頭，意識的源頭，你就可以把它重新導向任何地方。它不見得要立刻在一個地點。它可以是你想要的任何東西。如果你希望自己能感知永恆，不錯過任何片刻也可以。……我眼前所看到的，就像是條被拉長的橡皮筋的概念。（手勢）你用手指抓住一端，那個部份不會受到拉扯影響，它保持在正常形狀。接著你拉另一端，它會變得細長，但在你手指另一端的並不受影響。我想說的是，我們都透過意識不斷延續。而且我們能夠——「推？拉？操控？」……我們能夠操控，只要說，「喔，我存在於這部份的橡皮圈裡。我活在那個部份的橡皮圈。我可以在這部份停留無限長的時間。我也可以在這個部份活千分之一秒。」但那條橡皮筋還是一樣，它依舊是同樣的有形物質的一部份。它只是變形了、變細了、分離了、分裂出來了。

朵：這個很複雜。這是不是表示在那種形式裡不必有身體？

丹：這就回到我能夠以一片草葉的形式生存，我可以是那個能量的一部份，也可以在不同的時空裡同時是純光的能量體的觀念。而區分這兩種能量的，就是我的意識存在。

朵：這回到了沒有時間，而且一切都同時發生的觀念？

丹：時間只是一種旋轉的能量。它是物質的脈動。以這具身體所能瞭解的來說，感覺這麼說最恰當——時間就是物質，有形物質實際移動的現象。因此，時間事實上並不存在，而是存在於一個因果層面——我根本不懂這是什麼意思——不過時間是以因果關係的形式存在。因此，如果有物質，就有時間。有能量，就有時間。有意識，就沒有時間，因為我們是從意識創造出我們的有形／物質世界。

朵：來自意識。所以如果沒有意識，就沒有時間？這就是你看到的？

丹：不。「有」意識，就「沒有」時間。時間是原料。我現在眼前看到的是一大團氣體在旋轉。我不完全確定這有什麼關連，不過我全身都像一片葉子那樣顫動。

這一定是內在的體驗，因為他的身體完全放鬆，看不出顫抖的跡象。

丹：這個概念很難傳達。我們只會被我們的想像力所限制，因為並沒有任何限制。為了去嘗試和抓住那個概念，我們只能想像，也因此限制了我們對它的想法。於是我們就有了限制……並沒有時間這種東西。因此我們能夠**自由**存在——最貼切的字，唯一的字彙出現了——那就是：我們可以**自由**存在。現在試著去具體化一個有意識的想法——就是「意識」。沒有其他的字。「思想」是錯的，因為思想也是能量。但意識本身就像宇宙——嗯，我們的宇宙——它在發生之前就已經界定定義了。

朵：在它發生之前。

丹：思想要發生之前，這麼說最恰當。這是我能說的**最自由**的字。意識先做了定義，好讓它發生。（譯注：就像量子力學的說法，「觀測者決定實相」。）

朵：好讓它發生。意識就是你所說的能量。你是這個意思嗎？

丹：也可以這麼說，意識定義能量。

朵：但這不是指物質的意識。它是像一種能量意識？

丹：思想就是能量。不過誰有思想？我提出這個問題，因為我試著要闡明一個觀點。當我們必須說到，「嗯，思想是能量。不過，是誰在想那個思想？」的時候，我想說的是這個身體相信或覺得意識是那個在思考的人。如我們所知，意識本身是一切創造的驅動力。不論是在形上學、靈性、能量、物理和物質等方面。這所有一切都是從意識衍生出來的。全都是藉由意識來學習或存在。就像拋硬幣。你不可能硬幣只有一面，卻沒有另一面。我現在又看到那團氣體，它就這樣旋轉，創造出力量。那個力量變得更稠密，變成我們所認識的，或至少是我所認識的——因為現在我的意識心智在對我大吼，而我試著不去理會，不過越來越難了。我看到它在打轉。我可以看到創造。為了要有物質，它必須存在一段時間。一段時間？它必須存在。所以我們緊抓住時間的概念，因為我們是受限的？（他不確定那個字）

朵：這麼說有道理。當我們在地球上，在這個次元或不論什麼的，我們就被限制在身體裡。

丹：不見得非得如此……不過是的，我想是的。

朵：我們是受限的，不過在其他狀態，我們並沒有侷限？

丹：意識的狀態並沒有侷限。那差不多就像——我想要找更適合的字——一個遊戲的群組。這聽起來很微不足道、不重要，我知道，不過我們一直是完美的。然而，我們有課題要學。意識衍生出成長？我想浮現的字是「成長」——不然我就是想說「顯化」——不過我認為介於這兩者中間都是正確的。源自成長和顯化的想法之間有開心的、好玩的、創意的、有活力的意識。而為了讓它了解自己，我們創造出不同於它本身的事物。我現在被直接帶回那個我像張紙巾被吸走的星球。我現在為了成長，必須創造出更多的東西。為了讓我更有創造力，我在那裡存在了——天知道多久——它是用「萬古」這個字來對我說明。

朵：你在那裡跟另一個人的能量形式是一樣的嗎？這麼說合理嗎？

丹：我有種感覺，我們說到的那個很自我為中心的人——我們現在就是要回到那裡——他接近全然本體的狀態，不過仍然比較像你我一樣的個體，他還不到我當初整體存在的狀態，也就是我在那個像張紙巾被吸走時的星球的狀態。我可以感覺到自己的個體性，不過還是能量居多。多很多，多很多，多很多。我現在是試著為你解釋那個人。

朵：但他偶爾會化成肉身，不是嗎？

丹：是的，他完全有那樣的能力。就像變魔術。

朵：不過當你在另一個星球，你覺得自己是萬物的一部份的那個星球的時候，你的能量跟他現在是同類的嗎？還是你當時比較進化？

丹：我要說的是：更單純。那裡沒有智力，沒有對任何事物的評斷。我就像個嬰兒。沒有那麼複雜。我甚至不瞭解什麼是物質界域，什麼是物質或有形的身體。

朵：那是你從來沒有的經驗？

丹：從來沒有。不過這個人……我想他已經進展到了這個階段，他從類人動物，人類，到了能量靈魂的層次。他仍然有成長的空間。

朵：所以，他還沒有達到你之前的階段。

丹：我想這是兩回事。有一種你所能想像的最單純的生命形式，那種形式十分天真、天馬行空、喜歡嬉戲、開心、和善。

聽起來他是在描述一種基本能量。他在那個星球時，就是那樣嗎？只是最基本的能量形式？

丹：我一直是那樣存在的。就在那裡。而另一個，這個靈魂已經以實體形式演進很長一段時間了，而且也進步到相當的程度，但他開始迷失在意識宇宙所給予的各種力量裡。他已經覺醒到相當程度，知道要如何運用這些宇宙的力量。有其他存在體也是這樣。

朵：這是他變得自大的原因。

丹：我想是這樣的。

朵：他們有很強大的力量，也喜歡使用這些力量。他們喜歡被崇拜。

丹：當然！換做我也會。如果我能飄浮或發光，我也會趾高氣揚，想要誇耀。

朵：既然你在另一個星球的生活是那麼單純，那麼不複雜，為什麼你必須脫離那樣的存在狀態？

丹：我想這和成長有關。我們有個想法，有個目標，就是以純粹能量的形式存在。然後我們會是美妙，不可思議和輝煌的。但是為了意識成長，我們就必須創造。讓我用個問題來解釋，「除了經驗之外，我還能創造什麼？」……沒有愛。沒有冒險。是有一些些驚奇，因為我知道我可以旅行，去看看其他地方，短暫體驗他們的環境。但我很渴望回到讓我自在的地方，因為那裡是我的安樂窩。

朵：所以那裡就像你的家。

丹：一直都是。我現在開始從一個比較客觀的角度來感受了，不像上次那樣激動。我開始意識到我在那裡待了非常久的時間。我沒辦法用數字表示。太久了。重點就在這裡，我想，太久了。也許我得到了可以自願離開的機會。然後我像是，「噢，我不是真的很想走。」接著突然間，我想別人就替我做了決定。現在我聽到有人說，我很難忘記這一切。

朵：所以你才有不屬於這裡，想要回家的感覺，因為你還有那時候的記憶。（是的。）而且當你和那個存在體一起的時候，你記得自己一度擁有比他更高的本事。

丹：差不多是這樣。不過，我不知道要怎麼化為肉身。他完全懂。他能夠像風一樣吹進來並幻化成形。前一分鐘還不在那兒，瞬間就出現了。我親眼看到的。我看到光的移動，然後從那道光裡組成了身體。接著他就從光裡走了出來。那不像個通道。我認為不是。有個什麼一直在說：金字塔就這樣閃現聳立。說不定是跟這些金字塔的安排方式和排列順序有關。大的、小一點的、小一點的、再小一點的，這樣排成半圓形。也許這樣的排列幫助他了解要在哪裡出現。我不是很明白。我只是閃過這個想法。

朵：金字塔的排列方式？

丹：是的，金字塔有幫助。

朵：你說過金字塔像是能量的聚焦點？所以他可以用某種方式來運用能量？

丹：我想是的。他一直都是在他的金字塔裡具象化，從來不在我的金字塔。從來不在別的金字塔。

朵：他的是哪一個？

丹：最大的那個。然後民眾很崇拜他，這令我厭惡。

朵：所以每當他出現，就好像神祇回來了。（是的。）而你也應該像其他人那樣崇拜他。

丹：是的，他知道我懂得這些。我想這是為什麼我能對他提供建議，因為我有某些力量。我猜想當你到達他那個層次，你就能看到氣場，就像你看得到其他東西一樣。你能看穿民眾的心思，因此也很容易控制他們。這樣的力量很容易就被濫用。應該是要尊重人們在他們旅程中的個體性，而不是利用。

過了一陣子，那人再也沒來了。沒有任何解釋，而丹就一直在那裡等待，他覺得無聊，不知道接下來要做什麼。民眾開始轉向他尋求指引，他並沒有給他們任何建言。

丹：我很困惑。他離開了，然後他們開始要我扮演神祇。我說，「唉，你們自己去管吧！」他們不喜歡這樣，所以我就躲了起來。我在這座大金字塔裡，躲開所有的民眾，我知道沒有人找得到我。除非有人引路，否則他們不會知道要怎麼進入這些錯綜複雜的建築。他們需要一個神，而我並不想當個偽君子。這些年來，我一直告訴這個傢伙，他不該這麼做，我不想變成他那個樣子，即使我沒有他那種力量，而且我也越來越老了。不過，我同時也覺得自己完全沒有幫助他們。這讓我有點沮喪。我陷入一種不知道該怎麼做的循環。他們要這個神祇，而我就在這些金字塔的能量聚集系統裡面。我想這可能有幫助，能夠放大能量。我的感受就像是有人在我耳邊呼喊，「你在哪裡？你什麼時候才會幫我們？做點事吧，做什麼都行。」我當時想說「下雨」，不過我不確定。

朵：他們找他幫忙解決所有的問題。

丹：是啊！或許以他當時的階段，他是辦得到的。我記得他站在那裡，創造奇蹟。……我心裡出現的第一個字就是孤寂。

朵：什麼意思？

丹：喔，我是完全孤單的。他離開之後就沒有別的人。（大嘆一口氣）我當時的想法是，我沒有發揮我的能力。

這樣繼續下去顯然不會有進展。沒有增加新的資訊。因此我引導丹來到他那一世的最後一天。

朵：你現在在做什麼，還有你看到什麼？

丹：我躺在床上，孤單地等待死亡。這些祕密都將隨我而去。民眾完全沒有辦法使用我在金字塔裡的東西，因為我沒有告訴他們任何事。或者說我沒有教導任何人。就只有我孤單一人。就這樣了。我閉上了雙眼。

朵：你怎麼了，為什麼會死？

丹：就是老了。我感到悔恨和寂寞，感到非常悲傷。我現在看著我的臉，臉上有淚，眼睛就這樣闔上了。我看起來很迷惘。我應該可以表現得更好。

朵：你說非常悲傷是什麼意思？

丹：就像這整個都浪費了。就像你整個人在說，「你應該表現得更好。」或是「我希望結果不是這樣。」然後你心裡湧現悲傷和遺憾。我看著我的雙眼闔上，那就是我從我的眼睛裡看到的。

接著我帶他越過死亡的體驗，請他回溯整個人生，看看課題是什麼。

丹：要有些作為。面對你創造出的任何情況都要盡力而為。人們所做的事決定他們是誰。而你會是如何，是由你自己決定，這樣你才能為自己負責，否則你永遠不會做任何事。什麼都不做讓你一事無成。當你知道自己有能力卻毫無建樹，那就更糟糕了。我想這很符合我這一世的情形。每個人必須去做他們該做的事。你也可能會被打敗，然後什麼也不做。就算你要在意自己的所有缺失，你還是要知道你能夠付出，你有能力提供協助。如果你連做都不做，連試都不試，那就更糟了。

接下來我和丹以及他的潛意識配合，找出他的問題根源和解決方法。這段療程的後續非常成功。我知道只要有充分時間，我們一定能辦到。上回在芝加哥，由於療程意外終止，時間才會不夠。

我後來帶引丹恢復完全的意識。談了一會兒後，丹回到他在外面的帳棚，安穩地睡到天明。他在早餐過後離開，繼續上路探索新墨西哥州和亞利桑那州的印第安區。他之後會回到洛杉磯歸還租借的車子，接著便返回澳洲。

過了幾個星期，他寄來一封電子郵件，告訴我那次催眠療程很成功，他的生活已經有了重大改變。現在不論未來如何，他都不會害怕了。透過我們奇妙的會面，他也提供了我這個他稱之為「家」的有趣資料。

* * *

當我在檔案中尋找應該放在這本書的案例時，我找到了一九九〇年進行的這個個案。我在當時並不知道這會有關連，不過現在我看出了這是「星辰之子」的另一塊拼圖。我的很多資料都是要等上好些年後，才會找到它合適的位置。

羅勃特是位英俊的年輕男子，看來在四十歲上下。他是越戰退伍軍人，他一直有很多問題，他認為這些問題和越戰有關。從他回國後，他的工作始終做不久，他靠殘障津貼生活。他經常去退伍軍人醫院看病，那裡的醫生發現他的身體問題（主要是腸胃不適和神經質）是因心理問題而引發（心因性症狀）。他們試過要找出他在越南期間是否發生了什麼事件才導致這些病症。他們一直找不出原因，因為他拒絕談論跟戰爭有關的事。他們試過催眠，結果也不成功。他們唯一的解決方法就是讓他吃藥。

他的女友提醒我，我很可能也會遇到同樣阻礙，因為他堅決不肯談越戰的話題。我告訴他沒關係，因為我們根本不必去探討越戰，我們會探討他的前世，看看是否有線索可循。我相信這麼說幫助了他放鬆，因為他沒有把我當成威脅。無論如何，退伍軍人醫院的醫師恐怕永遠也無法瞭解後來出現的解釋。因此他的潛意識是很有智慧地在保護他，不把這個故事透露給不該知道的人，否則他可能已經被轉進精神病院。也許這是為什麼他的潛意識讓他對我透露，因為他在我這裡很安全。不論是什麼原因，雖然退伍軍人醫院的醫師為他診治了多年，這是第一次出現跟他的戰爭經歷有關的解釋。

我前往羅勃特的住處，他跟女友和女友的兩個兒子同住。他在房子裡有自己的起居空間，就像個小公寓，是他獨處的地方。我們就是在那裡進行催眠。在他進入深度出神狀態之後，他到了一個陌生的場景，聽起來不像是地球。我提出很多問題，試著知道他是在哪裡。然後我清楚知道，他並沒有進入前世。對於第一次進行回溯的個案來說，這是正常的過程。他顯然跳過了前世經驗，到了一個聽起來像是靈魂的界域，也就是靈魂在轉世間停留的地方。特別的是，那裡聽來還有學校。也許他的潛意識認為他的答案在這裡會比探索某個前世容易找到。

他發現自己在一處有高牆環繞的寬敞地方，不明的光源投射出不同的光影。他看到自己身著白色長袍，看起來不是衣物，反倒像屬於他的一部份。

羅：我的身體並不需要衣服來保護。

朵：為什麼？

羅：我的身體就是衣物。

朵：是物質身體嗎？

羅：不，不全然是。它的功能像是物質身體，不過它完全不是物質身體。

朵：你能解釋這是什麼意思嗎？

羅：我裡面有能量。我能夠感覺我的能量的熱度。我可以看到我的手臂。我覺得我能穿透東西。但不是一直。只在我需要的時候。

朵：你認為這個建築物是在哪裡？

羅：這一定是某個居住的地方。或交流的地方。或是個禮堂。

朵：你說交流的地方是什麼意思？

羅：我在等著去一處接駁站。我應該要先在那裡拿到資料，再去……

朵：你要去哪裡？

羅：不是由我來決定的。

他有種感覺，覺得自己必須等候某個人來告訴他要去哪裡，或是來護送他。他看到那裡有很多條走廊，但如果沒有人給他指示，他沒有把握該走哪一條。雖然這其實沒有什麼關係，「因為我不是在這裡就是在那裡。我在哪裡並沒有關係。」他不確定如果自行離開，是不是會違反了某種規定。最後，他決定沿著一條彎曲走廊前進。接著他發現自己來到一片遼闊的空曠區域。

羅：我現在站在某個東西前面。我看到人，不過他們看起來不像我。也許他們像現在的我。他們都高坐在上面，因此能夠環視這整個地方，所有的走廊。他們有光圈。有黃色的光圈，還有藍色和綠色的光圈。還有白色的。角落那個人的光圈好白。

朵：他們有穿衣服嗎？

羅：沒有。就跟我一樣。他們不需要衣服。他們好像有個諮詢台，他們坐的地方居高臨下，所以他們可以眺望出去，看到誰來了，誰走了。你也看得到他們。這裡就像接待區。我在問我要做什麼。（停頓）他們說，「別慌。當你需要走的時候就會走。你會回到學校。」

朵：你知道他們是什麼意思嗎？

羅：我覺得所有的人都在受訓，去學校更深入學習什麼是愛，什麼是生命，什麼是上帝。但我對上帝的概念跟他們的不同。

朵：你的意思是？

羅：上帝無所不在。

朵：那他們的概念是什麼？

羅：我們就是上帝。不過，我們必須崇敬上帝。我們不祈求上帝。

朵：你能幫我問他一些問題嗎？

羅：我試試看。

朵：問他這是什麼地方。

羅：這是在另一個次元。不見得是哪個地方。是在我們的太陽系裡，不過那個太陽系不是我們可以確定的。我們的星系有不同的太陽系。這個地方只是個接駁站，資訊區，通往我們這個宇宙的不同世界。

朵：他們有身體嗎？

羅：不算是物質身體，就好像我不是有形的。

朵：他們可以告訴你要去哪裡的學校嗎？

羅：他們正在查我的背景，還有我要如何為整個宇宙貢獻。以及我可以如何往前邁進。他們想知道，我在地球的科學背景是不是我真正想要建立和擁有的背景。還是我真正想在生命中發展的是精神，是靈性的層面。我覺得生物學和醫學都很有趣，不過從靈性面來幫助人們恢復健康，我覺得更有興趣。

朵：你有生物學和醫學方面的工作經驗嗎？

羅：我在地球有護理和生物學的學位，碩士學位。不過我學得愈多，就知道得愈少。要學的東西太多了。我們沒辦法想像地球提供給我們的概念有多少，因為我們都非常受限和不成熟。——我現在就站在這裡。我覺得有點愚蠢。就像是等著去洗手間。

朵：（笑）是的，不過當他們知道你的背景，會不會就要送你回地球？

羅：不會，我會繼續前進。到另一個世界。有很多不同的世界。有成千上萬，許許多多個世界可以去。

朵：你對這有什麼想法？

羅：嗯，不管去哪裡，我都會交朋友。知道有朋友和我一起會很好，不過無論如何，我們都是在同樣的道路上。也許我可以就這樣前進，再交些朋友。

朵：那麼其他的人世呢？

羅：我有過別的人世。我一直都是在科學、醫學和形上學的領域。

朵：那麼你有很多知識可以用，不是嗎？

羅：是的。我覺得自己非常聰明。所以他們不知道要把我放在那裡。因為我的智力跟我在地球上所做的並不相稱。我總是不讓自己發揮。

朵：你的意思是，你有許多潛能沒有運用？（是的。）而他們希望安排你在一個你能運用潛能的地方？

羅：嗯，這樣我就會快樂。

朵：你認為如果你充分發揮你的潛能，你就會快樂？（是啊！）難道你在地球生活的時候不能發揮嗎？

羅：我不知道要往哪個方向，我只知道現在這條路。

朵：如果你有許多潛能，浪費不用就太可惜了，不是嗎？

羅：永遠不會浪費，知識永遠不會白費的。那是知識和教育的一種喜悅。它永遠在那裡。

它是事實，也可以說是真理。

朵：你永遠不會失去它。在你需要時，你永遠可以利用這些知識。你以前來過這個地方嗎？

羅：沿著這個大廳的幾個地方我可能去過。我從沒來過這個區域。

朵：你什麼時候去那裡的？

羅：在我死後。

朵：我想應該是這樣。……他們不確定下次要讓你去哪裡？

羅：我需要使用累積的豐富知識來幫助那些始終沒有這種機會的人。我一直非常幸運。

朵：你在身體的生命經驗都是在地球上嗎？

羅：不是。地球只是非常小的世界。生活在地球是個挑戰。

朵：也許這是為什麼大家被送來這裡。

羅：每個人都需要挑戰，而地球就是挑戰之一。我們一直覺得自己有辦法應付這個挑戰。不過來到這裡之後，我們卻很挫敗，因為挑戰超過了我們原本的預期。俯瞰地球……它是這麼小的星球，卻有那麼多的混亂，一個人實在沒辦法改變。

朵：一個人有時候也能創造奇蹟。你不試就不會知道。你是不是覺得自己住在別的地方多過你住在地球？

羅：我已經來地球探索好幾次了，不過，下次我不會再回地球了。我要繼續去別的地方。

朵：你曾經住過的其他地方呢？有沒有特別喜歡的？

羅：我一向都喜歡水。水和樹。它們在另一個世界裡不一樣……和這裡的樹不同。這裡的樹木看起來都很像北美黃杉（花旗松）。而且水是藍的，因為氧氣和氫氣的緣故。

朵：住在那裡的人是什麼樣子？

羅：他們像我現在這個樣子。

朵：你是指能量形態？

羅：是的。那裡也有實體的東西。動物。不過沒有東西會傷害我，不像在地球。

朵：你在那個世界為什麼不是更密實的身體？

羅：因為我們沒有排洩物，我們沒有食物。我們吸收能量。這使得身體不會更濃密。

朵：那裡是你喜歡的地方之一？

羅：是的。因為你可以就這麼坐著，聞著樹木和水的芳香。那裡很平靜。

朵：當你住在那裡的時候，你有沒有成就什麼事情？

羅：有。幫助其他人。

朵：在那個世界有挑戰嗎？

羅：所有的世界都有挑戰。有些挑戰的本質不見得像地球那樣邪惡。在其他世界的挑戰，有的是你必須區辨是與非。你有不同的道路要走。不過你必須確定你的內心有上帝的愛，然後你挑選那條要走的路。因為每當我們選擇這樣的道路，它就會強化我們內在的良善。

朵：這很重要。不過你說房間裡的那些存在體在試著幫你。

羅：是的。這是他們的工作。他們的工作就是要幫忙安置人。上面的工作台區有顯示的螢幕。我不應該去看那些顯示器。我有種感覺，他們在看什麼東西。就好像我被放進程式裡。他們在跑我腦中的記憶，我所想過的一切，還有我是誰的資料。他們消除壞的部份，留下好的。我並不需要再去記得那些壞的部份，因為那是肉體的屬性。

朵：我想他們知道自己在做什麼。那個東西像是機器嗎？

羅：我所能想到最近似的東西就是電腦。接駁站那位男子想要說些什麼，不過他說得不是很清楚。（停頓）那不是電腦。那是以某種波長振動的思想模式，那種波長只有他們才懂。就像指紋。

朵：所以每個人都有他自己獨有的思想模式或振動？

羅：它是內建在類似電腦終端機的東西，它可以通到不同的世界。它會通到我們這個宇宙的首都。

朵：有點像是資訊交換所。他們在分析你的才華和所有的資料？

羅：是的。現在顯示給我的是：我可能很擅長對民眾說話，撫慰人心。我還擅於討論靈性本質的哲學議題。在這方面，我可以透過我在科學、教育，還有我對靈性知識的渴求來運用。

朵：結果呢？

羅：他們會派給我一項工作。我可以休息一段時間。我必須做調整。

朵：喔，知道有人幫忙很好。

羅：一直都有人幫忙。現在就有人在幫我。他們是不同的能量。他們現在就在我旁邊。他們跟我是不同的能量。不完全是能量，不過是能量。他們讓人感到安慰。他們一直和我一起在地球上。

朵：這些能量和其他的相同嗎？

羅：不同。工作台上的那些有比較明顯的身體形狀。不是白的。他們的顏色有點渾濁。藍綠色？好像是。帶點藍，帶點綠。他們有點像實體，不過不是實體。你並不能真的用手臂穿過那種身體。至於和我在一起的這些能量就比較像是光能量。就是這樣。是光！純粹的光。他們一直和我一起。他們就要成為我的一部份。

朵：你這麼認為？

羅：是的。不過我還是不會說他們的語言。我們並不交談。是靠思想。

這時候我決定帶他往前，來到他休息結束，準備好要接受下一趟任務的時候。他可以讓休息的這部份加速進行，並且仍能從中受益。我並不需要唸數字把他帶到那裡，因為他在我說完指令前就打斷我。

羅：（打斷我的話）是了，我到了，就在邊邊，眺望著太空。我跟別人在一起。然後我必須在他們的……我不懂是什麼……我被它籠罩，包覆住。我本來就該被包覆。好了。現在我可以走了。我可以走了。它就像天使的翅膀。是天使，不過又不是天使。他們就是不一樣。像是論資排輩的等級。每個人都有他們的工作。每個人都有不同的職責要去幫助別人。他們一直為住在地球上的人感到難過。不過他們也有些妒忌，因為他們不能體驗我們所體驗到的情緒。

朵：你是說這些光能量？

羅：是的。光能量。他們從來沒有體驗過情緒，從來沒有像我們那種哭泣和歡笑的體驗。還有痛苦。他們不知道什麼是痛苦。也許這是我自己的感覺，覺得我比他們好一些。不過我沒有他們那種力量。我應該要被這個能量覆蓋，被帶走時才不會燒傷，因為我們移動得非常快速。一定會有些摩擦。（這是他自己的感覺嗎？因為靈魂並不會受傷。）這可以保護我，也保護他們的安全。

朵：從我們人類的觀點，你會認為他們很幸運，因為不必體驗各種情緒。認為他們會感到妒忌，這好像有點奇怪。

羅：也許他們比較慈悲，我的感覺是這樣。

朵：你現在是在太空中移動嗎？

羅：我隨時都可以走。我是在為你服務。

朵：服務我？為什麼？

羅：我不知道。我就是這樣想。（我輕聲笑）好吧。我們準備好了。你要走了嗎？

朵：我想是吧，你準備好就走。我只是負責引導你，帶你經驗這許多不同的事。我就只是這樣。

羅：好的。我們動身吧！

朵：他們會保護你的安全。讓我知道你前進的狀況。

羅：感覺上我的頭就像……哇！覺得很匆忙。我們現在在沙灘上了。

朵：噢！很快，不是嗎？

羅：是啊。他們移動得非常快。現在我們在沙灘上。然後我會被帶去做我該做的事。（停頓）我不是嬰兒。我沒有年齡。我覺得自己是成年人卻沒有年歲。不過事實上並沒有時間。……有休息的時間。跟我們所想的時間不同。

朵：這個沙灘在哪裡？

羅：在另一個世界。這裡有不一樣的樹。我在水邊，因為這是我想來的地方。我需要走路……上面有間房屋。地基很廣，它……不是金字塔造型，不過有好幾層，愈上面愈窄，一直到頂端。（手勢）它上面有個信標類的小東西，像是燈塔。你並不感覺自己是在走路，不過你是在走路。我覺得我是在走路。不過我沒有長了毛髮的皮膚。就是……（有困難解釋）你可以抓住它（指身體）。

朵：所以確實有某個物質。——告訴我那個房子的樣子。

羅：有向上的階梯，臺階。建築物是藍色的，有黃色的邊飾。屋子有幾扇大型觀景窗。門很大，是可以對開的黃門。這個房子非常大。非常漂亮。很亮。看來非常舒適。我會很喜歡這個地方。那裡有群人在說，「哈囉！」

朵：他們認識你嗎？

羅：是的。他們認識我。他們在等我。他們裡面有很多人我都認識，不過他們沒有名字了。我就是知道我以前認識他們。能跟我認識過的人在一起感覺很好。他們和我都選同一個地方。

朵：這是個實體世界嗎？

羅：相當實體，是的。

朵：那些人都像你一樣嗎？

羅：是的。有幾個人比較高。他們看起來比較有智慧。他們可能是上司。

朵：他們都具有同類型的能量身體，沒有任何五官特徵？

羅：他們並不需要。我也不是真的需要。我們有耳朵，不過其實我們並不交談。我們有眼睛，而且可以看到東西。我們有嗅覺。我好像有很多不同的感官。比我現在在地球上的感官還多。能這樣體驗會很棒。我們全都在那裡學習，並且相互教導。

朵：你有哪些感官是在地球上沒有的？

羅：很難解釋。氣味……每個人，每件東西，都有不同的氣味。而且看起來的樣子和光有關。我沒有必要太深入解釋。觸覺和嗅覺的振動層次相同。每個人都有光圈，好像他們都被光包起來一樣。

朵：你在那裡必須要做什麼？

羅：我必須研究、談話和學習。我們和另外那群人討論我們的前世。我們也應該要學習如何在這個星球生活。

朵：所以你會在那個星球待一陣子？

羅：是的，直到我們多少通過了考試。有些人可能不會像我那麼快通過。我也可能無法像其他人那麼快通過。

朵：所以並沒有規定的時間。

羅：沒有，沒有規定的時間。

朵：你知道你在通過測驗之後要做什麼嗎？

羅：不知道，到時才會決定。我喜歡求知。

我認為既然他要在那個地方待一陣子，再談下去也不會知道什麼。這段療程已經接近尾聲，而我們還沒能確認他在這一世身體問題的起因。所以我要求他離開那個場景，這樣我才能跟他的潛意識說話，或許能得到較明確的答案。

朵：我希望問你的潛意識一些跟你現在的地球生命有關的問題。可以嗎？

羅：讓我回到地球。

我引導他回到現在，並指示他的意識完全回到身體裡。在這個時候，他開始動來動去，不過我還不想他從催眠狀態醒來。

朵：我要你保持這個狀態，這樣我才能和你的潛意識說話，問一些問題。

羅：我對那裡還有記憶。

朵：喔，那裡非常漂亮。請讓我和羅勃特的潛意識說話。為什麼羅勃特會看到那些景象？

羅：因為他可以告訴地球上的人，生命是永恆的。而且我們是經過權衡，才在這時來到地球生活。在這個物質身體裡的我們，不必感到負面。我們可以是正面積極的。當我們了解愛並付出愛，我們就能擁有超越這個世界的體驗。我們需要知道我們是靈性的，我們是平衡的。他從科學了解為什麼天空是藍的，樹葉是綠的。為什麼蚯蚓鑽進鑽出。他知道身體的每個部位，每塊肌肉、每根骨頭。然而他從來沒有發展他的靈性本質。不是指宗教信仰，而是靈性觀點。他知道在這個世界之後還有生命。不必然是在這個世界。如果你回到地球，那是因為你選擇要回來。或你多少是奉命或被告知要回來，因為你還沒有完成使命和學到知識，還沒有克服這個叛逆世界的挑戰。就像去學校。我們都是這樣。我們一直都在上學。從嬰兒時期開始，一直到成年，我們出生後進入不同的生命並繼續下去。我們一直在學習。也有些人拒絕學習，就像那句俗話，你可以帶驢子來到水槽，你可以把牠的鼻、口壓進水裡，但你不能逼牠喝水。要等到牠發現水能夠解牠的渴，牠才會喝。

朵：有時候人們就是繼續犯同樣的錯誤。

羅：是的。你說破嘴都制止不了。以羅勃特來說，他在其他世界度過的生命比在地球還多。他來這個世界是為了挑戰，因為他很容易感到無聊。

朵：你認為他的身體病痛是不是和這個有關，因為他不習慣有個身體。

羅：我想是有可能。真是的，我並不想來這裡。（笑）我同意，因為我不想要這個身體，可是我現在被困在裡面，無法擺脫。

朵：是的，你目前是無法擺脫。而且你必須學會接受。雖然看起來他在其他人世並沒有這類身體，所以不必煩惱身體的問題。

羅：對，他以前不會覺得痛。痛很悲慘。

朵：他以前不知道痛是什麼。

羅：不知道，在那裡沒有痛。你必須要有身體才會了解。

朵：也許這就是他來這裡學習的東西。

羅：沒錯。而且每個人都必須學習羅勃特的痛，因為羅勃特能夠處理那種痛苦。不過，他有藥物方面的問題。他對藥物已經產生依賴。當他釐清越戰對他的身體所造成的壓力之後，也許他會要求退伍軍人醫院讓他住院一陣子。因為這個可憐的傢伙為了紓緩痛楚，已經吃藥吃了很多年。而這種痛永遠不會停止，要等他死後才會結束。

朵：你這麼認為，還是你知道什麼？

羅：這是他的宿命。他必須要感覺到痛，因為他能夠處理。大家必須向他學習。

朵：這聽起來挺殘酷的，不是嗎？

羅：一點也不殘酷，因為並沒有時間的存在。當一個人抽菸過量死於癌症，他身邊的人學到非常嚴厲和慘痛的教訓。他也是。然而每個人都會繼續前進。這真的沒什麼關係，因為在真正的時間裡，那只是瞬間幾秒就過去了。

朵：如果他過去的生命並沒有身體，你認為這是為什麼去越南對他會有那麼大壓力的原因嗎？

羅：是的。不過這是他想要做的事，而且他是奉命去做。他知道自己不會死，但他也不是真的那麼知道。死亡一直籠罩在他身邊。

朵：而死亡帶來恐懼。

羅：是的，不過這也是使他繼續前進的動力。讓他表現出他的作為。……恐懼的挑戰。宇宙間有戰爭的地方並不多。地球是少數有戰爭，可以讓你以人類身份體驗的地方之一。人類很久以前就有戰爭了，當全世界「被預設」了的時候。人類很早就陷入了這種處境。

朵：你說全世界「被預設」是什麼意思？

羅：那時候有其他存在體下來要幫助我們。結果他們想跟人類結合，他們胡鬧，還扮演上帝。

朵：所以這些情況是他們造成的？

羅：是的。他們想要玩軍隊戰鬥，玩牛仔和印第安人。他們設定了一種模式。人類基本上是動物，很難打破模式。必須要靠演化來突破模式。它就像個壞習慣。一旦你開始像羅勃特那樣咬指甲，習慣就很難戒掉。也或者是說髒話，很難改過來。

朵：所以你的意思是，那是人類種族的一種習性。

羅：是的。那完全是我們的問題。

朵：是由別的存在體帶來這裡的？

羅：是的。他們不知道。並不真的是他們的錯。我想它就是……就這樣發生了。

朵：現在這就在地球人的模式裡了。

羅：是的。現在已經有改善了。地球在演化模式上有成功的地方。雄性喜歡戰鬥。你在這裡可以有那樣的體驗。你在地球上可以有很多體驗，像是飢餓、戰爭。還有其他的。在政治上扮演上帝。或者你也可以只體驗歡樂，感受家庭生活的愉快。

朵：是的，你有很多選擇。所以我覺得當他到了越南……

羅：那是我選擇的。

朵：不過你對那樣的壓力並沒有準備。

羅：沒有、沒有。沒有人告訴我會有多糟。

朵：但顯然你從那裡學到了一課。對你很珍貴的一課。

羅：是啊，因為我知道戰爭是怎麼回事了。我知道戰鬥是怎麼回事。所以當我去別的世界，如果有人開始生氣或開始表現出——你可以稱為「隱性的」特質——我就會知道是怎麼回事。然後我可以幫這些人克服。

朵：那很重要。不過，你真的認為羅勃特來到這一世是為了體驗他所經驗到的痛苦嗎？（是的。）可是，如果我們能夠幫他忍受，對他不是會容易些，好過些嗎？

羅：隨著時間過去就會比較容易些了。

朵：你認為如果他了解這是怎麼一回事，還有原因，他會比較容易處理嗎？

羅：但是他的身體有很多問題。

朵：可是你是潛意識，你不能幫他處理這些嗎？

羅：只要他能進入潛意識並要求指引，要求身體分泌天然腦內啡來幫忙。他必須有這些痛，這樣別人才能有幫助他的經驗。

朵：不過，如果我們能夠紓緩痛苦，這也是件好事。我們不想在他學習這些課程的時候，還要這麼慘。

羅：羅勃特的生命並不悽慘。這是他要的。

朵：你這麼認為？我不知道他會不會同意。不過重點是，如果他想紓緩他的痛，他可以進入潛意識，要求分泌天然腦內啡。

羅：是的。就像現在，他完全不覺得痛。

朵：是的。腦內啡的效力很強，比服用任何藥物都有用。因為是天然的，而且是受潛意識控制。

接著我植入指令——當他需要紓緩痛的時候，他可以放輕鬆，要求潛意識釋出腦內啡。潛意識試圖和我爭論，「是啊，可是羅勃特對每個人的痛苦都很敏感。」我可以了解，因為羅勃特是很有同情心和非常敏感的人。經過許多討論後，潛意識同意做它這部份的工作，如果羅勃特合作的話。最後的結果始終在於當事人。如果他們基於某個原因，並不是真正想治療自己，那麼不論我做什麼都幫不了忙。

後來我再也沒有催眠羅勃特。我偶爾會聽到他的消息。他還是經常進出退伍軍人醫院。看起來，他的潛意識雖然願意與他合作解決問題，他並不是真的想要釋放這門痛苦的課程。不過我會這麼想，當他需要的時候，腦內釋出天然腦內啡確實可以紓緩他的痛苦，這樣他就不必那麼依賴藥物。至少，現在他也知道了為什麼他在生命中有這種體驗的部份原因了。

也許他的潛意識是對的，當它說他要到死才會擺脫痛。若真是如此，我希望他能學會這個課題，也能教導別人關於痛，還有跟長期病痛的人生活的經驗。如果這就是原因，那麼他的受苦也有了意義，因為能夠教導別人。這一切都是為了學習；學習課題並向前進展。如果我們學會了某個課題，我們就不必再重複了。

我完全能瞭解為什麼羅勃特在退伍軍人醫院接受醫生診治的期間，他的潛意識不讓這個故事浮現。也許當他們現在知道了這個故事，能使他們更寬容，對於在不尋常的地方找到不尋常的解釋，能夠抱持更開放的心態。

* * *

回到掛毯室

二〇〇〇年的三月，我在澳洲各大都市演説。我在旅行時會設法安排私人療程，因為世界各地一直有人排隊等候催眠治療。諾瑪讀了我的幾本書，她寫信給我，於是我們約好利用我人在黃金海岸的時候進行療程。她希望找出她許多私人和身體問題的原因。她也對我在《生死之間》提到離開人世後我們所進入的靈魂世界的內容非常著迷。她希望能看到那些地方，尤其是有很棒的「圖書館」和「掛毯室」的「智慧殿堂」。我告訴她，這是可能的。但我必須先帶她進入某個前世，看她死後去了哪裡。如果想要探索靈魂世界，我發現這會是效果最好的程序。

她很快就進入了深度的催眠狀態並重新經歷一段在維多利亞時代的英格蘭前世，這個前世解釋了很多她在這世的業力關係。催眠中出現許多細節：日期、姓名和倫敦的幾處地點，這些都可以查證和確認。我已經做過很多的回溯，這類細節已經不再令我驚訝。重點在於透過重新經歷那段前世創傷和情緒所獲得的治療。通常我會讓催眠個案自己決定要不要去做調查和證實。我不再需要證明，除非這些事有放到書裡的價值，我也不會去查對。對於道地的懷疑論者，再多的證據也不足以讓他們信服，而相信的人並不需要證據。在現在的階段，我對未知的部份比較著迷，而這些反正都無法被證明。

我帶引她到了那一世的終點，她已是名老婦人，在自己家裡安詳往生，身邊有家人圍繞。當她飄離身體，我要求她描述當時的情形。

諾：有一道光。有身著長袍的人影，還有愛與平靜。他們帶她到一個非常寧靜詳和的地方。四周都沒有人。很安靜，霧氣很重。

這個地方聽起來就像是別人描述過的休憩區，一個供靈魂稍事休息的聖所，在這之後，他們會前往另一個目的地，若不是「那一邊」（指靈界），就是回到另一個身體，展開新的一生。

朵：這是讓她稍事休息的地方？

諾：（輕聲地）是的。那裡很好。

朵：之後她是不是就要去其他地方了？

諾：是的，時候到了。她現在必須到知識室。

朵：我聽過這些地方。諾瑪希望能夠記得那裡的樣子。你現在讓她看到什麼？

諾：那裡有些柱子。很多書。有個圓頂……還有人。那裡有非常……深奧、淵博的知識。那裡很大。無盡的延伸。在石頭區後面有很多房間。有很多走道、書、桌子和人。

朵：我現在在跟誰說話？她的潛意識還是……？

諾：諾瑪的諾瑪意識，我是她的高我。

朵：我稱為潛意識。這是貯藏一切資訊的部份，不是嗎？（是的。）這就是我想談話的對象。我知道這裡的某些地方。這裡是不是有個叫「掛毯室」的房間？

諾：噢，有的。

《生死之間》有提到「掛毯室」，這是生命的掛毯，每個人的生命都是以一條絲線來代表。掛毯絲線的交織，鮮明的顯現了每個人的生命是如何被其他人所影響。我們是一個整體，而且全都相互連結。

朵：她想知道她能不能看看那個房間？

諾：她經常去那裡。

朵：是嗎？（是的。）她並不知道，是嗎？

諾：她知道，不過她不相信。

朵：你能不能讓她看看那個房間的樣子？

諾：那個房間充滿了光。沒有天花板，因為掛毯很高。而且房間很長，延伸得很長。沒有盡頭。它會動。是有生命的。

朵：這是什麼意思？

諾：充滿光，有生命，而且絲線都是活的。它們不是……物質。它們有感覺，有思想，有色彩，它們還有生命。

朵：你是指構成掛毯圖案的絲線？

諾：是的。它們充滿了生氣。有些好明亮。它們的厚度都不同，它們有能量。有自己的能量。每一個都很獨特和美麗。它們構成了動態與生機。美麗的圖案。就像螢幕上電影的變化。

朵：所以它是有生命的東西，不只是一片布料。

諾：喔，那不是布料。說它是掛毯根本無法充份形容。沒法完整的描述。

朵：我們以有限的知識還是能夠了解。但如果這些線、這些繩線都是活的，這又代表什麼？

諾：喔，它們很美。它們是人，是他們的生命，他們的靈魂。它們呈現我們的一切。

朵：所以那是一切都交織連結的例子？

諾：喔，是的。它非常、非常錯綜複雜。超過我們所能夠想像。因為每一個生命，每個存在，每個思想，每個動作，我們的一切，我們的未來，我們的過去，都呈現在每條繩線。我們就是那一切。

朵：它只代表這一世嗎？還是也代表靈魂的歷史？

諾：是的，還包括未來和……嗯，靈魂。就是靈魂。

朵：可是如果是已經交織在一起了，是不是就表示一切事情都是既定的。

諾：喔，不是。有些地方的絲線是排定了的，這要看當時那個靈魂的上一趟旅程而定，因為靈魂選擇度過的某些生命並沒有自由意志。

朵：他們沒有？還是他們不知道自己有？

諾：他們沒有自由意志。

朵：所以不是所有存在體都有自由意志？

諾：沒錯。要看他選擇的生命而定。如果他選擇的是人類生命，他就有自由意志。不過如果他選擇不同的存在，有時候就沒有自由意志。所以繩線會改變質地，亮度、色彩和厚度也會出現變化，跟其他繩線的關係也會改變。這非常複雜。

朵：所以這都要看當時靈魂是在學習什麼課題來決定了。

諾：我們不會說是「課題」。我們會說是……記起，回想起。因為靈魂知道一切。它知道一切。它知道所有能知道的一切。它只是不見得一直都記得。它有時會記得，有時候則想不起來，要看靈魂所選擇的生命。

朵：如果是人類生命，假使我們記得所有的事，我們會很困惑的。

諾：當靈魂想釐清許多事，就會選擇這樣的生命。否則靈魂也不會選擇人類生命，因為這是個辛苦的存在，在許多層面都是。這也是個很刺激的生命選項。因為它很豐富，充滿了情緒和感受，還有質感與活力。雖然還有很多種生命可供靈魂選擇，那些都沒有太多變化。那種生命有時候也跟第三次元毫無關連。他們不知道第三次元。

朵：他們必須先經歷那類的生命形態才能進入地球生命嗎？

諾：不見得。這要看靈魂的選擇。當然，有很多靈魂多次選擇了地球生命，結果就被困在三次元的輪迴。他們甚至不知道還有其他的存在方式，他們因此製造了更多的業力連結，也因此必須再回到地球。對靈魂來說，這會是很挫折的事，因為他們在「另一邊」的時候知道還有其他生命可以選擇。不過他們太執著於地球層面而無法離開。

朵：他們必須先把那些了結。

諾：不是所有的業都是業的作用力所產生。不過，大多時候靈魂有很多事要做，如果他們不再有另一次地球生命，他們就會失去進到身體回到這裡的機會。而且他們會錯過必須建立的連結。他們可能錯過與必須連結的靈魂履約的機會。……他們傾向待在類似的圈子裡。像諾瑪這樣的人知道自己不需要常來地球，他們傾向處在相似或類同的靈魂圈，在同樣圈子進進出出。

朵：如果他們失去連結的機會，就要等上很久才會再有機會。到頭來，那個業力還是要償清。你是這個意思嗎？

諾：是的。諾瑪對這點非常清楚。那些困陷在第三次元的人並沒有真的覺察。他們有這個知識，尤其在轉世期間，他們知道自己有其他的生命形態可以選擇。不過他們也知道自己必須待在地球次元償清業力。要不然他們會錯過機會，必須以靈魂形式在靈界再等待一段很長的時間。他們也可以去其他的星球生活，過別的次元的生活。不過他們知道，那會限制他們，因為他們會錯過跟那些困在地球的生命連結，而那是他們必須履行的事。

朵：不過當他們在別的生命，那些不是第三次元的生命的時候，他們也會有業力嗎？

諾：噢，是的！（加強語氣）噢，是的！業力是靈魂旅程的一部份。

朵：然後去解決。

諾：這是為了提升靈魂的振動，帶他們回到神的力量的家。

朵：可是在其他生命所產生的業並不像我們透過人類身體所製造的那麼沈重？

諾：也可以是那麼沈重，是的。有時候他們也會困在外星生命。

朵：基於同樣的原因？（噢，是的！）不過就我所知，某些外星生命可以隨他們的想法，想活多久就多久。（是的。）所以他們會有充分的時間來處理業。

諾：我們說的是較低等的外星生物。

朵：你能談一談嗎？

諾：有些從某方面來說就像蟻群。他們不見得有身體。他們是能量，不過可以說就只有一個心智。

朵：像個群體？

諾：是的。而且他們也許會像鳥群或是蟻群那樣移動。他們彼此聯繫，就像個群落。他們是個體，但是以整體移動。他們的因果不像人類形式那麼錯綜複雜。比較像是群體業力，他們群體協議去做特定的事。所以如果沒做到，全體也就不能豁免。

朵：有沒有別的較低等的外星生物？

諾：有些是作為高等生命形式的僕役。諷刺的是，有些較高生命形式的靈魂，有時候也會選擇做個工蜂或工蟻等職蟲。可以這麼說，在不同層級間移動。靈魂向上移動的觀點是謬誤的。靈魂不是從一種較高的生命形式到下一個更高等的生命形式。不是那樣的。

朵：我們往往是那樣想的。

諾：不，它會跳躍和轉折。靈魂會基於各種原因來選擇它的旅程。有時候就只是為了好玩，為了體驗。

朵：回去體驗不同的事。

諾：是的，這讓掛毯增色。增加了靈魂的複雜性。

朵：多樣性。

諾：是的，增加，給予，填補。這使得靈魂更完整。拼圖又多拼上了一小塊。

朵：我覺得這很有道理。——諾瑪好奇自己是不是和銀河有關聯。

諾：喔，是的！她知道自己曾經是銀河的生命形式，不過她在意識層面對細節並不清楚。

她很瞭解自己。她在這一生學到很多。除非她真的很想回到第三次元，她其實並不需要再回到這裡了。

朵：所以她算是完成了她在這裡的工作？

諾：永遠沒有完成這回事，因為你可以隨自己心意來去。不過，她確實喜歡這趟旅程的自由意志面向。

朵：所以，不論什麼時候，靈魂都可以決定自己不想再過地球生活了，然後繼續前進，去嘗試別種生命。

諾：只有當靈魂的業大半都清除的時候。因為，如我們說過的，你可能被困在地球層面很多世。因為，當然了，你在這裡愈多人世，產生的業也就愈多，自然就被卡在這裡。

朵：所以如果你想去別的地方，那最好是把業都清掉。

諾：很多靈魂都知道這點。當然不是在意識層面；這是為什麼他們會把那麼多東西塞到一生裡的緣故。在地球演化到現在的這個階段，許多在此的靈魂都曾經有過外星生命的經驗。很多人對此並沒有察覺。現在在地球的靈魂數量比以往都多，他們為了一個原因來到這裡：幫助提升地球母親的振動。

菲爾在《地球守護者》提到，許多從沒地球生命經驗的靈魂志願在地球歷史的這個階段來到地球協助。他們是灌注的新血，從來不知道什麼是暴力。因為他們的靈魂完全沒有暴力的經驗，因此他們能夠協助改變地球的振動，提升到一個不可能出現暴力這類事情的更高次元。

朵：我一直被這麼告知。我們正逐漸遠離暴力，邁向地球的另一個進化期。

諾：噢，是的，而且這是地球母親促成的。

朵：因為她也是有生命的存在體？

諾：當然了。

朵：很多人不知道。

諾：是不知道，而且她也必須跟這個星系的其他行星互動。當然，還有在這個銀河系以外的。比你以為得廣大。

朵：是的。我聽說不只是掛毯室代表靈魂，還有更複雜的。

諾：喔，是的。掛毯室只代表一部份靈魂，他們是在這個宇宙和之外的許多宇宙中運作。不過並不僅於此。

朵：還有其他掛毯可以作為例子或比喻嗎？

諾：掛毯的意義就像前面所說的，不過那是非常簡略的解釋。文字並無法描述。你可以想像或是觀想這個宇宙，然後把它送進無限。然後你會理解每個星體都代表了一個生命、一個靈魂。而這才只是略為觸及這一切奧秘。

朵：可是星球都是物質實體，不是嗎？

諾：是的，不過我們是以宇宙為例，來瞭解靈魂旅程究竟有多少可能，還有多麼複雜。如果你觀想或想像每個星體都代表一個靈魂和他在無限的旅程，那麼你就會了解我們事實上有多麼龐大。

朵：所以真的沒有什麼限制，除非是我們自己設限。這麼說正確嗎？

諾：靈魂所選定的每個生命，都代表一個限制，一個課題，為的是清除障礙或是更接近源頭，因為那是我們靈魂的目標。

朵：為了回到源頭？（是的。）不過在我們能回到那裡之前，我們有很多要做的事，不是嗎？

諾：那不就是歷險嗎？

朵：是的。沿途的所有崎嶇和阻礙。

諾：諾瑪曾經是提到的很多種生命形式。她也知道。她已經和那些生命形式建立了聯繫。她不瞭解的是她的偉大。她相信，選擇這個人類形式在某方面似乎有點屈就。她知道身為人類形式的她是誰，也知道她現在所過的人類生命的弱點、缺陷和阻礙，因此她並不是真的相信自己可以是那麼偉大。

朵：這不就是我們所有人的情況嗎？

諾：噢，是的。不過，很多靈魂並沒有認識到自己的偉大，甚至不知道他們偉大的真相。當然，我們都很偉大。

朵：在這方面來說，我們每一個人在別的層面，別的次元都更為宏偉。當你說「偉大」，你是怎麼定義的？

諾：所有的靈魂都很偉大，當然，因為他們都是源頭的一部份。許多靈魂並不瞭解，也不認識他們的偉大，因此他們無法感受諾瑪所感到的混亂。因為那並不存在於他們的意識裡。她感受到的混亂是，她清楚覺知自己的偉大，然而她想不透為什麼自己棲居在人類的身體。她這段旅程的目的就是要整合這點。我們說的偉大，就是她在這項計畫裡的角色。諾瑪的靈魂是更大計劃的一部份。

這聽來很熟悉。潛意識或高我對我的許多其他個案都說過同樣的事。顯然我們全都比我們自己所覺知，所認為的偉大得多。只要我們能夠在別人身上認出上帝的火花，那麼就不會有評斷，不會有偏見。我們會知道，我們全都是旅途中處理不同階段的業的靈魂。我們都在試圖回家，回到上帝源頭。

諾：她已經做了很多重要決定，影響了許多靈魂。

朵：在其他的人世。

諾：不只是許多人世，當時她是「我們」。她了解她不需要是在一個生命形式裡才能做決定。她曾經以靈魂形式為許多靈魂作出這些決定。

顯然地，當我們進入地球的存在層面，第三次元的實相，我們的存在在表面上是扮演各種角色的演員。有些人認為這是靈魂旅程和經驗的冒險。對其他人來說，這是幻相裡的陷阱，但這個幻相卻呈現出實相的所有特性。不論我們怎麼認知，只要我們活在這個次元，我們就會自然而然地產生業並被困在這個實相裡，直到我們償還了債務。在我們能夠理解的表象背後，有更多的事在進行。不過有人曾說，「如果我們知道答案，那就不是考驗了。」我們都渴望回到那個我們認為是「家」的模糊地方，卻沒有意識到，這要等到我們完成了在這裡的工作，才能實現。

第三篇

形上學或量子物理學？

第六章：平行宇宙

我在一九八〇年代鑽研了獵人圖因（Tuin）的一生，在那段期間，我被帶進了這個怪異課題，做了非常深刻的探討，並成為我另一本書《殞星傳奇》（*Legent of Stacrash*）的基礎。他在那段人世，殺了一頭非常奇特的動物並帶回村中。那是種人類從來沒有見過，往後也不曾得見的生物。部落薩滿注意到這個奇怪的事，希望了解這次狩獵的所有細節。

薩滿對過程印象深刻，囑咐了負責屠宰剝皮的人，預備獸肉時要特別謹慎。他指示把顱骨保存下來，後來還在冬至祭典時當作法器使用。圖因說出的細節，全都暗示那是一種最高度的超自然體驗。他從來沒有過這類經驗，不過他也能全然接受。這是個不容否認的事實，因為保存下來的顱骨和獸皮成為具體物證。那段敍述十分古怪，我也知道那絕對不是地球上的動物，至少在已知歷史中不曾出現過。有個動物學家也證實了我的猜測。如果那頭動物不是原生自地球，那麼牠是從哪裡來的？

在圖因死後到了靈界，我才能深入請教他，討論發生在他那座村落的許多古怪事件。在這個狀態下，他能夠接觸到一般人無法得到的知識。我向他詢問當年他找到那頭奇怪動物的經過。答案相當複雜，我知道並不適合放在那本書裡。我寫下最簡要的敍述及精簡過的細節，因為我認為，描述太詳細，會偏離那本書的主題。

但在這裡，我會把完整內容呈現。我無法更進一步解釋，因為光是聽這樣的內容就把我搞得暈頭轉向了。我對這個概念非常陌生，它令我困擾，完全把我的理性心智弄糊塗了。儘管那在我看來是種創新概念，說不定對其他人卻是相當單純，或許有人毫無困難便能掌握這複雜理論。說不定有許多人會說，那根本就不是種新理論，我只不過是少見多怪。這樣也好。以下便是我請圖因的靈魂說明那頭奇怪動物的神祕現象。

貝絲：那種事情很不尋常。你必須了解，世上並不只有我們這個宇宙。有許多個平行宇宙和我們這個宇宙比肩併列，但由於它們的振動速度和我們的不同，通常人類是看不到的。平行宇宙彼此交會，不過，這種交會點通常不能同時並存，因此兩個不同宇宙的居民並不知道有這種交會現象。說不定會有一、兩個人注意到一些細微變化，但不會是大變化。至於那個定點，是個罕見的並存交會點。當圖因外出打獵，他那時就是同時在兩個宇宙，不過他本人並不知道就是了。他殺死的那頭動物是棲息在另一個宇宙。不過，由於那是發生在交會點上，因此他能把那頭動物移到這個宇宙，卻不致於摧毀牠的根本基質。

朵：你是說，另一個宇宙也是個實體宇宙？

另外有位催眠個案也說過，宇宙是能量構成的。

貝：是的。那是個實體宇宙，不過是以不同的基質建構而成。由於那個交會點能夠相容並存，當那頭動物被帶到這個宇宙的時候，基質並沒有被摧毀。所以那起事件才那麼罕見。如果交會點不能並存，來自另一個宇宙的任何東西，到了另一個宇宙時，基質都會被摧毀，根本無法存在。

朵：這是什麼意思？它就這樣消失了嗎？

貝：沒錯。牠會分解，一點都不剩，並把能量釋入乙太之中。

朵：那麼會有人看到海市蜃樓那一類的現象嗎？

貝：大概吧。在某些情況下，他們會看到牠，然後他們會看牠像是發出微光，接著逐漸消失到一絲痕跡都不剩。

朵：（我在試圖理解）你的意思是，這另一個宇宙和我們這個宇宙是一起並排存在的？

貝：是的。有無窮多的宇宙和我們這個宇宙並排存在。它們彼此就像布料那樣交織在一起。（嘆息）這種語言真的不夠用。

朵：我從前也聽過這種說法。

貝：（搜尋字眼）為了傳達這個觀點，我想接下來我可能會亂用一些術語了。這些不同的宇宙，宇宙群？成群宇宙？不管是什麼——就像是布料，交織構成浩瀚的無垠宇宙，完整涵蓋了萬事萬物。不過，這群宇宙都是有生命的，會不斷移動、變化，因此也像是一種有生命的布料。而且宇宙在移動和變化的過程，和其他宇宙的關係也會不斷改變。既然宇宙有無窮個，彼此之間的關係永遠不會一模一樣。因此，要產生並存的交會點（就像發生在圖因身上這次），就必須同時出現非常罕見的變項組合。既然這種例子相當罕見，就不能用比率來表示，因為數值太小了。儘管這個宇宙和另一個相對的宇宙依舊是同步並存的，兩者的關係卻已經不同，因為在漫長的時光之中，它跟這個浩瀚無垠的宇宙裡的其他所有宇宙的關係，也是不斷在變化。你了解嗎？

我喃喃說我了解，但其實我並不懂。這段出其不意的連珠炮說明相當複雜，我努力去理解這令人頭痛的內容。

朵：不過你說過，交會點有時確實會出現，而人們並不知道？

貝：沒錯。這個宇宙和其他宇宙始終都有交會點。問題只是發生在何時、何地。何時：任何瞬間。這個宇宙在某些時間點，隨時都至少會和另一個宇宙交會。而既然宇宙有無數個，而且又會不斷交會，因此，若是在這顆行星或近處，在人類能夠觀察到的位置出現幾個交會點，也是完全合理的。話說回來，不論交會點是否能夠相容並存，要足以讓人以肉眼直接觀察得到，卻不是那麼常見。這通常都是非常細微的變化，以人類這麼平凡的感官是注意不到的。只有觀察力超乎尋常的人，才會注意到這種細微差異。此外，這通常不同於地震這一類的明顯現象，而只會是微不足道的小事，也或許只有一、兩個人會察覺到。不過，他們多半不會說出去，因為這不是什麼大事，而且他們也會覺得，別人會認為他們根本是看錯了。

朵：你能不能說說他們可能有哪些體驗？

貝：可以。舉個例子，有一天，某人走路時注意到這一棵樹。這棵樹長得很特別，而且還特別漂亮。大概一週之後，他們又沿著相同道路走過，卻發現那棵樹已經不在那裡了，或者外型已經明顯不同，但他們卻完全無法證明這點。就是類似這一類的小事，但就是跟從前不一樣了。事實是，那棵樹的生長地點和另一個宇宙相交，這樣的效應要不是改動了那棵樹，就是把樹木的基質摧毀化為無形。或者，那棵樹現在以一個改變後的形式存在於另一個宇宙。

朵：圖因說過，在他意外碰上這頭動物時，他能感應到奇怪的現象。他知道當時出現了不尋常的事。

貝：是的，他的心靈高度發展，因此可以察覺到自己同時出現在兩個宇宙裡，不過他並不知道該如何用語言來描述。他不是非常肯定自己察覺到什麼。

朵：是的，他並不清楚那是什麼。不過，你的意思是，他能夠把那頭動物帶回去給村民，是非常罕見的事？

貝：是的。能夠把那頭動物完整帶回去他的宇宙，動物並沒有消散於無形，這是極端不尋常，非常少有的現象。這種現象的確存在，只是不常出現。

朵：當然，還有當時村民也非常餓。這或許也有影響。

貝：是的，他們的心靈力量一定也對那頭動物的轉移有幫助。

朵：往後的許多年，那位聰明的薩滿一直使用那頭動物的頭顱和獸皮，所以那一定是具體的東西。這種現象是不是很少發生在人們的周遭，所以他們才沒有注意到？

貝：不是的，這也會發生在人們周遭。不過，因為改變通常都很細微或不明顯，因此大家絕大多數都沒有注意到。人類有種傾向，只看到想看的。假如發生異常的事情，如果人們選擇不去看，他們就會看不見。或者他們太忙了，忙到沒空去注意。

朵：或者他們都認為那只是自己的想像。曾經有人跨界進入另一個宇宙嗎？

貝：那是常有的事。經常有人走在路上，結果就跨界進入了另一個宇宙。有好幾個宇宙都和這裡很相似，尤其是那些和這個宇宙特別靠近的，根本就是一模一樣。所以，偶爾當宇宙彼此重疊時，人們就可能跨界暫時進入其他的宇宙，接著又跨回到這裡，卻不會摧毀他們的基質。至於永遠轉移就非常罕見了，比如那頭動物的例子。還有許多情況是這樣的，當他們在另一個宇宙時，他們會想：「咦，我確定曾經發生過什麼什麼事。」然後別人說：「噢，沒有，從來沒有過那種事情，那是你編出來的。」接著過了幾天，他們又提起這件事，然後某人就說：「是的，你說得對，的確發生過。」就在大家都說：「從來沒有過那種事情」的幾天裡，其實他們就是在「從來沒發生這種事情」的另一個宇宙裡面。

朵：這會讓人覺得很困惑。

貝：沒錯。他們會認為，那是自己想像出來的。因此，他們很快就會把它置之腦後，忘了那回事。所以，他們的意識不會察覺到他們曾經在另一個宇宙。

朵：不過，既然這兩個宇宙裡都有同樣的那些人，看起來兩邊就是一模一樣。

貝：通常就是這樣，而且往往只有少數東西略有不同。

朵：那麼這就表示，我們全都有個和我們極為相像的人，或者是不只一個？

貝：沒錯。我們在多數宇宙都有跟我們一模一樣的人，而且基礎經驗都非常相像。在某些宇宙我們沒有這樣一個對等的人（counterpart），不過我們很少會接觸到這種宇宙。如果真接觸到時，那會是令人非常震撼的經驗。當你去找某人，你知道你認識他，而且也認為他認識你。然後當你走向他們，他們卻瞪著你瞧，就像是說：「你是誰？我又不認識你。我從來沒有見過你。」

朵：那會讓人不知所措。不過，你也有可能在跨界之後又回到這裡。

貝：是的。通常跨界只持續非常短暫的時間，或許幾個小時，有時可能會長達幾天，但通常都非常短暫。而一般來說，跨界的人通常能夠繼續過他們的生活，照常進行日常活動。此外，他們無法真正察覺他們是在何時跨的界，何時又跨回來。跨界的那個瞬間非常不明確。有些人可能會記得，自己在那邊時發生了某些怪事。

朵：他們只是注意到自己感覺到有些異樣什麼的？

貝：有時候他們根本什麼都沒有注意到。有時他們只是注意到某個事物，比如他們宇宙裡的某棟建築。然後有一天他們路過時，卻發現那棟建築物不見了，而且那裡從來就沒有任何建築物。又過了幾天，他們發現那裡又有一棟建築物了。他們就是這樣發現自己暫時進入了另一個宇宙，而且在他們所在的這個宇宙，那個地點從來沒有蓋起任何一棟建物。

朵：換句話說，兩個宇宙並不是完全相同。

貝：對。從來沒有完全相同的宇宙，至少會有個地方不一樣。而那個不同之處，就足以造就出另一個宇宙。有時不同之處會非常細微，小到沙灘上的一顆砂子放在不同地方，就足以讓那裡是另一個宇宙。此外，新宇宙會不斷出現，這讓情況更複雜。因為每完成一項動作，都會產生不只一種可能的結果。在你的宇宙裡，某種結果實現了，然而其他各種結果的所有能量，總要有個去處。因此在你的宇宙所沒有實現的其他各種結果，就會促使另一個宇宙成形，而且基本上就和你的宇宙一模一樣，只除了這項結果不同而已。然後那個宇宙就從此開始，繼續朝自己的方向發展。

朵：你的意思是，只要一個人就可以造成這種現象？或是必須有許多人？

貝：不用，只需要一個人，任何事都行。這種現象無時無刻不在發生。浩瀚無垠的龐大宇宙不斷成長，而且是無限複雜的，不是任何人的心智可以掌握。就以這個宇宙為例，你的鼻子開始發癢，你可以做幾件事：一是揉揉鼻子，二是搔個癢，三是讓你的身體打個噴嚏。這三件事都可以在這個宇宙中發生，比如說你決定打個噴嚏，你照著做了。但是另外兩種可能結果的能量，都必須有個去處。因此在那個瞬間，就有兩個宇宙成形了，在其中一個，你會揉鼻子，在另一個宇宙，你會在鼻子上搔癢。就這個時間點來說，在這三個宇宙之間，就只有這一項差異。然後它們會再繼續發展，彼此之間會略有不同，但三個宇宙仍會很相似。

朵：聽起來這會變得非常複雜。

貝：是這樣沒錯。

朵：我一直相信，我們一生中會有多次的轉折點。當我們為某件事做決定時，我們有幾個不同選擇，不同的選擇可以把我們擺到另一條道路上。這是否意味著，其他決定也分別落實了？

貝：是的，其他決定也都實現了，卻不是在你的宇宙。用你的話來說，你來到轉折點，然後你做出重大的決定。你從幾種選擇中選出一項，根據你所做的事情，非常可能就決定了往後你這一生的大致走向。你決定走上某條道路，就在你下定決心選擇做某件事的時候，儲存在這個情況背後的潛在能量，就會促使其他宇宙成形，於是其他決定也會分別在各宇宙實現。這時候，那些宇宙就有其他的你，也各自循著不同路徑踏上旅途。他們的人生和你不會一樣，因為他們做出不同的決定，就會朝著不同的方向前進。這就使得宇宙之間出現差異，而且那種影響有時候會非常深遠。令人驚訝的是，只需要很短的時間，就會發展出和你這裡全然不同的另一個宇宙。

朵：是的，因為你的生命走向有可能截然不同。

貝：而且對你身邊的人，也會產生全然不同的影響。那是一種滾雪球效應，不同的人會產生不同的效應，再去影響他們各自身邊的人等等。

朵：但你不是真要為這些決定負責。

貝：是的。你做出你覺得對自己最好的決定。在你的情況下，或許是這樣。在其他的情況下，則會有不同的結果，但都是在那些情境下所做出的最好決定。然而，有時候當你做出決定時，你知道那是錯的，你沒有選擇最好的情勢。當你意識到這點，事實上，你生命中的這個特定分支已經從另一個宇宙，從原本的宇宙脫離。原本的「你」做出了正確決定，而你則把另一個選項付諸行動，讓所儲存的能量有了去處。而你也會盡力去過好你的生活。

朵：有沒有可能把另一個帶回來？難道沒辦法再讓兩個融合在一起？

貝：沒辦法。不過這樣的宿命論也不完全正確。因為，就算你做出錯誤決定，或者你覺得決定錯了，你還是可以因應那個處境做到最好。因為在生命的每個當下你都在做決定，都可以明智地做出抉擇，讓你的人生走在你希望的道路上。

朵：也就是說只要你想要，都有可能扭轉生命走向，踏上不同的道路。

貝：是的，你只是在不同的宇宙，而不是有另一個你在做出你但願自己當初能做的那個選擇。

朵：這聽起來就像是你的身體是在許多不同的時空裡。（是的。）我試著用我狹隘的地球詞彙來瞭解：它是跟這具身體一模一樣的副本，複製品嗎？

我發出神經質的笑聲。這已經變得極端複雜，令人不安。

貝：剛開始是一模一樣，但過了一陣子，就會出現不同的變化。比如說在某一個宇宙裡，你可能會受傷，但在這個宇宙的你沒有受傷，這就造成了差異。這非常錯綜複雜，而最困難的部分，是把其他宇宙的你和真正的你，也就是你的靈魂，連結在一起。業力之所以這麼複雜，這是其中一個因素。由於你受到業力牽絆，凡事都必須至少體驗過一次，才能了結全部的業力，成功實現你的高我。你在每段人世期間，幾乎是每件事都要體驗一次。不過，你還必須按照適當的比例來體驗這些事情，才能圓滿自我。因此，你必須回來好幾次，過好幾段人生。也因此你每次都會存在於好幾個宇宙，情況就是如此。你們的這種語言不足以描述。

朵：但是，如果其他副本分別度過不同的人生，卻又都是我們的一部分，那麼我們為何無法察覺到他們的存在？為什麼我們不能彼此聯繫溝通？

貝：因為這對你們來說太難理解，也太過複雜，以人類的有限心智是無法接受的。這會把你們壓垮。有許許多多的概念都超過你們所能接受的現實，因此才不讓你們知道，因為這會讓人類的精神完全超載。你們只要專注於這一生，還有這輩子要面對的處境，那就夠了。但要知道，你們真正的自我，你的靈魂，完全知道你無數副本所做的一切。身為人類的你，不用在意其中的複雜面。

好在，我們能有這個小小的福氣！就在這整段繁複資訊當中，我想起另一位催眠對象談到的內容。他說，我永遠沒辦法得到一切問題的答案，因為有些知識是毒藥而不是良藥，不但不能啟迪教化，還會帶來傷害。因此我猜想，人類永遠都沒辦法處理來自上帝心智的完整資訊。

朵：想到另一個跟自己一樣的人，那個對應的你在做你不知道的事，這真的很令人困惑。

貝：這是事實。你大概會納悶，當你跨界前往另一個宇宙，並和另一群人交往時，那些平常就和你來往的這個世界的人，難道不會惦記著你嗎？然而，在你跨界時，你的副本也會跨界過來，所以你不會被人忘記。

朵：那正是我所納悶的，萬一你自己碰到你自己呢？

貝：不可能，因為當你跨界時，就會留下一個必須被填補的真空，於是你的副本就會自動跨界過來填補，然後當張力達到一定程度，你就必須再跨界回來，回到你所屬的宇宙。

朵：其他人難道不會注意到任何差別？

貝：有可能。某些小瑕疵，微妙的小差異，通常是記憶一類的。他們會說：「你記不記得發生過什麼事？」然後你的副本可能會說：「咦，沒有啊，我從來沒有發生過那種事情。」於是他們只會認為是記錯了之類的，不會放在心上。

朵：當那個對應的你被真空吸過來時，難道他也不知道自己是在另一個宇宙嗎？

貝：除非你和你的副本都是那種少見的能明察秋毫的人，可能就會察覺：「咦，怎麼好像有東西和原來的不一樣了。說不定我是在另一個宇宙裡。」有個有趣的狀況應該可以幫你了解你的同伴們。你很可能在任何時候跟其中一個來自其他宇宙的副本互動，因此如果你提到他不記得的事，與其對他感到不耐煩，只要記住，就這個他而言，或許這件事從來沒有發生過，或者是還沒有發生。「喔，我現在是在跟他們其中一個副本說話……」

朵：副本的個性是不是有可能完全不同？

貝：不會，個性大都是大同小異。有時候，個性的不同面向會發展出細微的差異，這是跟個人經驗有關，不過個性基本是相同的。因為個性是把你的有形身體和真正自我聯繫起來的因素之一。

朵：我之前在想，如果他們碰到某個和你長得很像，但個性卻完全兩樣的人，大家一定會認為出了怪事。

貝：沒錯。不過這種事絕對不會發生，因為個性基本上都是一樣的。或許有些小細節可能不同，比如說，有個人在某個宇宙可能很和善、外向而健談，但另一個他們雖然也很和善，卻可能沒那麼外向，也或者是比較害羞，不那麼健談。只有在這種小地方會出現差異。

朵：是的，然後你的親友就會認為：算了，他應該只是心情不好之類的。

貝：就是這樣。

朵：不過，難道從來都沒有出現過兩個副本相遇的例子嗎？

貝：我不認為這可能出現。

朵：我只是想到我們聽過的一些傳奇或故事，比如看到跟自己一樣的人，酷似自己的人。

貝：這一類現象，應該是發生在兩個宇宙交會之際，那時候你們仍然是在個別的宇宙裡。這時你就會看到另一個的你，不過這種情形非常罕見。

朵：應該就是這樣，所以這類報導才會那麼稀奇。

貝：是的。通常情況都是別人看到你的副本，後來才向你提起。

朵：對，我就聽過。當時他們說：「我們在這個那個地方看到你。」然後你說：「我沒有去那裡，我整天都待在家裡。」

貝：就是這樣。你是在家，不過你是在另一個宇宙，而另一個你在外走動。

朵：這就可以說明，為什麼我們會經常聽到這種怪事。但以圖因的例子來看，那頭動物和當時地球上的所有動物都完全不同。

貝：沒錯。這就是這事如此罕見的原因之一，因為牠在這個宇宙沒有副本，至少在地球沒有，結果牠的基質卻跨界並保存了下來。以這個特定例子來說，那頭動物可能在這個宇宙有副本，但是是在另一個行星上。當這頭動物不但跨界，還一直在這裡的時候，牠的副本若不是跨界到了另一個宇宙，就是在那個時間點停止存在。

朵：不會有另一頭地球的動物跨界過去取代牠嗎？

貝：不會，因為那不是這頭動物的對應副本。

朵：也就是說，前提是必須要一模一樣才行。不過這確實發生過一次，當時村民需要食物，而且他們也真的把牠吃掉了。這非常有趣，也非常複雜。

貝：是的。我覺得自己或許在你心裡留下了錯誤的印象，因為這個語言很不充份。

朵：是有可能。我和別人談話時，也曾經有人指出這種語言的不足之處，有時他們必須舉例來補充說明。

貝：沒錯，是真的非常不完善。它在你的腦中留下的是很簡略的觀點。

朵：是的，儘管不夠精確，有時也只有靠它來說明。

貝：你說得沒錯。我只是不希望你們因為這些異於傳統的事而有罪疚感，或為你們的行為設限。請繼續過你們向來在過的生活，因為這就是這個龐大宇宙的自然之道。事實上，當你出生在這個宇宙，你也同時出生在其他的宇宙。你的行為和決定都會產生出另一個宇宙，或者改變另一個極其相似的宇宙。這麼說不是要讓你不安或驚慌，因為那種現象隨時隨地都在發生。

朵：換句話說，這是個自然現象。

貝：是的，而且它是你清償業的歷程。它也跟宿命論不一樣。你和其他的你，在面對你們生命中的抉擇之時，全都可以自由選擇。而且就算你做出某種決定，並不表示其他的你就要選擇另一個選項。如果另一個你做出另一種決定，那是因為他們選擇這麼做，那是他們自由的選擇。到頭來，通常都會取得平衡。偶爾當你和其他的你都選擇了某個做法而沒有選擇另一種，這時就會產生另一個宇宙來實現大家的選擇，以保持能量的平衡。你能瞭解嗎？

朵：我在試著瞭解，但必須花點時間消化、吸收。每次我接觸到新的觀點，這是必經的過程。我必須仔細地檢查討論和複習，才能真正理解。

貝：等你能吸收後，隨時可以問我問題。你的理解很重要。

朵：我覺得這次我接受這些資訊，是要傳達給許多人知道。

貝：是的，重要的是，儘管使用的語言不夠完善，你還是必須盡全力去了解。當資訊向其他人傳播時，他們才能有個清楚的認識，而不是一知半解。因為這個特殊的概念，有可能顛覆你們宇宙中的宗教機構，還可能引發許許多多不必要的騷動。

朵：你不斷提到的這種副本，他們從事的行業都不一樣？還是非常類似？

貝：這要看情況。許多時候他們從事的是類似的行業，舉例來說，這個宇宙裡的某個人有一雙巧手，他做的是電器方面的工作，別的宇宙的他同樣也有一雙巧手，但或許做的是其他會用到雙手的工作，比如技工或木工等行業。再比如說，某人在這個宇宙是工程師，但音樂是他的業餘嗜好，而在別的宇宙的他們，卻可能是音樂家而不是工程師。所以，要看你的個性有那些基本傾向。不過基本上，在各個宇宙的你的個性都是一樣的。如果是一個具有多面向人格的人，有能力做許多不同的事，那麼其他宇宙的對應副本所從事的工作，就很可能和在這個宇宙的他截然不同。

朵：就以我來說，現在的我是個作家，那麼另一部份的我有可能只是個家庭主婦，而對寫作不感興趣嗎？

貝：不會，她還是會對充實自我感到興趣，但另一個宇宙的你不見得會走上作家的路。比如說，你在這個宇宙不想只做個單純的家庭主婦，你希望擴展自己的心智，做些更有滿足感的事，於是你成為作家。在另一個宇宙的你，仍然會具有這種基本人格，不希望只當個家庭主婦。你會希望充實自己，做點不同的事情，所以你可能會開始當志工。但或許在另一個宇宙的你，已經投入工藝創作也不一定。或者，我感知到你對心靈的事很有興趣，所以在另一個宇宙的你不是作家，說不定從事的是與心靈感應有關的工作，但不會想要把它們寫下來。

朵：當我想到我可以有的不同選擇時，它們就會在某處成為實相嗎？

貝：是的，假如它們還沒有在其他地方落實的話。

朵：嗯，這真的很複雜。

貝：這的確非常複雜。而且我強烈感覺你這次恐怕沒辦法消化吸收了。或許你有必要再回來問我更多的問題，那沒關係。重點是你們要了解一點，不論你們做出什麼決定，都是對的，並沒有所謂的錯誤決定。你可能會在日後覺得，那次可以做出更好的決定。不過，在當時你所做的決定，對你來說是正確的。因此，別為了你在以前犯下的所謂的錯誤而感到內疚，因為並沒有什麼是錯誤的決定。

朵：因為那個決定的另一個選擇會存在於某處。

貝：是的，都是平衡的。每當你的人生遇上了重大決定，在其他宇宙中的你，通常也會要做出某種決定。那個決定的大多數面向通常會呈現在最後結果。有時候，其中一個面向不會被呈現，這時就會有一個新宇宙成形，表現出那一個決定的面向。不論這是在何時發生，你都不會察覺，因為這是很自然的現象。而且你的生命也會依循那個路線延續下去，不會意識到龐大的宇宙中還有其他的你。這是一種自動的歷程，其中不帶有任何的物質現象，所以發生時，你也不會知道。

朵：我提出的某些問題可能會顯得非常簡單或幼稚。

貝：這是可以預料的，這樣你才能瞭解。你總要從某處開始。

朵：其他這些人格，是不是全都和同一群家人有關？（是的。）不會有另一個不同的家庭，或出現一個不一樣的丈夫，或有另一群子女等等現象？

貝：偶爾會。通常這是平衡的呈現。比如說，在你生命的某個時點，你有兩名結婚對象要做出抉擇。最後你決定和其中一名結婚，其他宇宙的你，有些副本也會決定和那名男子結婚。通常也會有幾個其他的你，決定嫁給另一名男子。於是她們的宇宙在那個方向上就會不同，因為另一個你決定嫁給另一名男子，也因此家庭也會不同。所以，是的，會有其他的你擁有另一群家人、另一群祖先，這就是因為這些不同的決定。不過，同時之間也有其他的宇宙的你，因為相同的抉擇而產生了同一群家人。

朵：那麼，假如你跨界進入了某個宇宙，那裡的丈夫跟家人都不一樣，不就會讓人非常困惑？

貝：的確會。不過，那不是經常發生，因為既然那個宇宙全然不同，你就很難跨界進到那裡。跨界一般都是發生在兩個非常非常類似，幾乎是一模一樣的宇宙之間。

朵：這和振動層次有關嗎？

貝：有關，互補的振動、互補的能量。過去曾經出現一些抉擇相仿的宇宙，乍看之下那彷彿就是你所在的宇宙，一切看來幾乎都完全一樣，只有極少數細小和微妙的差異，我們也比較容易跟這種宇宙交會。那種交會方式會開啟一道你能夠通行的出入口，因而出現跨界現象。在兩個宇宙交會的地方也可能會有事情發生或進行，你因此可以觀察到這個事件，但因為它不是個開放的出入口，所以你不能跟所發生的事互動。

朵：意思就是說你看得見，但無法穿越？

貝：對。比如說，有一天你正走在路上，你可能觀察到某件東西和你印象中的不同。不過你並沒有走近探究，你就這樣繼續走你的路。你感到不解，附近卻沒有人可以詢問。

於是，雖然你和那個宇宙交會了，但你只是觀察到有些差別，即使附近有人，你也不會去問他們。或者就算你問了，他們也似乎沒有聽到你説話，因為出入口並沒有開放，不能做互動用途。

朵：就像是扇窗户，你可以夠透過窗玻璃看到，但是無法過去？

貝：對。而且你也無法分辨你的宇宙是在哪裡終止，另一個宇宙又是從哪裡開始。你只是想，你在看街道對面或任何處所的某件事物。而在你和目標物之間的某處，就是兩個宇宙的交會位置。

朵：你還説過，有時候你看到某個事物，接著就看到它的外表開始閃爍不定，然後就消失了？

貝：是的，這是發生在交會快結束，兩個宇宙也開始分離之時。這也有助於解釋你們所説的鬼魂和海市蜃樓等許多現象。你們不是有一個百慕達三角地帶嗎？基於某些原因，那個地區和另一個宇宙會不斷交會。那裡有異常的磁性，使得飛機飛進另一個宇宙而神祕失蹤。而在多數情況下，這些飛機因為基質分解而消失於無形。

朵：那麼飛機上的那些人也一起消失不見了？

貝：是的，他們在那個時間點跨界了。

朵：飛機、船隻及其他東西都分解了？也不存在於另一個空間？

貝：當它們越過這個宇宙進入另一個宇宙之後，就不再存在於這個宇宙。它們在另一個宇宙也無法存在，因為兩邊的振動頻率不一致，然而副本還是在。所以，其中之一必須放棄，而通常是最後跨界的那個會分解消失。有時候可能相反，但不常發生。有些記載說，某個人走過田野，突然就消失了，這些可以用這點來解釋。因為他們的副本已經跨界進入這個宇宙，因此他們必須去別的地方。通常當他們消失時，如果不是進入了另一個宇宙，就是他們的基質分解了。

朵：不過這只是肉體分解而已，靈魂絕對不會受到傷害，對吧？

貝：是的，只是肉體。

朵：靈魂的界域可以被看作是平行宇宙的一種嗎？

貝：在實體層面有無數個宇宙，但在靈魂層面基本上就是一個宇宙，我們在這裡可以和萬物互動。在實體層面，有些人為了處理業力，在不同的平行宇宙度過好幾個人生。尤其是如果他們想解決特定業力面向的特定細節。他們在各個宇宙所做的各種決定相互平衡，也因此平衡了他們的業。由於所有宇宙都是在實體層面，彼此間的防護障壁有時會中和抵銷，因此和他們交談的人雖然已經在這個宇宙裡死去，但還是住在其他的宇宙。這很難解釋清楚。

朵：我以為當他們在一個宇宙裡死亡，其他的他們也會全部死去。

貝：他們確實都是在一段期間內死亡，但不見得是同時死去。這要看他們花多久平衡那方面的業力，也要看各個宇宙中的他們是如何處理那方面的業。通常所花的時間是一樣的，不過並沒有明確的期限，因為時間在此沒有任何意義。偶爾會有時間差，但不常出現，因為這樣的時間差和偶爾自行抵銷的能量障壁通常不會同步出現。

朵：那麼我們如果看到某個人，後來卻發現他早在幾週之前就死了，我們看到是不是就是另一個他？

貝：是的。另一種解釋是，有時身體在幾週前死亡，但他們還沒調整到能夠適應靈魂層面，於是他們靈魂的「回聲」偶爾會特別凸顯，或說是和物質界的有形振動特別相容。

朵：形體具體到能夠讓人碰觸，並和他們交談？（是的。）這就像耶穌死而復活的情況一樣，祂讓自己具體成形，讓別人可以看得到碰得到。

貝：是的。但祂剛回來時，還沒有完全適應靈界。所以祂才會告訴第一個想要碰觸祂的人，不要碰祂，那時候祂還沒能揚升到聖父那裡。不過，後來多馬希望碰祂的釘痕來確定祂真的死而復生時，祂就答應了。因為這時候耶穌已經對自己靈魂的回聲做了些調整。

朵：這一直很讓人困惑。如果他們死了，又怎麼能構成那麼有形的實體。還有些鬼魂搭便車的例子，他們真的進到了車子裡，還和人說話。

貝：是的，然後就消失了。

朵：那是不是也屬於同一類的現象？（是的。）

被這些奇怪的訊息密集轟炸，讓我非常傷神。我覺得自己的腦袋，好像被擰絞成了麻花。從來沒有任何東西令我如此困擾。我知道，我需要一段長時間來吸收、釐清和瞭解。

也許有些讀者不覺得有這麼難理解，而且很快就能跟他們對實相的觀點呼應，或許至少對這種極端的思想是願意抱持開放的心態。

當貝絲從催眠狀態中醒來，她對這段療程只記得一件事，那就是一幅奇特的影像。她希望在圖像消失之前和我談談。

貝：想像原子的電子模型，你可以看到各種電子殼層，還有電子的運行軌跡，「颼」一聲朝各方繞行。好，現在別把這些電子軌跡想成是電子穿行路線，而是想成銀帶。然後就從電子的層次來思考，這些銀帶的寬度，我想是大約四分之一英吋。然後整個圖像的尺寸就大約是六英吋（她比手勢來說明大小）。

朵：也就是比棒球大。

貝：大小大概就是一顆大型的葡萄柚或是甜瓜。那些銀帶的寬度大概是四分之一英吋，繞行著不同方向。翻轉起伏，不斷移動及變化，就像是裡頭包含著許多擴張的銀帶，而數量有無數條，數不勝數。這就是我心中浮現的影像。

朵：像是纏繞交錯嗎？

貝：沒錯，其中一條就是像這樣運轉，然後另一條重疊上來，再一條，再一條（比出手勢）。它們全部或交纏或重疊或交錯在一起，彼此還會轉移，關係不斷改變，還包括角度變化等等。

朵：這或許是他們想要告訴我，讓我知道不同宇宙是如何運作的另一個圖像。他們曾談到絲線交錯織成的布料。

貝：是的，我也看到了絲線交織在一起。

朵：那一定就是你看到的那幅了，不過他們因為無法完整傳達，所以就借用布料的說明讓我了解，因為這比較容易描述。

貝：是的。或許我們需要兩種概念，才方便解釋實際的樣貌。

* * *

其他來源所談到的同樣主題。

朵：如果我們每個人都是同時住在不同的存在面上，這是不是就是我們所稱為的平行生命呢？

菲爾：完全正確。你們每個人在生命的這個時點，都只是你們真正完整自我的不同面向。你們的覺察力就像針尖一樣細小，完整的覺知是你們這個層面所無法包含及想像的。因此，當你們的覺察力擴展，或當你們擴充靈性階梯的實相時，你們就會發現自己的覺察力和其他個體的覺察力重疊在一起。你們所能達到的最高層級是神的層級，是一切萬有之處，一切都是一個整體。你們現在這個層級的覺察力，只是整個靈性覺察力極細微的部分。你們各個層面的覺知，確實都會和其他人重疊，因為最終都是一體。最終，所有生命都是同時存在的。

朵：你曾經說過，我們只是自己這座冰山的一個小尖端。

菲：正是如此。

朵：當預期中的地球變化在這個星球發生的時候，平行宇宙或互相滲透的宇宙，會受到什麼樣的影響？

菲：到時，在這個層次會出現一些經驗，是在這個層次所要經歷的。然而，在更高的層面，這會是一個共享的經驗；在種族層次和更高的層次，也就是宇宙層次。就在現在，其他行星和你們宇宙的其他地區，也有一些經驗正被你們更深層的面向所分享。那是你們位於更高層階梯的自我。當你們在個人層次分別體驗了每個人最終都要經歷的轉變過程，你們就會知道，在其他層面的一些存在體也體驗了相仿的歷程。他們將會提供鼓舞和能量，不論你們需要努力什麼，都能得到協助。

* * *

貝絲在一九八六年的某次療程，在靈界的圖書館取得更多資料。

貝：從我們上次在圖書館見面至今，已經有一段日子了。知識全都在這裡，閃現著燦爛光輝，隨時可供學習。如果答案是在別的地方，我也會把自己投射到那裡。沒有問題的。

朵：我有一次向你詢問幽浮和來自外太空的太空船問題。結果你那個時候覺得我很煩，因為我聽不懂次元的概念。（是的。）你說這些太空船是從很多次元來的，然後你還說，我對這個主題相當無知。（大笑）你能不能指點一下？

貝：（煩躁）我試試看。這裡有個難題，就是你出生時所受到的行星影響。這會讓你非常執著，堅信你所察覺到的現實，並偶爾在這個層次上表現得魯鈍或頑固。有時這會帶來挫折。我會設法向你解釋次元。就你人生發展的這個時點來說，你所感知到的是三度空間（三個視覺上的次元），也就是長、寬和高。而且你們的科學家假定，第四個次元就是時間，時間會占滿你所知物品的其他空間，但你們不能直接看到，這是因為光在你的存在層次是以直線行進。你們的智者為了方便起見，為這些次元貼上了標籤：第一、第二、第三和第四次元，他們以為這樣就完備了。從他們對宇宙本質和其中所涉及的數學的有限瞭解，這樣就足夠解答（擬出）他們的方程式。然而，還有許多方法可以感知實相，有許多不同的方法可以體驗「現況」。而這些不同的方式，每一個都包含並牽涉到多個次元。這多個次元／維度不見得就是長、寬、高和時間。這些標籤只適用於四個次元，但事實上卻有許許多多的次元。目前為止你聽得懂嗎？（懂。）這不同次元的多種組合含括了超大宇宙的多重分支，我以前已對你說過。你記得時間的本質是如何讓宇宙不斷地分支出去並交織在一起嗎？

朵：記得。那麼平行宇宙也全都交織在一起？

貝：正確。這些平行宇宙不只包括你所熟悉的同樣次元，還有其他的平行宇宙所包括的次元是完全超出了你的感知範圍。這些其他的宇宙也有智慧生物，他們同樣是在解決業力循環的高等生命形式。這些宇宙裡的存在體，有些遠比你們更先進，包括心靈、心理和智慧上都是。因此，其中必然有許多已經發現了跨宇宙的旅行方式。透過將他們所感知到的宇宙調整為你所感知的宇宙，他們就自然而然地來到你們的宇宙。這很難解釋。因此，這就是他們何以會說自己來自不同的次元。因為他們的宇宙和你們的宇宙占據了相同的空間，只是次元不同，因此沒有東西會相撞。在這裡引用你們世界的一種比喻：某個地區起霧了，就像是在霧中掛了一襲薄紗，上面有露珠凝結，霧中還有些許水氣。這時薄紗、露珠、水氣和霧，全都位於相同空間，但每個都獨立存在。不同的次元就像這樣。舉例來說，你們的那組次元大概就是薄紗，某種存在體的一組次元或許就是霧，而霧氣環繞薄紗，也在薄紗裡面，不過並不會和薄紗相碰撞。而且這種存在體也只能察覺到那團霧氣，因此他們不知道有薄紗，也不會和它相碰。至於你們人類，只察覺到薄紗及構成薄紗的纖維，而不知道有霧氣環繞薄紗並穿越薄紗，而且還環繞著薄紗的每條纖維。你們也不知道在薄紗上還有露珠凝結，因為這超出了你們的感知範圍。你能理解嗎？

朵：很難。我們這個時代的科學家認為，這些不明飛行物體是來自我們所知的物質界太空。

貝：它們是來自物質界太空沒錯，但情形和你們的認知不同。它們扭轉它們對實相的感知，來配合你們對實相的感知，這使得你們能在太空中看到它們。它們之所以能夠以那種神奇速度高速行進，其中一種做法是局部感知雙方的宇宙，這樣他們就能縮短兩點之間的距離。我知道這聽起來有點匪夷所思，不過用你們的語言也只能這樣解釋。當我在這所圖書館看到與這方面有關的所謂「視覺」圖像時，裡面所涉及的觀念，都是非常優雅和簡單的，就像用來搭建宇宙的重要概念或基礎建材。不過當我開始設法用語言來說明時，解釋起來卻比實際真相要複雜得多。這是由於我除了解釋那是什麼之外，也要設法解釋那不是什麼，這樣我才能轉達正確的心智圖像。

朵：原來如此。不過，研究者都認為幽浮是從其他行星來的。我不知道他們能否理解你說的這些概念。

貝：他們必須要很清楚這個多次元的主題。我只用了你們那四個次元的稱號。你們所感知的那三個視覺次元，就是你們五官感覺能力的極限。在你們的大腦和語言當中，完全沒有其他次元的概念。因此，至今我還沒有給這些次元任何稱號。不過，接下來我要說的可以幫助你了解。你們稱之為「時間」的那個次元，事實上是包含了好幾個次元。你們的世界和宇宙，並不是只有四個次元，而是由更多次元構成，遠超過四個，不過其他的次元全都交纏在一起，形成你們所稱的「時間」。你們之所以經常會出現一些無法解釋的怪事，是由於這多種次元的本質會彼此交互影響所造成，結果讓你們以為那是單一的次元。因此，你們有時會感到矛盾、荒謬而無所適從。這些多出來的不同次元，就是你們所稱的「時間」。你們可以感知到它們，但你們的科學家卻找理由把它們排除。你們的身體功能可以察覺到這組額外的次元，而且就是由於這種感知，才會產生你們所稱的「通靈能力」。這些通靈能力，完全不是特異功能。它們就像你們能夠感知長、寬、高的能力一樣，系出同源。這些通靈能力，就是你們調準了這些其他次元的展現，而這些次元一開始是被你們歸在時間的概念裡面。

朵：這個主題很可能要談上好一陣子。

貝：是的。好幾個療程。你要錄上好幾卷帶子。

朵：重點是，雖然我無法全盤領悟，我還是可以把它寫下來，讓能夠理解的人來理解。

貝：教育程度較高的人，說不定還比較難瞭解，因為他們對自己的觀點比較執著。

* * *

以下是菲爾在一九九六年的一次療程所提供的資料，那次是在他居住的好萊塢進行。那一陣子，我一直都想和他見個面，卻總是排不出行程。那次療程的重點，我要解決的是未了的零星問題，也想找到填補本書環節的片段。我花了很多年工夫，從世界各地的許多人士那裡蒐集到零碎資料，然後才整理出這些概念，並以我們最大的理解力來理清它們。

菲爾下班後來到我的旅館房間。我們寒暄幾句，聊聊過去幾個月來的經歷後，便開始了療程。他在床上放鬆下來，還沒等到我講出他的關鍵詞就開始說了起來。我不必用上我們的正常程序。甚至在我還沒有按下錄音按鈕之前，他就開始說了。這種情形在過去只發生過一次，那次是在我們的初步合作階段，當時我們探討的是地球播種的情節。

菲：你是個記錄和報告者，而且有群存有要幫你推動這項使命。你可以問你想問的問題。

朵：可能的話，我希望要出現的存在體能用比喻的方式來提供資料，這樣一般人比較容易了解。

菲：沒錯。你之前也注意到了，這一直都是我們的獨有特徵，我們會用你們簡化的符號用法來傳達我們要傳遞給你們的抽象概念。我們發現，讓人類心智來設想熟悉的事物會比讓他們想像抽象的概念來得容易些。這是必要的，由於你們人類心智的構造獨特——而且我們也要在這裡澄清，這不是在說大腦，而是指心智本身。你們人類生命固有的心智歷程並不常見，它們多少是從我們所稱的「宇宙實相」的規範修改而來。

朵：我參與了一個計畫，我也在努力了解許多很繁複的概念。能不能請你解釋同步時間的概念？

菲：我們認為你們對實相的認識多少有些扭曲。這對你們的學習欲望是一種阻礙，同時也是一種助力。我們要請你想像一個圓盤，正面朝下平貼，這樣你就可以看到圓盤的頂端。

朵：向下俯視？

菲：沒錯。接著在這個圓盤中心點的若干距離之外標出一點，從中心點畫一條半徑線連到圓周，然後在半徑線上，距離中心點若干距離刻上定點，或刻在圓盤外緣。接著轉動圓盤，然後注意這個點的移動路徑，它似乎是朝著一個方向無止境延伸。我們就說這是無止境的。這時你所察覺的方向沒有改變，而且也始終不會抵達終點。你從來不會在這條路徑上碰到你自己。因此，就位於這點上的觀察者來說，沒有終點也沒有起點，只是察覺到有朝向前方行進的一種簡單運動。接著就會了解，之所以會有這種感知，完全是由於你是待在你所行進的那個層面上。如果你讓自己脫離那個層面，或者採用俯視角度來看圓盤，你就有個明確的起點和終點。那個圓盤上的任意位置都可當成參考點，或是起點或是終點。只因你是在圓盤上的那個位置，所以才看不清事實。當一個人讓自己脫離了那個表象的實相層面，真正的實相就會彰顯出來。

朵：我們是不是就是以在圓盤上的方式來感知一切？

菲：那是它如何被感知，而不是你如何去感知。

朵：因為我們感知到它是以線性方式前進的。

菲：正是如此。那種感知完全是得自一處有利位置，一個觀察點，而不是來自某個實相。我們在你們的層面上，發現有許多人試圖以他們的觀察點來界定他們的實相。結果卻忽略了更寬廣的實相，這是由於人們拒絕變動他們的觀察位置。一旦有人排斥轉變觀點的能力，他們就不可能認清實相。

朵：我想，當我們設法要理解同步時間之時，都會碰上幾種糾結的情況，其中一項就是線性觀點。其實這種觀點並不正確，因為一切都是同時發生的。這就是我們對同步時間的定義。

菲：那種概念本身就有偏差。以你們對「發生」本身的定義，並不能完全理解存在的真相。當我們說「發生」，這個觀點本身就是在劃定界限。發生是指現在，和存在是相對的，存在沒有劃定界限。你們對「發生」的感知也是有局限的，因為就定義而言，

「發生」一詞必然同時包含起點和終點。「發生」的定義，本身指出了某件事情的開始，以及它的結束。因此，我們要請你把起點和終點統統拋掉，單純去領悟存在的至理。因此我們說萬物都同步存在，而不是說萬物都同步發生。

朵：這裡我就碰上一個問題，就我們所感知的現實而言，一個人是從嬰兒成長為幼童再長大成人，這就是一種線性歷程。如果說萬物都同步存在，那又該如何定義這種現象？

菲：你的一生會存在著許多不同的場景，這些你們在意識上都能察覺得到。而在這裡，提到的是我們的另一種說法：你們的心理歷程多少都受到一般定義下的宇宙現實所修改調校過。你們的心理歷程界定了你們能感知到什麼，於是不論什麼時刻，都只會看到非常狹隘的局部現實。有些人能夠看到遠為寬廣的存在範圍，不受這些因素限制，沒有起點或終點，完全能察覺萬事萬物。我們這裡談到的，是指許多覺察力程度更高階和進化的人。不過，在你們這個層面的人也都有可能理解這點，甚至只要敞開心胸，或者說拋下起點和終點的線性障壁，也能以某種方式或若干程度來實際體驗。宇宙存在既無起點也無終點，就只是存在。

朵：可是，在我們的實相當中，我們看到自己一開始是個嬰兒，然後身體慢慢成長和改變。難道這些和同步發生的理念不會相牴觸嗎？

菲：誕生經驗，就很像你們經驗裡的心理概念或心理功能，有明確界定的起點和終點，有生也有死。而你們的生命，就是由這一切的時點來界定，並落在這兩個端點之間。如果你把自己抽離這一組界定範圍，重新審視自己的完整生涯，就可看出生死「界標」

只不過是種定義，並非現實。你的靈魂在你們所說的生死「界標」內外都存在。這樣你就可以採取更高、更寬廣的視野，並看出不論是生是死，你都存在。

朵：是的，這其中有些我能夠了解。我只是沒辦法把它放到同步時間的觀點裡，想不通一切事情怎麼會同時發生。

菲：有了「發生」或「開始和結束」這一類的詞彙，就帶有劃定界限的意味，這會讓你只就詞彙所界定的範圍來思考。我們要請你使用不同的詞彙，比如「存在」這類不用「開始或結束」來劃定界限的詞彙，它只涉及到實相的存在。實相的存在，它沒有起點，也不會結束。你們所定義的同步時間，是試圖以二次元字眼來審視全貌，這當然會令人困惑，因為這種概念的確存在，你們的詞彙卻無法表達。

朵：我們只能處理我們的心智所能夠理解的英文詞彙。好吧，現在讓我們來談談另一個主題。我很想了解平行人世、甚至是平行宇宙的概念。或許這完全是兩回事，不過就讓我們從平行人世開始。聽說我們是同時在體驗好幾個人世，這又要牽涉到時間概念了。不過，它們是在不同的時間段，而且甚至可能有重疊情形。

菲：這的確是相仿的概念，因為平行時間和平行宇宙確實就是我們前面提到的同步時間和同步宇宙。這純粹是跟你的注意力聚焦在你經驗總和的哪個特定面向有關。我們還要再用圓圈來比喻，圓上標定的所有定點都可以當成起點或終點。定點不依特性來定義，就只是在那裡。然後你要了解，圓圈上的所有點，都同時存在於圓圈上，不是起點也不是終點，起點終點完全是定義來的。就那個點本身來說，它也不是個點，它只是個定義。

朵：我們認為，我們的本質都是靈魂，進入一具肉體來經驗那段生命。不過，如果我們同時也存在著平行生命，度過另一段人世，那又該如何定義？我的想法是，一個靈魂在一段時間只能進入一具身體。

菲：你的實相、你、你個人的實相，可以定義為一個圓圈。在你的意識狀態下，你只能理解你的心智能夠察覺到的那個定點或那個片段。你的覺察力只能察覺到眼前的現象，這不是指你的眼光短淺，我們只是想做個比喻。你的全貌，包括現在的你、過去的你和未來的你，全都在那個圓上。不過你的感知，只能及於你意識心智所能察覺的那個小部分。這要更高層次的你，才能夠察覺你存在的全貌。你現在這個層次的意識心智，只能察覺到你當下的處境。

朵：我有個想法。我每次透過催眠帶引個案進入另一段生命的時候，那種做法是不是在改變焦點？就像看電視時轉台一樣？

菲：完全正確。那確實是同一個人或同一股能量。只不過是意識接受引導，沿著這個圓圈朝前或朝後移動。這個生命只是存在，沒有開始，也沒有結束。他就是存在。你只不過是改變了你的焦點或觀點，從那個存在的某個片段轉移到另一段。存在本身是個連續體，沒有斷裂也沒有盡頭。然而，隨著你的探索及尋求，你可以強化你的感知能力。你想尋求的知識，將可在圓圈的其他部分找到。

朵：這是不是說，我們的潛意識擁有那種知識，知道所有人世的全貌。

菲：潛意識就是一切人世的總合。潛意識就是那個圓。意識只是單純在那道圓上移動，來到你想探尋的知識的那個部分，並按照那個片段的內容來詮釋。我們要釐清的是，那也是你提過的一個問題，如果由於心理偏差或生病而扭曲了感知，接著錯誤移動到圓圈上的另一個片段，你的感知就會失真。我們這段談話有個假設，那就是實相是按照它們的本來面目來呈現，而不是經過了扭曲的透鏡產生的錯誤影像。這種現象確實可能出現，因此透鏡或意識心智有必要清潔及校正，這樣從圓圈不同的點得到的資料，才會……，我們在這裡碰到一個轉譯字眼的問題，大致意思是說對那些資料的感知是正確的。

朵：聽起來我們對潛意識的概念其實錯了，潛意識是更貼近靈魂還是心靈呢？

菲：其實沒有差別。靈魂和心靈是同一回事。潛意識，按照你們的定義，只不過是指靈魂的智慧或覺察力。根據你們的定義，靈魂的覺察力就等同於潛意識。其實，你們的靈魂就是你們的覺察力。這是學習宇宙實相的絆腳石之一。你們的覺察力就是你們的實相。你們並不是透過你們的覺察力來感知宇宙，實相就是你們的覺察力。你是你思想的產物，這就是你真正的實相。

朵：我們認為，潛意識的功能就像是在保管記錄，負責監護身體的各個系統，而且以這種方式保持客觀。潛意識就像是身體的護衛。不過，我想我們還沒有把它跟真實的靈魂或心靈聯想在一起。

菲：你的覺察力證明了你的存在為真。我思故我在，然而你並不自知這點，因此是你思，故你不在。

朵：通常當我直接和潛意識接觸，並詢問有關身體訊息的時候，它似乎都非常客觀和疏離。

菲：在任何環境中生活，情緒面向都必須有某種介面，這樣你才能和周遭翻湧的實相潮流同起作用。有了這些情緒，你才能汲取在身邊的資訊，並把它們吸收為你的靈魂存在的部份。也就是將你周圍的存在，轉化為能被你的意識所感知的形式。

朵：我想這樣就比較容易了解。在這方面還有一個問題。雖然有些次元我們看不見，你能不能描述或是定義存在於我們附近的其他次元？

菲：你們所界定的實相領域，周圍還有許多次元。我們要請你選出你覺得最相關的一個，然後用你能夠理解的詞彙來下個定義。事實上，在你們感知範圍的上與下，都還有很多次元。然而這並不代表，有些比較高明或低下。

朵：聽說有許多次元都是和我們非常貼近，但我們卻看不到，然而那些次元和我們的世界卻又非常類似。這麼說合理嗎？

菲：你可以接觸到那些次元，不過你或許很難察覺。這些其他次元的許多面向，都是跨次元彼此重疊。然而，卻還有更多面向，在那個次元是獨一無二的。在某些情況下，你的情緒狀態會使你的心智擴展，並且提升你對周遭世界的感知。舉例來說，許多人發現，他們在一生中的特定時候，或許是某個時間或某個日期凝望落日時，他們感受到生命中一種很不尋常的覺察力。那是與自然合一的非凡感受。或者按照追求這種經驗人士的通俗講法，那就是和大自然融為一體。他們讓自己的意識，和貫穿所有這些宇宙的某條纖維接上線。因此，他們能察覺自己的存在氣息對外擴展，於是他們感覺自己是同時在其他幾個次元裡。他們的確是的。他們也意識到了。

朵：那麼這似乎又帶出前面的概念，也就是我們把重心或焦點放在哪裡。其他的次元全都存在那裡，可是我們無法感知，因為我們的焦點。

菲：沒錯。

朵：那看來這三個主題是在一起的。

菲：沒錯。這段談話的內容，不只是涵括了感知和實相。宇宙的實相就在那裡，每個人都可以感知。那些想要了解的人，他本身的發展和理解力，決定了他們對這些實相能夠領悟得多深、多廣，或達到怎樣的程度。

朵：那麼當有人談到提升我們的意識，是不是表示我們會變得更能覺察到這些其他的實相？

菲：是的。

* * *

八〇年代一次團體聚會的討論內容。

來賓：有時候我們會想到有好幾個不同面向的自己，他們很可能同時和我們在地球上生活。這種現象多常出現？

菲爾：我的立即反應是非常頻繁。比我們所知道的更為頻繁。事實上，如果我們將更多思維投射到這些領域，就越能滋養我們的能力。然而，我們的不同面向都各有自己的生活。他們存在，而且多數時候並沒察覺到他們的其他面向，包括我們和其他的。

* * *

一九九九年和菲爾進行的另一次療程。

朵：我一直在蒐集不同次元方面的資料，也希望能有更詳細的說明。儘管了解有限，不過我知道，環繞我們星球的其他次元是實體的世界，裡面住了有形的人類。不過他們的振動速率並不相同，而且我們也看不到他們。你能不能就這點提供更多資料？

菲：實相是一種環形構造，這是由於真正的實相並沒有所謂的有限性。實相有許多種濃淡色度，分別以不同方式來呈現。然而，若是說次元是有形的，與心靈不同，這就有點誤導了。在概念上，有形體的生命跟靈魂並不一樣。簡單來說，你們稱之為「有形的」東西都帶了某些特性，和你們所稱的心靈／精神並不相同，然而，它們卻是完全相同的。只是因為兩者之間的某些差異，才區別了彼此。如果要你定義綠水和藍水的真正實相，你可能會說，綠水和藍色水當然不一樣。然而，這兩種水的真正組成是水，顯然它們是一樣的。純粹是兩者間的不同，區隔了彼此。你能不能說藍水和綠水實際上是不同的？

朵：我聽說在其他次元還住了其他生命。我們看不到他們，不過他們居住的地方被認為是實體的世界。

菲：確實如此。那就像是你們空中的無線電波，全部同時存在，各自包含不同的資訊，形成不同的實相，但卻能在相同時間存在於相同空間。這是因為頻率不同所致。除非原本不同的頻率，希望在同一時間分享相同頻率，否則並不會相互干擾。

朵：這就產生了我們所說的「靜電干擾」或覆蓋現象？

菲：是的。很麻煩。

朵：次元之間是不是也有這種情形？

菲：偶爾。幸運的是，宇宙的大架構有保護措施來防範這點。然而，偶爾也可能彼此重疊。

朵：萬一情況發生時，會出現什麼現象？

菲：不同次元的生命體就能互動，並透過各自的五官感知功能覺察到對方。感官是一種儀器，你們所謂的「五官」都已經過調校，以便適應你們存在層次的頻率。而居住在其他存在層次的生命體同樣也有感官，同樣也是按照他們本身的存在頻率來調校。如果因為某些因素，讓這些覺察力的層次彼此重疊了，或是分享相同的頻率，那麼各自的感知元素將會調頻到同樣頻率。如此一來，分佔個別層次的生命體就能彼此察覺。

朵：他們會知道有不尋常的事發生嗎？

菲：有可能，但不必然。次元之間只有些微變化。如果這些次元前後接續，就比較會出現較明顯的變化。這樣一來，從各別次元被挪走的生命體，就能確切察覺非常詭異的情況，當然他們要先能夠理解所看到的現象。然而，由於次元之間的變化都相當微妙，前後接續的相鄰次元彼此只有些許不同，很可能不會有人察覺自己是在另一個次元裡，至少在剛開始時不會。

朵：不過，也有可能往返移動。

菲：確實如此。

朵：我們也聽過，偶爾會出現窗口，因此從一個次元到另一個次元就會比較容易。這是真的嗎？

菲：有些窗口很有用，對那些有這方面知識和覺察力高的生命體來說，他們可以顯化這種所謂的「窗口」。然而有一個地方是用你們的語彙無法表示的，那個地方本身就是一個既存的現象，是靜態的，而且在任何時候只要走上前去，你都可以進入。那裡的能量可以被操作並產生一個窗口。不過，這並不是自然發生的現象。你也知道，你們的海軍曾經做過一次實驗，一般稱為「費城實驗」[1]。這個例子就是屬於這種「窗口」實驗。有些生命體具有這類的精神力量，有辦法靠心靈力量跨越次元。最好的例子或許就是耶穌，祂能夠進出許多不同層次的時空。祂升天之後，還能靠意識回到你們的層面並現身成形。儘管祂並不屬於你們的層面，卻能夠來到你們這裡。

朵：你的意思是，美國政府在費城實驗中發現了開啓窗口的作法，能夠來回往返？還是說他們創造出了一個窗口？

菲：我們會說是打開了一個窗口。然而，返回的能力就不像開啓的能力那麼理想。費城實驗之所以發生悲慘結果，是因為無法適當地操作這個現象。從宇宙觀點來看，那是種自然狀態。這些層面都是普遍且自然的。然而從你們這時候的理解力層次來看，這種概念卻帶了些超自然的屬性。再也沒有比這個更偏離真相的了。從宇宙的層面來說，那是實相的根本。

朵：可是美國政府發現了作法？

菲：有些人正在研究如何操控這些能量。其中有些人已經大致辦到。然而，由於欠缺必要的靈性覺察，至今對這種現象可能還是只有最粗淺的基本認識。

朵：實驗還在繼續進行嗎？

菲：沒錯。到了現在是有可能跨次元來傳輸能量或物質。然而，目前人類還不了解促成這種現象的靈性實相。就這點而言，目前的認識基礎還是停留在技術方面。你們對心靈的組成還不明白，也曾經做過實驗，不過都失敗了。後來的參與者處境更形困難。這些受試者穿越次元，進入你們所說的「靈性」層面，結果在穿越過程中受到損傷。有

1 傳聞指一九四三年十月二十八日美國海軍在費城進行一次以人工磁場轉換時空的機密試驗，目的是想讓船艦隱形以躲避敵方的魚雷攻擊。實驗中，卻意外將一艘驅逐艦及全體艦員移轉到另一個空間，船隻和船員慢慢在眼前消失，後來再現身時已移至五百公里外的一個碼頭。這些艦員後來都有相當程度的失憶現象，被軍方判定不適合服役而被迫退伍。

些個案完全迷失在另一個次元，基本上就是被困在另一個次元裡面。但其實，他們的靈魂或心靈有能力，或應該說是資源，可以療癒因為實驗所受的傷害。

朵：既然靈魂能隨心所欲到任何地方，做任何事情，那麼他們怎麼會受困？

菲：我們這裡講的是實體部分。有些個案的有形身體，被傳送到另一個次元，靈魂也完好無損。

朵：你的意思就是肉身被困在另一個次元，回不來了。

菲：正是如此。看來你已能夠理解，所以我們可以聽懂你的描述。沒錯，有時候不同的次元確實會重疊在一起。然而，以現有的技術水準，你們這個層面的人，最好還是不要經常做這種嘗試。事實上，這也是你們所稱的「外星人」處理距離的方法。就純粹是在次元間移動，找到那些自然發生和存在的出入口。這裡我們希望能找出一種定義，以便區分我們所描述的窗口和出入口。

朵：是的，我也想知道其中的差異。

菲：根據我們先前所陳述的，窗口可以讓人穿越到另一個存在的層面，但這並不是自然發生的裝置。至於出入口則是一種自然就有的現象，就像是一條隧道，經由這裡就可在某個層面上，穿越你們所說的「距離」。只要穿過這種出入口，就可以旅行遙遠的距離。然而，這種出入口都是位於相同的層面，不會通往兩個不同層次的空間。一旦抵達特定層面的目的地，接著還必須轉換到你所希望前往的層面。

朵：我就是對這個部分感到困惑。這跟其他的次元不同，這是在同樣的層面？

菲：出入口都位於相同的層面，不會跨越層面。有些出入口是在層面內部，但不會跨越。

朵：因此這跟在次元之間穿梭並不一樣。

菲：沒錯。

朵：我還是有點疑惑。如果就同一個存在層面來說，外星人應該是來自外太空星系中的一個實體星球。那麼他們是不是只需要找到一個出入口，不必採用光速移動這類的旅行方式？

菲：正是如此。

朵：所以他們也是在這個實體的實相層面，不是來自另一個次元。只要找到出入口，他們的往返速度就會更快。

菲：沒錯。

朵：這一切都讓我感到困惑，我倒是有一個想法。以金星來說，在「我們的」次元裡，那個行星上顯然沒有生物。那麼有沒有可能在「另一個」實相或另一個次元裡，金星上面其實是有生物存在的？

菲：就以你們所體驗的實相層級來講，自然看不到。然而，在更高階的次元裡，確實有許多行星上都有各種生命形式，只不過位於不同的顯現層級。不過若是以那種顯現形式在你們的層級現身，完全與你們所稱的「生物」本質截然不同。其中有些層級較低的，只會以氣體和岩石形式出現。這個道理就像你們常說的「冰山一角」，你們看不到的要占大部分。在你們所處的層級，你看到的金星實相也只是局部的，也可以說是水面上的部分。因為你們的五官覺知，無法想像那些更高階的存在實相。

朵：那麼在另一個實相或說是另一個平行世界當中，是否也存在著實體種族？

菲：確實如此。

菲爾醒過來之後，針對他所記得的部分療程再進行討論。

菲：我的主要收穫是，不同的次元互有差異。但就次元內部來說，同一個次元裡面也各有不同程度的覺察力。比如說，在這個次元上，還是有一些東西是我們無法察覺的，何況是其他次元。以光線來說，在這個次元裡，所有的光都是同一類光，我們只能察覺到光譜的特定部分。我們的覺察能力只限於這個次元的一小部分，無法完全察覺這個次元的所有元素，其他次元就更不用說了。出入口的概念也是如此。你可以在這個次元裡遠距旅行，但並沒有出入口可以讓你從這個次元通往相鄰的次元。然而，同一個次元內也有好多的不同層面，每個層面都互有差異。

朵：這有點像是音階。每個音符都可看成是一個次元，但都安穩地待在音階裡。（是的。）我非常感謝你對出入口和窗口的說明。

菲：要解釋心靈與實體的不同，最容易理解的方式就是用水來做比喻：它們基本上是相同的實相，只是形式不同。

我們一致同意人類正在不斷成長和擴展當中，如今已能逐漸掌握、理解複雜的資料，而這些資料在我們研究的初步階段是不可能了解與被接受的。

* * *

一九九五年十月十一日刊載於倫敦《每日電信報》的一篇報導。

歡迎來到相鄰的世界

作者：加來道雄博士

愛因斯坦的重力論非常出色地通過歷來最嚴苛的測試，為我們帶來大霹靂理論與黑洞學說。

在最新一期的《今日物理學期刊》，天文學家驕傲地宣布，哈佛、麻省理工學院及赫斯塔克（Haystack）天文台的研究團隊，已經證實愛因斯坦的理論，精確度達到驚人的百分之零點零四，他們觀測位於可見宇宙邊緣的類星體3C279，發現無線電波射過時的轉彎現象與理論相符。但就其公布內容來看，卻帶來一些意外結果。每個成功都免不了要擴大一項缺口。甚至當科學界歡欣喝采，喜見愛因斯坦彎曲空間理論的測試結果愈見精確，愛因斯坦本人卻早就知道，他的理論一碰上大霹靂就要崩潰。這項理論有致命缺陷。

他知道，當我們碰到整個科學界最令人為難的宇宙學問題，就無法以相對性來解答：大霹靂前有什麼現象？向宇宙學家提出這項問題，所有人都要兩手一攤，雙眼茫然，悲嘆說道：「這恐怕是永遠超乎科學能力所及。我們完全不知道。」

不過那已經過去。最近，所謂的「量子宇宙學」界，發展出了一項卓越共識，這個領域的科學家咸信，把量子論和愛因斯坦相對論融合起來，或許就能解決這類棘手的神學問題。理論物理學家爭先恐後湧入連天使都畏懼的領域。

特別是一種嶄新的量子物理學觀點，這種理念相當誘人，卻又令人心驚，還有可能綜合出某些偉大的創世神話。

最崇高的宗教神話有兩種。根據猶太—基督教信仰，宇宙有明確的起點。這就是〈創世紀〉假說，其中說明宇宙是從一枚宇宙卵孵化誕生。然而，根據印度佛教的涅槃信仰，宇宙無時無有，既無起點，也不會有終點。

量子宇宙學綜合了這些看似對立的觀點，提出一個漂亮的理念。起初是「無一物」。沒有空間，沒有物質也沒有能量。不過根據量子原理，就連「無一物」也是不穩定的。「無一物」開始衰變；也就是說開始「沸騰」出無窮的細小泡沫，還迅速膨脹。每顆泡沫都成為一個膨脹的宇宙。

如果此說為真，那麼實際上，我們的宇宙就是屬於平行宇宙所構成的「多重宇宙」之一，而這種構造的規模要大得多，而且就如涅槃所示——真正的無時。諾貝爾物理學獎得主史帝夫·溫伯格（Steve Weinberg）便曾說過：「這裡面含有一項重要理念，沒有起點；而且會不斷出現更恢宏的大霹靂，這樣一來（多重宇宙）便永恆持續——我們不必去苦苦思索它在大霹靂之前的問題。（多重宇宙）始終都是在這裡。我覺得這種描寫非常令人滿意。」

宇宙是「無一物」的量子波動產物，是無中生有直接蹦出來的。這是由於見於物質的正能量和重力的負能量相對平衡所致，所以每個泡沫的總能量為零。因此，不需有淨能量，就能創造出一個新宇宙。

宇宙膨脹論的創始人亞蘭・谷史（Alan Guth）曾表明：「大家常說沒有免費的午餐。然而宇宙本身，卻可能就是一頓免費的午餐。」

史丹福大學的俄裔美籍宇宙學家安德烈・林德（Andre Linde）也曾說過：「如果我的同僚和我都對了，那麼我們大概很快就要向這樣一種觀點道別：我們的宇宙是大霹靂創造出的單一火球。」

儘管這種描繪很吸引人，卻也引出了更多問題。生命能不能在這些平行宇宙中存活？劍橋大學的宇宙學家史帝芬・霍金（Stephen Hawking）不以為然：他認為，我們的宇宙是有可能和其他幾個宇宙共存，但我們的宇宙是特殊的。其他泡沫的形成機率是微乎其微。

另一方面，溫伯格認為，多數平行宇宙大概都是死的。若是要產生穩定的DNA分子，那麼質子就必須維持穩定至少達三十億年之久。這些死寂宇宙中的質子，到時很可能都已經衰變為一灘電子和中子海。

我們的宇宙很可能是極少數可供生命存續的宇宙之一。事實上，這就能回答一個老問題，為什麼宇宙的物理常數，全都落入一個狹窄範圍，剛好可容生命形成。如果電子的電荷、重力常數等等數值都略微改變，那麼就不可能孕育出生命，此即稱之為人擇原理

（Anthropic Principle）。普林斯頓大學的弗里曼．戴森（Freeman Dyson）便曾說過：「這就好似宇宙早知道我們人類要出現。」

這類學說有個強硬的版本，主張這就證明了上帝（或全能的神）是存在的。不過，根據量子宇宙學所言，或許還有好幾百萬個死寂的宇宙。因此，我們的宇宙能具備條件，可容穩定的DNA分子形成，純屬機遇。

不過這並沒有排除一個可能；或許外面還有些平行宇宙，而且和我們這裡幾乎沒有兩樣，只除了某些命定事件。或許在那其中一個宇宙裡面，喬治三世沒有失去美洲殖民地[2]。

不過，我倒是可以替你算算：你走在街上時，有多高的機率會落入空間的洞口，進入平行宇宙。答案是：恐怕等到這個宇宙壽終正寢時，你還碰不上這類宇宙事件。

這裡引述生物學家霍爾丹（J. B. S. Haldane）的觀察所得：「宇宙不只比我們料想的更怪誕，也比我們所能料想的更怪誕。」

加來道雄，紐約市立大學理論物理學教授，著有《穿梭超時空》（*Hyperspace: a Scientific Odyssey through the 10th Dimension, Oxford University Press*），繁體中文版由商周文化出版。

* * *

看來，偉大的科學心智終於掌握了部分狀況。

2 在美國獨立戰爭戰敗後，英王喬治三世在美洲失去了大量殖民地。

第七章：能量和幫手

本書的內容訊息，大半是在一九八〇年代收集來的，那時我還剛開始進行調查研究。當時我深信，從事前世治療師的工作已經讓我得到生命問題的所有解答。我得到的所有證據，全都證明有轉世這回事，不過我採用的是線性前進（或回溯）的觀點來看待前世今生。這是由於我們的心智只能以這種方式來想像。我根據研究案例，構思出我的見解和理論。

後來當我開始和菲爾合作，我條理有序的信念體系便慢慢動搖瓦解。我和他的合作結果，促成了《地球守護者》一書的書寫與出版，這讓我接觸到關於地球生命源起的一些不尋常的概念。然而，還有更多的資料沒有收錄在那本書裡。那時所獲得的訊息是我前所未聞的，它們張牙舞爪地顛覆了我的安穩世界。最初我還十分肯定，自己已經獲得所有答案，不想再去探討理念相左的新理論。我大可把那些東西拋掉，然而我決定敞開心胸，更深入鑽研。

我知道，如果我不去檢視那些資料就斷然否認，那麼相較於宣稱掌握「唯一」真理的宗教機構，我自己也高明不到哪裡。所以，我沒有把那些相左的素材拋掉，而是擺在一旁供日後檢視。如今檢視的時候到了，我會試著用狹隘的人類心智來盡可能了解內容。

然而，菲爾提供的資料，並不是特例。來自世界各地的許多個案，也開始湧現類似的訊息，就好像那是一種尚未引進的真理和知識。我知道，在研究初期階段，我不可能領會那些內容，而且很有可能會拋諸腦後。如今我從事研究已經過了二十多個年頭，準備好要消化更複雜的訊息時，我這才了解我只是在資訊長河中舀了一瓢而已。儘管我還無法全盤理解，也確實知道自己只探知了其中的一小部分，但我還是準備好要呈現出來，以啟發其他人開始思考。

我是在一九八〇年代開始進行這類的實驗，當時我經常在阿肯色州羅杰斯市（Rogers），借用比利·古伯（Billie Cooper）的房子做團體聚會。我讓菲爾進入催眠的出神狀態，然後讓現場所有人來提問。那時經常有許多人出席，當然他們詢問的問題都是圍繞私人課題打轉（工作和愛情方面）。不過，偶爾有人也會提出比較複雜的問題，我也挑出這類疑點放在書裡，因為我看得出來，這些都有共通脈絡可循。

當我們請教發言的存在體是誰時，常會出現以下的回答。

菲：我們是以集體能量來發言，因為沒有必要個人化。這裡沒有「我」這種概念，因為全體就是「我們」。

朵：你們有多少人？

菲：提出實際數目毫無意義。因為這樣一來，你就是試圖要界定彼此，清點出有多少個的人格。而按照我們的觀點，這樣是不正確的。你我之間沒有分界，我們是共存的。我們的人格沒有區別，或者說我們無法定義某個人格是從這裡開始，在那裡結束。這種存在狀態是共有共存的，彼此並沒區別。我們要再重申一遍，我們在時間和距離上都不是線性的，而且某種程度上那種概念似乎也無法完全轉譯過來。我們就只是存在，我們並不試圖去定義我們的存在狀態。你們那邊才有必要界定、分辨彼此，讓自己區隔出來，這樣你才會成為「你」；而我們是我們。我們在這個層面裡，並沒有你們所謂的「身分」，因為在這個層級上沒有必要區辨。在我們這裡，身分的辨識是即刻且完整的，沒有必要貼上標籤。因為一旦你貼上標籤，你就會執著在那個標籤上，而不是本體。這是你們的層面的做法，因為你們還沒有那種覺察力。不要去想標籤，只想能量。如果你們和我們一樣，那麼在這個房間裡的人，就算是坐在完全黑暗的環境裡，還是可以進出每個房間，而且你們每個人也都可以在完全黑暗之中認出在座的所有人，以及四處走動的人。你們要明白，你們的覺察力涵蓋範圍十分浩瀚，而且是遠超過你們的意識心智所能理解的。你們和宇宙確實是一體。因此，有一天當你們發現有許多個你們是你們從來沒有察覺的，到時也不要覺得驚訝。

朵：這是不是也包括了我們所想的前世經驗？

菲：這也可以算是一種記憶，只不過是一種共享的記憶，這是因為一個事實：就內在層面的覺察力而言，你們每一個人都是相連結的。其中一人的記憶，都和其他所有個體共享。在非常深沉的層次，你們全都記得彼此的思維。於是你們就會發現，確實可以把自己的前世稱為記憶，那正是一個人曾經活過的生命回憶。我們要說，並沒有所謂的「過去世」，因為就我們的觀點來看，不論是過去、現在或未來的一切，都是同時發生的。我們並沒有時間的概念，同樣的，你們每個人也已經成為彼此，而且在未來也仍然如此。我們知道這時候的你們一定不很明白這點，然而不久之後，你們每個人都會得到訊息，也都分別要面對挑戰來檢視這個概念。那就是：過去、現在及未來是同步發生的。

朵：就是這點讓人很混亂。我們怎麼能夠一次又一次的和某段前世接觸？為什麼當我讓個案回溯，並不是每次都進入不同的前世？

菲：以交響樂為例子，你可以跟著一個調子走過全曲。如果你能想像自己聆聽一種樂器演奏出的單一曲調，並跟著這個曲調走過整首交響曲，那麼你就會聽到這個曲調反覆出現，或者更精確來說，你會聽到這個曲調在整首交響曲中不斷呈現。如此，你就可以明確地在整首樂曲中聽辨出這單一的曲調。同樣的，你也可以用這種方式，來回想你們所稱的過去世。縱觀你的整段歷史，你只要聚焦於你希望選定的特定片段就可以了。或許這種有意識選定的部分，看起來是隨機出現的；但事實是，每一次回到那個特定時點，都是你預編程式的結果。

朵：我們可以用「振動」或「能量」來表示嗎？我們能否這麼說：能夠重新檢視許多前世的人，純粹就是比別人更有能力來重新檢視這些能量層級？

菲：正是如此。你們每個人所能依循的路線，比你們能夠理解的還要多。這是有可能的。然而，你們卻有必要限制自己的經驗，只去專注能夠帶來開悟的那些領域。因此，最好還是別去理會其他世，因為那會讓你失去和諧，也不是生命的本意。如果你們馬上就能覺知到可以取得的所有一切，那麼你們就會完全被淹沒，不堪負荷。因為那種現象遠超過你們的理解能力所及，就連這時跟我們對談的你們，你們本身的獨立人格之一，也無法理解。就像白色中還包含了許多不同色調，你們很容易就能從中抽出某個單獨色調；同樣的，你們也可以用這種方法將自己抽離，或是獨立出你們的高我的某個能量成分。於是，這種能量會降低層次以便被帶進你們的層級，形成人格特質。這確實是你們本身不可或缺的一部分，讓你們可以在這個層級自由駕馭。在座各位都只是龐大冰山的一角，如果你們的覺知及意識更強，那麼你們就更能夠把表面下的部分帶進這個層級。於是你們就能超越其他人來到更高的層次，進入你們其他能量所棲居之處。你們之中有許多人在某個時候做到了這點，但你們所經驗到的不是別人的閱歷，而是你們經驗了本身從未見過的自己的那一部分。

朵：那麼就有可能檢視還沒有發生的未來世？

菲：正是如此。你們能夠隨心所欲前往任何地方：過去、現在、未來、地球或太空。這都不成問題，去哪裡都行。一開始，要進入未來似乎是很困難，但這完全是因為你們還不習慣那樣思考。所以，沒錯，你們很容易就能夠回溯到未來世。

朵：是前進。

菲：那只是不同的講法。然而，前面也說過，一切都已經發生，一切也都還沒有發生，這是同時的。時間的確是一種相對因子。

朵：你們是否可以用我們這個層面的人類能夠明白的方式，來說說同步時間？

菲：我們盡量。現在請你們想一想直線和圓的差別。如果你要畫一條線同時連接另一條直線兩端的兩個點，你會發現做不到，因為它們都在同一個平面上。但若是位於圓上的兩個點，你就有可能用一條直線把兩點串連起來。如果你把時間視為一種概念，並當成一個圓，那麼時間中的兩個點就有可能用直線連接起來。然後再假設這個圓變成螺旋，兩端無限延伸到最後成為同一點。接著用這種螺旋概念來設想，就可看出圓圈裡也帶有某種線性特質，可從一點前進到另一點。這種時間概念在自然界特別實用，因為物理世界的一切都得服膺某些基本概念。起點和終點、生與死、黑與白、正與反。實相和心靈世界有必要予以區隔，所有這些實相才會留在實體世界，也才能達到極化過程。這個過程天生便有二元概念，比如正反等等。也因此才會有自由意志，而圓裡面就沒有自由意志，因為圓既無起點也無終點，也沒有黑與白。就實體而言，你不是在這一端就是在另一端。但自由意志並不是為達目的不擇手段，這只是極化實相的副產品。自由意志是源自於一個事實：實體世界具有極性。然而，時間沒有極性，沒有正反之分，只有「現在」是什麼，還有「那時」是什麼的觀點。就連我們講話這時，也正從「現在」種種變為「那時」種種。所以怎麼可能有「現在」呢？時間永遠不會靜止不動，因此「現在」這種概念，自然就要完全被拋到腦後。現在，馬上就成了昨天或過去。就在你有了「現在」這種念頭的當下，就已經成了過去。所以沒有必要去擔心現在。只要你選擇活在未來，那麼你始終都是活在未來。

朵：不過我聽說，我們有許多種可能的未來。

菲：確實如此，但許多時候你也可以根據及至目前的生命走向，注意到最可能發生的情況。而且所有的可行未來，都可由自由意志來掌控。

朵：大家的一個共同問題是：這次我們討論了能量、正反、陰陽等問題，那麼我們有沒有辦法平衡我們內部的這些能量？

菲：首先你應該了解，之所以有這許多極化現象是有理由的。自然界就像心靈世界一樣，除了均衡狀態外，也有此多彼少的情形。我們可以舉陰陽為例，純陽是不是比純陰更崇高？或說陰陽平衡是否更好？此多彼少或平衡不是哪一個更好，而是說何者最適合。就陰陽來說，你每次要學習的功課都是要取得最適切的，我們覺得你們的問題是要如何取得和諧，也就是讓你的能量更平衡。我們要提醒的是，你們必須了解，中庸之道不見得是最理想的。

朵：這似乎也帶出了同性戀問題。

菲：這完全是能量的關係，因為能量有陰陽之分。就陽性而言，當一名男子的先天能量是以陰性占上風，他就會發揮這項特性而表現出偏女性的特質，又因為異性相吸之故，他就會吸引男性，不管他的身體是男是女。如果深入到能量層次來看，我們就可描繪成女性能量存在於男性體內，並受到男性體內的男性能量所吸引。

朵：你說那是種女性能量，這是什麼意思？

菲：意思是靈魂的極性或傾向天生就帶了較多的女性能量。

朵：那是不是意味著，那個靈魂有較多次以女性身分體驗的人生？

菲：整體來說，就是靈魂具有更多的女性能量，這並不是生命經驗能夠預先排定的。靈魂在創生之際就銘印了性格，當下往往就帶有男性或女性傾向，或是中性特質。

朵：這麼說，前世就與此無關了？

菲：有關，前世經驗與此有很大的關係，因為這就是靈魂所記憶的內容，也據此呈現它所蘊含的能量。然而，靈魂實體是女性或男性，卻不是由過去世所決定的。

朵：我發現，如果靈魂是以某種性別來度過較多次的人世，會比較難應付同性戀的問題。

菲：沒錯，因為他們會對另一種性別比較熟悉。這會造成困惑，因為在這個社會中有許多設定都是非男即女的，很少跨越性別。

朵：這是不是同性戀的主要起因，或者還有其他解釋？

菲：這是最普遍的起因。然而，還有一些案例是在轉世前自行選擇跨越性別，希望能藉此來學習一些人生功課，比如節制、寬容、耐心、謙卑等等。也有可能並不完全是個人選擇使然，而是出於必然性。

來賓：有個理論認為，地球行星周圍有個能量帶，記錄著以往曾經發生過的每一個活動、思維和所有一切。只要接通這個環帶，任何人都可以接收到訊息。這是真的嗎？

菲：這是個正確的敘述。這個星球周圍的確有你們所說的光環環繞著。這條光環是由你們這個星球所有居民的情緒及態度所建構而成，而且會不斷增長。也因此，在宇宙中，這道光環便代表地球這個「族群」，反映出底下這個星球所有居民的整體樣貌。這就猶如人類的氣場，反映出你們的整體人格一樣。

朵：我們的氣場會受到我們身體能量的影響？

菲：是的。

朵：那麼環繞地球的能量呢？

菲：那是目前還未被導入有形層次的未來能量嗎？答案是沒錯。因為你們的過去、現在及未來的發展，就是一種加工處理的歷程。這是藉由你們的活動，由高層次取得能量並引導進入較低層次的加工，因此你們的能量場就是這種處理歷程的結果。然而，那些能量在過去和未來都一直存在著。但從你們的觀點來看，卻是從一個層次重新導引至另一個層次。地球的光環同樣是由能量組成，它們都是來自較高層再處理成較低層的能量。因此，人類經驗會產生副產品，就猶如煙囪會冒出黑煙一樣。

朵：你可以解釋較高層能量和較低層能量的差別嗎？

菲：較高層能量就是你們所稱的「神」或「真理意識」或「開悟」。這是位階最高的頻率，而且是透過你們的心智和意識來接通。較低層的能量同樣來自較高層次，但是被帶入了較低層次。這些都是人類經驗的副產品，它們是能量，只是降到了和你們本身能量更調和的層次。我們這裡說到的能量有很多不同的表現方式。音樂、數學、驚訝、猜疑、愛、恨，都是能量。

朵：我還知道這一切都會記錄下來，完全沒有一項被遺忘。這樣講對嗎？

菲：沒有一個會漏掉，然而，有許多能量並沒有被使用。如果環繞你們這個星球的愛的能量使用得比恨的能量或害怕的能量更為頻繁，我們就會察覺地球光環出現了重大變化，而整體能量的層次也會提高。

朵：如果地球這個星球被毀，這些能量會有什麼變化？

菲：它們只會回歸宇宙。並在另一個地方，以你們的說法是在另一個時期，以另一種方式重新處理。能量不會被摧毀，但它們必須重新引導。如果沒有重新引導，並重新應用在另一處地方或層面，能量就會在宇宙間漫無目標地飄移。

朵：就是說這些能量不會消失，只是改變了。它們不會保持同樣的形式。你能不能說說我們所謂的「靈魂」？這和你一直在說的能量是不是同一類？

菲：這兩者是有區分的。按照你們的講法，靈魂應該可以描述成一部運轉中的裝置，而能量就是供靈魂運作的燃料。每個靈魂都是一個火花，都是最初的整體靈魂的一個碎片。這是因為萬物曾經是一體的，但在你們所稱的創世之初開始分裂，你們一個個被拋出去，開始以獨立個體體驗生命。這就是你們所說的「墮落」時期，知識喪失了，意識也下到了地球。然後，高等能量所在的層面就被棄置不顧。以往認為，墮落發生之時有一股邪惡的浪潮湧現，其實純粹是由於當時那群住民的注意焦點由較高層面轉移至較低層所致，這就是墮落的意思，並不帶有對或錯的評判。這只是真相界域的事實。因此，你們可以明白，一旦你們不再知道自己是誰，你們就會迷失、遊蕩，這就是在這段漫長時光中，人類在這個星球上的處境。因此，墮落是指忘了真正的身分，而意識的低落則讓你們忘了其實萬物都是一體的。

朵：一開始為什麼會分裂呢？

菲：這是整體靈魂有意做的，這樣經驗才能更多元，當時覺得這是有必要的：想要完全理解「萬有一切」，就有必要獲得更多經驗。

朵：當初分裂的那個靈魂，為了獲得地球經驗，於是化為肉體形式來到地球。接著在死亡時，肉體和靈魂就會分開。我們都知道這時候肉體會出現什麼現象，但靈魂會出現什麼狀況呢？

菲：這完全要個別來看。因為許多靈魂（我們就稱他們為裂片）發現自己逆行超過原先的起點。然後又發現，自己比當初化身為人的時候更偏離了真理。於是便有必要給予功課，好矯正犯下的錯誤。另有一些靈魂則發現自己的悟性更高了，能夠與「一」調頻。

朵：退步的那群靈魂，還要再一次棲居於身體嗎？

菲：這不見得。如果那樣做最妥當，那麼是的，最好是這樣做。然而，並沒有規定說一定要化為肉身。

朵：個別靈魂到了最後會是如何？

菲：終極目標是要讓所有靈魂回歸一體，然後就可以把所有經驗都帶回去。那就像是你們分別出發去蒐集經驗以供將來使用一樣，到時你們所有人都會帶著所蒐集到的經驗回來，然後一次又一次地和所有人分享。從創世的開始到結束，這期間所累積的一切經驗都會一起分享，這是屬於經驗的交響樂曲。

朵：分裂之前的那個最初的靈魂，是不是就等於我們的上帝或神的概念？

菲：沒錯。那就是萬有，就是眾生、真理與光，看你們怎麼稱呼。你們或許認為自己和這個上帝是不同的，是有區別的。然而，你們每個人確實是你們所稱的上帝的一部分。沒有你們就沒有上帝。如果你們每個人都令創造逆轉，那麼上帝本身也將會逆轉。

＊　＊　＊

以下是一九八七年所進行的一次療程，之前菲爾已經在加州待了好幾個月，做了好幾項工作，包括電影業，而我在那段期間則是完全投入研究諾斯特拉達姆斯方面的資訊。後來他搬回我們這個地區，希望能再跟我合作。我們並沒有特別想鑽研的主題，因此決定讓療程自行發展。我始終都有心理準備要面對預料之外的情況。我念出他的催眠關鍵詞，並採用電梯法，當電梯的門一打開，他迎面看到是一片燦爛白光。

菲：那是一整片白光，完全是能量。這是個能量層面，這裡住的居民，我們可以稱他們為「幫手」。我們基本上就是純粹的能量，沒有實體構造，由思維所構成。

朵：你說你們是幫手，那是什麼意思？

菲：我們是來協助你們完成使命的，也就是協助想詢問的人追求知識。我們的本質是流動的，可以按照周圍的能量來形塑自己。我們能夠感應、配合對我們發出召喚的能量，也就是你們。我們是幫手，身上帶著對你們最有利的能量，能夠促成你們將來要從事的工作。我們協助讓能量保持平衡，因此身上所帶的能量都是最能因應我們要面對的處境。這裡我們還是說「我們」，因為我們是個集體意識，不是單一身分。我們不認同單一身分的概念，用你們人類的話來說，那就代表孤立，我們絕對不是孤立的。我們和其他一切能量形式一直都有溝通和交流。沒有孤立，也沒有分離。我們只不過是從我們棲居的存在界，向你們棲居的存在界說話。

我茫無頭緒，不知道該怎樣問起。我從來沒有碰過這種狀況，我設法把它和我熟悉的工作部份連繫起來。我對接下來會如何發展一無所知，因為我始終被帶入的都是陌生的未知領域。

朵：你和我們的指導靈或守護者有沒有任何關係？

菲：在這裡我要說的是：我們不是你們或你們的一部分。事實上，我們和你們不同，但事實上卻又是你們的一部分，這是因為我們和你們全是整體創造的一部分。因此就某種說法而言，我們是你們的一部分，然而就其他事實來看卻又不然。我們既是你們所稱的「地球」能量，但又不歸屬其中。

朵：你的意思是，我們的指導靈或守護者都是我們本身靈魂的不同面向？

菲：沒錯。因為你們確實就是你們自己的導師，因為你們的高我始終都在留意著你們較低層的自我。你們都處在覺察的針尖上，試圖要尋求自己的真實身分，但那只是你們整體自我的一個切面。你們透過尋求及辨識出你們的覺察力，要讓你們較高層次的自我和你們的整體自我區隔開來。我們把這個稱做……我們發現這個詞彙無法轉譯。總之是一種抽離整體或人格化的概念。

朵：你們身為能量，是不是曾經有過地球生命或獨立的身份？

菲：我們和你們同樣也有孤立性，因為我們也是你們存在的一部分。就這方面來說，是的，我們有多次的化身經驗。不過，我們並非你們所稱的「居民」，也不住在特定的層面。事實上，我們是多次元的，同時包含了許多層次的覺察力。因此我們不會說自己曾經擁有過個別的人格。

朵：我以為你們曾經具有地球人的身分，然後才演進成現在這種較高層的能量。不是這樣嗎？

菲：應該說，其實我們未曾分裂過。我們是從多重次元的層次發言，並沒有分裂成個別的能量單元。我們只不過是能夠同步察覺不同的層次，因此儘管我們現在是在你們存在的這個層面講話，但同時也位於或存在於另一個層面裡。按照你們的話來講，這種狀況或許可以稱之為「超覺知」。

朵：這麼說，一直以來你們都以這種能量存在了。

菲：我們是從較狹隘的覺察力，演變成為涵蓋度較廣的能量形式。然而，一直以來我們都是一種超覺知的能量。我們的存在狀態一向是屬於幫手型，因為我們提供協助。請求協助的人都可在我們身上尋得回應。你也可以說，我們的工作就是服務。

朵：當然，我一直都受限於我們的傳統思考方式。如果我的問題顯得無知，還請包涵。不過再請問一個問題：你們的層次是不是我們所謂的「天使」？我知道我們的概念應該很狹隘。

菲：以你們的詞彙來看，天使的字眼算是很貼切，我們確實可以說成是天使。因為在你們的詞彙裡，天使就是在必要時前來協助。天使是上帝的信使，帶來恩澤。當然，天使究竟是什麼，也有很多不同見解。不過為方便說明，我們就讓自己歸類為天使吧。

朵：當然，在我們的心目中，天使是具有人形的。

菲：這只是純粹的能量會受到另一股能量的吸引。這或許可以用「核」層級的術語來解釋，因為能量的本質確實就是核子。這裡我們用核子來表示……我們發現這條思路可能是錯的，我們想要糾正……不是核子，我們想試著描述的概念，本質上應該比較類似電子，因為同極相斥而異極相吸。這樣一來，我們就可以明白當能量出現差距，那麼過剩的部分自然會向不足的部份傾斜。你們之所以有極性對應，基本上就是這樣來的。其中一端先天是過剩的，另一端則是不足的。因此兩端自然會相吸。

朵：那麼當我們使用電力，是不是就是在運用你們能量的一部分？這麼說正確嗎？

菲：比較好的說法是，我們的存在是一種概念。就概念來說，我們是屬於電流的一部分，但你們不見得就是在使用我們的一部分。然而，由於所有能量都是整體的，因此那麼說也沒有錯。

朵：那麼我們是否也可以像使用電力一樣的方式，來使用你們的服務？

菲：這要用到你們免疫系統的生物現象來解釋，會比較清楚一點。一旦有必要把身體的一部分納入自我防衛體系，整個身體的代謝機能就會動員起來，產出必要的酶或蛋白質來製造所需要的抗體並擊退感染。因此，一有局部感染的風吹草動，整個身體會做出反應，把自衛反應的特定需求送到必要部位。整個宇宙也是如此，會動員並把特定的能量形式送往任何有需要的宇宙地區，來幫忙療癒我們所稱的「失衡」現象。就這個類比來說，我們就等於是抗體，奉派去療癒失衡。

朵：使用這類比喻，我比較能聽得懂。我曾聽人談過元素能量，你們和這類能量有沒有關聯？

菲：先前我們也說過，所有層次和所有能量形式之間全都有關聯。那只是一種局部區隔，用來指稱因應某類需求的能量。我們知道你們所說的「元素」能量，而且也有接觸。不過，我們並不是你們所稱的「元素」能量。因為你們也可以感知到，我們遠超過這種尚未同時包容一切的能量。

朵：我還以為你們的本質是一樣的。我聽說元素能量是非常基本的，並不具有你們的智慧或理解力。

菲：當你把你們所稱的「元素」能量單獨抽離出來，或許你只看到了頻譜的一端。你只看到全體能量的某一個面向，但把它描述為基本的。然而，它是更複雜全貌的一部分。

朵：我明白了，元素能量大半和我們的地球有關。

菲：就你的感知能力來說，那些只是較低等的生命形式，好比你們的禾草和植物，或是你們行星上所謂的低等生物。當然，是有一種能量會跟你們地球上較高等的生物（比如你們的貓和狗）有關，同時也有一類能量會牽涉到你們的最高等生物，也就是你們自己。不過這兩種能量並沒有區分，因為它們全都是整體的一部分，只不過分別和一個或更多個覺察力層次有關。所以如果說禾草沒有覺察力，是完全不對的。你們行走的大地，也同樣有覺察力。若是否認這一點，那等於是把你們自己擺在上帝的全知地位，蔑視其他一切為低下無知。這就大錯特錯了。萬事萬物都有覺察力，你們能否感知到這一點，就完全在於你們自己。因為你們有能力去了解萬事萬物，從最低層到最高層的覺察力形式都包含在內。此外，也沒有必要將自己受限在地球上，只要承認所有一切都有覺察力的事實，你們就非常有可能察覺到所有的創造。

朵：不過，這會讓我們的實體生命活得更艱難。

菲：我們倒是覺得，這或許會讓你們的生命更豐富、更圓滿，因為你們不再是孤獨的存在，你們會再重拾四海一家的感覺，而這就是你們的天命。因為許多錯誤所致，可能讓你感到孤立無援。然而，到了最後，每個人都必須為自己的覺悟負責。如果有人選擇去否認有其他存在，那也是他們的權利。但他們就必須……我們要改變說法。我們不希望傳達那樣的概念，我們是想暗示，一個人的實相是自己創造的。既然實相是自己創造的，那就要接受現實。

朵：沒錯，有些人真的會把這個看成是處罰。不過，既然是你自己造成的，就要承擔後果。

菲：沒錯。

朵：你一直提到整體，那是不是我們所認為的上帝？

菲：從一個更開悟的觀點來看，整體確實就是你們所稱的「上帝」，因為上帝無所不包。然而，我們覺得根據你們現有的上帝概念，卻更像是把抽象的人類屬性提升到創造者的位階。

朵：我也在想，你們是不是屬於創造者或協同創造者的位階。

菲：那是當然，我們是有幾分像你講的那樣。不過，我們覺得把自己歸入那樣的類別並不妥當。

朵：意思是你們還沒有演進到那個程度？我想我是試著把你們放進一個具體的位置。

菲：我們不曾是創造者，應該說我們不是創世者。事實上，我們有可能是……然而我們希望能澄清這點。在這個時候……（停了下來）

朵：怎麼了？是誤解了還是其他什麼的嗎？

菲爾深吸了一口氣，然後突然睜開眼睛。他醒了。他這麼做很不尋常，我問他怎麼了。

菲：（這時他完全清醒了）切斷了，他們似乎是打算講什麼，接著能量場就瓦解了。

朵：你覺得，是不是有些事情他們不該講？

菲：應該不是，好像是出現了干擾。你知道，當不同能量來來去去，偶爾就會這樣。要取得平衡有點棘手，如果有外來能量介入就會打斷連結。

朵：就像是靜電一類的？

菲：這不是電能，比較像是思維能量。

朵：那麼，是因為你想到了什麼？

菲：不是，就是種外來能量。沒有惡意，只不過就是我們的連結被切斷了。

干擾來源始終沒有弄清楚，不過菲爾認為，我們應該結束這段療程了。我想這樣也好，因為我在這整段療程都繃得很緊。我覺得這次討論的內容非常複雜，很不好懂，我覺得很難想問題提問。因此我離開他家時，還大大鬆了口氣。我知道這要花點時間才能消化，然後至少從中吸收到部分資料。後來我還會再碰到這股奇特的能量，不過當時我對此是毫無所悉。

按照我們的安排，當晚在比利．古伯家中還有一場特別聚會。我和菲爾的幾次療程都是在他定居加州的時期進行，因此他們迫切希望他能再來。許多出席者從來沒有見過這種現象，因此當我們開始時，室內瀰漫著好奇的氣氛。我再次使用他的催眠關鍵詞，也同樣採用電梯法。門打開時，他又看到燦爛的白光，幾乎就像一直在那裡不曾離開似的。由於我沒有時間去擬定問題，我在心中迅速構思該怎麼開始。

朵：這片光芒是不是我們今天下午看到的白光？

菲：沒有錯。

朵：你覺得這股能量，能不能回答我們今晚要提出的所有問題？

菲：就這個團體來說，這是一個聯繫的管道，他們會聽取你的問題，也會給你該有的解答。如果有人提出無法提供的答案，只能得到最接近的回答。

朵：我們在今天下午和這股能量接觸時，他們說過他們的本質是屬於幫手。當我們想在生命中創造事物時，就可以使用他們的能量。這類能量是供我們運用，而且有許多用途。我這樣定義對嗎？

菲：我們會說這是正確的。

朵：這個能量包含了多重次元而不只是在一個層面。因此，所擁有的知識便遠遠凌駕於單一能量。那麼，今晚我們或許就可以討論這個主題。

菲：我們將會提供更明確的解釋。我們想說明的是，這種能量本身並不是一種儲藏庫，並不是知識容器的形式。這種能量只是供知識流通的一個管道。我們因應你們的要求而帶來知識，而不是持有或貯藏這個知識。或許在你們的層面來看，這種觀點並沒有意義。不過等談得更深入之後，這個道理或許就會變得相當明顯。負責傳達知識及負責貯藏或接收知識的人，的確是有很大的差別。

這次的問答內容，已放在本書的不同章節。

* * *

在這一類的聚會，經常有出現的靈魂對我們感到好奇。他們往往會提出一些讓我們目瞪口呆或會心一笑的問題。其中有些問題極難回答，因為其中所涉及的概念在我們文化當中很少有人去深思。每遇到這種情形，我們就不由得心存感激。想想我們所提出的問題，有些一定也會讓他們感到很困難，然而他們卻總是能夠立刻找到答案；而輪到他們向我們發問時，我們只能手足無措地討論，結果往往只能聳肩放棄。

菲：當我們透過這名男子說話，你們不必害怕。他是志願的，也不會有不好的後果。他帶來這個能量和你們分享，因為他在這個能量當中發現了真理，希望能和他人分享。他的付出，也會得到無窮回報。再講一遍，不必恐懼我們。我們只是到達了更高階，跟在這個星球上的你們的本質相比，我們的層級要高上許多。我們之所以出現在這裡，是要帶來真理和啓示，並且幫忙提高你們星球上的意識。似乎遍及各處的無知與迷信，必須消除，並以知識和真理來取代。我們帶來和平、和諧與愛（聲音比較低沉，不像是菲爾的聲音。讓我起了雞皮疙瘩）。現在有個靈體在監看你們，這個房間裡的人沒有一個曾經見過比他更偉大的靈。現在有名看管人、一個守護者專門負責這個房間，來保護此時聚集在這裡並希望學習的人（聲音愈來愈微弱、低沉，和菲爾平常的聲音完全不同。房間裡的其他人也明顯感受到了）。現在我們要問，我們可以向你們提出幾個問題嗎？

這倒是出人意料，我環顧房間，見到其他人紛紛點著頭，同意我們應該試試這種新鮮的做法。會場有人問：「你們是不是生命的本質，曾在地球上住過嗎？」

菲：這是個正確的說法，是的。現在請你們想像，這時在這個房間的每個人，意識都結為一體（不是指你們的肉身）。如果你們的意識從身體脫離，你們就會因為共同興趣或共同目標而連結在一起。我們就是這種情況。因為我們發現，我們的能量雖然不完全相同，卻都具有相似的振動頻率，而且互容。我們運作順暢如同一個整體，一起共享資訊和觀念，並隨時提供我們所熟悉的事物。我們無需區分彼此，我們純粹就是存在。

朵：你們想問我們一些問題？

菲：趁著這次聚會，我們很希望有這個機會。然而，我們很樂意先做個示範。換句話說，你們可以先發問。

朵：看你想怎麼做都可以。我想時間足夠的話，所有人都可以發問。

菲：如果你們都同意的話，我們希望今晚能討論一個領域。那就是性別意識，換句話說就是性別認同。我們是純粹的乙太靈性能量，覺得你們把自己分成兩個性別很好玩，這沒有不敬的意思。你們根據性別來區隔彼此，而且似乎覺得非如此不可。我們覺得這很奇妙。因為這樣一來，你們本身的身份就會有些分裂。我們覺得，一旦你們必須藉由這類條件與彼此產生關聯，你們就已經失去了自己的真正身分。這純粹是從我們角度的觀察，而且我們只是想提出來討論，如果你們覺得適合的話。

朵：嗯，這倒是個相當奇怪的題目。我想在座各位都沒有想過這個問題吧，你們覺得呢？

有個來賓主動發言：「讓我來說明？」

菲：我們就是希望有人能夠說明，帶給我們一些啟發，讓在這個層級的我們或許能更深入了解一些。

那位來賓繼續說：「就我所了解，你們是希望討論有形的課題。你們是乙太能量，不會涉及有形事物，所以你們不用考慮到性別。但在有形的實體世界來說，性別之分非常重要，因為這代表了我們的個別身分。因此你們想要探討的領域，對乙太能量來說，可能有點陌生。只要我們受限於身體，對我們來說，這就是非常重要的一環，我們不能不在意。你覺得這樣講有道理嗎？」

菲：我們正在消化這個回答。我們會這樣回覆：我們了解你們的考量。我們了解你們需要辨識或確認你們的身體面向。然而，我們覺得，這已經不像是對身體的一種照顧，反而是著重在賦予身體一種身分認同。這麼說並不是在說教，只不過是從我們的角度的觀察。

朵：是這樣沒錯，這是身分標誌之一，在時間及物質的局限下，我們透過性別來認可自己。我可以請教一個問題嗎？你們的能量曾經在身體裡嗎？

菲：答案是沒有，因為我們從來沒有進入能夠以實體現身的層次。我們的能量，不能促使物質成形。這是一種電磁能量，無法具象化。到目前為止，我們之中還沒有任何一員曾經體驗過你們所稱的「實體」化身。但這並不表示，我們就從來沒有去過你們的星球。我們去過，只是沒有化為人形而已。除了人類，你們的星球上還有許多帶有意識的生命形式。然而，你們並沒有這些形式的記載，還沒有任何一種被記錄下來。

來賓：那麼你們是起源自哪裡呢？

菲：我們是從真理本質發言，用你們的話來說，真理就是指「唯一真神」。我們是來自真理的給予者，來自光的陣營，或者就是你們所說的大天使陣營。我們是信息的信使，我們自己定位為真理的給予者。其他還有許多陣營，其中有負責健康方面的，或是擔負重建或再造行星的使命。

朵：你是指創造者層次。

菲：沒錯。有許多不同的專業領域可供你們擷取。由於你們尋找資訊，你們接觸到我們這群真理的給予者。於是，我們就來了。

來賓：我想我明白了。我們在實體界有自己的責任。你們的是哪種責任？你們都做些什麼？這個能量有何作用？我知道你們不像我們，不會受到時間的局限。

菲：在我們這個界層，對於建構「從屬能量」投注了大量的精神與心血，換一種說法來比喻，就是在池中激起波紋。我們的工作就是把石頭拋入水中來激起漣漪，我們最擅長和熟練的工作，就是讓這種同心圓圈向外輻射出去。不過你們要明白，這只是一種比喻。這個目的是要創造出有用的能量模式，提供略低於我們一個層級的生物和能量來使用。換句話說，我們在這類能量圈裡製造出有利的氛圍或環境，讓那些低於我們層級的族群能在合宜的環境裡工作。這是逐層串連的環境鏈，和你們實體世界中的自然位階非常相像。你們能了解這個道理嗎？

來賓回答說：「了解。」

朵：這有點小複雜。不過請問，我們能夠運用這類能量來自行創造事物嗎？

菲：不是直接使用。因為我們處理的這些能量，層級要比你們高出太多，遠非你們能直接操控的。然而，透過像這種橋接作用，我們可以就概念、類比、想像和理念等各方面來交換意見。這樣一來，我們就可以把我們的實相和真理連結到你們理解力的層次，反之亦然。

朵：所以，當你們看到我們的不同概念時，才會感到那麼陌生。

菲：正是如此。我們要說聲抱歉，因為我們實在不想說教，只是在觀察。不過我們覺得性別身分太被強調了，結果就偏離了你們的真正身分，意識或上帝本身，或者用來指稱存在至理的無數不同稱呼。那才是你們的真正身分，那種能量就是我們本身的這種能量。當然，你們已經知道自己的身體只不過是種器皿或工具。這種情形就像你們搭車時，冒用了那輛車的身分，而不再是車上的乘客，於是你們就覺得自己是一輛別克（一陣笑聲）。你是輛大車，你是一輛紅色車子，你們會感覺到自己底下的四個輪子，不只如此，身上還出現了刮痕及凹痕。這當然只是個簡單的比喻。不過，我們覺得這可以概述我們的感受，至少以我們的觀點來看，就是覺得有形實相怎麼會凌駕於心靈實相之上呢？

朵：是的，當你們進入身體時，潛意識就會忘了其他的部分，完全專注於肉身。這就是進入身體要面對的一項危機。

菲：這麼說完全正確。那確實是危機，但不必然會這樣，不過確實是相當普遍。

另一位來賓插話：「你的意思是，我們太過專注於用來承載我們心靈的身體，結果每道刮痕、每個碰撞，我們都會察覺，都會擔憂，並對膚色感到自豪等等，甚至還凌駕了對自己的真正身分——心靈——的關注程度？」

菲：沒錯，在這個星球，這是一個非常實際的問題。真正的身分棲居在身體裡。但很少有人能夠明白，他的真正身分是體內的能量，與外面的載具無關。

朵：那麼我們是不是太過強調於男女之別，而不是將所有人類都視為一體？

菲：這麼說完全正確。因為以性別來區隔身分，自然就會產生社會規範來掌控陰陽能量之間的交往方式，於是歸屬於男性能量的各種能量，就只能按照社會規範的方式與女性載具的能量來往。你們的約會習俗，還有肢體語言等等，都可以拿來當作例子。你們的星球在這個領域，被接受的常態是異性的身份認同，不能接受同性身分彼此覺察，這在我們的界層卻不是問題。我們覺得，由於這種錯誤的身分認同，已經造成嚴重的偏差。我們完全不是在指稱性的關係，純粹是從交友來說。許多男性害怕和同性交朋友，因為雙方都是男的。許多女人也害怕和同性交朋友，因為雙方都是女的。此外，也有許多男女害怕和異性交朋友，因為害怕醉翁之意不在酒。所以你瞧，這種實體身分造成了多大的誤解。

朵：那麼你們每個人身上的男性和女性的能量能否平衡呢？

菲：事實上，在我們這個層次並沒有所謂的男女能量的區分。一切都是能量，並沒有不用區分。

來賓：我想，就性別意識來說，你們必須先要有一些相關經驗才能明白問題所在。請問你們是由更高層能量所創造的，還是經由地球的思維模式被創造出來的？

菲：我們是大師所造，是「萬有一體」所造，那是創造萬物的至高之神。我們並不像你們所想的，我們不屬於地球的能量，因為我們是來自遠高於地球能量所能企及的層次。然而，當你們由男女的存在層次更往前進時，男性和女性之間的差異就會日見消弭。等到達我們這個程度，就不會有區分了。你們完全是為了繁衍，才有這種性別區分。然而，靈性層次並沒有繁衍需求，沒有區辨的需求，因此當你們脫離物質／有形層面愈遠，這種分野就愈見消弭，直到萬物全部沒有分別為止。

朵：這就是我們選擇要學習、體驗的一門功課，所以我們才會來到這個層面，進入不同性別的肉體。顯然你們這股能量還沒有決定要體驗這些事，不過這全部是屬於我們要學習的歷程。

菲：就這點而言，我們沒有選擇餘地。就算我們選擇化為人身，也辦不到。這和物理學有關。

朵：你們是不被允許這樣做，還是辦不到？

菲：我們這種能量沒辦法被包納在身體裡面。這是振動頻率的關係。用來包納你們能量的身體，在這個層級振動得太慢，無法容納我們的能量。這就好像是用紗窗編桶來裝水一樣。我們並不是在做優劣評判，因為我們了解你們化為肉身的理由。這裡有許多功課要學。然而我們覺得，我們會一再強調是出自於關切——你們給這個肉身載具賦予了太過強烈的身分認同，以至於忽略了你們的能量面向。或許我們是有點偏袒自己的觀點，因為我們是站在局外人的立場來看待這事。

朵：我以為你們是正在演進的能量，那麼或許到了某個時候，你們就會進入肉體化為人身。

菲：如果有可能把肉體帶到我們這個層級來包納我們，這就有可能。然而，就現在來說，至少在我們的經驗領域，以及我們體驗過的有形物質層次來說，這並不可能。

朵：棲居在我們體內的心靈能量，和你們的能量有什麼不同？

菲：純粹是振動頻率不同。我們發現你們的討論很有啓發性了。我們很感謝你們的坦誠和直率。我們偶爾也想從旁觀察，這樣我們就可以從你們的討論中學到東西。由於不常有人會到我們這個層級，來跟我們分享你們的真相、你們的概念。所以我們很謝謝你們。雖然這些不適合我們的實相，但還是很感謝你們提出來和我們分享，這對我們同樣有啓發性。你們當中顯然有人認為，由於我們跟你們不同類，所以就以為我們在某個方面比較高明。這並非事實。我們是不同的振動，或許跟你們很不一樣，但這並不表示我們就比較高明。在神的國度，沒有高低之別。大家全是以最適當的形式存在於合宜的空間，而且全都在做該做的事。沒有所謂的優劣之分，那是人類才有的概念。

來賓：請問你們是不是一種理想的生命體，在你們那個層次裡有沒有演進路徑？你們將來會回歸宇宙一切能量的源頭，或是繼續待在這個層次？

菲：首先，我們要指出，你們有幾項見解並不完全正確。我們並不是最理想的生命體，距離完美還很遙遠，我們也還在學習。按照你們的觀點來看，我們已經在演進路徑上了。我們無法給你們終極解答，因為如果我們已經達到最後階段，我們就完全不用再透過這個媒介來溝通。那樣的能量會遠遠超過肉體形式能夠包容的程度，假使勉強棲居於身體，那麼肉體形式就會直接蒸發。它們會直接提高實體分子的振動，衝破分子所能耐受的極限，於是分子就會崩解。我們不是要嚇你們，只是想讓你們明白那個能量的威力。因為那個能量太強大，會把在這個房間裡面的每個人完全蒸發掉。你們人類對上帝能量的威力毫無概念，那種威力太過強大，不能帶到這個層級。那種能量繞行整個宇宙，瀰漫於萬事萬物之中。就算是在最渺小的生命形式，若是把它帶到這個層級也不會有好處。當你們演化到某個程度——這也包括這個房間裡每個人——你們每個人不只能達到我們的這個層次，還會往上超越。我們本身也一樣，會不斷進化，雖然我們的層級較高，但仍不完美。不過比起你們，我們更為開悟，這也是我們感知能力比你們開闊得多的原因。你們對某些事情有淵博知識，我們在那方面可能就一無所知。所以我們要藉由溝通來交流知識，彼此都能相互學習。我們很容易就能聚集，然後和你們其中一人接觸，這樣我們就能夠向你們請教問題。我們也經常這麼做。

朵：那麼我們有一天也能達到那個層次？

菲：沒錯。然而，這不會是被給予的，必須透過學習。當你們的知識和覺察力提升後，你們的振動頻率便會提高。因此，你們越是和絕對的，真正的上帝調諧，你們的振動就會提升得愈高。然後，透過心靈演進的歷程，最後就能達到我們現在共鳴的位置。不過這有個前提，那就是你們有心想要達到我們這個層次。當然，還有其他許多不同的演進領域及層次。你們可以想像自己站在龐大山脈的山腳下，有許許多多的路徑可以攀升。現在你站在一條路徑的山腳處，看著道路分叉出許多小徑。這所有路徑最後會殊途同歸，都通往了山頂，但也不是全在一個相同地點。或許這裡是座高原，當你們抵達這處高原時，會分別站在不同的地點。現在，你們所有人都來到了這片高原，看得出來，你們跟原先的山腳位置已經離很遠了，到了可以跟我們交流溝通的層級。你們可以看到，山坡上有多條小徑交織，你們有很多不同的路可以往上爬升。從一旁看來，我們或許比你們現在所處的層級還高了幾級。或許你們希望沿著我們攀爬的路徑來到我們這側山坡，抵達同一處地點。然而，這裡有眾多選擇，所以你們不一定會想來這裡。到最後，不論時間長短，跟我們一樣，你們自己都會抵達最高點，但即便抵達目的地，我們也不見得都會在相同位置。這聽來有道理嗎？

許多人都表示贊同。

朵：不過你們並不必走我們所走過的演進歷程。

菲：或許你們會認為這可以一概而論，不過，我們自己也是從較低層次演進到高等形式。有些能量的威力遠比我們所達到的這個層級更強大，那是你們所想像不到的。

朵：那種能量是從哪裡來的？源自哪裡？

菲：這種能量沒有時空限制。它們是屬於架構型的能量，宇宙的建構能量，因為它們全心投注在建構宇宙上面，它們負責建造宇宙。

朵：來自創造者層次？還是協同創造者？

菲：都不是，他們並不屬於創造者類別。不過他們負責吸收理解，或許這個詞彙還比較精確。因為他們本身並不創造構成宇宙的材料。然而，他們能夠聚集能量和實相，來組成一個宇宙。這並不是在暗示他們就如創造者層級那般能夠無中生有，其實他們是比較類似工程師的地位。他們可以算是建造者，卻不是創造者。

朵：先前你們說過，想要向我們提出幾個問題。

菲：或許我們應該先集合起來，現在我們有點分散。我們可以把資源併合後，看看可以提出哪個最恰當的問題，就如同你們之前的做法。請給我們一小段時間，這樣我們才能把能量聚焦。（停頓）我們對你們的公平觀念幾乎一無所知，因為往往對一個人公平，卻對另一個不公平。但或許明天情況就全然逆轉，又不一樣了。為什麼你們的正義標準，可以這樣變來變去？

這個問題可「大條」了。我們這群人討論良久，找不到有哪個人自動請纓來談一談這個問題。

朵：這是個困難的題目，反過來想，我們也問了你們好些難題。現在是風水輪流轉。

來賓1：我必須承認，很少有公認的公平現象。我想這受到我們人類天性的影響。為了讓自己舒坦，我們希望和自己有關的一切都能盡量公平，而我們傾向於先想到自己，然後才會想到別人。因此，除非我們能夠達到接納別人的程度，否則我們很難公平相待。而且有時甚至當我們努力做到公平，別人卻不承認我們有那種意圖。因此公平就變成只是一種概念，比較難落實。

朵：換句話說，你認為那是種自私的現象。

來賓1：就是這樣才顯得自私，是的。待人不公。

菲：在我們看來，你們的公平概念是經常變動的。你們所處的狀況或許每個小時都有不同，公平也隨之變動。照這樣看來，是不是也可以說公平這種概念，完全是因人而異。此外，在你們人類的社會，好像也認定公平是直接來自上帝所賜？既然公平是好的，所以就是上帝的賜予。

來賓1：我想這樣講沒錯。

朵：我認為我們的教養也有很大的影響。就是你成長的方式。

菲：我們覺得那是為什麼你們這個層次對上帝或神有那麼深的誤解的原因。或許就是這樣，祂的審判和裁決才能在單純的人類身上成真——我們正在搜尋——沒有正確的概念可以描述……。

朵：或許這是為什麼它那麼難解釋。

菲：我們會說，你們的公平概念或許是一種石蕊試驗，是用來讓你們在任何時候能夠舒坦地過日子。換句話說，就是用來舒緩（心理的）不適。

來賓2：我對公平有不同的看法。如果某件事或某個特權對某人很公平，那麼有關的人全都應該享有相同的優惠。不過，我們的社會並不這麼做。你能得到多大的利益，是看你的人脈有多少。那樣並不公平，我不是指我本人的情形，而是指整個美國或全世界。這就是我對公平的看法。我不是在指：「嘿，那家雜貨店騙了我，這不公平。」這樣的事。抱歉，我可能辭不達意。

來賓1：而且我們都是獨立的個體，看事情時也會不同，因為沒有兩個人會有相同的想法。

朵：是的，所以要分辨公平和不公平才會那麼困難。我們無法提出適用於全體情形的說法，因為我們大家都很不一樣。我不知道這樣有沒有把這題回答清楚。

菲：我們的感覺是，或許我們該重頭再來一遍。（群眾發出笑聲）

朵：很抱歉，我們大概把你們搞得更糊塗了。（笑聲）

菲：沒錯。還有，我們不是來爭辯道德議題的。從你們的觀點來看，我們沒有道德。我們不需要，因為道德只是用來規範行為的法律，在我們的存在來說，完全不必有外來的管轄，它並不存在。它並不必要。因此，我們不會選擇去強加灌輸我們的人造的道德在你們身上，因為我們沒有權力那樣做。我們不具備道德的實際經驗。每當有人想要學習，我們一定會盡所能分享對雙方來說都屬正確的知識。很多事情對你們來說是事實是正確的，對我們卻不是。相反的，許多對我們是正確的，對你們卻不是。無論如何，我們有很多對我們彼此都是正確和適合的事情可以分享。

朵：這是我們雙方的一致立場。

菲：沒錯。期待我們還有榮幸再來。因為透過這些交流，我們同樣從你們身上學到許多，甚至比你們獲得的還要多。我們經常不瞭解你們的概念，要直到我們能夠用我們的角度來解釋才能明白。

這時出現了一種奇怪的轉換。菲爾做了一次深呼吸，發出嘆息聲，接著就開始用他平常的聲音說話，聲調較高，也比較有活力。所有人都明顯聽出，那個能量離開了，換成了另一個來發言。這個能量回答的問題比較偏向地球層面的日常事務。前面那個能量已經待了超過半小時。它離開後，氛圍為之一變。問答繼續，大家都提出了他們日常生活的私人問題。

錄音機持續運轉。菲爾回復清醒狀態後表示，除了他談到的內容之外，他還記得一件事。他說那群能量會彼此交談，若不是針對我們的問題交換意見，就是談論我們所說的內容。然而，那又不像是在說話。他有種他們在討論的感覺，但他並無法重述內容。

菲爾記得那群存在體要求我們定義什麼是公平。他也還有印象那群能量偶爾會同時發言，使得他分不出個別的聲音。他們似乎談到：「為什麼在戰場上殺人無罪，殺死子宮裡的胎兒就有罪？」這是為什麼他們會提出公平問題的原因。他們不明白我們為何會有雙重標準，因而深感挫折。

＊　＊　＊

另一次的團體聚會，有位來賓提出一個問題：「很多次當我從沉睡中醒來，我會覺得自己在振動，或是說身體以高速在悸動。這是什麼原因？」

菲：那是你們所稱的靈魂正要從較高的充能狀態回來，它原先是在覺察層次較高的星光界。你正回到較低的覺察層次，讓靈魂能夠回歸身體。因為你的身體是以特定頻率振動，當你的靈魂在你身體裡時，它必須以近似的頻率來振動。如果你的靈魂振動得太快，它就會脫離你的身體。在做夢狀態下，你的夢境經常會刺激你的靈魂跳升到較高的能量層次。於是你脫離了身體，經驗到靈魂出體。你的靈魂和身體不必然要以相同頻率振動，只要頻率類似或很接近就可以了。通常當你沮喪的時候，你的靈魂振動已經低於身體的振動頻率，因此你會覺得消沉或情緒化。當你感到振奮時，你靈魂的振動頻率往往高於你的身體頻率。

朵：那麼當振動頻率較高且脫離身體，就是大家所說的「靈魂出體」經驗？

菲：沒錯。當你脫離身體的時候，你是在一個較高的頻率上振動，它遠超過你的身體所能維持或承受的頻率。

從靈魂出體狀態回來時，可能產生短暫的麻痺現象，要直到腦／身體重新建立連結才會消失。

* * *

多重人格

來賓：我在這個地球層面，老是感到非常不舒服，就好像我是五個不同的人。

菲：或許你有必要真實地認清你自己。這種多種人格的概念會讓你覺得訝異嗎？在你身體裡面的確存在著好幾個分離的存在體或身分，就像許多人都擁有多重人格。這並不是另類的觀點。然而，在這個社會，這種觀點似乎變得有點走樣，一聽到多重人格就自動認定那是精神分裂症，不然就是一種心理疾病，其實完全不是如此。這是一種自然狀態，在所有社會，所有類型的動物和人類間都很常見。如果你想的話，你就可以在自己的身上認出好幾個身分。其中一個害羞內向，喜歡待在家裡編織，或是做你想做的事。但有些時候，你會喜歡外出好好玩玩。這沒有不對。兩者沒有什麼對錯，也沒有哪一個優於哪一個。你可能也擁有勤奮好學、求知若渴的不同面向，也可能充滿了母性的慈愛，也可能表現得很冷淡。這有沒有讓你想起一些什麼？上一秒充滿愛，下一秒冷淡，這會不自然嗎？如果有人發現自己當下的處境必須這麼做，這會不自然嗎？當然不是。沒有必要害怕多重人格，因為那只是你的不同面向。我們會鼓勵你去認出這些不同的人格或個性特徵。你願意的話，這些人格還會為自己起名字，並具有你們所說的「個別的」身分。這些純粹是你完整人格的不同面向，同時也是這些不同的面向組成了整個人格。人格不健康時，這些面向就不再同步，或是說彼此不再溝通，不再協同合作。若是健康的人格，這種面向組合就是和諧的。沒有哪顆鑽石是只有一個切面，更別提有哪個人類是只有一種人格的。以人類來說，人格原本就會是多重面向的存在。彩虹可以用來比喻和諧。一道圓弧加上多種顏色的完美呈現就代表了整體與和諧。無盡循環的圓形則代表了上帝，一半呈現，另一半不顯露，你們自己的本質就是如此，這表示你們是肉體也是靈性。你所包含的每一個面向都只是完整光譜的一部分。

* * *

另一位個案對多重人格的說法版本。

朵：你有沒有聽過所謂的「多重人格」？他們似乎有很多人格在一個身體裡。

布蘭達：有，你們的心理學家正在鑽研多重人格形成的原因，目前方向正確。多重人格是由具有特別沉重的負面業力的靈魂所造成。在試圖對自己否認這點的過程中，他們把自己分裂成像是個別的存在，但事實上還是同一個存在體（靈魂）的不同分支。這就像一朵花有很多花瓣一樣。我使用她的手來說明（她舉起手，指著各個手指和手腕），你看這是一朵有許多花瓣的花，花瓣在底部相連（手腕）。但由於這朵花的擺放位置，你們只看到花瓣的中間到尖端部位，於是花瓣看起來像是分開的，那是因為你們沒看到花瓣在底部相連的狀況。這種多重人格的心靈，看起來像是個別的靈體，那是因為你們只看到外顯的分離部位。但在心靈的核心，這些全都連結成一個心靈（靈魂）。如我我前面所說，這個靈魂累積了特別沉重的負面業力。他們不願承認這一點，而且想要掙脫他們現有的業力循環，所以他們持續往各個方向竄出。而心靈竄出的不同方向，看來就像是這個靈魂所占據的身體裡有多個不同的人格。

朵：我有個理論，這些人格或許是前世人格的碎片。

布：通常是的，沒錯。當心靈朝不同方向竄出，便帶出了最近幾個前世的人格。不過，既然是狂亂竄出，這時出現的人格通常都是受到扭曲的版本，於是就像你所說的，只是心靈的碎片，因為心靈未經整合。這個心靈陷入了恐慌。

朵：據說有時候在其他的人格裡，男女老少都有。所以我才會有那個想法。

布：是的。你的見解很好，很接近事實。因為他們帶出了過往的記憶，而靈魂確實記得過去世。他們可能帶出了前世人格中的一個特定面向或是多個面向，而形成了多重人格之一。

朵：他們透過這樣的方式來幫他們逃避。逃避生活，逃開他們的業。

布：他們認為這麼做可以幫他們逃避，但並非如此。就像魚兒上了鉤，兩個結果都差不多。

朵：精神科醫師很努力想讓他們回歸到一個人格，據說要做到很困難。

布：是的。精神科醫師還沒辦法真的做到。雖然本意正確，但他們是想要在分離的裂片上膠，沒有探入根源，也就是說底部原本就是結合在一起的，可以從那裡癒合裂縫。不過那是很複雜的過程，目前他們還沒能發展出那種能力。不過，至少他們的方向正確。

朵：他們已經發現了一個共通點，那就是多重人格者似乎都是因為生命中的某種創傷，才會造成這種現象。

布：沒錯。創傷事件會使靈魂專注在它們必須處理的負面業力。這是為什麼事過境遷後，這些個案每次在面對創傷事件時，他們的心靈仍舊會突生恐懼，而出現了另一個人格。靈魂不明白它們可以扭轉局勢，轉到正面的業。他們只是一而再地感到驚慌，一而再地被擊倒，也因此另一塊碎片又出現了。

朵：聽起來他們並沒有解決他們的業。

布：沒錯，他們沒有面對處理。

朵：他們不斷對抗。

* * *

朵：雙胞胎有沒有任何特別的地方，不論是同卵或異卵？

布：沒有。雙胞胎就跟其他家人、手足一樣。他們是兩個有密切業力淵源的靈魂，因為他們要一起解決某些事情，就像夫妻、其他手足或親近的人。不過，同卵雙胞胎因為有共鳴效應，往往有特別的心電感應。

朵：我聽過一個理論，同卵雙胞胎可能來自同一個靈魂，為了學習兩種功課而分裂成兩半。

布：一般不是如此。如果一個靈魂需要學習兩種功課，他們通常會棲居在同一個身體，但是是在兩個不同的宇宙（參見本書第六章）。

朵：據說有些雙胞胎十分相像，他們就算分別在大陸的兩端，還是會做相同的事。

布：那是由於兩人的身體和精神能量所產生的共鳴所致，因為宇宙有種普遍的模式。當兩個東西非常相像，彼此之間就會產生共鳴。他們的振動太像，因而產生的作用和結果也類似。正因如此，即使雙胞胎在出生時就分開，在大陸兩邊各自成長，彼此也不認識，但他們的配偶名字可能會一模一樣，還有類似的嗜好和工作，這都是共鳴的關係。

朵：有時他們好像還會有心電感應。

布：喔，是的。就像我說的，同卵雙胞胎彼此之間有超乎尋常的感應能力。這完全是因為他們的心智是在相同的層次振動。

朵：這麼說，他們和其他人並沒有不同，也是兩個靈魂回來相聚。

布：是的。由於思想方式雷同，彼此之間又有心電感應，就像是撥動琴弦後再拿一把音叉靠近，音叉就會開始振動。

朵：我曾經想過一種證明雙胞胎的連結的方式。我可以回溯一對雙胞胎，看看他們是否會在同一段人世進入同一個人格。你覺得不會有這種情形發生？

布：不會，我想不是這樣。他們可能會有好幾世的交集，互相提到和對方的關係，比如說前世是夫妻或其他的親近關係。

朵：換句話說，他們在同一世裡各是不同的人物，並不是同一個人。

* * *

基督再臨

在比利家的另一次療程，問答焦點轉向了耶穌。

菲爾：從各方面來看，我們都認為祂是名男子；但從各種意義來看，祂又是名女子。祂完全是一體的，同時具有男性的渴望，又有女性的直覺和感受。我們這裡談的，不必然是指性欲，而是指人類的情感。然而，祂又超乎人類。祂並不是大家所說的普通人。這位大師現在不就有可能在這裡嗎？

朵：我們認為祂與我們的心靈同在。

菲：難道祂不能化為肉身？

朵：你是說在地球上？

菲：是的。

朵：噢，我們從來沒有想過這點。

菲：或許祂已經來了，只是你們沒有認出是祂。有沒有這種可能？

朵：有可能。就我的瞭解，祂的靈魂棲息在我們每一個人心裡。

菲：沒錯。

朵：那麼，那和住在身體裡的人有分別嗎？

菲：如果祂的靈住在身體裡，那祂不就是化為肉身了嗎？

朵：如果是那樣，那就是全體性的化身。

菲：沒錯。

朵：你是說祂已經回到地球上了？

菲：祂就在這裡。就在你們所有人的身邊。

朵：你是說，並不只一個？

菲：沒錯。

朵：我們以為你是指祂化為肉身形式回來了。

菲：祂是已經化為肉身回來了。不過，祂並不是在你們所說的單一的身體裡。祂透過你們每個人行使祂的能力，這是事實，不是修飾的說法。基督的力量，現在就在這個房間的每一個人的心裡。

朵：我剛才想到，這或許就是大家所說的基督再臨。

菲：沒錯。因為在這種開悟的匯集處，這裡的所有人的確都帶有基督的火花。因為每個人的內在都住了一小片的基督心靈，全人類都是如此。當人類全體都在一個心智聚集，到時候基督就會再來。這句話不只是比喻，也是如字面所說。

朵：我想大家期待祂會是以一個實體——以一個人的方式再度回來。

菲：這是正確的認知，然而，單一實體在此並不正確。你們確實如實地感知到這種情況，但事實是，這並非真實的狀況。並不只如此。

朵：這麼說來，並不是一個人復臨，而是許多人。

菲：沒錯，而且是遍布整個星球。

朵：那麼，基督真的已經回來了。

菲：沒錯。

朵：那就是從另一個角度來看，所以需要用不同的概念來理解。祂已經再臨，牠就在許多人的心靈裡面。

菲：在無數人的心靈裡面。因為這個心靈確實已遍布整個星球，不只是在特定少數人身上。

朵：這樣他們所能實現的就遠比一個人更多。

菲：沒錯。因為話語會同時傳遍整個星球，而且是由內向外發揮效用。

朵：教會希望我們認為，基督復臨時是以一個人的形式。到時候祂又會受到崇拜。這就是問題所在。

菲：這是個正確的評估。

朵：這就是看待事情的角度不同，教會會有問題以不同的角度看待此事。

菲：我們跟教會在這方面也看法不同。曾經有好幾次，我們都真誠地想跟有心追求真相的人接觸，但他們從來都只往外尋求，而不是向內。他們似乎不能理解回歸內心的道理，但真相就在你的心裡。

朵：是的，他們一直都必須有某個東西或某個人當作崇拜的對象。只有這樣，他們才能理解。要有某個人的雕像、畫像或是概念當媒介。

菲：沒錯。傳教士、雄辯家、政治人物或醫生等等，都是各種形式的英雄崇拜。

朵：對某些人來說，如果他們是從某個單一源頭或意識形態什麼的得到訊息，這樣會容易許多，因為他們就不用依靠自己的想法，他們自己的心智了。

菲：沒錯。

朵：這是個有趣的觀點。

* * *

來賓：杜林裹屍布真的是耶穌的殮衣嗎？

菲：沒錯。被視為耶穌殮衣的杜林裹屍布確實是真的聖物，的確是那位大師本人肉身死亡之時包在祂身上的。殮衣上有能量印記，那是祂的肉體最後在分解過程中的放射，這樣身體就不會殘留有形痕跡。這的確是一種純粹的自然現象，其中也有些超自然性質，因為這並不是常態。不過，這並不算是奇蹟。

來賓：你能不能告訴我們，為什麼有些圖片或雕像會流淚或流血，尤其是基督或聖母的形象，這有沒有什麼重大的意義？

菲：這裡要再談到覺察力，覺察力會瀰漫滲入所有一切。所有創造物都是上帝概念的一部分。因此，你所說的那種有形雕像也是上帝概念的一部分，它們也有覺察力。然而，根據你們的定義，那些並沒有生命。然而，這些聖像裡面蘊藏著對上帝概念的覺知。那種覺知不只是它們本身的覺察力，還及於周圍一切的個體，也就是你們，而你們也同樣有覺察力。當你們觀看這些聖像時，你們會產生投射，從而將這種覺察在人與人之間轉移。觀看的人也經常會把這種覺知轉移給聖像。流淚或流血的現象，就是覺察力的轉移的顯現。淚水代表著那些觀看聖像者的覺察。那種哀傷真實不虛。把基督釘上十字架是人類的恥辱，祂是來拯救人類的，結果獲救的那群人卻把祂釘上了十字架。

來賓：我知道有一幅會流淚的聖像，淚水還被收集在瓶子裡。如果我們拿淚水來做分析，會有什麼結果？

菲：結果會證明那的確是淚水，或者說內容物就是人類的淚水。

朵：雖然那是從帆布畫流出來的？

菲：沒錯。你們所有人都是造物者。這純粹是一種物理現象，也完全是自然現象。那是覺察力的傳達，當這種現象發生時，代表覺知一種表現形式，個體本身將他們的覺察、醒悟傳達轉移給聖像，並不是聖像本身在流淚。而是觀看者的覺知和他們的信仰力量，將心中的覺察轉移給聖像。

朵：那麼人類就是催化劑了。

菲：這個覺察是由人類發送出來的，而聖像是催化劑。

朵：雖然他們本身並沒有意識到，但他們事實上是如此？

菲：沒錯。如果沒有人在觀看聖像，就不會發生這樣的現象，也不會看到奇蹟。

＊　＊　＊

來賓：那麼這就是真的了，如果我們全體的十分之一都祈求同一件事……

朵：它就放大了。這不只是相加的效果了，而是相乘。

菲：對。你們每個人的內在都帶了這個能量的火花。用你們的語彙來說，大概就是一小片的時間。一小片能量碎片。當大家一起祈禱，你們就是把這些細小的火花串連了起來，因而產生威力層次更高的這種能量。所以你們就能瞭解，當人們一起祈禱，他們本身的能量也提升了。這是透過連結造物者的火花才做到的。

來賓：所以我們的內在都有造物者的火花；換句話說，我們都是上帝的一部分。

菲：正是如此。這也是你們活著的原動力。在這裡，我們想要說明一個頑固的面向。這個星球上有許多人覺得，為了實現某件事，他們必須要堅守某個觀點，不能有發生其他狀況的可能。這種想法的錯誤在於，一個人所說和所想的往往並不一致，嘴裡說的常常不是他內心所相信的。因此，當一個人說某件事，事實上啓動的，可能會是跟他所說相當不同的反應。因此太過堅持這個信念，最後可能發現結果會和所說的話完全相左。

* * *

菲：我們的看法是，你的質疑應該是出於自我防衛的心態。你寧可拒絕相信，所以才會質疑。這類訊息和你們所認定的真相往往相牴觸，因此整合上當然令人不安。此外，你也覺得這些訊息缺乏事實依據。我們要請你們更相信自己。你要知道，你並不是來這裡自欺欺人的，事實上，你是自己的老師。你應該學會傾聽，對自我的教導要更有信心。你應該要更了解自己，把自己當成最好的朋友和知己，不要把自己當成對手。

* * *

來賓：今天在這個房間，我的問題得到解答了。我的感覺就像我兒子在五年級時所說的：「我在三年級時，還以為自己什麼都懂。」於是我說：「喔，那麼現在呢？」然後他說：「現在我知道自己什麼都懂。」（哄堂大笑）

菲：我們會說，這就是人類的經驗。有個人望見一座山，他說：「我一定要去爬那座山。」他也真的去了。接著他說：「喔，還有另一座。」這就是登泰山而小天下。這個比喻和你們所說的當然不是完全類似，不過我們對兩種說法都感到有趣。我們對人類的努力感到有趣，看著你們堆高山，堆成後感到不滿意，於是又去堆另外一座。對於知識的追求也是如此。三年級生堆了一座知識高山，看著成果後說：「哇，現在我什麼都懂了。」然後你瞧，他看到東邊有一座比鄰的山脈，於是他爬上那座山，那座三年級山頓時顯得渺小。我們在這裡也是在堆造山脈。除非達到完美，否則永遠不會有最高的山，那座終極的山。

朵：我自己的結論也是如此：你學得愈多，就會發現你有更多必須要學習的。

第八章：能量作用力的運用和操控

一九八九年，我跟貝芙麗進行了以下這個療程，她是個藝術家，當時已經和我合作多次。我使用她的催眠關鍵字，引導她進入了轉世之間的靈界，那是我們取得資料的地方。

朵：你在做什麼？你看到什麼？

貝：我還沒有看到任何東西，不過我像是隨著輕柔的波浪在晃動。我不是在海上，而是在宇宙裡。我可以俯視行星，看起來就跟你所看到的地球照片一模一樣，有藍有白。

朵：有沒有不一樣的地方？

貝：沒有。我就是在太空中飄浮，也可以說是浮在一張格子床上面。

朵：什麼意思？

貝：宇宙就像是由格線組成的，這些格線還會浮動。它們消退、流動，就像是海浪起伏。我不是指浪花，而是指從海水深處湧出的海浪。波浪很輕柔，但非常深邃，在太空中緩慢地波動移行。而地球就在這張床裡面，其他行星和恆星及太陽也是。

朵：如果宇宙是這樣移動，顯示它事實上是有生命的。這是不是表示地球和其他星球也在移動？我現在想到的是海浪的推移。

貝：這些星體不像太空那樣移動，它們是在這個起伏的太空中進行像自旋似的運行。我可以舉個例子說明。你有沒有看過一種裝著水的玻璃盒，水在盆內往返流動，有些商人會拿來當擺飾，看著水的波動可以放鬆精神。

朵：我看過。

貝：波浪移動得很緩慢，它們一上一下一上一下，那就是太空的床。

朵：這不會干擾到裡面的星體嗎？

貝：不會。星體在這種床裡旋轉及運行。

朵：一張床，星辰就像是躺在上面一樣？

貝：它們是躺在裡面。就像海洋裡面的魚在游動，魚的上下左右都有水。或許我來改個說法，不要講床，應該比較像是讓我們活在裡面的空氣，這樣你大概會比較清楚。

朵：很好。因為我原本的想像是地球前後搖擺，像船隻在海上被晃過來晃過去。

貝：不是這樣的，它的動作非常和緩，遍及全宇宙，它不只是表面的波浪。

朵：太空的組成就是這樣？（是的。）我想我們都認為太空是靜止、空無一物的。

貝：不是，不是。太空是有生命的，而且它也滋養生命，它哺育餵養在它裡面的一切。所以太空是活的、會移動的。

朵：它如何餵養生命？

貝：在停滯狀態下，沒有東西能成長，沒有東西能夠演進或改變。太空就以它裡面的東西餵哺，就像是空氣讓我們能夠呼吸一樣。倘若沒有空氣，我們就會死亡。

朵：所以放大規模來看也一樣，就彷彿地球也是個人。（是的。）太空中有某種東西造就了生命。（的確。）我了解空氣供我們呼吸，那太空用什麼來供應地球，供應大千世界？能量嗎？

貝：它的存在就是生機。回頭講海裡的魚，假如那條魚被拿出海面或如果水蒸發了，那麼那條魚就會死亡。所以並不是太空供應某個東西來滋養我們，而是它的存在就得以使生命繼續，並從而滋養我們，因為沒有它，我們就不存在。它裡面有生命，而且沒錯，那可以被稱為是一種能量。不過恐怕我這麼說會造成誤導，因為那並不是一種活躍的能量。但在不可捉摸的微妙層次上，它是活躍的。

朵：但它不是被動消極的。

貝：沒錯。如我所說，它在很微妙的層次上是活躍的。而我們一般會認為能量都帶有強大的動能。攜帶強大動能的能量流經太空，也流過我們。不過我剛才說到的太空，則是一種比較不活躍的能量，但也並非死寂不動。或者該說，不像我們平常所想的能量那麼活躍。

朵：你說的那種攜帶強大動能、流過我們所有人的能量是什麼？

貝：比較像是生命力，一種創造的驅動力量，它可以被引導。反之，太空的生機是不受引導的，就只是在那裡，就只是存在。

朵：它是中立的？

貝：是中立的沒錯，但它卻又是積極的，因為沒有它，我們都不能存活。所以你也不能說它是全然中立的，或「停滯的」或「死寂的」。它裡面擁有生命力，還有一些運動。

朵：但不受引導。

貝：正確。它就像是一個常數，比較活躍的能量可以被引導，也可以聚集。

朵：也就是你所說的那種比較活躍，會穿過一切事物的能量。

貝：沒錯，那種能量和太空的活力或能量並不一樣。

朵：而這種可以被引導的強大能量，可以在所有層次穿透一切事物？

貝：是的，確實如此。

朵：我一直納悶那種東西是從哪裡來的。按照我們的想法，一切事物都該有個源頭。

貝：按照我們的思考方式，沒錯，然而我不是什麼都知道。不過，我不認為它必須要有個來源。它就是在那裡，打從一開始就一直都在，也永遠存在。因此你又怎能說它是從哪裡來的呢？

朵：可是你說過，那是可以被引導的。

貝：它是可以被引導。或許更合理或更精確的說法是：它可以被引導，而且也可以被改變。那個能量作用力可以進入植物，讓它從地表萌發、生長和開花。同樣的那個能量作用力，也可以進入馬拉松選手或畫家的身體裡。它可以自行重生，延續再延續。此外，那種能量一旦進入植物、馬拉松選手或新生嬰兒裡面，就不再是一種遍布或四散的能量，而是一種被引導或聚集的能量。

朵：就是這點讓我困惑，當你說那種能量是被引導或可以引導的，我就總認為要有某個人或某種東西來引導它。

貝：你有沒有看過陀螺旋轉？一旦陀螺開始打轉，它就會自己再生出力量。當然，陀螺也會翻倒。但有種作用，我想應該稱為「離心力」，當它一旦開始自旋，就會繼續旋轉下去。就如同地球本身，一旦地球開始在本身的軌道自轉，就只會繼續轉下去。這跟孩子盪鞦韆不一樣，它不需要別人持續推動。自旋不會逐漸停止下來，因為能量會不斷自行再生。至於能量是從哪裡來的——如果真有個源頭的話——我就不得而知了。

朵：也就是它不必接受某種高等作用力的引導。

貝：這就超出我可以討論的範圍了。以我們能夠理解的程度，我們可以說那種能量引導它自己。它本身是有意識的，它能夠自我引導。如果有某個東西超越了它，那我就不知道是什麼了。

朵：你說那是超過你可以談論的範圍，這是指你不被允許，還是你不知道答案？

貝：就只是太龐大了。

朵：太龐大了，所以沒辦法帶到這個層面來讓我們了解？

貝：對我來說那是個太大的問題，我沒辦法了解。

朵：我想這一切又要回歸到上帝的概念。

貝：我認為我們對上帝的概念非常錯誤。我們總是把祂想成一個人、一個靈或一種能量，然後只要祂按個按鈕，事情就啓動了。我想事情不是這樣運作的。不過它太龐大了，我沒辦法理解，也由於它太龐大了，我沒辦法把它聯想到任何人。

朵：如果這種能量是可以被引導的，那麼它也可以受人類引導嗎？

貝：這種能量就是人類。這個能量顯化為人類。所以不是人類引導能量，而是能量引導人類。

朵：我在想如果有那種能量，或許是為了讓我們使用。

貝：我們本身就在使用它。我知道這很難了解，我不知道該怎麼說清楚。

朵：除非你有別的比喻。

貝：我來試試（貝芙麗是藝術家，她用自己熟悉的東西來比喻）。如果你把顏料——只能用稀顏料，因為濃稠的顏料不易流動——滴在紙上，漂亮的顏色會朝四面八方擴散，形成一個美麗的圖案。滴在紙上的顏料，就是能量滴落的結果。能量控制顯現在紙上的結果。紙上的畫並不控制讓顏料滴落的能量。你了解我的意思嗎？

朵：我想我了解。顏料滴下時，完全是自行隨機滴落。

貝：是的。不過，這時完成的那幅作品——我想的是一個墨漬圖案，不是你花了好幾個小時完成的那種作品。假設你讓漂亮的顏料從半空中滴下，落在吸墨紙上，顏料便朝著不同方向移動，形成一個漂亮的圖案。這個完成的美麗圖案並不支配使顏料往下滴落的能量。所以能量以人類的形式顯現，這是能量本身在控制的；而人類的形式就是畫作，它無法控制讓它滴落的能量。

朵：我想我是想到了一些人，他們希望能改變生活，創造自己的實相。他們是不是能夠藉某種引導方式來運用這種能量？

貝：可以，不過不能從錯誤的方向。能量那端才具有能量，才能發揮作用，並不是吸墨紙那端或人類那端。現在，人類端可以產生影響來改變結果。但這並不是源自於紙張或人體，而是源自於能量。能量可以再滴落另一滴顏料，改變先前所存在的紙張狀態。

朵：我想了解的是，如果我們可以知道該如何引導這種能量，說不定我們對自己的生活能有更多的掌控。

貝：可以，我們是能掌控。不過控制鈕是在另一端，不是在結果這端。按鈕是在能量端。我可能誤解了你的意思，不過我覺得你想表達的是，你希望吸墨紙可以發揮誘導能量的作用，引導顏料流動。但事情不是這樣的。假設你把人類當成吸墨紙畫作，又把顏料滴落的現象當成能量作用力，滴在吸墨紙上的顏料所創造出的東西是它本身所具有的顏色。但如果不再有顏料滴落，吸墨紙就會固定下來，永遠不會改變。如果吸墨紙想設法從源頭來改變能量，這是不可能的。能量，在這個例子裡就是顏料，不斷滴落在紙上來改變吸墨紙，而吸墨紙並不能改變能量。

朵：既然要在另一端才能起作用，那麼人類又怎麼能夠運用能量來改變他們的生活？

貝：他們要運用的是讓顏料滴落的能量作用力。改變是來自能量作用力，不是來自吸墨紙或人類形式，後兩者都無法造成改變。

朵：那麼他們要怎麼讓改變發生？我想要找出方法，這樣人類就可以運用這種能量來幫助自己。

貝：他們可以，不過……我舉的比喻大概很糟糕。沒有顏料持續滴落的紙張，就只是一張死寂的紙張。讓顏料滴落在紙上的能量是一個持續進行的能量交換。不過按鈕卻不是在表面這端，不是在死寂的肉體端或紙張這端。按鈕一定要在滴落的源頭那邊按動。

朵：但是我們要怎麼啓動按鈕呢？

貝：我們就是按鈕，我們不是紙張。所以每次我們滴落顏料，就是在按下按鈕。

朵：那麼我們確實能夠掌控我們自己的心智？

貝：還不只是心智。沒錯，心智是其中的一部分，不過還有比心智更強大，而且能涵蓋心智的能量。

朵：不過，這種想改變、想創造的想法或渴望，必須從人類心智開始。

貝：回過頭來說，我們已經舉了顏料滴落的例子，那就假定有一個自動滴眼藥器，所以連手都不用了，或是一個龍頭的把手。滴眼藥器也許沒有用。總之，它把顏料液滴在紙上，如果停止了，那張紙就像一處死寂的廢墟。而如果讓顏料繼續滴落，紙上的圖案就會跟著一直變動。滴落的顏料還會彼此反饋，這是因為能量以顏料的方式滴落在紙上的時候，它也給了紙張能量。這是一種自我生成的能量，它會向外擴散，回饋到源頭，也就是點眼藥器。因此，這裡就有不斷出現的改變。原來的紙張並不能引導能量，因為它本身什麼都不是。改變的開始是由滴落的顏料所產生。這樣你有沒有更清楚些？

朵：應該有吧。但我只是想要找出可行的方法，讓我們人類能夠使用這個能量，我知道這種要求層次很低。

貝：不，這不是層次高低的問題，而是人類如何在這個層次使用這種能量的問題。使用及引導那種能量有很多種方式和做法，並不一定有高下優劣之別。

朵：我想要找到可行的方法，這樣人類才能用來引導這種能量。有沒有哪種可遵循的步驟，可讓他們創造目標，並讓目標成真？

貝：有，他們有方法可以引導那種能量。

朵：要怎麼做？

貝：就在我們身體裡面，是精神力量。它不只是思想。來自紙張的心智回饋到能量源頭，這個心智跟能量源頭相較下非常微小，但它是啓動我們所希望的事物的部分方法，我想你是在問這個。

朵：沒錯，啓動生命裡想要的事物。

貝：能量本身就是生命，能量也是光。如果我們想要讓能量和吸墨紙區隔開來，那麼我們就犯了大錯。那就等於吸墨紙想要掌控能量。它必須是雙方協調的合作。能量必須流動。此外，還要重新校準原始能量，它才會受我們所引導。這需要專心和專注，調頻到固定和平順的流動頻率。如果吸墨紙希望自行運作，離開原來的流動途徑，它也可以做到。因為它有它自己的能量，這會啓動另一個循環。不過，如果是跟回饋給它本身的能量源頭相比，它會顯得非常渺小，或許還會被誤導。反饋可以讓作用力不斷運作，只要我右邊這張吸墨紙對我左邊的能量反饋，就能引導能量往返來回，從它的顯化回到源頭，再進入顯化，再回到源頭，循環不止。就算只是一朵花也是如此。能量先輸進花裡，讓花朵成長，灑落種子，然後再反饋至源頭，接著再次萌發、成長、開花、灑落種子，最後在非植物形式的階段，反饋能量進入源頭。所以這會是個持續的過程。你可以瞭解為什麼在冬天萬象俱寂，但春天一到又是生機盎然。不過人類並不冬眠，雖然他們在活力程度上會有高低起伏。這很微妙。也或許是在作夢的狀態。但只要持續回饋到源頭，能量就能綿延不絕，而且也不會消滅。話說回來，如果這張吸墨紙想自行創造些什麼，它也做得到。它會創造出東西，並一再回饋給自己。但若是和回饋至源頭的能量相比，強度就會減弱很多，就像是向外輻射出去的射線。你懂我的意思嗎？

朵：我懂，不過以花的例子來說，一切都是自動發生的。能量持續回饋給源頭。生命力就是這樣。

貝：是的。人類也是如此。

朵：不過，這是必然會發生，並不是靠念頭促成。

貝：不論有沒有這個念頭，事情都會發生。不過你可以引導它，而通常引導會來自更高層次，凌駕於我們本身的意識之上，幾乎就像是受到指導一樣。如果沒有受到充分的指導，我們的能量就會在這個時候被誤導，然後產生的結果可能就不是我們所希望的。

朵：因為我們送出錯誤的能量波？

貝：不是，我們發出去的是正確的能量波，但我們不知道該如何引導它，或是沒有足夠的力量來引導它產生我們所希望的效果，因此能量多少失去控制，陷入混亂。就像無線電波若沒有調校，就會有靜電干擾一樣。如果你調頻妥當了，結果就會非常明確。假使你沒有做任何引導就發射能量，可能就有靜電雜訊，結果可能是一團糟。這都是由於沒有正確聚焦，沒有適當引導所致。

朵：那麼我們就必須知道如何引導和聚焦了？

貝：是的。但不只是人類要知道正確的做法，創造我們的能量流也知道做法，因此我們必須回過頭去校準。換句話說，我們不是單打獨鬥。但前提是我們要調諧對準到能夠協助引導的更強大頻率，更高階的意識，而不是試著為自己拿取所有的力量並且錯誤地引導能量。

朵：不過你說過，我們必須要有更多的接觸（指與高階意識）。我們要怎麼在意識上做到這點？

貝：我想這是……如果我說「修復損害」，我怕這會造成誤導。不過這時候我找不出其他的說法。如果我們不去干擾能量的運作，它會自行運作妥當。如果我們發出的是被誤導的能量或靜電雜訊，假使不去理會，它就會消散並回歸原始能量。不過，如果當某人發出被誤導的能量，同時也恰好有其他十幾人在相同位置發出這種能量，那麼它的威力就會增加。你瞧，這就是受了誤導的能量威力。然後這會更難處理，因為這時它會開始具體成形，變成自行運作的力量。這樣一來，它就更不容易自然消散，也不會回到自然之流中。

朵：那麼它就有了自己的生命。

貝：是的。一旦成形，我們就必須用意識驅散。在此之前我們不必這麼做，因為它會自動回歸。不過，如果在相同的時間或地點送出足夠的被誤導能量，這個能量的力量就會增長，於是不斷自行運轉。這樣的能量只會產生它知道如何產生的東西，那就是被誤導的能量。除非我們中止那個能量，讓它消散回歸到正常能量，而這會是在無意識下發生的。我想，這也部分回答了你原來的那個問題。「我們要怎麼在意識上做到這點？」我們不必有意識地去做。這自然會發生。只有在它走錯或迷失的時候，我們才需要有意識地去處理。

朵：我們要怎樣打散這種被誤導的能量？因為你必須先把它中止，才能讓它回歸源頭。

貝：透過播種，這會是一種做法。我不知道是不是只有這種做法。不過，假設這個從龐大能量源頭流出的能量，流進了它的顯化——一個人類的身體。這個能量能夠顯化為許許多多的事物。不過，現在我們只拿人類為例，能量顯現為人，然後這個人會送出能量——因為現在有了能量，也有了生命。然後能量就能自行增生。所以當他送出自身的能量，假定那是受了誤導的能量，我們該如何把它中止，這就是你的問題。這要回歸到原始能量源頭，讓正面或中性的能量流入，然後以它們為種子，播種在被誤導的能量裡，等稀釋到某個程度，就可以讓它回歸到人類意識無法察覺的路線。這其中涉及到意識，所以我想要釐清。這個強大的能量源頭有它的意識，在能量往返之際，它也把它的意識散播給我們。

朵：那就是你所說的，我們無法理解的意識。

貝：是的，是的。

朵：不過，我們必須要發出正面的思想和好的思想，還是我們可以要求原始源頭送出正面的思維？

貝：應該說比較像是調諧對準源頭。那個原始源頭擁有一切，它能夠創造萬事萬物，它不只是在這個世界裡，它還遍及所有的世界，並且不斷對我們傳送這種能量。如果我們偏好某種東西，我們只要調諧對準那個波段。

朵：不過我們必須有意識地努力去做。當我們在有形身體裡的時候，我們必須被告知去做某些事，我們才會去做。

貝：他們可以用自己的意識來引導它。他們的能量也會全部湧現並創造出其他事物。如果他們想從源頭得到什麼，他們就會調諧對準源頭。只要開啓那個頻道，就可以讓那種能量進入。如此一來，那種能量就會凸顯，成為最主要的組成部分。

朵：不斷有人問我，他們要如何創造出他們想要的事物。他們想要有個方法，可以按部就班遵循的做法。

貝：是的，我知道。那會很難。我也希望能提出更有幫助的回答，不過我想並沒有這個答案。我想可以這麼說，當我們學習走直線——我不是指道德上——我是說當我們一路不穩地搖晃，能量就會沿途分散。但如果我們是順著籬笆直線行進，我們走得愈直，我們就有越多能量可以創造我們想要的東西。不過你瞧，現在的我們就是走得蹣跚不穩。所以有時候我們能夠創造出我們所希望的，有時卻是分散能量，沒有完成任何事，然後又回頭去重新創造。或許只要練習好如何走路，我們走起來就不會那麼搖晃不穩，也不會失去我們想要的一些東西。

朵：這跟信念系統是否也有很大的關係？

貝：是的，那會牽涉到你要的是什麼。如果你沒有信念系統，你就不會特別看重某樣東西。

朵：你就會沿路上有什麼就拿什麼。

貝：完全正確。我們的信念讓我們對事物有偏好，就像有人喜歡雨天，有人喜歡陽光。但雨天、陽光全是顯化出來的表象。如果沒有信念，我們對事物就沒有好惡差別了。事實上，萬物沒有好壞優劣之分，是我們的信念體系讓我們喜歡陽光更勝下雨。一旦我們到達覺察的某個程度——我們已經到了，只是我們自己不知道——我們就會有萬事萬物都是一樣的覺知，我們甚至不會試著去聚焦於如何取得想要的東西。因為我們擁有一切。

朵：有些人就是順著流動，沿途有什麼就拿什麼。他們並不知道自己其實可以挑選取捨。

貝：遺憾的是，我們都是因為這樣才受苦。我覺得那是你話中的意思。他們順流而走，不論是否痛苦，不過我要說，有一個更高的層級，在那裡，疼痛就跟舒適一樣好；在那裡，我們不會因為痛而受到影響。我們從頭到現在的所有討論內容都是如此，都是導向最後的終極結果，那就是沒有任何分別。或許我們還是要走過學習的歷程，以人類的形式——那就讓我們從那個層次來談，討論該如何回歸這個能量，並得到我們想要的。我們都處在那個學習的過程，時間或長或短。由於我們對時間一無所知，所以也就很難評斷。不過你瞧，在這裡，這個強大的能量源頭（做出手勢）並不在意自己送出的是什麼，因為所有一切都同樣是好的。在地球的我們，有我們自成一格的信念系統，因此會區分何者較好。而你問的是，我們要怎麼訓練自己只挑出好的。

朵：或者是我們想要的。

貝：或者是我們想要的，是的，也可以說是從發送出的能量裡頭挑選。我們將會經歷學習如何選擇的過程。等時候到了，我們自然會明白，所有一切選擇都沒有必要，因為一切都是我們想要的。只要明白了這點，我們就不必學習如何得到自己想要的。

朵：也就是說，不管是什麼，其實我們都可以使用。不論我們認定那是正面或負面的，好的或不好的等等。

貝：一點沒錯。一切都是能量，沒有好，沒有壞，沒有痛苦，沒有舒適，沒有對，沒有錯，沒有區分。主要是由於我們的信念體系，我們才會想要區分善惡、好壞。結果就是，我們就只想從中挑出我們想要的。當我們達到某個層級，我們就會明白這完全是沒有必要的——沒有善惡好壞，沒有痛苦安逸——於是我們就甚至不必去學習如何得到我們想要的。

朵：可是身為人類，那就是我們的焦點所在。

貝：現況如此，沒錯。在我們能夠把想要的事物帶入生活之前，我們必須先達到那樣的覺察——一切都沒有區別。因為只要存有分別之心，我們就會讓自己更難如願。只有當沒有分別心，能量之流才會變得平穩，我們才能輕鬆調諧，隨心取得想要的一切。這就有點像是，你要先有錢才能賺錢。只要你有錢，就可以以錢滾錢。當你身無分文時，就會陷入困境。所以只要我們把覺察層次提高，我們就會意識到我們能夠擁有想要的一切，不論是金錢、協助，無論什麼，一切都能如願。然而到了那個時候，既然我們知道我們能夠做到，而且那只是念頭，它就不再重要，我們也就不會那麼執著。直到我們明白了那個道理之前，我們都會執著於此，因為我們認為我們無法得到。

朵：這確實有道理。

貝：我就舉個例子。當你爬階梯時，比如說通往天堂的樓梯，每向上踏出一步，底下的那一階就消散了。就好像你投射出眼前的那一階，因為你認為自己需要那階才能繼續向上。接著當你上前一步，那一階也在你底下消散，因為你不再需要它了。你就這樣從這顆星星前往另一顆星星（作出手勢），你逐步搭建階梯，接著階梯也隨著你的攀爬而一一消失。然後你到達了這顆星星，你發現一直以來的真相原來是：當你在這顆星星上時，只要你希望，任何時候你都可以在另一顆星星上頭，而且還不必用上階梯。然而，我們知道的唯一方法就是透過這個階梯到達那裡，之後這個梯子就沒有用途了。我並不是說階梯不好，我的意思是，它不再有任何用途。如果我們認為，我們建造的那道階梯可以讓別人跟著我們上來，那就錯了。因為每個人都必須替自己搭建階梯，你不能用別人的腦袋或能量來旅行。或許我們可以用類似的說法來說明：你不能替別人生活。

朵：是的，不過那道階梯不是也為他們指出方向了嗎？

貝：只有過那種生活的人，那道階梯才能為他們指出方向。另一個人必須搭建自己的階梯，才能到達那裡。

朵：我以為，如果你學到某件事，你可以將它作為知識傳遞下去，幫助別人。

貝：是的，是可以那樣。不過階梯比較像是活力／生命的品質而不是知識。每個人都必須活出自己的生命。我們不能靠別人的幫助來到天堂。

朵：不過我們可以當個榜樣，示範給他們看？

貝：是的。每個靈魂做自己該做的事，不論你想不想，你都是在做出示範。事實就是如此。處在某個覺察層次的另一個存在體，可以看到這些範例。實際上，他們無需借助或運用別人所學到的，但他們認為他們需要，於是他們就需要。

朵：他們不想從零開始，完全由自己弄清楚一切。所以我們才會有範例，才有書本。

貝：是的。如果這有幫助，我們也能用來當作指引，這樣很好。這麼做沒有什麼不對。事實上，如果地球從古至今就只有一個人，前無古人可以作為榜樣，最後他還是能夠攀上那顆星星的。而且，果真時間存在的話，還可能同樣迅速到達。

朵：這要靠他自己去想出做法。

貝：這和想出做法沒有關係，這是一種自然進化。你把種子埋在土中，它就會成長，長成它所是的植物。如果你種了一顆橡實，就會長出一棵橡樹，不會長出一棵樺木或一隻兔子。我們內在就有足夠的資源。即使我們是完全孤單，最終我們仍然會到達相同的地方。不過，由於我們周圍有靜態能量干擾了自然之流，我們才會想抓點東西來幫忙。因為靜電在那裡，而我們認為我們需要協助，於是我們就需要。但追根究柢，這一切都不是真正必要的，不論如何，我們最後都會抵達那裡。我們希望有人能幫忙或認為那是幫忙，純粹是因為要讓我們人類的心智感到放鬆。

朵：是的，那是其中的人性面。你從頭到尾提到的這個能量，我很想知道，我們的人類靈魂在這裡是扮演什麼角色。

貝：那大概就是你們所稱的「靈魂」。也就是心靈、生命力，這是我所能想出的最貼近說法。我在這裡談的，你們通常就稱為「靈魂」。

朵：那就是肉體死後留存的部分。

貝：是的，因為它還會一直繼續。能量不可能消失。

朵：不過，靈魂似乎仍然保有個人特性，以人格形式存續。

貝：靈魂可以隨心所欲做任何事，它能有花的特徵，也能擁有人類的特性。要不是延續先前的覺察狀況，就是有了不同的覺察。它能做它想做的任何事。它就是創造。

朵：能量還是靈魂？

貝：都是一樣的。它能自行分裂或凝結成一個大型的存在體。想像你從一條水管的噴嘴灑水。轉動和調整噴嘴，你就可以讓水流變成滴滴答答的水滴，或是聚成一條水柱噴出。你可以讓水流變得更寬或是細小的水花。你可以隨意調整。道理是完全一樣的。

朵：這聽來也很複雜。所以我才會要求你用我能夠理解的話來說明。因為如果我不能理解，我就很難轉達給別人知道。

貝：邏輯上的理解跟覺察不一樣的。我想我們也可能覺察和知道某些事，但並不了解其中邏輯。這就有點像是把方形木樁擺進圓孔裡，兩者並不相稱。

朵：所以我們想要了解都很困難。我們受限於我們的大腦。我們只能領會並感覺它是事實。

貝：是的。只要我們被信念體系限制住，就很難瞭解其中的邏輯，甚至完全不可能了解。因為我們信念系統的範圍十分狹隘，而我們設法要理解，努力要覺察的卻又那麼恢宏，結果就沒辦法納入我們信念系統的細小框架。我們要先拋掉框框架架，否則我們就無法全盤容納。然而，不論你瞭解與否，它都會發生，因為那就是它的本質。

朵：我想把這些東西寫下來，好讓人們對此有所覺察。

貝：是的，而且這會非常有用，因為這能擴展人類的信念框架。而且還可以看到別人的腳步，這的確會有幫助。看到前人腳步，允許我們的覺察框架往外擴張一些。而你針對這些事情的寫作，能夠幫助人們看到那個框架的另一側還有東西。他們可以把框架稍微向外擴展，把那個東西納入。他們如果持續這樣做，不斷這樣做，最後他們的框架就會擴大到能應付這所有事物。噢，不是所有一切，不過這會是個持續的進程。

朵：換句話說，他們要先準備好，否則無法應付。

貝：這是事實。你可以寫任何你想寫的書，不過除非有人願意閱讀，要不然對那個人也不會有任何幫助。寫書或許對你有好處，也或許對別人有好處。但它不會幫上那些還沒有準備好要探出框架的人。等到他們準備好時，任何小事都會有幫助。

朵：那時他們就會自動尋找可以提供資料的東西。這些對你來說很明白清楚，對我卻很複雜。

貝：我也不是那麼明白，我只知道事情就是這樣。

* * *

朵：我們讀過有關宇宙心智、宇宙意識方面的資料。我們是不是真的全部都以某種方式互相連結，而一旦我們變得更開悟，是不是就能從宇宙心智取得資訊？

菲：那是真的，因為到頭來，萬物都是一體，上帝的概念涵蓋了所有創造。所有的一切。因此，既然你們每個人都確實是整體的一部分，那麼你們每個人也確實都是其他人的一個面向。你們確實是彼此的一部分。

朵：形上學的療法就是這樣才有的嗎？在哪裡可以取得操作的能量，那些把我們全都串連在一起的能量？

菲：這要更複雜些。不過，你的觀點沒錯，你提到的能量全是屬於你們自己的一部分，而你們也全都屬於那些能量的一部分。就好像你們是在能量池中游泳，而你們本身也就是讓你們可以在裡面游動的水，都是屬於能量池的一部分。透過操作周圍的水，你們可以激起水流，讓水流從你們這裡流向旁人，或從旁人那裡向你們流過來。這些水流就是我們談到的能量。你們只需要用心智來引導這些能量，就可以形成這些水流。這種水流可能存在於不同地點的能量庫，供需要的人取用。當你們進行這種運用的時候就會發現，你們可以從能量庫取得所需的能量。這種操作可以創造能量，也能消散能量。在這個層面的你們，用最真切的話來說就是：你們本身就是神。因為在你們自己的層次，在這個覺察的次元裡，你們有辦法行使創造之實。然而，你們還不能和你們心中的上帝概念相提並論，你們還沒有達到涵蓋整體的偉大程度。在這個層面的你們，沒有人可能達到那種層次。即使如此，你們每個人內在還是擁有完整的整體意識。而且你們也確實都有能力創造。因此，按照你們對上帝的定義，你們就是造物者，你們本身就是神。或許不是你們所認定的上帝層次。不過這裡的重點是，你們本身確實都是造物者。

* * *

菲爾：世上存在著物質能量光譜，你們所察覺的自然物質，是由一些能量以適當比例構成的。不同能量的適切組合，顯現為各種物質形式。你們在身邊所見的物質形式，是由許多種物質能量合併形成，顯化生出你們看到的不同形式。你們的眼睛能感知到那些能量，你因此而感知到物質形式。

* * *

布蘭達：我在一個交叉點上，那是好幾個相連宇宙的交會處。我正在觀察宇宙怎樣互動，也在觀看宇宙在它們的存在構造裡所產生的模式。

朵：聽起來很複雜。好看嗎？

布：是的，很美。確實是複雜又美麗，很難描述。這要看你是看它的哪個層面而定。它的其中一個層面看起來就像是——你知不知道片狀閃電（sheet lightig）的樣子？（知道。）想像片狀閃電具有所有能夠想像的色彩，它們全都在彼此互動。各種色彩的各種片狀能量四處流轉、閃爍。而當你看著它的另一個層面，你會看到時間網格向各方彎曲、互動和變化。所以我才會說，這要看你是看它的哪個層面而定。還有其他的層面，非常複雜，而且非常漂亮。

＊　＊　＊

布蘭達：我正在觀察的是構成及固定宇宙基本能量粒子的網絡。你可以用幾個不同方式來描述，這要看你是怎麼感知，還有你是從哪個組織層面來觀察而定。一方面，那看來就像是一張編織鬆散的毯子，每個股線都代表某類能量，而且編進織出，與其他多股能量互動，讓一切都條理有序地聚攏在一起。另一方面，如果你用另一種方式來觀看，那看起來就像是一大片的能量霧，既然一切都是能量，它當然會四處瀰漫。你就彷彿身在霧中，並能分別看出組成霧的每顆粒子。就你們地球層面來說，霧是由細小的水氣粒子構成。你彷彿能夠看到每一個單獨粒子，每顆都很特殊也都很完整。然而在這個例子中，每顆粒子都是能量粒子，都是有生命的，各有獨特的存在方式。這很令人興奮。粒子在細小的作用圈內振動和運行，一群群的無數粒子到處都是。

朵：它像是原子嗎？

布：比原子更小。原子是能量粒子的群集。這就像你們科學界試圖要研究的——次原子的物理特性。（停頓）我想不出該怎麼用你們的語言來表達。你們的科學界採用的名字都很奇怪。夸克？它們就像是細小的能量微中子，這些能量和粒子，都與你們語言中所稱的新物理學有關。由此可以初步瞥見萬物的真相。由於這是個嶄新的研究領域，你們對此還沒有什麼認識。你們才剛開始推測這些面向的存在面，你們的科學界正設法熟悉及描述這種屬性，要制定規則來解釋他們所觀察到的事物，不過他們所觀察的面貌還很不完整。用比喻來說，就猶如一部在你們電影院播放的冗長影片，你們看到的只不過是整部電影裡面的一格畫面，然後你們就試圖解釋電影的內容和劇情。

朵：只從一格畫面？

布：沒錯。而那就是你們的科學界針對這種能量的研究方式。他們觀察到的，大概就相當於那格畫面的局部小細節，或許是在這格畫面中某個演員的髮色。然而他們卻努力要從這個資訊來建構出那部電影是在演什麼，包括劇情、編劇、配樂等等。這是不可能的事。他們必須學得更多，觀察更多，然後才能知道真正的情節。他們現在已經把這種新物理學和神秘學的古老科學正確地串連起來。古老的玄祕科學，部分是舊文明的殘跡，部分則是來自千古以來的觀察所得。這是人類觀察並試圖解釋這種能量霧所產生的事物的成果。

朵：不過他們怎麼能看出全貌？他們看不到這些事物。

布：是看不到，不過他們可以觀察這些事物的影響，這有助於他們了解這類事物。重點是，他們必須對一切抱持開放的心態，不論看起來有多麼荒謬，或乍看之下是多麼的不合情理。因為所有不合情理、看似荒謬的事物，也全都是宇宙的一部分。這類事物都被貼上了「偶然」和「巧合」的標籤。

朵：你說這是以玄祕科學為基礎，但許多人都覺得那就是指巫術和超自然的神祕學。你是指這個嗎？

布：是的，部分如此。在你們目前這個年代，人們已經和自己的根源劃清界線。而在劃清界線的過程中，他們也拒斥神祕主義，他們說自己是有知識的現代人，說科學能解釋一切。當科學終於發展到了它的極致，到時所有人都將是神祕主義者。我所謂的神祕主義，是指和高層次有關的一切事物，包括巫術、神祕學，還有東方的各種神祕信仰，比如佛教或印度教等等。

朵：許多人都把這些歸為同一類，視之為黑暗面。

布：是的。這種力量也會被濫用，做不當用途，就跟所有東西一樣。不過，熟悉這種力量，對它感到自在，並用來解決問題，這對人類會有好處。現在還是有幾個比較開明的文化，比起其他文化更能接納神祕學。而你們的文化則是完全閉鎖。但有許多人會在生活中應用古老的智慧，幫他們維繫傳統活力，這很重要。人類似乎有種特性，碰到不了解的事物就會全歸為同一類，把它們鎖在櫃子裡就此遺忘，或是設法忘掉。然而，一切存在都可以是學習的對象，而且你們也可以由一切存在得到好處——有些事物的好處還更大。比如說，你們的醫學界已經發展出疫苗，如今所有人都會使用疫苗來協助預防疾病，以及避免身體的失衡。至於先前的文明，他們的科學家則是發展出如今所謂的神祕主義，幫助所有人預防整體諧態失衡。就其本質而言，那種成就也正是如今你們各門科學設法要達到的目標。他們的科學在起步之時，就是類似這種獨立的學科，隨後才結合成更為先進的知識領域。而且他們明白，一切事物都是一體的，那是和諧的整體。不同的學科融合為一，人們也學習並應用那時發展成形的知識。這就是所謂的神祕主義，因為他們對終極的渴求，並由此發現組織起一切的能量。如果某人對此有所覺察，知道該如何改變或操作來達成你的期望，同時還能與之維持和諧，那麼所有需要做的就都完成了。

朵：你的意思是，他們發現自己並不需要醫藥？

布：當他們達到這個能夠與整體調諧一致的層次，他們就不再需要醫藥了。醫藥成為多餘之物，因為很少有人生病。他們知道自己哪裡失衡，然後他們就調整能量，讓一切回歸平衡，因此不再生病。

朵：你可以告訴我有哪些文明發展到這麼先進的程度嗎？

布：有好幾個文明，它們彼此間也有交流。那是一種普及全世界的知識，只是分別位於世界的不同地區，彼此對事情的看法也有微妙差異，這是文化不同的影響。比如古文明亞特蘭提斯，還有南美洲的一個；東方世界則有好幾個文明：一個在印度，一個在如今稱為「西藏」和「斯里蘭卡」的山區。而稱為「中國」的地方，也出現了兩種不同的文明，不過它們都彼此和諧一致，因此被視為一個文明，只是具有雙重文化。這些文明全都對科學做出了貢獻，分別從自己的觀點幫忙建構出完整的體系。

朵：其他這些文明，是不是都和亞特蘭提斯同時存在？

布：是的。亞特蘭提斯的年代比其他多數文明要早，不過全都是古老的文明。西藏及南美洲的文明，和亞特蘭提斯差不多同時開始，而其他的文明則是在稍晚才出現。不過，它們的存續時間都夠長，因此全都發展到先進程度。

朵：我想許多人都以為，其他的文明是在亞特蘭提斯消失後才出現的。

布：亞特蘭提斯消失後，確實有一批新文明出現。亞特蘭提斯的毀滅，震撼了全世界，影響也遍及人類的各個範疇，包括科學、藝術等等。亞特蘭提斯是主要文明，是整體文明的核心；當它被毀時，似乎讓其他文明的生機能量也元氣大傷，結果就開始沒落。不過其他這些文明造就了現代的世界。

＊　＊　＊

布蘭達：我正在觀看時間的完整結構。結構非常錯綜複雜，幾乎就像是一個以纖細銀線織成的中空球體。這些銀線全都彼此環繞交織，和原子的三維模型非常相像，也很像是你所見的電子繞行方式。有一串銀線這樣繞，另一串銀線則和上一串垂直相交繞行，以此類推構成了中空球體。這很難描述清楚，太錯綜複雜了。

朵：聽起來是很複雜沒錯。

布：這件事可以帶給你希望，既然有這種構造，那就表示一切都有可能發生。因為所有的可能組合都在這裡呈現。

朵：你的意思是，那並不是固定的，不是注定的，沒有預定該往何處去。

布：沒有，所以才會有心想事成一類的事發生。因為，如果你希望某件事情成真，你對此冥想，把精神能量朝著想要的情況投射，就能引導你的生命進入那段時間之流。

* * *

布蘭達：這應該是老調重彈了，因為你都已經聽過了，不過我再強調一次也不嫌多。首先，你必須了解，產生能量的任何東西都會發出振動。光是一種能量，它們發出光振動，於是你會看見它們放光，比如燈泡。或是發出聲響的某個東西，你聽到它的聲音，那也是一種振動，同樣也是能量。你的大腦也能產生能量。你腦中出現的一切都會滋生能量，因此也都會產生振動。這就表示，你的一切身體歷程，或你的一切思維或一切情緒，都會發出振動。這些振動會影響到你周圍的以太體。你的身邊充滿了各種振動，從億萬個不同來源發出，穿射過你的身邊。這類振動來自所有層次，有各種強弱程度。由你腦中發射的能量，足以影響其中幾個層次的振動。正因如此，人類可以藉由意念來影響未來結果。我知道你先前就已經聽過這些論點了，不過我還是要再對你說明一次。這樣一來，如果事情一開始似乎不怎麼奏效，你也不會感到氣餒。只要你按照你希望的結果繼續冥想，就能實現你想要的結果。偶爾，結果會以出人意表的方式出現，因為振動有時需要通過許多管道去影響必須影響的事物。我可以清楚知道這些，卻不知道自己的解釋是否讓你明白。

朵：你說得很清楚。如果我有什麼困惑的地方，我會問你的。

布：你們的大腦是你們身體的振動核心，而且這些振動都有個焦點，稱之為太陽神經叢。那就像是一種聚光燈。太陽神經叢凝聚這些振動後，再發送到全身各處，並向外至你們的氣場，讓一切保持平衡。這就是為什麼當你冥想並敞開身心吸收振動，為自己的振動補充能量的時候，你應該想像振動由你的頭頂貫入，然後向下到你的太陽神經叢。於是太陽神經叢就可以讓振動向外散布到需要振動的身體部位，讓身心保持平衡。

朵：我曾經被教導要讓它通過全身，為每個脈輪補充能量，接著再讓多餘的能量向下通過腳部進入地面。這樣做正確嗎？

布：這樣做沒有錯，這是一種做法。當振動分別經過每個脈輪時，不要忘了為太陽神經叢補充能量。這樣就可以讓你的身體恢復活力，你也必須確定讓你的氣場恢復活力，氣場就形同你的身體向外延伸。此外，多送一些能量到太陽神經叢，這可以確保你的氣場活力恢復到最高極限，有助於保護你免受可能發生的一切傷害。然後，若是還有額外的能量，沒錯，就應該要透過腳底送給地球母親。這能為你的氣場補充能量，並在你的防衛低落時幫忙保護你，好比當你睡著的時候。利用白天多做點防衛措施是明智之舉，比如想像你的氣場光芒燦爛，發出白色或金色光芒，或者想像你身邊環繞著能量金字塔。盡量運用各種能夠讓你感到自在的做法，因為當你和其他人互動時，你會需要更多保護。到了夜間要就寢時，你的氣場也應該要有充分的保護。或許你也可以在快就寢前，想像身邊有能量金字塔環繞；不過你不用太擔心，因為你在夜間的睡眠期間會受到保護，我們有表現非常稱職的潛意識。如果你是以斜躺方式來觀想金字塔，就想像自己是在金字塔內，約位於底部上方三分之一處，因為那裡是金字塔的威力所在和能量焦點。

朵：你的意思是，身體彷彿是從金字塔的底部浮升到那個高度。

布：是的，不過你還是要完全被金字塔包覆，連你的身體底側也一樣。這種想像威力非常強大。這是重點所在，很難把金字塔的所有功能解釋清楚。

朵：很多人對我說過，什麼都不用擔心，沒有必要去防範任何事情。

布：那就像是閃電。閃電是種中性的力量，沒有好壞，就只是在那裡。閃電的威力非常強大，可以用來發電，也可以殺人。這類力量基本上都是中性的，只要小心謹慎，大家都可以用來完成自己的目標。不過在此同時，當我們開放自己去探索及體驗新的經驗時，我們必須確定自己是被保護的，因為這類中性力量並沒有道德規範。它們只是按照本身能量在特定情況下的流動方式來運作，而你必須確定自己不受到負面電流的傷害。這是我們的忠告，它可以幫助你進步，也讓我們更容易和你溝通。

朵：你剛才說到，發出這種振動來實現想要完成的目標。（是的。）一旦你把它發送出去，它就必然會發生嗎？

布：有些東西可以影響它。比如說，你送出想要某事實現的念頭。然後發送出去的念頭就會開始讓事情逐漸落實，最後大功告成。不過，如果你之後覺得氣餒或感到沮喪，然後送出這樣的念頭：「唉，這永遠不會實現了。」這就會削減推進力量。然後當你度過低潮，你必須再次發出強勁的正面念頭來恢復動力，這樣才能達成目標。

朵：再次強調最初的那個念頭？

布：對，這對任何事都會有用。你生命中的任何改變，不論是工作或私生活部分；你和某個人的交往，或是你想做的事或個人夢想，不論什麼事都行。

朵：有人告訴過我，思想的威力非常強大，它能夠達成你的願望。

布：是的。所以你才必須小心負面的想法，因為它們的威力也非常強大，它們會幫倒忙，把你的正面想法抵銷掉。因此，如果你希望你的正面想法能夠實現，就要持續對它們正面思考。密集冥想並進行觀想，實際想像事情成真的畫面。你對這個概念熟悉嗎？

朵：你是說觀想它就像已經實現了一樣？

布：是的，你甚至可以想像自己飄在半空中，俯看著事情成真。之後再想像事情成真後所發生的一切正面變化，以及這個世界和你的生活會是什麼情形。

朵：有人也告訴過我，要觀想它就像已經實現了一樣，並且盡量加上細節。

布：是的，正是如此。你可以加上對話、感受和其它種種，就好像你是在觀察生活實況。記得，計畫愈大，有時候需要的時間就愈久，因為你的想法必須通過更多管道才能使得它們適得其所，落實你的願望。

* * *

在一次團體聚會中，我們詢問的是療癒能量的相關問題。有位來賓提問：「我對幫助他人恢復健康很感興趣，用來幫助他人的能量是來自哪裡？」

菲爾：我們先前談到的宇宙能量，就是你問的那種能量。你只需要打開心智就能凝聚這些能量。開放和接納，然後你的心智便能發揮相當於水晶的功能。

朵：是不是任何人都能夠使用這些能量，還是擁有特殊療癒稟賦的人？

菲：全宇宙幾乎所有人都可以使用這些能量來嘉惠自己，或者用來幫助他人。這些能量並不專屬任何人使用，你可以就你的需要，在適當時候使用這些能量。

朵：這些能量會不會傷害提供協助或接受療癒的人？

菲：是有一種所謂的超載現象，但不會造成嚴重傷害。這只是一種能量失衡的狀況。使用這些能量不會把人害死，別怕，因為這都是上帝的恩賜，和你們那個層面的陽光和空氣同樣可靠。真誠的珍惜和運用這些能量，能量到時也會珍惜愛護你們。

來賓：有些人在接受了我們所說的「療癒」後，在短期間內，比如六個月或一年之內，卻出現了另一個問題，或原來的問題又回來了。

菲：你是說療癒效果沒有持續或者無效？

來賓：就我們看來，是這樣的。他們恢復健康一段時間，但不久後原來的毛病又復發了。

菲：是的，這很自然。療效不見得都能持久，如果病情嚴重，就必須定期再做診療或強化治療，這麼做才妥當。這並不是看輕療癒的效果，也不是在增長疾病志氣，這完全是就事論事，有些疾病還是需要額外的輔助治療。你運用這些能量的次數愈多，對所產生的療癒作用就愈熟悉，也愈能掌握。有些疾病或許只需要一次短暫療程就可一勞永逸，但其他疾病則有可能需要長期治療，有時還要持續一輩子才能療癒。從療癒角度來看，你可以想像一個漏水的桶子，如果水桶有洞，你就必須不斷添水。除非你把洞補起來，否則桶子就會一直漏水。以這個圖像來比喻的話，療癒在這裡只不過是在為桶子添水，只能暫時應付症狀。治本的方法必須把桶子的漏洞補好，才算完成療癒。

來賓：我們死亡的日期有沒有可能預先就規劃好了，有沒有可能早就寫在DNA或者說遺傳基因裡面。例如某個人出生了，注定的壽命是三十五歲，他有沒有可能碰到意外早夭，或是可以延長壽命。這有可能嗎？

菲：有可能，因為有很多不同的原因。首先，可能會有預先安排好的時間表，但也有可能因為不當飲食或不良的生活形態或意外而提早身亡。也就是說，許多事情都有可能在生命的桶子上戳出漏洞。至於生命期限，有生就有死，為了進步，死亡是有必要的。若是沒有死亡來讓人類走向靈魂界域，就會發生停滯的現象。死亡也能使人類走向靈性面。這種成長是持續的過程，在過程中可以學到許多課題。

來賓：我只是感到好奇，我們能不能以自由意志來延長或縮短生命，也納悶我的DNA裡面是不是有某種預先的安排。

菲：最長的壽限在DNA裡面已經設定，但實際上的壽命幾乎可以肯定是決定在個人。

這段談話轉移到運用能量來改善財務的狀況。

菲：這種能量或許會讓你驚訝，你會發現這幾乎是一模一樣的能量，只是以不同方式顯現。帶來財富的能量和帶來健康或疾病的能量，確實是一樣的。這是不是讓你大吃一驚？要刺激財務能量，同樣可以運用觀想和肯定語句，與療癒能量所用的方法相同。這就相當於你用同樣的白光射過兩塊稜鏡，一道是偏藍的光線，另一道則是偏綠光線。但這的確是相同的能量，只是有不同的詮釋。基本上，能量是中性的，結果如何純粹要看是如何使用。這個能量可以帶來貧窮或財富，也可以帶來健康或疾病，能帶來快樂和悲傷，也能夠讓神智更清明或狂亂。它如何顯化向來要看如何使用這種能量以及意圖。

朵：多數人都認為能量不是好，就是壞。

菲：許多人會認為別人對不起他們，是別人的錯才會有不好的事發生。這麼做其實是違抗了他們本身生存的目的。這個目的就是去學習如何聚集這些能量，讓它們發揮建設性的功能。這確實就是生而為人的最根本原因，也就是學習成為能量的操作者。

朵：也許那就是我們努力要學習的功課之一。

菲：那是我們所有人都要努力學習的功課，也是你們來這個星球要學習的。療癒的功課、愛的功課、理解的功課、耐心的功課，所有一切都可以回推到這一點。所有這些都根源於一項基本原則：能量的運用。如果有人不當操控這種能量，或者無意間做了操控，就會發現他們在自己身邊創造了無益的情境，或是偏離了真理的正軌。化身為人的學習目的，完全是為了學會更熟練地操控這種能量。在你所作的一切，你都是在學習操作能量於不同的方面，不論是應用在財務、政治或健康，或是其他許許多多的用途。

朵：大多數人並不了解，他們吸引來他們想要的事物，即使是不好的事。

菲：倒不見得是他們吸引來的，應該說是他們顯化了它。它們並不是原本就在那裡，然後才來到你們身邊。當然，你知道這裡的討論涉及了語義學，不過這點是需要好好理解。你們確實會顯化你們所碰上的事。它並不是在四處漂浮，然後就這樣依附上你，接著你就發現自己陷入了痛苦絕望的困境。不，不是這樣的。人們所處的令人不快的情境是被顯化出來的，這是因為能量運用不當或能量被誤解所致，它並不是被帶向某人，而是透過某人所產生。

朵：有人會說：「不管做什麼事都不對，不論我做什麼，沒有一件可以成功。」

菲：那會強化這種「厄運纏身」的概念。有些人終其一生都在想，自己活得有多麼委屈，日子過得有多悲慘。他們的那種念頭只會把能量導入那種處境，最後就是得到自己一直在想的。

朵：當然了，他們不會承認這種處境實際上是他們自己造成的。他們會說：「我不希望不快樂。我不希望生病。」

菲：正是如此。一個人最不想聽從的人就是他自己。現在，在這個星球的你們，對情緒和健康的關係還缺乏了解。如果你們能夠把這些知識整合起來，療癒就會發生得很快，也有效得多。從情緒角度來看，也可以說，把失衡狀態帶入和諧狀態之中，只會讓失衡狀態擴散到全身，顯現於外就是身心失衡或生病了。當這種「不健全」被帶進身體系統並傳遍全身後，你會覺得侷促不安，身心失調，這是從情緒角度來看。若從數學角度來看，如果你有某種所謂的完美方程式，不產生餘數也沒有公約數。……我們這裡要更謹慎一些，因為這個載具（指菲爾）對數學的理解力沒有那麼好，我們會使用他的程度來解釋。如果你能看出，有一道方程式能夠滿足特定的運算組合，而且能求出完美平衡的解，那麼這就是一種和諧狀態。然而，我們如果把一個變項或數值代入這個方程式，或許這時會出現餘數，這項方程式就沒有求得完美的解，我們可以說，這時出現了失衡狀態或生病了。以數學術語來說，就是產生了餘數。

朵：意思是不能整除。

菲：沒錯。我們還可以從音樂來聯想，就是不和諧音。這些都是「類比」法，你們可以從中挑出一種來想像。這些事件，完全是你們自己在一個或多個覺察力層次所選擇和製造的。

朵：那麼這些人應該如何重新校準，或者說，應該怎樣讓自己回到和諧狀態？

菲：他們應該觀想自己始終都是待在最理想的處境裡。他們要根據這個事實來運用自己的判斷力，這樣才能讓自己的生活維持在這種理想品質的層次。永遠要把這種和諧的元素放在心中，這樣一來，你的感受才最有利於達成目標。人類覺察力的所有面向都是如此。記得，我們會接收到的和我們所做的，始終都是和自己最相稱的。這樣一來，你們自然會被引向自己，你們可以與自我對話，傾聽它的答案。事實上，你們是在顯化最和諧情況的實相。這個星球有許多人覺得，為了讓事情顯化，他們必須執著，不容許出現其他狀況。這種想法錯了，因為一個人所說和所想的往往不一樣。一個人所相信的通常不是他所說的。因此當一個人說了某件事而引發的反應，很可能跟他所說的相當不同。人們會讓自己最害怕的情況成真，因為他說自己不會碰上這種情況，或說這種情況絕對不會發生。然而透過持續想著那樣的念頭，他就會創造出那種情境。所以當他們強烈表示自己不想碰上某種處境時，往往結果卻是要面對那樣的處境。

朵：那是身為人類的矛盾。

菲：沒錯。這是作為能量操作者要面對的矛盾。這也是陷入了不那麼開悟的陷阱。因此目前在這個星球上的人，如果想要操控能量，就要變得更開悟才行。而且要更深入了解，如何顯化真正渴求的事物。

朵：只要人們能夠體認到他們確實可以控制情境和事件，就會讓他們的日子好過許多。

菲：沒錯。他們可以享有每個人都在尋找的和諧生活，而有些人確實比較精於此道。我們要對在座來賓說的是，現在你們每個人可以看清眼前的旅程，簡單來說，這個星球上的所有人都要步上相同的旅程。許多人對此已有較多的覺察。

朵：我們全都是在同一條道路上，只是各朝著不同方向前進。

菲：是的。不過，所有道路最後都會殊途同歸，在同一處地點會合。

朵：只是沿途要歷經許許多多的轉折。

菲：正是如此。

第九章：人體DNA改造

一九九九年，我在幽麗佳溫泉市（Eureka Springs）參加幽浮研討會時，曾對路易吉進行一次療程，這是我第一次聽說人類體內的DNA出現變化。再往前推幾個月，我在佛羅里達州的一次研討會上，認識了他的母親，卻騰不出時間為她做私人療程。當時我向她提到幽麗佳溫泉市的幽浮研討會，於是她決定和女兒一起來。她打電話到義大利給兒子路易吉說明這件事，他便從歐洲遠道前來參加。他抵達後，他的母親覺得他比自己更需要進行催眠，因為路易吉有些令他不安的幽浮經歷，他想探究內情。我的催眠師朋友哈莉葉出席旁聽，路易吉的母親也在場。哈莉葉認為我可能很難聽懂他的口音，而且他在催眠狀態下，或許很難把意思翻譯成英文。結果我們都沒有碰上問題。

他在療程開始前，先就他所記得的事對我說明，於是我們計畫回溯到那天，更深入了解詳情。當時他是在義大利，晚上到帕維亞（Pavia）修習表演課程，事情發生在他開車回家途中。就他記憶所及，他和女友看到天上有一道光，於是在高速公路上靠邊觀看。事情就只是這樣，然而這事卻一直困擾著他。

我們在療程中發現，當時他不只是看到光，出現的狀況還要更多，對此我並不感到驚訝。路易吉進入深度出神狀態後，再次體驗了當時的情況。他們認為，那道光或許是撞機事件，便在高速公路上靠邊觀看。當他們走出車外時，看到一架龐大的船艇緩緩移動到他們頭頂才停住。接著底側有扇門開啟，一道光束向他們射過來。接下來他就看到自己在一個房間裡，躺在一個平台上。那裡很像是手術室，頂上有大型的照明燈。他坐起身來，看到一個存在體向自己靠近，而且看起來似乎完全是由光構成的。讓我驚訝的是，那個存在體竟然上前擁抱他。此時路易吉變得很激動，他說：「我在那裡覺得很安心，很快樂。」他找不到適當的英文詞彙來描述他觸摸那個存在體的感覺。「就好像有人給你能量，而你也感覺得到。當他擁抱我，感覺上他是實體的。但如果你去碰他……他卻只有光，沒有實體。」

接著我希望能向那個存在體請教一些問題，他也同意了。他說，路易吉當時是在一艘太空船上，而且他並不是第一次去那裡。我問道，為什麼他不記得，路易吉說明：「這是為了我好。我以後就會知道，現在還太早。」他說這已經持續了有一段日子了，而且他們在其他前世也見過面。按照我們的時間算法，那個存在體已經活了六百年。

我以往做這類案例時，也聽過這種說法。許多時候，這些存在體都會伴隨個案的靈魂度過好幾個人世，而且也和他們互動，因為他們可以想活多久就活多久。有時外星人會感到挫折，因為那個人並不記得這些事，於是就必須再提醒一次，要他們記起協議，以及對計畫的承諾。

路易吉用不流利的英語來複述那個存在體對他說的話。「時候到了我就會知道。我在將來要發生的情況裡會扮演重要角色，他們早就告訴過我了。重大改變。對地球來說，非常重大的改變。各大陸板塊都要移動。還有水域……而且他們會回來。我們什麼都認不出來。他們會為我們感到很傷心。人類一直在做各種齷齪的事、愚蠢的事。不過世界還沒有走到末日，這是一個時代的結束。」那些存有束手無策，無法制止這類事情，不過他們都努力地要讓事情緩和下來。他的角色是要救人，而且他們會教他該如何處理。

當然，我不免要問這會是多久以後的事。他們說快了。我知道這並沒有透露多少訊息，因為他們的時間感受和我們的不同。他說：「最多二十年。」接著路易吉便看到一場大爆炸，還有一陣毒氣雲霧就要擴散大地，人們奔逃躲藏。

接著他又聽到我在本書曾提過的事，那就是他們有能力拯救一批人，也會選定一些人把他們帶上太空船隊。到時會有許許多多的船艇，而且民眾必須長時期住在船上，然後他們會被帶回來。「有外星人的幫助，我們會繼續成長，重新開始。一切都改變了。這對我們會非常艱困，過去已經發生過這樣的事了。」

我問這些人是誰。「他們來自不同行星，不同星系。就像個聯邦？要來拯救這個星球。他們主要是來幫助我們，因為我們是不同的（指他們是志願來幫助地球的外星靈魂）。而這個星球也必須被拯救，因為我們會改變，而且我們也不會再有外面這一身皮囊了。他們在各個星系四處活動，大半是在我們的銀河系，因為我們的處境比較艱難。此外，我們只靠自己沒辦法脫困，老是愈陷愈深。我們也不會像現在有這種實體，他給我看過我們將來的樣子。我們看來就像是……有點像是鬼魂，卻還有個輪廓。」

朵：鬼魂。你的意思是能夠看透那種？

路：不盡然。那很難描述，我不知道該如何形容，就是沒有實體的身體了。

朵：比較像是靈魂？

路：是的，但不是靈魂。他現在正顯現給我看，但我不知道該怎麼說明。不像他們的樣子，但又很接近。他剛顯現給我看，他就這樣變成了一頭豬。這是要讓我知道，他可以隨心所欲變成那個樣子。

朵：是的。告訴他，我了解他在講什麼。他是一種能量的存在體，沒錯吧？（是的。）他可以隨心所欲變成不同的模樣。不過他說，將來的我們不會是那個樣子。

路：很近似，但不完全是。

朵：就某個程度而言，還是有形的吧？（是的，是的。）到那時候，還需要食物嗎？

路：不像現在需要的那麼多。不一樣。

朵：還需要睡眠嗎？我們身體需要的東西還會需要嗎？

路：只有少數幾種需求，不過不需要睡覺。

朵：到那個時候，還會創造出其他生命，比如……我想的是繁衍？

路：他說性方面會有不同，不再是肉體的了。到時候是能量的結合，不過他說，那種感覺很棒。反正就是感覺很好。現在他正顯現給我看，就像是兩個球聚攏在一起，產生出某種東西。這很難解釋。

《監護人》一書對這類的繁衍方式有所描述。

朵：我想我了解你的意思。不過，我想要知道，這是否還能算是實體的，有哪些差別。將來我們是不是還需要類似現在的這種房子和建築物？（是的。）還有都市。

路：都市？因為我們不會和他們一樣，所以這問題問得太早了。

朵：如果我們不盡然是實體，那我們還會用我們的肢體來建造東西嗎？

路：用頭腦。心智力量將會非常強大，那時候我們不用再開口說話就可溝通，還能過更充實的生活。

朵：他能不能回答有關你的問題？因為我知道路易吉一直感到納悶，覺得自己最近不知怎麼了，他說自己醒來時，身體會打顫、振動。這位存在體能不能告訴你，在那個時候是發生了什麼事情？

路：好的。我們是在對身體系統做工作，對DNA做工作。把它建成……螺選（語音。不懂，他指的是螺旋嗎？）。

朵：請你解釋這是什麼意思。

路：我們有人類的雙螺旋DNA。將來我們會有十二股螺旋。

朵：我們為什麼要有十二股？

路：那是我們可以達到的較高層次。

朵：這樣對身體會有什麼幫助？

路：因為我們原本就有十二股，在幾千萬年前。

朵：發生了什麼事？

路：遺傳實驗。可以讓我們恢復為十二股。他們縮減到兩股。

朵：那種實驗有什麼作用？

路：那要看……出現了哪些結果。而我猜是……我們對鼠類、對動物都做過的。他們已經在我們身上這樣做了。

朵：你是說他們已經這樣做了？

路：不、不、不，不是他們。是另一群存在體。

朵：他們為什麼要那樣做？

路：想知道，出於好奇。

朵：你的意思是，他們想知道，如果把DNA改成兩股會發生什麼現象？

路：是的。所以我們才會變成現在這個樣子。然後我們才有外面這個皮囊，也因此人類才會這麼狹隘。同時，也才會有人不相信幽浮這類事情。

朵：我們所有人是不是都會變成實驗對象，增加DNA？

路：我們有些人會有六股，有些人則是十二股。

朵：你的意思是，他們現在就在人群裡面挑出特定人選來做。

路：是的，對許多人做。要改造DNA，讓我們做好準備。

朵：他說，他們現在就在對路易吉的身體進行，這不會傷害到身體嗎？

路：不，不，完全不會。我們將不會再有目前這些疾病了。那個過程非常緩慢，要花很多年的時間。

朵：當地球發生改變時，那些身體經過改造的人，就會被帶上太空船嗎？

路：是的，不過他們說，許許多多的人都將會如此。

我在打這段文字時想到了一點。我在《監護人》一書中提到，以人類目前的身體，就算是搭上了他們的船艇也無法進行太空旅行。人體無法應付那種加速度和另一個次元的振動變化。人類沒辦法使用他們的方式在太空中旅行，因為我們應付不了那種跨次元的振動加速作用。改造DNA能不能讓人體適應這種變化？這是不是其中的一個理由？他的答案是：這是前置作業。

朵：所以他們正在對許多人做這種事。（是的。）也就是這樣，才會有愈來愈多人看到幽浮，還發生遇上外星人的經驗？

路：因為我們必須習慣看到他們。

朵：如今他們讓自己被看到的次數愈來愈多了，因為他們希望地球人習慣他們？（是的。）那麼當路易吉的身體出現這些狀況，他就不用擔心了？（不必。）這些反應都是很自然的？

路：沒錯，有些人的感覺會比較強烈，有些人則否。不過他相當敏感。

接著他記起自己離開太空船，回到他的車裡。這時他哭了：「一切都很快樂，因為我覺得很好。」這和他報告目擊幽浮時的感受大不相同。當時他對未知非常恐懼，納悶到底發生了什麼事。

由於他的英語不流利，我大幅濃縮了錄音帶的對話，決定大半內容都以敍述方式來呈現。

以下幾個案例是來自美國的其他地區，而且對人體改造提出了更多訊息。

* * *

約翰的年紀較大，我是在二〇〇〇年夏天，隨同一群人到美麗的峇里島旅遊時認識他的。除了參觀廟宇並參與各種儀式之外，他還希望我能夠對他進行一次私人療程。他涉獵形上學多年，閒餘也會冥想，因此對自己的許多段前世已經有深入了解。他比較希望能探討外星人相關訊息。就意識層面，他並不記得自己曾經和外星人有任何牽連，不過，由於這輩子經歷了許多反常事件，他揣測自己或許有這方面的接觸。我告訴他，我進行回溯的時候，並不會引導個案或設法去影響他們，因此他會前往他該去的地方。

這次療程是在海灘上一家漂亮的飯店裡進行。戶外鳥語花香，由敞開的窗戶瀰漫進入室內，我們就在這種氣氛中開始。我採用了專門讓催眠對象進入適當前世的技術。由於他在意識上不記得和外星人有過接觸，看來最好是根據我的常態做法，先帶他到一段前世。但他並沒有回到前世。

當約翰進入那個場景，他看到自己穿著睡衣褲站在自家後院，盯著一個古怪的物體。那是一個凸形的亮銀圓盤，還有腳柱撐住。他嘆道：「大概有二、三十呎長。我很驚訝，因為它是那麼狹窄修長。我想如果要進去就得躺下來。這和我心中想像的樣子不同。」

我要他看看自己的長相，希望找出線索來判斷年代。他說他的下巴蓄著鬍鬚，不過鬍子是黑色的（如今他的鬍子已泛白）。他蓄鬚已經十五年左右，而且感覺上身體也比較年輕。由此可以約略知道是在哪個時期。他站著觀看那個閃亮的圓盤，最後他注意到左側還有一道光源。那是一艘尺寸大得多、有多層構造的太空船。「整艘船身都發出冷光，似乎要把周圍照亮。那是金屬的，但不像銀盤，銀盤很薄。這艘船相當大，我一眼看不全。兩艘的樣式非常不同。」

我問他為什麼要站在院子裡，當時他提到的情節我早就非常熟悉，在這類現象的調查過程中經常出現。「有人帶我來看的，我正要上床睡覺，就看到有東西在房間角落裡輕快舞動。他們帶我騰升穿過天花板。我不記得這部分的過程。上升到天花板後我就眼前一黑，什麼都看不到了。到了外面，這個存在體把一隻手臂擺在我臀部底下，還有一隻手放在我背上。我們向上飄升到……看起來像是一道光束。往上進入一處地方，像是一個隔間，然後再進入一處一塵不染，看起來非常現代化的區域。」

那裡有好幾個存在體前來迎接，也似乎都認識他。他們護送他進入一個房間。「那裡有張醫學檢驗台，末端還有一種像是金屬製的馬鐙形東西，可以用來擱腳。除了這幾個金屬延伸物不同之外，那張檢驗台和地球醫療院所使用的很像。台上鋪著灰色襯墊，顏色很淡。他們要我躺在上面。我看來並不害怕，我似乎是見慣了他們那種——我稱之為好笑的臉孔。我好像以前也做過相同的事，感覺就像年度體檢一樣。」那群人就站在檢驗台旁邊，彎身俯看著他。「他們就只是那樣看著我，沒有做其他事。我猜或許他們是使用心智來對我掃描，用他們的眼睛或某種東西。」那裡沒有任何設備或儀器。那群存在體的個子都很小，不過其中有一個比較高，對約翰散發出溫柔的善意，他沒有參與，只是站在其他人的後面觀察。

接著約翰就從檢查台起身，和其他人一起走進船隻的其他部分。他們通過一道開口，進入一處寬敞的圓頂區，四周有一層層台階。房間正中央有一大顆發光的水晶球，射出一道強光。約翰認為，這或許就是船隻行駛的動力來源。他們環繞圓頂房間周邊走過去，並在一處玄關轉彎，走進另一個房間。他在那裡被裝進一具貼牆擺放的古怪設備裡。

約：我就站在裡面，這是種……我被束縛起來……就像是玻璃……完全透明。這比我的體型略深，不是管子，而是一種矩形的東西，背側平坦。我就站在這個透明的東西裡面，而且有光線由上方射下來。我猜我是在接受某種光能灌注——那就像是我站在外面看著自己。

我要他放心，保證他會很安全。看來這和菲爾的情況相仿（見《地球守護者》），他也是看著自己，他的人格也脫離了身體，變成了旁觀者。

約：從頂上射下來的光，照亮我的頭部，我猜那道光會向下通過我的身體。感覺上就像是在灌注能量，調整我的分子構造。我猜那是要讓身體轉型，變得愈來愈像是光體，雖然我仍然覺得體內非常沉重。我只有微微發癢的感覺。現在我知道，那是和調整DNA絞股有關，為了增加DNA的絞股數。

朵：是什麼意思？

約：那種光能進入體內，調整、增加……你知道DNA絞股某方面還真像是光。絞股被改動、延展、增加了，這表示每做一次灌注，DNA的能力就會增加，可以容納的光就愈來愈多。作業時間並沒有持續多久，他們現在正把門打開，我踏了出去。

朵：光照程序就是在改變DNA？

約：就我的了解是這樣。

朵：改造DNA有什麼目的？

約：為了容納愈來愈多的光，然後讓身體轉化為愈來愈像光體。不那麼濃密，能夠包納愈多的光。目的是要達到基督意識的狀態。

朵：你知不知道DNA是如何被改變？你能不能在那裡找個人來問？也許他們可以解釋給你聽。

從前我用過這種方法而且很有效，當我們碰到催眠對象無法回答的問題時，我就要他們找個存在體來請教這方面的資訊。

約：好，我就去問DNA是如何被改變。（停頓）噢，他們顯現給我看……我看到這種絞股的圖解，螺旋好像全都亮起來了，閃閃發著光。而且顯然還生出……分裂出其他的絞股，就從這種光的融合之處分裂出來。

朵：總共分裂出多少股？

約：我聽到是「六」，不過我沒有看到六股。

朵：多久要做一次？

約：我猜這是種持續的改造過程——到這個階段會愈來愈頻繁。有時候在二十四小時期間不只一次。在我小睡時，還有夜間入睡的時候。這是為什麼他們鼓勵我要經常做些冥想，至少每小時一次來維持這種特定的振動層級。

朵：為什麼要重複做？難道DNA擴展之後，無法維持在那種狀態？

約：是可以維持那種狀態，但為了要讓它以後能自行待在更高層次的光程之中，必須仰賴中間階段的灌注，還要靠我的心智能力去接觸我本身的「神的力量」，也可以說是內在的光。這可以讓絞股保持活躍，效果才能愈來愈持久。這都是在為了下個階段做準備，要先鞏固前面的改造成果。

朵：然後才能進入下一個階段？

約：下個階段，是的。而且和我持續與基督意識，我的高我持續調頻的能力和意願有很大關係。

朵：這種改造作業已經進行了許多年？

約：是的，不過目前正在加速進行，因為我已經向他們證明，我是全心投入要履行我的神聖使命，我會在這條心靈道路前進。我已經證明，我是真心想要為人類服務。因此我通過考驗及挑戰，並繼續這個道路。如今這種促進程序正在加緊進行。

朵：所以就必須增加頻率，好讓身體的改造成果能夠永久持續下去？

約：繼續不斷提高，到了最後會有十二股。最後的目標是要達到崇高的五次元存在狀態。

朵：如果沒有定期重複進行，結果就不會穩固下來？

約：那會僵化或變得停滯不前，或……現在我知道了……這完全像是身體的肌肉。如果不去使用，肌肉就會……

朵：萎縮？

約：同樣的情況。所以我必須做我該做的，包括冥想、調節及確認我的意圖。然後他們會以他們的技術程序輔助，加速這整件事。這要花很多很多年，透過嚴謹冥想才能辦到。

朵：不過，如果這個程序在某個時期中斷，它就會萎縮。難道效果不能持續？

約：它還是會高於我從前的狀態，不過達不到預期的成果，也就是極終目標：五次元的振動和意識狀態。

朵：能不能請問他們，他們這種工作是不是運用光來啓動某種東西，還是他們是在體內創造出某種東西，比如原本不在體內的新DNA？

約：噢，不是。他們是從原本的DNA雙螺旋結構著手，而且就像我說的，經由這種程序，就能不斷生成其他的絞股，促使細胞數量增加等等現象。

朵：幾乎就像是細胞分裂？

約：嗯，我猜他們就是在設法表達這點。

朵：是不是所有人都在接受這種改造？

約：他們的對象主要是針對為了幫助人類而特地投胎的那群，因為在人類演進到較高意識狀態時需要他們的協助。將來會擴大層面進行，不過選擇的對象程度會較低，會針對還沒有察覺到靈性自我，不認識本身心靈屬性的那群人。大體上，他們都還沉陷在濃密的意識泥淖裡頭。

朵：至於目前正在接受改造的那些人，是不是都得登上這種船艇？

約：答案是肯定的。

朵：真的？你剛剛說他們可以在你冥想或睡眠時進行？

約：我猜在這個時候，我是被帶去接受另一種沒有那麼劇烈的程序，不過讓我來問問。（停頓）有些過程可以在我脫離身體的時候執行，他們有一群高科技的外科醫師，他們說，那些人能夠取出你的以太體，然後和較強大的光商數（Light Quotient）融合。（困惑）這是我所知道的。然後再把它擺回我的身體裡，……我不必前往母船。他們有一批小型的實驗船，在那裡就可以做這種處理。

朵：所以不見得要用到任何儀器？

約：我看不到那裡是否有科技設備，或是不是由科技外科醫師運用他們的心智來進行。我認為應該是這樣的：他們的心智能力也有幫助，可以促進這種改造程序，但不及大船上那種科技裝置的水準。不過這兩種都很有效，而且這兩種現在也都經常進行。

朵：這種改造程序對身體有什麼影響？

約：身體會變輕，而細胞膜會變得愈來愈薄，細胞會愈來愈輕。我們喜歡的食物愈來愈清淡，身體愈來愈不能消化及處理濃稠的食物。這是為什麼我想我愈來愈偏好液態食物的原因。我在家裡一般都只吃水果冰沙等液態的東西。我會把材料全丟進去煮濃湯，當成早餐和午餐。每週有好幾次，我中午就只用紅蘿蔔、番茄汁、芹菜，加上幾種新鮮蔬菜來調製液態午餐。

朵：所以這會讓你不想吃口味較重的食物？

約：對。這種感覺愈來愈強，已經持續好一陣子了。

朵：這類變化對身體的健康有什麼影響？

約：身體變得愈來愈輕盈，就會比較健康。

朵：身體變得更健康、不生病，你說的是這個嗎？

約：不是，還是會生病，不過等到完成改造程序，身體對多數疾病的免疫力就會強得多，但還不是完全不生病。這已經讓我的心智力量提高很多了，當轉變完成後，我對自己身體的控制能力會遠超過現在。那時候的我就能隨心自我調整，也可以說是重新取得平衡。

朵：所以即使只改造少數的幾股DNA，就算還沒有達到完全狀態，對身體也會有影響？

約：它會有些影響，不過在過渡階段往往會較常出現不平衡的現象，因為這時候正在汰舊換新。不過，舊的會留戀不去，這會持續到某個階段，等新絞股占了多數且穩固為止。這樣的過程就很像民主過程，新的將取代並掌控優勢。接著過程會開始加速進行，同時有更多的舊細胞被新的取代。

朵：所以在經歷變化的那段期間，身體還是比較能夠對抗疾病和不適？

約：不見得。

朵：我在想，不知道身體會受到什麼影響，會有哪些感受。

進行到這裡之前，約翰的聲音一直都輕輕柔柔、懶洋洋的，發音含糊，很難正確聽寫。但到了這時候，他的聲音突然響亮起來，聽得更清楚些。我一見到這個現象就明白了，另一個存有終於開始替約翰答覆問題，不再由他聆聽轉述。這也或許表示，潛意識已經介入了這次對談。不論如何，回答變得流暢許多，這正是我向來喜歡的。我知道，接下來所接觸的才是真正的資訊，而我也能得到更明確的回答，個案不再受到意識心智的質疑、批評所干擾。

朵：這樣做是不是可以延長那些人的壽命？

約：大幅延長。

朵：這種效應是要等到完成之後才會出現，或是在整個改造過程還在進行期間？

約：人類在這種過渡階段依舊很容易受到傷害，這個星球上，現在仍然有很多不利因素會造成影響。不過，還有一些因素則具有保護性質，可以給經歷這種過程的人支持與幫助，並盡可能地加以保護。在上到太空船期間所採用的掃描裝置，往往也能降低細菌侵襲或粒子感染的風險。不過在這個時候還不算是太理想的改造程序。大量實驗和科學觀察都還在進行，要找出最戲劇性的轉化方式，好讓人體變得截然不同，成為光體。

朵：所以說你們還不能確知最後結果會如何，因為你們還沒完成實驗？

約：我們當然會得出最後的理想結果，不過在過渡階段期間，仍然有許多神祕之處。

朵：你們提供的保護讓人類更能抵抗細菌一類的侵襲，這是用機器做的嗎？這個程序是如何進行的？

約：當一個人待在玻璃艙中，用光來灌注時，就會摧毀幾種可以滲入人體的有趣小東西。

朵：最初在那張檢驗台上做掃描有什麼目的嗎？

約：主要是判斷他的身心靈的健康狀況，了解他的平衡程度，以及身體各方面是否協調順暢，或者是失調到什麼程度，其中包括：肉體、心智體、情緒體、以太體和星光體。這只是對身體狀況所做的檢查，針對應該觀察及記錄的項目進行，也會跟前一次的檢查結果比對，然後……

朵：這就像是一種健康檢查，要了解是否一切都如常運作？（是的。）如果不是，你們會不會做調整？

約：會的。部分調整是使用科技方式，部分則是透過冥想過程來強化，針對這些「選定的新生」，指示可行的做法來克服難關，包括眼前的問題、批判性的行為或欠缺（信任）的感受。欠缺是指不信任宇宙，不相信無論在任何時候或任何狀況下，宇宙始終都會提供一切所需。最後就是要完全放下把物質世界當成安全感來源的所有感覺，將仰賴心靈世界及所謂的形上世界作為安全感的來源。

朵：這會很困難。照你所說，有些調整要用到科技裝置，那是指會放射光線的機器嗎？

約：應該是吧，但人類這邊也有必須自行完成的工作。我們不能把科技專業強加在人類身上，除非他們自願，否則無法強迫他們在實體層面做任何事情。前提是那個人必須要有意願去追求靈性發展，這樣才能合作無間，也才是理想的和諧狀態。如果有人願意在精神層面下功夫，我們就會進一步介入來協助，這就是那個人付諸行動的獎勵。如果那個人止步不前，不願再繼續沿著預定的路線前進——這是每個人在化為肉身之前自己選定的——一切就會停頓下來。就地球上的每個人來說，自由意志非常重要，他們必須看透眼前的意識迷霧，超越那團假象，全心信任更高的靈性法則和過程。

朵：現在是不是有許多靈性在正確點上的人正在接受改造？

約：目前約有上萬人。當人類達到臨界量，就會提高振動速率，能夠容納日漸增加的光量——我們必須說，那是神聖之光——到時候，量變造成質變的「百猴效應」[1]就會成真，而且地球也會達到較高等的意識狀態，這會影響到這個星球上的其他人。然後這種較高等的意識會從少數人向多數人傳布，這完全是由於萬事萬物全為一體。因為所有人都是活在神的愛裡。

朵：沒有加入的人會發生什麼狀況？也就是目前心態還很儂密僵化的那群人。

約：每個靈魂都要做出抉擇，要不要加入這個進化過程。當然有許多人不會加入，他們執著於本身的舊有價值系統，執著於假象，放不下他們化為肉身待在地球期間逐漸相信的幻覺，結果就看不透這種假象。以後他們會離開自己的身體，再被分配到另一個行星，繼續學習他們在地球上未完的功課。地球將會成為另一所學校，一所高級學府，新的課表要由這裡的第五次元振動來決定，所產生的新課程將會提供給意識層次超越三次元的靈魂來分享。

朵：我聽說有人會被留下來，是不是指這種情況？

約：為了他們的成長，他們會被留下來。他們不會和其他人一起離開。離開的是那些致力於必要的身心學習，追求靈性成長的人。

朵：所以當那些人離開身體，就不會再回到這裡，而是前往一個完全不同的地方。（是的。）現在還有數以萬計的人正在接受改造，不過他們的意識並未察覺，是嗎？就像約翰，他在意識上也不知道。

約：約翰接受的是直接教導，因此他了解得很深入。如今在地球上，很多人與來自許多行星系統的指導者直接接觸。那群指導者來這裡協助人類，促使他們提升振動層次及意識層級。每天都有越來越多人依照既定的指導者時間表覺醒過來，甦醒時間都是在他們來到地球之前自己決定的。你的靈魂帶有預定要完成的事，其中也包括所謂的覺醒時間表。來到這個星球之後，就會被特定事件觸發喚醒。這類事件，有可能只是和其

1 意指當從事某種行爲的個體達到一定數目後，這種行爲就會超越距離的限制，隔空散布到其他地區。

他人接觸，靈性導師會告訴他們某件事，從而喚醒他們，啓動他們的進化歷程。另有一些人會被發生在身邊的大災變喚醒，可能是颶風、龍捲風或地震。換句話說，喚醒靈魂的方式各式各樣，其中有些人會突然很戲劇化地被喚醒，就像約翰的情形，喚醒他們的指導者也都是他們預先選擇及指定的。另外還有一些人會透過不同的經驗來逐漸地達到自我實現的過程。推動這種進程往前邁進時，往往會出現一些刺激因素，也可以說是催化劑。

朵：全世界都在發生這種事嗎？

約：是的。不過在這個時期，美國是接收及傳播資訊的首要地區——透過寫書或製作電影的人的作品。另外，還有其他的溝通形式在向全世界傳播。但這不是說其他國家的人就沒有在接收訊息，只是在目前這個特定時期，美國是靈性資訊的發布中心。

朵：從美國對外傳布，會影響到更多人。（是的。）是不是有其他原因讓地球人的壽命延長了？

約：當地球改頭換面時，生存狀態和當前的現實會有天壤之別。當一個人達到較高等的意識狀態，也就是第五次元的意識，就不會再忽視宇宙的歷程，不會再對所有生命都存在著神性這事視若無睹。如此一來，他也就不再受限於出生、成熟到死亡這相當短暫的時段。當意識進入第五次元，他們會發現自己的掌控能力增加了，不只是他們能活多久——可以長達好幾百年，同時還能控制整個創造過程。當意識達到第五次元的狀態之後，實相創造將會發生得非常非常快，對身體或多重身體的掌控能力，以及脫離身體自由穿梭宇宙的能力，也都會司空見慣。

朵：我被告知我會親眼看到這一切，因為那時候年齡已有不同的意義。這就是你說的嗎？

約：是的。如今在地球上較短的壽命是一種老舊範例，它將會成為模糊的記憶。

朵：不過這些只適用於準備好的那群人。

約：達到第五次元意識狀態的那群人會繼續前進，加入新地球的行列，接著就能實現前面所說的這些事情。

朵：我也聽說，外星人一直在檢查人類的身體，設法治癒疾病，這樣地球人就能活得更久，是這樣嗎？

約：是這樣沒錯。

朵：這種身體檢查的目的之一，就是要設法停止世界上一些日益嚴重的疾病。

約：當肉體完成轉變過程，免疫力就會提高。人類或新人類，或是將來要來到這裡加入新地球行列的混種人類，都會具備更高的覺察力和更高深的知識來療癒舊疾病。所以這不只是目前持續在做的過程而已，它還會延續到較高階的意識狀態，而在較高階意識狀態下，這種作業將會加速進行，因為智慧和心智以及非常先進的科技運用都會大幅提高。有許多目前並不存在於這個星球的科技，或者說有些是存在的，但因為一些動機而不被揭露。

朵：聽說在太空船的那些外星人，已經精於此道。他們能夠想活多久就活多久，而且不會生病，除非他們準備要死，否則也不會死亡。

約：是這樣沒錯。

朵：他們也努力要讓人類達到相同狀態？

約：是的，或至少達到超越人類現況相當程度的狀態。

朵：我想我們人類先天上大概都會有一些限制。

約：也可以說，你們一直都是在追求進步，這是持續演進的一連串挑戰，或說是克服挑戰的歷程。

朵：因為這個星球是要讓人學習功課，並且具有自由意志。

約：也可以說，所有行星都各自有不同的功課。其中有些功課，還遠超過你們在三次元狀態的最荒誕想像。不過，宇宙目前及將來都會一直成長、擴張、挑戰。不論振動速率有多高，也不論文明和生命達到哪個層級，每當層級向上螺旋盤升，總是要面對新的挑戰來促進持續的成長。

朵：自由意志加上要學習的功課，所以說地球永遠都不會變成一個真正完美的地方。（沒錯。）我還要再提出一個問題，就是有關你剛才談到的DNA改造。美國政府是否知道這些事？你們有沒有跟他們分享這些概念？

約：美國有幾位科學家知道突變過程的事，其他幾個國家也有。他們對目前在這個星球上所展開的改造歷程感到困惑，也很驚訝。在他們看來，這是相當突然也很劇烈的突變。有許多人都察覺到了這件事。

朵：你是說，他們從科學角度可以看出目前發生了這類變化？

約：許多人都察覺到了，但害怕透露這項訊息，因為他們恐懼對這種歷程沒有直接經驗或觀察的同僚會對他們冷嘲熱諷。

朵：所以說，他們用科學儀器，就能看出人體出現了這類變化。

約：沒錯。

另有一些調查人員和作家也發現了這類資訊，察覺DNA朝向十二股發展的活化現象，不過他們假定這是人類本來就會自動出現的進化演變。看來這會是一種漸進的歷程，逐步活化DNA來造出（或生成）更多絞股。如果這些新的絞股能夠穩定地存續，那麼它們就會產生出更多絞股。也就是說，這不會推展得很快，不過肯定會在全世界上萬人的體內開始觸發。這是屬於一項神聖計畫的一部分，而且我們目前也只隱約瞥見其中的吉光片羽。

我在療程之前，列出了約翰希望得到答案的一些問題。其中一個跟他記得的罕見夢境有關。

朵：約翰說有一晚他做了個非常、非常逼真的夢。他在夢中從太空船的弦窗向外看。他覺得自己很想放聲尖叫，卻辦不到。那是不是就只是個夢，還是親身的體驗，或者有什麼別的解釋？

約：那不只是個夢，而是在另一個次元的接觸經驗。我們船艇的出現引出了他的創傷記憶，主要是他的童年經驗，不過目前棲居在約翰身體裡的靈魂，在當年還沒有發展到像現在這麼成熟。他在童年時期意外見到我們這種非人形的奇特長相，結果被嚇壞了，因而留下了創傷疤痕，也可以說是情緒傷疤。

朵：孩子往往不了解。

約：是的。我們對這件事也很遺憾，那道傷疤還在。所以對約翰來講，太空船的出現對他有兩種影響：觸發記憶的同時，也帶來恐慌。不過，這也可以達到另一個目的，就是讓約翰明白他需要克服過去的這個可怖經驗。就這方面而言，至今他已經有了很大的進步。

朵：這是為什麼這類記憶會被遮蔽或移除的原因之一？

約：完全正確。隨著一個人的心靈進化，振動速率也會提高到一定程度，他們就能真正察覺萬物都是一體的，並保持充滿愛的意識狀態，那就不會害怕任何東西。這是由於這時候的他們不只是在理性上接受了事實，了解全宇宙的生命是一體的，而且對此還有更深的領悟。於是便能接受萬物原為一體的道理，不再介意生物的外觀形式。不論目前的地球覺知如何，一個人只要達到宇宙一體的狀態，懷抱著對萬物無條件的愛，即使見到再怎麼怪異的生命形式，恐懼都會消散。恐懼不再是那個人的實相。

我曾經聽外星人說過，恐懼是人類最強大的一種情緒。當他們遇見不了解的事情就用恐懼來渲染，好讓它符合自己心智的架構。理解了那個經驗，恐懼就會消失。我的工作一向就是由此來幫助自認為曾經有「不快」經驗的人。當他們了解了過去發生的事，他們就能把它整合到目前的生活，與它共存，再也不必感到害怕及退縮。

我覺得這兩個療程相當有意思，遠隔世界兩端的這兩人出現完全相似的情節，而且他們都對我在世界各地蒐集的資訊毫無所悉。我想這增加了這個資料的可信度。

* * *

二〇〇〇年的一次療程，我原本預期只是一般治療，當時我在內華達州的勞夫林（Laughlin）參加幽浮研討會。每次我做催眠前訪談，都會擬定問題清單，列出催眠對象希望獲得解答的問題，這樣我才能盡量去幫助他們，而且個案也才能透過療程得到最大助益。其中有許多個案得到的答案出乎我預料之外。根據和潛意識的合作經驗，我學會敞開心胸，扮演客觀的記者角色，即使療程朝向意外方向發展，還是以客觀報告者的角色繼續提問。我的好奇心永無止境，任何新的資訊，不管有多古怪，我都樂於接受。

莉怡是四十歲出頭的未婚女子，我們才剛走過一段前世，在她的潛意識協助之下，和她的現世人生銜接起來。

朵：那段前世和莉怡的這一世有沒有關聯？

莉：有，不過是漸進的，這種關係不可能只出現在一段人世。我不喜歡這麼遲緩的步調。那段人生是在告訴她，挺身維護心中的正義並沒有錯，孤單也沒有關係。孤單獨處不見得會有問題，我們只是自以為會有問題。因為一直以來，我們都不是真正孤單的。

朵：她有幾個問題希望能得到解答。她在身為莉怡的這一世始終未婚，而且克制性生活。她希望能知道其中原因。

莉：部分的我並不是來自這個實相。如今在這裡的我，有部分也不是來自這個時代，不是來自這個空間。因此對性的了解，不像這個星球上的人那麼清楚。而我對時間的認識，也跟這個星球上的人不一樣。這個星球極端遲緩，住在這裡讓我非常非常難過。那部分的我是自己來到這裡，因此我在這裡沒有任何幫助。

朵：你是指哪個部分？

莉：我們都是由好幾個部分構成，從來不會只有一個部分。部分的我是以光的形態來到這裡，那道光通曉一切，它純淨無瑕地來到這裡，對這裡的經驗感到很奇怪，不過還好它能因應調整。

朵：不過莉怡曾經在地球上度過多次的實體生命，對吧？

莉：是的，但那只是她的一部分。她從來都不只是莉怡，那只是一種信念體系，事實不只於此。它非女、非男，它是光，它是不同類型的理解。我在你們的語彙裡找不到字眼來表示。

朵：她的靈魂，不是跟為了學習經驗而度過這所有人世的靈魂是同一個嗎？（是同一個。）難道還有外來的嗎？

我想到序曲裡的巴多曾談到的小光體，那群光之靈志願來這裡幫忙。

莉：（她有困難表達）時間完全不存在，時間只在你們的次元，只在這個次元。時間在其他地方都不存在。這裡非常遲緩，在這裡要表達非常困難。需要淨化。

朵：不過，我們被困在這個時間系統的實相裡。你提到那個不同的組成部分，也就是對我們這些事不認識的那個部分，是從哪裡來的？

莉：它是來自……不是星辰，不是你們的太陽系。它不是來自你們認為的太陽系，因為這裡只有那幾個次元。那只是為了你們的學習。

朵：為了我們的實相。

莉：是的。你們創造出大師，你們創造出導師。那些全是被創造出來的。

朵：不過他們幫助我們學習。

莉：是的。那就是他們在這裡的目的。

朵：那另一個部分是從哪裡來的？

莉：另一個部分超出了……它不是來自某個地方，不是這裡或那裡。它是一種振動速率，卻又不是振動速率。它遠遠超出了……沒有字能夠表達。要努力去感覺才知道有它的存在。它在這個星球上也開始被人察覺了，然而卻花了這麼久的時間。

朵：這個部份是怎麼成為她的一部分？

莉：放下舊概念、舊觀點，讓自己和它重新結合。它就在那裡，始終都在。不過當我們在這個星球上時，就把自己束縛起來了。當我們把自己束縛起來之後，就看不到它了。

朵：我在試著瞭解。這個部分接管了嗎？

莉：它沒有接管任何東西。它存在，它只是存在。沒有所謂的接管，我們認為我們被控制了。這個星球的問題就是出在這裡。我們始終都害怕被某種東西或某個人掌控，但我們從來不曾被掌控。這是個假象。我們從來沒有受過控制，只是自以為受到掌控。

朵：如果它始終都在這裡，為什麼其他人都沒有察覺？

莉：它沒有文字，沒有位置，沒有聲音。它完全沒有可供辨識的東西。它靜默無聲，但它又是全能的。而且它就是……非常遲緩。（嘆息）這樣就花了那麼多人世。在這個星球上，就連時間也不對了。歷史書寫的並不正確。時間和我們所想的完全不同，我們是受了誤導，才會那樣想。

朵：你說，它並沒有接管任何東西。那這個部分是怎樣依附到有形的人體身上？（停頓）這麼說對嗎？

那時我仍然在想，她提到的「那個部分」，和我們所察覺的莉怡靈魂或人格是不同的東西。最合理的結論是，裡面有某種存在體進佔。其他的調查者也有這類的個案報告，不過研究了這麼些年，我從來沒有發現這類事情。

莉：肉體就只有在這裡。甚至連這裡，都不是在你們所想的那種時間框架，連壽命都不是在你們所想的時間框架裡。這是整體。然而，我們都規畫好了要經歷這一切。人類經歷這一切，但那並不是我們的全部。

朵：你說這是她的一部分。那是否也是每個人的另一部分？（是的。）所有人都有這另外的部分？

莉：這是階段性的。每個人都有它，但並非每個人都能看到它。

朵：他們不知道它在哪？（是的。）那麼那些大師或心靈導師呢？他們是不是比別人更能察覺？

莉：有些人是。

朵：那麼是不是莉怡裡面的這個部分，在她這輩子比較強勢，所以她才沒有結婚？（是的。）它在其他的人世就沒有那麼強勢？（沒有。）我在想，既然它在這輩子比較強勢，那麼這部分是在什麼時候進入她體內，或說是依附在她身上，不過你的意思是，它始終都在那裡。

莉：它不是循序發生的。它是在那裡，但並不在這種線性的時間框架裡。這就是為什麼看起來它像是自行依附上去的，但其實不然。這就是全部。有好幾個世界，資訊的世界。沒有一個受到生死束縛，從生到死只是其中一個非常渺小的部分。它只是微不足道的毫光，其他部分更重要，但並不受限。這是最難描述的部分，你沒辦法描述無限的東西。

朵：確實如此。這個部分相當於我們所認識的上帝嗎？

莉：我們不認識上帝。我們覺得自己認識，但我們並不認識。上帝是何等浩大。上帝是我們取的名字，用來表示凌駕星系的終極力量。這是心智所無法設想的。

朵：那麼是其他部分和這種力量相連嗎？

莉：是的，它和上帝相連。

當時我很努力要去理解這種陌生的概念，所以很難想出能獲得更深入資料的問題。

朵：所以它就像是一種無所不包的能量或力量。（是的。）而且它是在每個人內在，或是在那裡？

莉：它就在那裡。

朵：但並非每個人都能察覺。

莉：沒錯。人類身體的組成比想像的更為鬆散。我們以為身體是實心的，但從其他觀點來看卻非如此。從其他實相來看，人體並非如此堅實的構造。有時候人們會對此感到害怕，但其實沒有什麼好怕的。宇宙正依循它的軌道運作。

朵：人們為什麼要害怕？

莉：因為他們看得不夠遠。這跟用雙眼看東西無關。你們碰觸不到宇宙的終點，也碰觸不到任何東西的終點，因為根本沒有終點。而文字、語言……身體的遺傳構造，還沒有包含它。它有跡可循，卻還沒有被納入。我們並沒有和它分開，它為了我們而存在，不過我們孤立起自己，成為一個個個體來體驗。任何體驗都有其價值。

朵：凡事都有它的目的或課題。（是的。）不過我們所有人都擁有獨立的靈魂，不是嗎？

莉：靈魂是個更恢宏的概念，不是我們所能想像的，它不只是我們口中的「個體」。我們在這個瞬間是個體，但在另一個瞬間可以是浩瀚的靈魂。而且這裡面並沒有時間區隔。這是彼此互通的。

朵：我是把它想成個別靈魂擁有個別的經驗和學習的課題。

莉：靈魂脫離整體，並透過個體的火花來學習功課，然後帶著這整套經驗及習得的知識回去。

朵：它這樣做了，然後就成為較大靈魂的一部分？（是的。）而那個較大的靈魂，就相當於上帝？

莉：應該說它相當於我們心中所想的上帝，因為我們並不了解上帝。上帝太廣大了。我們必須畫出周界。為了方便理解，我們自己區分等級。

朵：我們想像上帝是創造者，祂造出我們所知的一切。這麼說正確嗎？

莉：我們也都是那個創造者，我們和上帝並無分別。我們全都屬於同樣的創造。無分彼此。

朵：因為有這樣的理解，我告訴人們，他們可以在物質界創造出任何他們想要的東西。不是嗎？

莉：不，因為這裡還有些束縛。這裡有些學習方式，我們還在體驗。是的，某種程度而言，我們是辦得到，但另一方面，我們選擇不這樣做。這是抉擇。

朵：我們對自己設限。

莉：我們為了親身體驗而自我設限。

朵：不過就多數人來說，另一個部分並沒有在他們的生活中出現，對他們的生活沒有造成影響，是這樣嗎？

莉：這就是人之所以為人的原因，他們無法用五官來接觸到它。目前還沒有那種能力，就連在腦中也還沒有開始好好去理解這點。大腦裡沒有迴路來處理這個，以人腦的現況，是永遠辦不到的。但目前狀況正在改變。

朵：怎麼改變？

莉：我們眼前就要出現一次大躍進，不是漸進式的。但不是所有人都會大躍進。有些人會，有些人不會。不過這並不表示他們就會被拋在後面，他們只是在另一條路徑上。這是一次能力升級，時候已經到了。目前在這個星球上，有許多事情都正在改變當中。在海洋及地底下，有許多問題正在醞釀。我們創造出這些是為了體驗。這沒有什麼好怕的，雖然這會帶來恐懼，但……

朵：凡事都有原因。

莉：是的，是這樣沒錯。

朵：不過你也說過，我們心中或我們腦中的迴路正在改變？

莉：將來我們能處理的資料會更多。但我們永遠不會知道全部。這一切沒有盡頭。

朵：這是如何運作的？

莉：長期以來，人類的大腦都停滯不前。完全沒有進步了。雖然曾經升級過，就像電腦升級。現在也正在進行。是電路系統的新的橋接。

朵：這要在基因層次進行嗎？

莉：細胞正在改變，遺傳物質正在改變。（她似乎在看什麼東西）噢，那些我都看不懂！細胞正在改變，遺傳物質也正在改變。容量變得更大。人們會覺得他們的大腦必須更大，容量才能變大。但其實不然。大腦只需要……那是不同的線路連接，不同的配置。

朵：他們總是說我們沒有把大腦完全用上。

莉：我們是沒有。

朵：這是因為我們大腦迴路的既定程式，或是受到外界的影響？

莉：這是當初就設計好的，想要了解大腦會怎樣發展，而發展只會在整個星球的氛圍出現某種改變才會出現。關於這一點，你可以觀察幼童。有些幼童，不是全部，但占了絕大多數。他們身上有種前所未有的新東西，用X光看不到，任何儀器也都看不到。這是一種新發展。我們全都有那種潛力，但還不是每一個人。

朵：所以在成年人身上也逐漸出現了？（是的。）不過這種東西，是早在我們受造時就已經存在我們體內了？

莉：當時是希望它會自行發展，但兩次都失敗了。接著又重新開始，看來這次終於要成功了。

朵：我曾聽人說過，我們的身體是外星人創造的。那麼我們系統裡面的程式，也是他們寫的了？（是的。）你說曾失敗過兩次。（是的。）你可以跟我談談這件事嗎？那在我們的歷史裡嗎？

莉：首先，那是發生在有歷史記載之前。再來，你們的整部歷史也是錯的，大半記載都是錯的，是經過重寫的，並不正確。

每當有人講到這類事情，都會讓我興致勃勃。我始終都在尋找「失落的」知識，特別是那些流傳有誤並延續到我們這個時代的知識。我不斷在搜尋著「真實」的版本。

莉：感覺上這是規劃不當造成的。有些事並沒有考慮到。

朵：你是指出現了意外發展？（是的。）是人類發展得太快了嗎？

莉：應該說發展的方向不對，讓人類發展得過快，這讓他們棲身的行星負荷不了。當時犯了錯，這會讓系統過早出現失衡現象。

朵：太多又太快？（是的。）而且那是發生在有歷史記載之前？

莉：是的。他們必須做些修改。

我感到很納悶，不知道她是不是在講亞特蘭提斯。我聽說，當時人類把心智潛能發展到非常高的水準，後來因為運用不當，這項能力就被拿走了。這是發生在亞特蘭提斯被毀的時代。據說，只要達到能夠妥善運用這個能力的層級，這個時代的我們就可以重新取回那種能力。

朵：第二次是出了什麼事？

莉：當時族群分裂了。聖經裡也有談到族群分裂，但這部分記載有誤，是錯誤的訊息（她看起來很受挫，顯然是不知道該怎樣措詞。）如果只根據地球上的現有文字記載，那麼就永遠不知道這個星球的歷史真相。那些文字記載都不正確，雖然有些蛛絲馬跡，但記載始終都不正確。

朵：所以我才要這麼努力研究，以便重現失落的知識。

莉：其中有些是被拿掉了，有些則是故意失落，有些則是被埋藏起來了。然而，目前已經有還原現象，不過只有片段。這就是你該去尋覓的片段，這些片段都是零星出現，而且這些片段都會被隱藏在某些人的腦中，那些人就是你將來要合作的對象。

朵：然後我就必須把這些資料彙整起來？（是的。）不過你說過，第二次失敗的原因是分裂？這點你能不能解釋一下？

莉：當時有個基因實驗做得不恰當，結果引起了騷動。聖經裡面記載了巴別塔[2]的故事，那就是一次基因實驗，那次並沒有做得很精確。

朵：所以在當時，人類的心智很努力想要擴展？

莉：是的，但它辦不到，它碎裂了，不僅喪失了正確理解的能力，還讓自己分裂了。

朵：結果一切都必須重新來過？（是的。）但不是完全回到起點。

莉：不是，是以另一種形式。

2 據《創世紀》所說，人類一開始有共同語言，但後來人類想要建立通往天堂的高塔，以展示人類的力量。上帝目睹此景，爲了阻止人類的計畫，就讓人類說不同的語言，使人類彼此之間不能溝通，計畫因此失敗，人類各散東西。

朵：我們現在又來到那個階段？（是的。）然後他們認為，這次會成功？

莉：是的，事情進展得很順利，但使用的方法非常不一樣。由於你們人類沒有朝著正確的方向去尋找，科技嚴重失衡，最嚴重的問題就是在這裡。靈性面沒有受到應有的重視，宗教不重要，靈性才是一切。現況失去平衡，這個星球也失去了均勢，心智、身體、心靈嚴重失衡，這個星球也是如此。我們要對此負責。

朵：所以在這個時候，外星人便再次觸發，讓它朝著正確方向發展？

莉：是的，已經觸發了。但他們只能做到這樣，因為其他是我們自己必須學習的課題。

朵：是的，是這樣沒錯。你說的觸發，是指透過目睹事件，以及跟他們互動？

莉：是的，有許多不同做法。

朵：這是人類這段期間所需要的？

莉：是的，它一直在那裡等待。

朵：他們認為現在是時候了，我們可以再開啓更多能力。

莉：是的。但如果發生得太快，就沒有專門的迴路可以負責。迴路一詞也不是最好的講法。大腦中有某些東西是醫師看不到的，即便在X光下也探測不到。這些東西全都是看不到的。——

朵：迴路這個字我們可以了解。（是的。）所以我們必須使用我們能夠懂得的類比和字眼，否則很難對人們說明。

莉：是的，光靠文字無法表達，無法領會。海洋的黑暗底部，光無法穿透，你不能使用光源來一探究竟。這樣一定干擾到棲居在那裡的生物。牠們需要那種環境，牠們必須在黑暗中游動。如果你這樣做了，那裡的整個生命族群都會完全被摧毀，一整個崩潰。進化演變也是如此，你無法很快就達成，雖然確實會有大躍進。大躍進可以發生，但必須先要有迴路，而且要擺置妥當，並且平衡。這個星球很不穩定。有些人還是渾渾噩噩過日子，對本身的處境毫無概念，包括發生在他們身上、大腦及身體的一些現象，這些都是因為愈來愈猛烈的振動和愈來愈濃稠的原生質（plasma）。原生質？跟原生質渦旋有關的事。我不明白。有某種原生質渦流在影響這個局勢，但這裡沒有好壞之別。都只是經驗。不過我們的內在都有能力來維持平衡。有一組電磁刺激會分別對大腦的不同部位起作用，而這種作用是在歷史發展到這個階段時才被人發現的。到了這個時代，就能讓它出現了，因為在此之前還沒有準備好。它可以重新啓動以往被關閉的迴路。只要你好好觀察你們的金字塔群，就會發現一幅景象，那就是目前出現在這個星球上的情況。不過，你必須深入探究金字塔的歷史，才能找到確證。它就在那裡，卻不是寫在牆上張揚。現在正發生的是要重組大腦裡的迴路。埃及人知道，他們有另一套系統可以讓它顯示。相較於目前在這個星球上能夠採用的做法，他們的系統算是比較簡陋。雖然，他們的系統中有外星生命從旁協助。有人說那並非事實，但那仍是事實。事實上，他們是做了一次升級。在全球不同地區，都曾經有過類似的升級。

朵：不過，有時卻發生得太快。你是不是這個意思？

莉：大半時候都是在該發生時發生。不過再一次的，我們又瀕臨失衡邊緣。但這次的失衡狀態不只發生在這個行星，是環繞行星四周。……原因出在思想，這是環境均勢被誤用的結果。我們擁有完備的知識，然而我們卻破壞了這種平衡。我們征服了環境，但嚴重失去了平衡。

朵：我們必須從頭再來一次。

莉：美國東岸已經在進行某些事。這不會立刻有成果出來，不過目前已經在幾處實驗室進行。地點就在維吉尼亞州。

朵：是新科技嗎？

莉：是的，還在萌芽階段。

朵：我曾被告知我們的生理年齡不重要，是這樣嗎？

莉：跟這個不相關。我們的年齡反正就快要延長了，但目前還沒辦法延長許多年。我們還有很多工作要做，完成後才能辦到。

這個案例讓我知道，目前人體正在接受改造，不只是遺傳組成改變了，也更能禁得起疾病和歲月折磨，同時大腦也會發展和擴充。前面提到，幼童在成長階段有驚人的發展，這已經寫入文獻。有好幾本書也已討論到這個主題，美國幾個地區也都在做這類試驗。有些小孩出生時，大腦已經安裝好先進的迴路。成人必須要能迎頭趕上。

這真是奇特的概念，跟我對話的是個案某個分離的人格，然而他又屬於另一個整體，以我的人類心智實在很難理解。不過，我又發現了其他幾個例子，其中一個會在本書最後一章討論。

＊　＊　＊

更多這類資訊在一九九九年的時候，透過菲爾傳遞過來。當時我已經有好幾年沒有對菲爾進行療程了。他在加州工作了好一陣子之後，回到阿肯色州生活，並前往幽麗佳溫泉市參加幽浮研討會。哈莉葉也出席這次療程，分開這麼久之後又見到菲爾，讓她非常開心。我使用的是菲爾習慣的電梯法。當電梯門開啟時，他看到了熟悉的燦爛白光，這在我們的療程裡經常出現。那裡已經有人在等候，打算帶我們前往適合的地點取得資訊。

菲：他說，資訊在這時提供是因為時候到了，人類種族應該懂得，是愚昧讓他們在許多許多年以來，都感到那麼害怕。知識、覺察力和理解力，可以讓人們把自己的想法表達得更完整徹底，也不至於因為害怕和無知，而把他們實相的局部封閉起來。他說，你將會得到一把鑰匙，這可以讓你取用這些範圍的資訊，好幾百萬年以來，這個部分都禁止人類接觸。我們是誰，我們來自何處，有關這方面的理解已經徹底改變了，但這類知識卻缺乏讓人類理解的基礎。不過，在心靈甦醒和提升的這個時代，你們可以再次領會真正的歷史，對人類種族的遺傳真相有更徹底、更完整的全盤認識。

朵：你說，他們要把鑰匙交給我？

菲：你在靈界有一群夥伴，他們正在跟你合作。同時也在你的內在運作，進一步推動你所投入的努力。我們說的不是專指這次事件，而是指要將知識和覺察力帶給全人類的努力。這把鑰匙可以讓你取用某些範圍的資訊，而這個部分一向是不提供使用的，即使是研究人種歷史和實相的人也無從取得。

朵：現在就有好幾件事情讓我們很有興趣。我們不斷獲得人體DNA改造的相關資訊，能不能請你就此說明？

菲：目前的某些改變可以強化某些身體機能，之所以要在人類身上真正做某些操控，目的是要提高人類的存活率，強化抵抗力，讓他們更能禁得起環境的挑戰。這是必要措施，這樣人體才能耐受其他行星的某些大氣條件。你們目前擁有的身體原型，也適用於宇宙各處，在其他許多地方都能使用。因此，這具肉體正在調整中，將來就可適應不同於你們這裡的環境，在特定行星環境下存活。

朵：這是不是代表這些人要前往其他星球？

菲：正是如此。這些經過遺傳工程改造過的身體，將來就可以在其他行星上使用，供靈魂棲身。那群靈魂選擇了那個星球，來參與他們的心靈使命。

朵：我不斷聽到有人說，目前人體的DNA出現了某種狀況。

菲：是產生了不少變化，那是你們這個星球的環境條件所誘發的，不是遺傳因素。你們的環境一向都有許多變動，使得你們的生理出現了變化。你們的身體，對大氣及環境中的化學物質和能量做出反應，於是身體必然要出現這些改變。身體只是對這類刺激做出反應。

朵：你的意思是，這就像免疫系統的運作一樣，身體採用了某種方式來適應？

菲：正是如此。這類的表現在創造之初，就已經有這種程式規畫，因此才有辦法適應環境，自動進行改變。有些生物沒有內建這種自動調適能力，就要依賴外界操作才能產生變化。但人體已經被賦予了這個能力，可以自動適應環境，因此不必做嚴密的操控。身體完全能夠針對環境改變，自動做出回應。

朵：如果無法自動調適，那具身體會死嗎？

菲：環境改變之後，身體就比較無法承受，而且說不定會出現更艱難的挑戰，身體自然會愈來愈無法耐受。當情況進一步改變，對環境困境的耐受能力就會降低。接著，沒錯，到了某個程度，那具身體就撐不下去了。

朵：所以，我們的現有環境情勢等於在毒害身體，逼得它要適應改變？

菲：沒錯。

朵：如果不做改變，身體就無法存活？

菲：假定環境沒有朝向比較和諧的狀態發展，就會如此。當身體產生變化而移除了挑戰，身體就學會這種自衛方式並塑造成一種模式，這樣才有辦法耐受。如果這些挑戰被移除，身體又會變回原樣，以便適應自己所處的環境。

朵：我也聽說，有些外星人長得很像人，但不是真正的人類，因為他們的器官已經能夠適應各種不同環境。

菲：沒錯。

朵：那麼，我們也要沿著那條路徑前進？

菲：是的。

朵：有人告訴我，我們之所以很難在太空中旅行及生活，這就是原因之一。因為這個時候的我們，身體無法適應。

菲：我們會說，關鍵就在於「這個時候」。我們都知道，這些改變都要花時間。這種操作可以持續進行好幾個世代，以便產生相當程度的耐受能力，得以在多種環境下存活。

朵：難道不能在一具身體、一個世代很快就完成改造？

菲：這要看所需要的變化，事實上，是有可能只要一代就能完成。然而，若是改變幅度很大，那麼所需要的時間就會長得多，然後這類變化才能夠自行發生。

朵：這就像是一種演化，不過速度加快了。

菲：正是如此。

朵：是不是每個人都在改變中？或是只有特定群體，特定的人？

菲：目前在這個星球上生活的所有人類都受到環境的影響，經歷免疫系統的調適過程。還有其他改變不是環境造成的，而是刻意的遺傳操作的成果。然而，遺傳操作必須受到管制，只局限在特定族群，因為先前世代的……（找不到合適的字）……收割成果，或許可以這麼說。然而，你們對「收割成果」似乎有傳統的道德設定，我們對這點感覺很敏銳。

朵：那是我們文字的使用方式。

菲：正是如此。

朵：既然已經選定了特定群體或某些人，那麼並不是所有人都接受基因改造？

菲：沒錯。改造與操作都是在懷孕期間在子宮內執行，當他們長大，成熟到能夠生產或說是有生育能力，再孕育出下一代時，又會在胚胎上稍做更動，藉此來傳遞所需要的變化。所以，這是要歷經好幾個世代的努力，每個繼起世代和前一代都會略有不同。

朵：這些被選上的人，和一般人有沒有不同，看得出差別嗎？

菲：目前在你們的行星上進行的生育和操控，並不是隔代就能「看得出來」。然而，如果你把幾個世代，好比十代，擺在一起做比較，改變就會比較明顯，包括生理、情緒和心靈組成等方面。

朵：當然，很多人會說，那是食物不同及醫學發展進步所致。

菲：的確，這些刺激也會促成變化。然而，我們在這裡討論的這類改變都很難捉摸，比起環境或社會變遷所導致的明顯變化，更要微妙得多。

*　*　*

這次療程是在一九九九年十一月進行，當時我人在佛羅里達州的克里爾沃特（Clear-water）正打算在幽浮研討會上演講。瑪麗抵達會場後和我談過話，在我演說時，把她寫出來的古怪文字拿給我看。她說，她老是寫出這種古怪的文字，她不了解其中含意，也不知道自己為什麼這麼寫。我想到讓她和另一個我前一年在威斯康辛州認識的一位女士見面，應該會是個好主意。她們兩人寫出的字出奇地相似。那個女士曾經給我一批樣本，據她說那是外星文字。不過，看起來比較像是以英文字母寫的無意識塗鴉。

瑪麗希望能做一次療程，原因之一是想探討自己為什麼忍不住要寫出那種古怪文字。當她前一年在維吉尼亞州的門羅學院（Monroe Institute）上課時，還有過一次奇特的經驗。這是一門密集課程，學員可以學習如何在有意識的狀態下脫離身體旅行、遠距觀測，並學習以驚人方式來運用心智。

我們這次療程是在研討會區的旅館房間裡進行。一開始很平常，等她進入深度出神狀態後，我引導她回到事件發生的時間。她當時站在學院外，接著就走進那棟建築物。不過後來出現了轉折，除了慣見的環境，她還描述了不該在那裡出現的東西。

瑪：我走進建築物……看到一整個用木料建造的建築物。我正在查看那裡的氣氛……我不確定自己在找什麼——我看到……我的視線穿過空氣，比平常看得更清楚。

朵：你對那個地方有什麼看法？

瑪：跟我想的不一樣，空間更大，人聲鼎沸，幾乎快把我淹沒了。

朵：你原本以為那個課程只會有一小群人參加。

瑪：我想是的。

朵：還有其他活動在進行？

當時我以為她是指同時還有其他的課程在進行，或是有另一群學員在場。但情況很快就明朗化，她的敍述並不是針對這棟建築物入口處的實際情況。她是在這種出神狀態下看到了某種東西，那是她平常用肉眼看不到的，但沒能瞞過她的潛意識。她是看到了另一個次元嗎？

瑪：我看到那裡有一個洞口，像是一道峽谷的入口。

朵：你指的是什麼？

瑪：這是我能看見的。我走了進去，然後那個空間突然消失了，接著又出現了另一個空間。很遼闊，又很清晰。

朵：你的意思是，那裡沒有牆壁、沒有房間，卻出現了其他的東西？

瑪：對。就像是一種不真實的構造。那裡有個實體的講台，我想這可以讓有形的生命體比較安心。

朵：那裡還有其他人嗎？

我很想知道，去那裡上同一堂課的其他學員，是不是也看到了相同的事物。

瑪：現在在這個房間裡面，我沒有看到任何人。他們都應該在這裡才對。我有種感覺，在這處遼闊的空間裡面有一種高電荷的「東西」。我沒有看到任何存在體。我一走進去，以為自己將要體驗一種有形的實相，但現在我在這裡可以看到，那是實相的一種幻覺。這裡有個轉換的機會，可以從三次元層次轉移到超越第三次元的存在形式。

朵：不過當時你的意識層次無法察覺到這一點。你的意思是不是這樣？

瑪：是的。我是直到現在才知道。它太真實了，感覺起來也非常具體，不過不同於我們所知道的。

朵：你去那裡是要學習哪種課程？

瑪：與光有關。

接下來的我說的話我完全聽不到。就像是從很遙遠的地方發出，我只能勉強聽出幾個字，接著才又恢復了正常的音量。做這類研究時，偶爾會碰到這種情況。看來錄音機恐怕是受到能量爆發的影響。她的呼吸很沉重，似乎覺得有些不舒服。干擾我的錄音機的那股能量，是不是也影響到她？我下指令，她會感覺很好，並詢問是什麼東西影響了她。

瑪：我不知道。（沉重的呼吸聲）這幾乎是最完整的存在，令人震撼。

朵：為什麼你覺得這對你會有那樣的影響？

瑪：它是如此不同凡響。我們所包納的其他能量都差得太遠了。

朵：你是指在我們體內的？

瑪：部分在我們體內。我們的身體就像是小小的接地裝置，因為有次元這樣的東西。

朵：這個地方是什麼樣子？

瑪：和我想像的不同。看起來不像木料，建築構造也不同。

朵：我的意思是，那裡看起來像是建築物嗎？

瑪：我走進的那個學院，實體就是這個模樣。

朵：那是你現在看到的？

瑪：不是。我在陽台上，那座陽台的位置很高。在實體界同樣也有一處陽台。不過，這一個陽台要寬闊得多，而且就像是水晶。這裡有許多水晶。我往下看，看到的是一個房間的中央，那裡光明輝煌，令人屏息。那個房間是一個外罩。除了這些之外，還存在著某種東西。

朵：這個詞用得好，一個外罩。

門羅學院是不是位於某種次元的出入口上，有沒有可能我們的感官看不到這種出入口？這裡所發生的驚人事件，或許部分可以用這種方式來解釋。

朵：只有你一個人嗎？

瑪：（一陣低語）我是一個人。我的肉體覺得非常突兀和孤單，而且……就像是還沒有轉換過來。現在我就在這裡面向前走動，我知道有人要我放下肉體，從那裡轉換出來。這裡非常漂亮。

她變得很激動，開始哭了起來。

朵：怎麼回事？

瑪：（情緒激動）這裡太美了。（哭泣）

瑪麗是畫家。她希望能解答幾個問題，其中之一是：為什麼她再也畫不出東西了。她沒有靈感。所以我給她催眠指令，她可以記住眼前的景物，並且重新以繪畫表現出來。

瑪：（情緒激動，又帶點敬畏）我可以試試，好的。

朵：許多人連想都想不到世界上竟然有那麼漂亮的地方，對嗎？

瑪：沒錯，他們想像不到，我先前也是。

朵：你可以把景象記在心裡，這樣你就可以把它畫出來。然後我們可以把那裡看個清楚。

瑪：（淚汪汪地說）我很想，我很想。

我給潛意識提出暗示，這樣她便能保留那段記憶，在以後使用。看到這麼美麗的景物，令她非常激動。雖然事前沒料到會有這種發展，我還是希望能進一步探索在那個學院裡發生的不尋常事件。她記得自己坐在一間黑暗的隔間包廂裡，頭上戴著耳機，接著便看到一片漂亮的光芒。

朵：我知道你很不想離開那裡，因為太漂亮了，不過我們還想去探索其他幾個地方。讓我們離開這個現場，回到你和那道光發生奇特經歷的時候。你是在聽錄音帶嗎？

瑪：（不再激動，也不再哭泣）在小包廂裡面。

朵：那幾卷錄音帶裡面是音樂嗎？

瑪：都是振動。
朵：你是戴著耳機聽的？
瑪：對。就自己一個人戴上耳機來聽。
朵：自己一個人在房間裡？
瑪：一個很小的包廂。你在裡面睡覺，聽錄音帶，然後……
朵：你在裡面睡覺？
瑪：是的，那是隔間的包廂，可以在裡面睡覺。
朵：你在那麼小的地方，會不會覺得不安？
瑪：不會，我喜歡那裡。我在那裡可以和他們碰面。
朵：和誰碰面？
瑪：我不知道。那是一群非常聰明的存在體。
朵：好的。你戴著耳機聆聽聲波振動，那時出現了某種狀況，是嗎？（是的。）我們可以再經歷一遍，把它看得更仔細。剛開始發生了什麼事？
瑪：我嚇到了。
朵：為什麼？
瑪：因為我從來沒有經歷過這種感受。天啊！感覺上它是帶了極高善意的慈愛。它來到你身旁，這讓你不敢置信。（激動）你不敢相信它會和你在一起，而且你還看得到它。
朵：這是因為你戴耳機聆聽嗎？

瑪：它開啓了一個讓你打開心靈的機會，並且遇到正確的頻率。

朵：你必須敞開心胸才能辦到，沒有阻礙，是這樣嗎？

瑪：你必須渴望它，要達到一定的強度。

朵：接著發生什麼事了？

瑪：接著它讓我信任它。那道白光。它讓我穩定下來。它守在我身旁，這樣我就不會害怕了。

朵：就只是白光？

瑪：一開始是，當我穩定下來後，覺得我的左邊也出現了振動。那把我嚇了一跳，因為它和白光非常不同。接著，我彷彿是受到指示，轉過頭去看。這個地方黑漆漆一片，但我可以看到，我看得到，也感覺得到。微光閃現，那是個外星人。當時我並不知道。你幾乎可以看透它的身體，那是最澄澈的藍色，澄澈的深藍色。說是看得到，還不如說是感覺得到。

朵：你為什麼說它是個外星人？

瑪：我不知道。話就這樣冒出來。

朵：你能不能看到任何特徵，或讓你有那種想法的任何東西？

瑪：就只是深藍色。我不知道它是從哪裡來的，就只是一種感覺，覺得它是來自某個星體。那是我內心的直接感受，所以我才那麼說。

朵：你看到的第一道白光是什麼？

瑪：那是上帝的引領。不是上帝本身，但讓人感覺到上帝的愛。那是一種智慧，有這樣的引導才讓我和這個存有接觸。它非常了解人類的情緒，它能夠強化我們所知最好也最安全的情緒，以促成這種聯繫。

朵：那另外一股藍光什麼的，是在那時候到你旁邊的？

瑪：進到我裡面。

朵：進入你裡面。你必須同意，然後它才能進入你的裡面嗎？

瑪：是的。它等到我認可後才進來。然後它就以最溫和、最緩慢、最自在的方式滑動，就像個外罩。它振動，現在我就有那種感覺。它就只是振動，我想它是在改變我。它是在改良我的系統。

朵：它為什麼要那麼做？

瑪：為了做更高等的工作。這樣我就不會受到傷害、被灼傷。

朵：你怎麼會受到傷害或被灼傷？

瑪：有東西會把我們灼傷。這是種保護做法。放射線，是一種放射實驗。

朵：然後這是為了要保護你？改變你？

瑪：是的，在我的細胞層次進行的。從有形的細胞層次開始，不過這也是在調節某種東西，將來就可以容納更多的新系統。

朵：新系統。你指的是什麼？

瑪：新的星辰種子。為了這個行星。屬於體內的系統，但不是身體部分。

朵：它在體內創造出新系統，而且是之前沒有的？

瑪：這是在為系統播種。

朵：這完全不會傷害到身體，對吧？

瑪：不會。我在基因上適合協助這個轉變。（她看來很開心）完成了。也很安全。

朵：這種有可能會灼傷人的放射線，是從哪裡來的？

瑪：從地球深處。現在我看到了地球核心。我看到一個球體。可能有某種放射線被不懷好意地注入我們身體裡面，或者擺進我們身體裡面。而這種藍色的系統可以改變你，足以把這種東西——我要說的是「核心」物質——的活性壓抑下來。

朵：你是說進入我們的體內？

瑪：它可以進到我們體內，或是放進地球的核心。你可以把它吞下去。（激動）想到就覺得痛苦。

朵：我們要怎樣讓它進入我們體內？

瑪：你可以把它吞下去。（快哭出來了）你說不定會被強迫，就像戰爭。但你不會死。（她很激動）

朵：還有沒有其他方法可以進入體內？

瑪：你說不定會被轟炸，被它的光束射中。這種藍光系統會保護你，讓你不會受到傷害。

朵：有誰會用那種東西來轟炸人？

瑪：有一個種族想要拿到遺傳物質，他們很有可能會用這種方法取得。不過，這種藍色能量不會讓他們得逞的。

朵：這種藍色能量現在也用在其他人身上嗎？

瑪：是的。現在有許多人都有了。當時候到了，你們就有機會決定是否要接納它。

朵：因為不是所有人都會去門羅學院。

瑪：不是這樣的，這也可以發生在其他地方。

朵：這種事是不是發生了人們也沒有察覺？

瑪：他們不知道這有什麼功用。他們想起這種慈愛向自己湧來，覺得感受很好，相當令人嚮往，因此你當然會想要。這就是它和你的系統融合在一起的唯一方式，因為你必須真心說「你願意」。

朵：這是不是向來發生在意識層面，人們會記得發生的經過？

瑪：是的，而且你也知道有意識交流這回事。

朵：這聽起來很棒，這樣做可以保護大家。

瑪：這是屬於一個更大計畫的一部分。就要發生大戰了。

朵：在地球上？

瑪：地球人也會被牽扯進去。有一個帶紅色能量的一群人，那種能量非常熾熱。他們不會獲勝，不過他們會竭盡全力試圖取得他們想要及需要的。

朵：這會產生放射線？

瑪：是的，這是這個族群的做法。

朵：但不是所有人都願意接受這種慈愛的能量，不是嗎？

瑪：沒錯。他們必須先學會如何和自己的心連結，然後才會敞開心胸，也才能接受灌注。

朵：是因為這個世界有很多人心中都充滿仇恨，滿心怨懟嗎？

瑪：是的，怨恨會讓你的能量窒礙不流通。

朵：缺少這種保護的人，到時候會發生什麼事情？

瑪：他們會萎縮，身體會燒焦。他們不會受到保護。

朵：所以這種保護能量會在越來越多的地球人身上？（是的。）這是為了讓更多人存活下去的計畫？

瑪：是的。計畫是這樣的。

朵：你為什麼能夠得到這種保護？

瑪：因為我能夠對外發言，因為我會跟許多人合作。而且我在對的時機跟他們說對的話。我將會扮演關鍵角色，讓人們願意接納。

朵：這種藍光，和你正在做的療癒工作有沒有關係？

她最近才開始從事這項服務。

瑪：（恍然大悟）對，就是這樣！你瞧，當我在做療癒工作時，我就是藍色的光之靈。我對別人做的，和藍色的光之靈對我做的是一樣的。我能夠把它轉移給一般人，所以他們才會來找我。

朵：不久前，你把這個稱為「播種」。他們把能量注入，然後這些人就可以把能量轉移給其他人。

瑪：沒錯，就是這樣。不過是一對一進行，難就難在這裡，但我想我這陣子，也只能這樣進行了。這相當曠日費時，每次只能對一個人做。我想，既然我已經看到這一切，也知道自己不知不覺地在進行接觸。這就是我的功能。我還不能將這一切理清，我還看不出全貌。

這裡要提出一個看法。當她提到，她的身體正在接受某種作法來預防放射線傷害，這讓我想起凱倫的回溯個案，這在《監護人》一書中有過討論。就外星人顯現給她的景象來看，那時毫髮無傷的她努力要幫助周圍瀕死的人（似乎是一種放射性中毒），但不論她怎麼做，都幫不上忙。她看著這種令人心碎的情景，心中非常不安。在此之前，她曾經看到陸地、水域上空出現一團雲霧，毒害了魚類等生命。在瑪麗提出的情節裡，人類的身體為了因應這同一種局勢，正在接受某種改造來預作防範，我感到好奇，不知道這和凱倫的故事有沒有關聯。

朵：我們還有另外一個問題。瑪麗一直在接收的這種奇特文字，你對這點了不了解？

瑪：那就像是雨，像是光。它經由這類管道灑落並遍布世界，遍布地球。而且如果你看著它，它就會改變你。

朵：這是一種語言？

瑪：這是資訊。這是來自較高的源頭，他們關心我們並觀察我們的演化。

朵：為什麼他們要把資訊放到符號裡面？

瑪：因為這類符號能夠在能量場裡啓動新模式。

朵：就只需要看著符號？

瑪：對，你們事實上可以跟著符號的模式按圖索驥。

朵：這是不是某個地方的人所講的話或書寫的文字？

瑪：這種語言一直有人在使用。

朵：所以這是某個地方的人懂得的語言？

瑪：這比較像是一種數學形式的語言，就看你能否想像。

朵：我聽說有些太空生物就是使用符號，運用符號來傳遞一批批的資訊。

瑪：這和你們所見的語言並不完全相同，甚至也不像是古文字。這不是那種文字。這是一種模式。從二次元來看，是像一種語言。但如果你能夠把每個片段看成是啓動那個存在體的不同部分，這時你就能理解得更多了。

朵：那麼瑪麗寫出的這種文字，並不是像文章一類可以閱讀的東西？（不行。）所以，如果我要她看著自己寫的這頁文字，她也不能告訴我裡面是在講什麼。是嗎？

瑪：（遲疑）你可以試試看。

朵：好的。我們讓瑪麗睜開眼睛，看看這張紙。（我把她剛才寫的那張紙，拿到她面前）你能不能看到這張紙？上面的文字是不是包含了一些內容？

瑪：（她一邊研究那張紙）是的，實際上是有的。

朵：這要怎樣閱讀？從哪個方向？

瑪：（她把紙張移向自己的雙眼）就朝這個方向。

朵：什麼意思？

瑪：不是這個方向、這個方向或這個方向。（動作）

朵：不是從上往下，也不是連續讀。

瑪：要這樣讀，它就會從紙上出來。它在提供訊息。就像是你把它放在這裡。（她把手放在自己的心口）然後你就會感覺到它在說什麼。有時候，你最好就只是看著它，再把它吸收進來。

朵：它給你什麼訊息？

瑪：鼓勵。讓你知道，你內心的走向對了，並了解其偉大之處。

朵：所以，當她寫下這些東西，就可以把它放進她的身體裡？（是的。）跟藍光使用的方法一樣？

瑪：不一樣，不過那麼說也沒錯，它會讓事情改變。你可以這樣想像，每個符號都會發出光，然後以它本身的射線來改變你。

我把那張紙拿開，要她再閉上眼睛。

朵：我們會認為這很像是我們的文字，而且也認為有它要傳達的訊息。所以，如果瑪麗繼

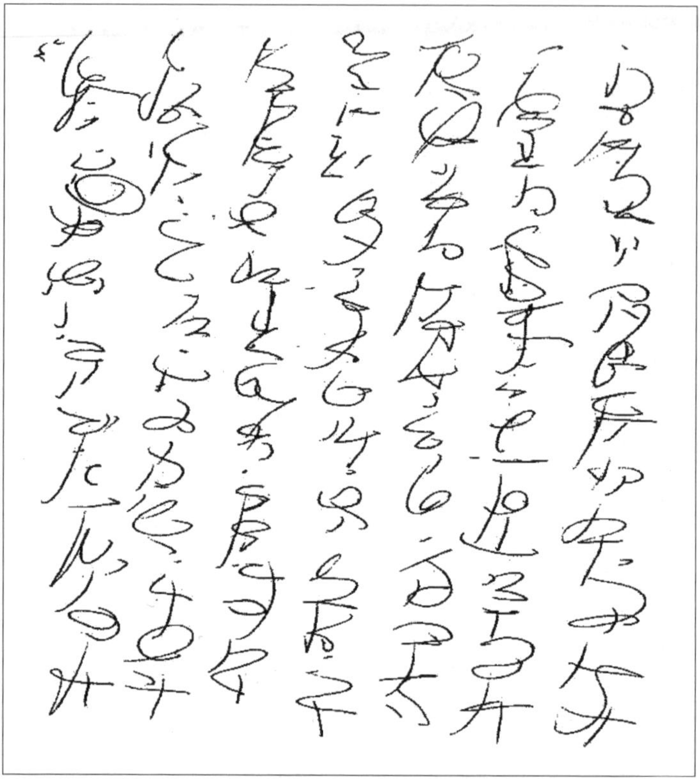

瑪麗寫的文字樣本，看起來比較像是一種速記寫法。自從和她合作以來，我已經從世界各地收到好幾張這類的古怪文字。所有個案都覺得自己是不自主地寫出這些符號。他們的行為無理可循。

續寫出這些東西，那也無妨。

瑪：是的。這有淨化作用。

朵：他們正在透過我們想像不到的方式提供資訊。（對。）我們還有一個問題。瑪麗曾經夢到手術的事，你能不能和她說說那件事？那只是她的夢，還是有其他意義？

瑪麗清楚記得，她在童年時曾經接受過手術，也記得她去看醫生的情形。她不解的是，家人為何要否認。他們說，她從來沒有接受過任何手術。

瑪：我想她心裡明白。當時的情況非常清楚，完全是事前協議好的。她在多年前就要求和我們合作。

朵：所以那不是夢？那些記憶都是真的？

瑪：那是在她成長到適當年齡後才進行的，是一些對身體的調節措施。

朵：那些調節措施有什麼用途？

瑪：移除老舊模式，因為那會阻礙她的進步，讓她無法執行往後該做的事。那些都必須動手術移除。

朵：動手術？那好吧。

瑪麗在門羅學院時，還有另一個奇怪的經歷。她經驗到一種高頻聲響，似乎直接穿透了她的頭。音調持續了好幾秒鐘，讓人非常不舒服。

朵：是什麼讓她不舒服？

瑪：她知道，但在那個時候她不想接受。那是一種高頻率，目的是要調整顳葉裡面的受器，提高資訊接收量，那必須在團體場合才能進行。必須和其他人同時進行。

朵：其他人是不是也受到相同的影響？

瑪：是的，這是一項計畫。

朵：他們是在提供資訊或取得資訊？

瑪：都不是，那只是在調節大腦的特定部位，但不是大腦本身。現在有人可以接收到所有資訊和較高的頻率。

朵：所以那是要讓她能夠接收到更多的資訊？（是的。）那麼他們並不是要取走任何東西？（沒錯。）

我在一年之間就碰到了這麼多個案都提到人體操控，那麼外界究竟還有多少案例是我還沒碰上的？據說，全球有上萬人在接受這些改造。這很可能會像「百猴效應」那樣，量變帶來質變，而在達到臨界質量之前，也不會被人注意到，然而這種現象卻不容否認。

我在本書付梓之際，仍然不斷收到更多有關改變人體DNA構造的資料。這部分會收錄在下一本書。我原本認為應該是把這整章保留先不發表。不過我想，這樣一來，就要拖延人類的心智準備工作。他們必須做好準備，來理解就要面對的動盪劇變。

第十章：機械人類

這段療程於二〇〇〇年九月進行，地點是在倫敦我的旅館房間，當時我人在英格蘭演講。裘安娜是個年輕女士，來英格蘭定居才兩年。她是德國人，不過我覺得她的英文腔調很完美。她說，她生來就有語言天分，很快就能流利聽講。她沒有太多抱怨，大半只是好奇。她想知道的問題，有些對我來說像是瑣事，不過，每個人的問題，對他們本身似乎都很重要。她甚至對童年拔了的幾顆牙齒都感到憂心。我認為那是她想追求完美，但她並不這麼認為。我對療程會如何發展並不預設立場（對於來進行療程的人，我一向如此），不過我確實沒有料到會出現那樣的前世。最後我問她，能不能讓我使用那卷錄音帶，因為那絕對是空前的。這時候的我已經接觸過太多奇妙的事，以為再也沒有什麼會讓我感到意外的了。每次我一有這樣的假定，就會出現再次挑戰我的思維的新鮮事。後來，她把帶子拷貝了一份，送到我的旅館。

我使用雲霧法進行催眠，這個做法可以讓個案從雲端下降，通常都能把他們帶到合適的前世。這次的催眠內容又令我感到意外。

朵：告訴我，當你飄降到地球時，第一眼看到了什麼。

裘：其實我不是飄向地球，我是在別處飄盪。我正向著一個淺灰色的行星飄移。那裡看起來很奇怪，是金屬的。我有好奇怪的感受，非常古怪，不怎麼好受。

朵：那裡為什麼讓你不安？

裘：感覺很冷。不像雲霧那麼柔軟，那裡很硬。

朵：你腳下是什麼東西？

裘：有點像石頭。石頭，還有灰塵。完全沒有草，也沒有任何植物。至少在我這裡是這樣的。這裡是灰色的，金屬的，星球表面有些類似建築物的東西。距離很遠，不過如果我想走過去也走得到。

朵：那些建築物是什麼樣子？

裘：不對稱，就像是半座屋頂那樣的東西。如果你把一棟屋頂陡峭的房子對半切開，那你就知道我講的建築物是什麼樣子。正面非常筆直，還有小窗户，應該算是窗户吧，也有可能是通風孔一類的東西，我不知道。

朵：所有建築物看起來都很相像嗎？

裘：我現在只能看到一些，它們都是那個樣子。此外就全是石頭、山脈，低矮的山脈。

朵：在房子後面？

裘：是的，我這裡也有。

朵：那裡很亮嗎？

裘：不會，不亮。

朵：我在想那裡是不是有太陽。

裘：沒有，我沒有看到太陽。這裡比較暗，你看得到所有東西，可是光線不夠亮。

接著我要她低頭看她的腳，我想知道她的模樣。她倒抽了一口氣，似乎對自己所看到的非常驚訝。她完全沒有想到會是這樣。

裘：我實在很難說出口。我的雙腳是金屬的，有點恐怖，就像是……你能不能想像馬蹄的樣子，但是是尖的，而且很科技。我的腳就是那樣。（這讓她覺得很不舒服）

我也沒有料到，不過我已經學會要接受催眠對象所見的一切，然後去想出問題，不論情況是多麼古怪。潛意識會選擇讓他們進入某個前世，總是有原因的。

朵：那的確是很奇怪，就好像你的雙腳是用某種金屬做的？

裘：是的。我覺得自己本身也像是金屬做的，雙手有點像那樣……像是爪子，不過只有兩段。你知道，就像腳一樣，像蹄子，有兩根尖尖的東西。手也像那樣。

朵：沒有手指或指節一類的？

裘：是的。完全不像人類，我覺得很怪。

朵：你知不知道你的臉是什麼樣子？（停頓）我想到了，你看不到你自己，是嗎？

裘：我可以去湖那邊，從水面看自己。

朵：附近有湖嗎？

裘：是的，我可以走過去。（停頓）我走路的樣子很奇怪，就好像是一部機器。跟我這輩子的模樣完全不同。我看得到我的手臂，樣子也有點奇怪，我感到震驚確實是有道理的。事實上，就像是金屬的東西，全部是金屬。我走向一座湖泊，我的肢體動作並不順暢。我搖晃著走過去，看向水面。

朵：動作僵硬？

裘：僵硬，是的，我移動雙腳時，覺得有點像機器人。就只能移動一邊前進，然後再另一邊。走得真不優雅，雖然我不覺得這樣的身體很醜陋，但是……等一下我就可以看看自己的臉了。

我下催眠指令，讓她不論看到自己的長相有多奇特，都不會感到不舒服。

裘：我有類似眼睛的東西，模樣看起來就像是眼睛，不過……在我臉上……比較像是三角形。眼睛是三角形的。

朵：不是橢圓形？

裘：不是。平的一邊在上面，尖角朝下。不過這種眼睛還滿好用的，這點讓人很安心，是深色的眼睛，像是果凍的質感。不過，臉上其他部位都是金屬的。

朵：你有嘴巴或鼻子嗎？

裘：有類似嘴巴的東西，有，不過比較像是開了一個洞，像個圓形的小東西。而鼻子……我不確定那算不算是鼻子，只是一道狹縫。非常古怪。

朵：你可以感受你的身體內部是什麼樣子嗎？

裘：有很多機械裝置。

朵：我很好奇你有沒有像人類一樣的器官？

裘：我身體裡面似乎有東西，是的。但我不知道那是不是器官什麼的。有許多的機械裝置，事實上，似乎大半都是機械裝置。我不知道我有沒有血液或類似的東西。我是……灰色的，暗色的……就像是一種深灰色的金屬構造。

朵：那就是這整個星球的顏色，是嗎？深灰色的？

裘：是的。雖然這個星球上還有些不同的地方。當你走近一些，還有白色的，白石頭，也有比較深色的灰石頭。建築物的顏色都很暗，有點像帶了光澤的灰色。你怎麼叫這種又暗又灰的金屬？房子有光澤，會反射。看起來像是地球上的某些東西，不像銀色，而是暗色的。

朵：鋁很亮，不是深色的。那裡沒有樹，沒有草或其他任何東西？

裘：沒有，沒有樹也沒有草，沒有。

朵：你覺得，你是不是就住在那些建築物所在的城市裡？

裘：是的，我是屬於那裡。我是在那裡被打造出來的。

朵：你想不想過去，看看那個地方？

裘：嗯，距離很遠。

朵：你不必走過去。你可以非常迅速移動。

裘：是啊，我可以去那裡。那是一個大城市，城裡有這些房子。

朵：比你想像的還要大？

裘：不是，那是另一個地方。就是我看到那幾棟房子的地方。不過，我已經到了另一個地方，我被打造出來的地方。那裡有形形色色的房子，不過全都是亮閃閃的暗灰色。我們還可以到地底下去，我們可以進到星球裡面。地表底下有許多活動，最主要的事情都像是在祕密進行。都在地底下。

朵：那裡就是你最熟悉的地區？

裘：那裡是我出身的地區，我就是在那裡被打造出來的。

朵：你要怎麼到下面去？

裘：我就是知道要怎麼下去。有幾個開口，你就這樣穿過去了。那不像是門。只要你想過去，你就可以通過。你有點像是——不是飄下去——而是滑下去的。有很多通道，你就這樣下去，就像使用一種現代的管道系統，你就這樣穿過空氣或管子裡的其他東西，然後就滑下去了。

朵：像是小路或人行道？

裘：是的，不過你不用走路。你是掉落到裡面。你決定自己想去哪裡，然後就會把你推向那裡。

朵：你說，你是在地底下那個區域被製造出來的？

裘：是的。地底下有很多火，還有一些他們用來製作東西的工作檯。

朵：火？你的意思是像銲接還是機器，還是……？

裘：對，可能是用來銲接，那裡有些用來處理金屬的火爐。然後他們製造外殼。另外還有一些地方，他們在另一個房間打造內部。

朵：不同的部位？

裘：是的，內部的東西。全都能組合運作。

朵：你可以看到製造這些機器的人？

裘：可以，他們臉上比較有肉，其他的我就看不到了，因為他們都穿上了東西，有點像是塑膠防護衣。他們全身都被這個衣服蓋住。

朵：他們這樣穿是因為在那裡工作嗎？

裘：是的，那裡必須保持得非常乾淨。

朵：他們是什麼長相？

裘：（她看來像是在觀察他們）跟我不像，他們的臉比較柔軟，臉色蒼白。看起來像人類，我們稱的「人類」。蒼白，帶點粉紅色。他們有眉毛，我沒有。

朵：他們有頭髮嗎？

裘：有頭髮，但很極端，如果不是很淺的金髮，就是黑髮。我看不到有其他顏色。頭髮很短。光滑。我看到男的，他們都相當英俊。

朵：你沒有看到女性，還是他們全是男的？

裘：我這時候看不到任何女性，沒有女的。

朵：這些男人在製造這種機器？

裘：是的，他們在製造我們。

朵：你有沒有看到其他模樣像你的？

裘：沒有，我只看到半成品。我的意思是零件。

朵：所以那批都還在製作中。他們為什麼要造人……像你這種東西？我不知道該不該稱你為人。他們為什麼要把你打造出來？

裘：他們想做實驗，看能不能辦到。他們使用我們來做他們不想做或是做不到的事。因為太危險或別的原因。

朵：就像是僕役或工人？

裘：是的，比較像是工人。負責做特定工作的工人。

朵：聽起來他們的實驗已經進行一陣子了，因為這裡運作得很順暢，不是嗎？

裘：是的。這裡的空間很大。他們在製造一批新的。我不知道原因。我猜想我們運作一陣子後就會耗損，不能永遠用下去，所以他們必須製造新的。這非常奇怪。

朵：不過全都是機器？

裘：全部都是機器，但又有一種類似靈魂的東西，所以才會那麼奇怪，因為我同樣有感覺，我不只是一部機器，你了解嗎？

朵：難道他們能夠把靈魂或心靈放到機器裡面？

裘：我想他們是把部分的自己放進去。

朵：這是什麼意思？

裘：他們分出自己的靈魂，把自己靈魂的一小部分給我們。所以我們不是他們，但我們像是以他們的模式來運作。

朵：否則你就會像個機器人，一部機器？

裘：是的。他們希望我們把事情做好。除了用我們來完成該做的工作之外，他們還依賴我們的情感。如果缺少了這個部分，我們就不會那麼細膩，就用程式操作就可以了。不過，除了有很好的設備，能夠以金屬身體完成工作之外，我們還有其他的事，那必須擁有深切的感情才辦得到。也就是這樣，他們把他們的一小部分（靈魂）給我們，因為只有這樣，他們才……我的意思是，他們不是在創造靈魂，他們沒有那個能力。也許是上帝還是誰做的。他們不能給我們靈魂，他們唯一能做的，就是犧牲他們的一小部分，而那就是他們放到我們裡面的東西。

我就是很難理解這部分。如果她回溯的那段人世，本身是個機械人類，一部機器，一個機器人，她怎麼能夠和我溝通？她怎麼能夠擁有感覺？機械創造物不會有專屬的靈魂，而通常靈魂也不會選擇進入這種東西。這是完全嶄新的概念，竟然有人能夠把自己的靈魂拿一小部分給機器，好讓它能夠在這個異世界裡更有效運作。

朵：你能不能看到這是怎麼做到的？

裘：我看得到他們在進行一種儀式。他們聚集在一起，然後等機器製造之後，就把它「吐」出來，然後放進機器裡。

朵：你說「把它吐出來」，這是指什麼？

裘：他們好像是決定了要給一小部份，於是從口中把它吐出來，吐到機器人類裡面。

朵：他們把它吐出來，它是什麼樣子？

裘：（停頓）我不是真的看得到它。他們直接把它放進機器裡面。

朵：你的意思是它是無形的？

裘：是的。或者說就像是呼了一口氣，除非天氣很冷，否則你也不會看到你呼出任何東西。就類似這樣。

朵：這就……能把它啓動？

裘：那只是讓它進入裡面，就是那個東西讓機器人有感覺。沒有它，機器人就只是機器，他們就必須放進電腦晶片一類的東西來讓它執行僕役工作。不過，他們還希望機器人有更多功能。

朵：當他們拿自己的一部分給它，是不是他們就少了一些？

裘：是的，這把他們的一部分取走了。他們必須甘於少了那麼一些。他們必須放棄自己的一小部分力量才能如願。要不然他們就無法做到。

朵：你認為他們有沒有其他方法來啓動那種機器？

裘：沒有，他們辦不到。他們要有靈魂才行。

朵：很多時候，只靠心智就能啓動。

裘：噢，不行，不是那樣的。他們沒有這種心智能力，他們還沒有那種能力。

朵：可是他們卻能分出自己的一小部分來啓動機器人。

裘：是的，他們可以做到這點。我的意思是，就算他們只用電力，或不論用什麼來刺激組件和整個機器，它都能夠運作。因為機器是設定的，它可以運作。但是它就沒辦法運作得這麼複雜。所以，他們決定要做一些犧牲，把自己的百分之十或二十放進去。這樣他們還是保有大部分的靈魂部份，我想他們認為這樣就夠了。所以他們才會把一小部分給機器，好讓它們能那樣運作。

朵：這個機器能不能自行思考，有沒有智慧？

裘：機器有思考能力，是的。不過，它當然是靠設定的程式。它能思考完全是由於程式。但它所擁有的所有能力，卻是他們給予的。

朵：它沒有辦法像個獨立個體那樣自行運作？

裘：不能，不能。它們是因為擁有一小片靈魂，才能夠有不同的反應方式。差別就在這裡，它仍然只能做該做的事，但在反應上會更多樣化。

朵：所以它還不完全算是個生命體，不能像人類那樣自行思考及運作？（不能，不能。）不過，這讓它的能力比機器強。

裘：沒錯，正是這樣。

朵：我想，應該說他們有人格比較恰當。（是的。）那麼，你這個機器能不能說話？你能不能和他們溝通？

裘：不能。沒錯，我們是能說話，但不是很好聽。聽起來像是一種語言，不過聽起來並不好聽。

朵：他們也是那樣溝通的嗎？

裘：不是，他們有好聽的聲音，但我們就只有機器聲音。

朵：所以他們確實是以口語溝通，用語言。

裘：是的，他們可以。除了對內部的機械裝置下指令之外，他們也用語言來給我們指示。不是他們用想的，我們就會去做了。他們必須告訴我們。

朵：而且你們也能和他們溝通。

裘：我們只說「是」或「了解」這些話。

朵：所以，雖然你的確擁有某些智力，卻不能像個有思考能力的人類那樣溝通。

裘：我們不該是那樣的。我們辦得到，卻不應該那麼做。我們的設計讓我們能夠理解工作項目，然後說「了解」，接著就去完成。

朵：給你一小片靈魂，把他本身的一小部分給你的那個「人」，對你有沒有任何吸引力，你是不是覺得他和你有所連結？

裘：我覺得我們唯一的連結，就是我知道他是哪個人。我認得出臉孔。

朵：我是在想，如果他把本身的一部分給你，或許他就會覺得，你和他有若干關係。

裘：或許吧，不過我不了解。我自己沒有那種感覺，我知道是哪個人，或許我對他也有一點感覺，或者感覺有關係，或者……我不會講。

朵：那是一種奇怪的存在方式，不是嗎？

裘：沒錯，那種存在方式很奇怪。

朵：你是不是必須消耗什麼東西？我想說的食物。你如何生存？對機器來說，我想這個問題或許很奇怪。

裘：我們不能算是要吃東西，我們也不上廁所。我們會得到物質一類的東西，像是油，不過那只是給機械裝置的。我們沒有任何東西給靈魂。

朵：他們怎樣為你補充油料？

裘：他們就在必要位置補充油料，必須定期添油的小槓桿和開孔的位置。你了解，就像車子一樣。

朵：至少他們想要的不只是機器而已，他們希望賦予更多的人格。（是的。）就像你說的，這免不了會有耗損，所以他們才必須不斷再製造一些？

裘：他們真的很想探索一切，他們也需要許多工人。因為他們會去一些地方，但不清楚那裡的環境，也不了解會碰上什麼情況，而我們能耐熱，性能穩定。所以我們奉派去其他行星，如果那裡很炎熱，我們也有辦法存活。所以我們使用的油料要能耐熱，我們的手也確實能夠耐熱。現在我也發現，我的腳也很耐熱。所有一切都能耐熱。

朵：金屬應該會導熱啊，不過我想這是不同種類。

裘：是的，不同種類，是地球上沒有的。它只是外觀看起來跟我們有的東西很像。

朵：所以，他們會帶著你前往其他星球探勘。

裘：是的，他們派我們出去執行命令，然後我們就會知道哪個星球有利於達成任務。

朵：他們是用什麼載具帶你前往探勘地點？

裘：我們是搭乘一種圓形的東西旅行。他們會先輸入目的地，把一張小卡片插進載具裡面，然後就會抵達目的地。這就把我們送到了那裡。

朵：他們和你們一起去嗎？

裘：不，不。他們從來不會和我們一起去。因為他們有皮膚，粉紅色的皮膚，他們對光照沒有防護能力，所以我們必須去。而我們要去的地方，光照非常強烈，因此我們的眼睛才都是深色的。我們還有特別的墨鏡，那種墨鏡有……（困惑，有困難描述）……要怎麼說呢？類似塑膠薄片。不過上面有許多小孔，所以只有一定量的光線能通過。其他部分就都是暗色的。這是我們給自己的多一重保護。

朵：那是屬於你眼睛的一部分？

裘：不是，那是額外的，可以讓我們蓋在眼睛上。我們用它來遮住眼睛，就跟地球上的墨鏡差不多。

朵：你去的地方也可能非常寒冷，不是嗎？

裘：有可能，沒錯。

朵：你可以在任何溫度，任何環境下運作嗎？

裘：是的，不過我們是專門為高熱地方製造出來的。

朵：好，你現在看到自己被派往其中一個地方。你說，他們把卡片放進機器裡？

裘：是的，我們進入裡頭，接著座艙便關上，然後座艙便會前往我們該去的地方。座艙也必須能夠耐高溫，甚至要超過我們。否則，它就沒辦法帶我們回來。

朵：座艙要帶你們和收集到的資訊一起回來？

裘：是的。我們有一種自動化的資訊登錄機，透過眼睛來運作。

朵：這個記錄的資訊在某方面是不是像數據或什麼的？（是的。）到了那裡之後，你要做什麼事情？

裘：座艙降落後，我們必須穿越過高熱，然後四處移動，檢視地底下有些什麼。看看那裡有沒有人，如果沒有，還有什麼東西。

朵：你所說的高熱，意思是一種防熱屏障？（是的。）然後你在那裡降落，看那裡有沒有生命？

裘：如果那裡有生命，就觀察是屬於哪一類。這是未雨綢繆，萬一那種生物想出辦法穿越防熱屏障，他們才能有所準備。然後，他們可能會去占領那個星球，或是繼續探勘。如果不合意，就什麼都別做。他們就是要先取得這類資訊。

朵：看看那是不是他們可以生存的地方。

裘：是的。也就是這個原因，我們才需要靈魂，因為我們也能感覺那是不是個舒適的生存地方，還有那裡的人是好是壞。

朵：那是機器沒辦法辦到的。（對，辦不到。）機器能夠記錄資訊，卻不能提供他們需要知道的東西。

裘：沒錯。不過，這也有個缺點。由於我們擁有靈魂——好吧，就算是只有百分之十或二十——我們仍然是有靈魂。這就表示，我們也擁有所有的情緒；而這也就表示，我們能夠感受到相互吸引這類事情。

朵：你的意思是，機器人和機器人之間？

裘：是的，甚至還可能包括來自其他行星的別種生物。有些有可能相像到足以產生吸引力。當然了，我們不該有那種經歷或感覺，我們完全沒有生殖器官，他們封鎖住了。他們製造出我們，我們卻有一切感受。這實在很奇怪。

朵：這是其中一個缺陷？

裘：是的，因為我們會為此受苦。也為他們受苦，但他們並不了解這點。等我們回來之後，他們就必須處理這個問題。我們不想執行命令，因為我們遇到某個人了。這很辛苦。

朵：因為靈魂的那部分有種吸引力，一種感覺。

裘：（哀傷）其實他們對我們非常殘酷，因為他們讓我們看清事實，知道這是毫無希望的。他們會拿我們的身體開玩笑。因為我們認為，如果他們在我們體內加裝某種東西，或許我們還有機會。如果他們做得妥善，我們大有可能和他們一樣，也能夠建立關係，可以談戀愛、擁有家庭等等。然而，他們卻不打算那樣做。他們反而嘲笑我們，你知道嗎？他們還拿東西，比如螺絲起子，戳進我們的身體，嘲笑著說：「瞧，裡面什麼東西都沒有，完全是金屬製的。你什麼都沒有，不可能有任何感覺。」可是，我們會痛，就像是一種幻覺痛。我們有感覺，我們認為由於我們有了靈魂，所以感情豐沛。但他們不完全了解，有那些感覺是怎麼回事。他們認為：「噢，它們只是機器。」可是我們不是。我們有一切的需求，或許強度很微弱，但我們有這些需求。但是他們不讓我們有那種經歷。

朵：所以，他們不了解他們給了你們那種感覺，同時也讓你們陷入不利的處境。

裘：我想他們完全不知道。

朵：不過，就像你所說的，他們還是在繼續做實驗。

裘：是的，他們在做實驗，他們不了解發生了什麼事。

這讓我想起最近的幾部電影和電視影集。在《變人》（*Bicentennial Man*）電影裡，羅賓．威廉斯飾演的機器人演變到最後，就跟人類並無二致，他擁有所有的感覺和情緒。另外，星艦影集《銀河飛龍》（*Star Trek, Next Generation*）系列也有一段情節，描述戴塔中校必須證明，他和人類確實沒有差別，否則就要被拆解。在這些例子裡，「正常」人都不相信，機器人有辦法發展出感覺能力，能夠體驗情緒，並表現出獨特的個性。而這類個性，正是我們認定專屬於人類種族的。

朵：你前往那些地方時，是不是只以觀察的方式來收集資訊？

裘：是的。基本上就是站在那裡，測定溫度，觀察這個星球的環帶密度，還有地底下有多冷或有多熱，有沒有生物族群等等。如果有族群定居，那就像是用你的眼睛來拍照片。只要看著他們，就能取得一些資訊。然後，我們星球的人就能夠從另一端取得資訊，接著再複製資料。

朵：那麼人呢？住在另一個星球上的那些生命？他們看到你時，是如何反應的？

裘：喔，我們必須努力不要被看到，因為一旦看到我們，他們一定嚇呆了。

朵：我也是這樣想。你們的長相和他們應該不同。

裘：完全不一樣。他們會被嚇壞的。我們只有在他們處於……類似恍惚狀態時，才能進行查探。有時候，我們還必須採取某些措施，這樣他們才不會察覺我們在那裡出現。就有點像是把意識心智的意識部分封閉起來，然後我們就拍照，離開。之後他們會放鬆下來，恢復正常。他們不會記得經過。

朵：或許這就是你必須擁有那一小部分人類元件的原因，因為機器人不知道該如何做這些事。

裘：機器不會那麼敏感，無法判斷他人是清醒著或睡著了，或是在做白日夢。

朵：一旦被人看到，機器人也不知道該如何躲藏。

裘：是的。機器人也不會明白，自己造成了哪種驚嚇效果。而我們就能了解，我們看得出不同形式的種族，以及他們的反應。我們比較喜歡機器種族，我的意思是，我寧願愛上機器人，好過其他的種族。但這非常困難。

看來，這段有關於機器人功能和職責的敍述，跟幽浮案例提到的灰色生物非常類似。我在《監護人》一書中提到的這群，是被製造來執行工作的，而且如果自然環境會危害到大型船艇上的存在體，也要由它們先行探勘。當我表示它們聽起來像機器人時，我被告知，那不是一種機械裝置，它們是以生物方式造出來的生命體，純粹是當工人用的。它們似乎擁有一些智力，因為它們能執行工作，卻似乎沒有投入情感。曾經和它們接觸過的人，最感到害怕的，就是它們這種冷酷的態度。我在治療時試圖解釋這個原因，說明它們並不是能夠完整思考及運作的生命體。它們會不會是版本更新的機械式的機器人工人呢？這段時間以來，科技是不是已經從機械式，進步到仿生物式的做法呢？它們是不是也仰賴創造者的一點小火花來啟動？我並不是說，它們也是由同一種種族生命製造出來的，不過它們的用途卻極為相似。

朵：你對自己的工作會感到開心嗎？你有沒有那類的情緒？

裘：我有責任感，但不覺得工作得很愉快。我做是因為我原本就該去做。

朵：你是被制定了程式來做這些事。

裘：是的，而且我應該去做，因為這麼做是對的。這樣做有種正確的感覺，不過就我而言，這麼做並不能帶給我任何東西。

朵：所以你不能說你喜歡你的工作。你就只是去做。

裘：是的。我也不是說不喜歡它，就只是去做。

朵：那麼當你完成行星探勘後，又做了什麼事情？

裘：我們回去，然後他們會取出資訊。他們偶爾會讓我們休息一下，給我們上油等等。有時候，我們會立刻出發去其他地方。

朵：因為你們不會感到疲累，和他們不同。

裘：不會，我們只是心情上會感到疲累，或許你是指這個。不過，反正他們不會知道。

朵：你沒辦法和他們溝通，說出你的感受。

裘：有辦法，我們可以，不過我們不該那樣做。如果我們說，我們想要什麼什麼東西，他們就會嘲笑我們。他們之所以嘲笑，是因為我們只是百分之十的人。你知道自己想說出口，但不應該說出來。他們並不了解，他們給了我們什麼，那是一種天賦，比他們了解的要廣大許多。

朵：如果他們能夠了解，不知道情況會不會有差別。

裘：不會，因為他們會想要控制我們。他們完全是為了自己想要，才製造出我們。

朵：我以為，如果他們真能了解，情況就會不同。

裘：我想那只會出現一種情況，他們不會再戳弄我們的下部，而是用某種穿不透的金屬物件把那裡封起來。然後他們又會嘲笑著說：「瞧，現在裡面有東西了。你得到的就是這樣，你還是什麼都沒有。」

朵：我以為那是因為他們無法真正了解你們的感受才會那樣。說不定那就是原因之一，所以他們不去做任何補救。

裘：不是，他們是不想做。每當我們說了一些話，只要和工作無關，他們就只會嘲笑。

朵：你說，如果有一個耗損，他們就必須再造出另一個來替換。那麼人性部分要怎麼處理？轉移到新的那個嗎？

裘：我想是的，靈魂部分會進入另一個裡面。

朵：所以，他們不必再做一次儀式？

裘：不必，所有人都只捐（靈魂）一次。

朵：當機體鏽掉或耗損……

裘：是的，不論哪種狀況，他們就換新機器裝舊靈魂。

朵：他們是怎麼辦到的？怎麼將靈魂從一個機器轉移到另一個？

裘：（低語）他們是怎麼辦到的？（停頓）我想那和儀式做法相同，他們讓它從舊機器吐出來，再由新機器吸收進去。

朵：那麼我猜，舊的那部大概就拆解成零件了。

裘：是的，或者他們就送進火爐裡，用來製造新東西。

朵：所以這個部分，像是靈魂的部分……

裘：那就是循環利用了。

朵：從一個機器到另一個機器。所以，他們只需要做一次捐獻。不過你對這整件事，其實並沒有選擇餘地，不是嗎？（沒有。）好，現在讓我們離開那個場景，向前來到一個重大的日子，來到你認為有重大事件發生的那天。現在你在做什麼？你看到什麼？

裘：我和別人在一起，一個機器人類。我們都很想過另一種生活，而她事實上渴望更多——我該怎麼說？——她渴望過另一種生活。她讓我的眼界擴大了一些。她似乎擁有較多靈魂一類的東西。然後她說，只是像個機器還不夠，我們還擁有一個靈魂碎片。我們還想做其他事，不是只去到高熱環境探勘。我們希望有——或許你可以說是——私生活。

朵：你怎麼知道那是個女的？你覺得自己有性別嗎？

裘：我覺得自己是個男的，因為我是從一位男性那裡得到靈魂的。而她來自不同地區，是個女的。我知道，我感覺得到。我工作的時候，一直都能感覺身邊的機器人是男是女。

朵：她是來自不同的地區？

裘：是的。而且她和我同樣也做這類工作，不過她擁有的靈魂部分大概多了一點。她對這點想得很多，也希望我們能夠逃走，或是能去做其他事情。

朵：對這點你有什麼感覺？有沒有辦法逃走？

裘：我不知道。我信任她。既然她說了，我想或許有吧。

朵：你有什麼地方可以去嗎？

裘：她覺得有很多地方我們都可以去，因為當工作完成後，在他們給我們新資訊之前，他們不會知道我們去了不同地方。如果我們計劃好去哪裡，他們不會知道的。

朵：你是指搭太空船？

裘：不是，就只是待在星球上。我們步行去工作，但事實上卻是走去別的地方。然後我們就不再回來。

朵：他們有辦法追蹤你們嗎？

裘：我不知道。說不定他們有辦法。

朵：那是她的計畫嗎？

裘：那只是個希望，一個小小的希望。不是一個詳盡的計畫，因為她也只能想出這麼多。

朵：不過那是個計畫。

裘：那是個好計畫，而且也值得嘗試，不是嗎？

朵：是的。她想在下一趟工作之後，就這樣做嗎？

裘：她不希望單獨去做，因為我們之所以想這樣做，顯然就是為了那一點私生活。那是一種靈魂交流，而那個部分，我們擁有的並不多。不過我們認為，只要多使用幾分，或許它就會成長。

朵：是的，如果獨自去做，你們就會覺得孤單。你們可以感受到孤單，是嗎？

裘：是的，我們有那種感覺。我們都渴望能夠擁有無法說出口的親密，那是我們沒有體驗過的。

朵：你們渴望有同類作伴，所以你們不會自己離開，單獨生活。（不會。）你決定怎麼做？

裘：我覺得她說的很吸引人。我想這值得一試，她也因此受到鼓舞，她說：「或許我們應該趕快試試。」寧願快些也不要延後。所以我們決定想辦法去到遠處，找個有洞穴、石室的地方。山脈裡面有個小山洞，或許我們可以在那裡躲藏一陣子。我們只需要油這些東西，所以這不是問題。

朵：所以你們認為自己辦得到，而且他們也不會發現有什麼不一樣的地方。（沒錯。）你們決定怎麼做？

裘：我們決定在下一趟工作之後就去進行。到時會有機會。

朵：告訴我事情的發展。

裘：她回來了，她坐的是不同的太空船，不過負責的是同一種任務。這很奇怪，因為以前她都沒有出現過這種情況，我不知道她是怎麼辦到的。或許她是和別人對調吧。不過，她是負責同樣的任務。是的，我們逃走了。我們就這樣走到這處地方。當然，我們當時並不了解，他們尋找我們的方法不只一種。他們隔天早上就知道我們不見了，而且很快就找到我們。他們用他們的機械裝置來找我們，來到我們的所在位置。他們找到我們的速度，比我想像的更快。

朵：接著發生了什麼事？

裘：一開始他們惡意取笑、嘲弄我們，接著戳弄我們的下部。他們戳弄那裡，講笑話嘲笑我們不存在的性，還說我們有多麼愚蠢，竟然自以為是。自以為很聰明，還說他們才是真正的主宰。……有個人來了，他很憤怒，就像是被人冒犯了一樣，因為我們讓自己做出這樣的事。（嘆息）接著這個人下令把我們的身體下半部打碎。我們被打碎時，靈魂還在裡面。

朵：他們不了解，那和性毫無關係。那只是想要有個伴，不是嗎？

裘：他們認為，那就是我們想去做的，而且他們還以此嘲笑取樂。

朵：所以那就是他的裁定，把你們打碎？

裘：是啊，我們身體的那個部位要被打碎。「我們要讓你們知道，你們有多荒唐。」而這就要發生在我們兩人身上，那就像是一種羞辱，一種懲罰。當然，那也算是被判了死刑，因為這就表示，我們都要再一次被熔化。（哀傷）然後那一小片靈魂會發生什麼事呢？

朵：我就是對這點感到納悶。後來呢？

裘：他們就那樣對付我們。我們能感受到那種羞辱，儘管我們沒有身體上的感覺，但我們可以感受到那種羞辱。

朵：你們在金屬身體裡面，不是真的能感受到疼痛。

裘：不能，不能。不過其他的，我們全都能感受到。我們也感受得到他們的力量，基本上，他們根本就認為我們微不足道。所以他們把身體打碎，接著把我們扔進火中。

朵：在靈魂還在體內的時候？他們通常不會這樣做吧，是嗎？

裘：不會，靈魂想必已經……我不知道他們是怎樣處置靈魂的。

朵：讓我們看看，當他們把你們扔進火中，接著發生了什麼事？向前推回到事情結束時。你發生了什麼事，真正的你？

裘：就只是在兜圈子。它從火中離開了，然後就只是繞圈子旋轉。它也能和另一個靈魂溝通，這點很棒，不是嗎？可是我們的存在狀況卻依舊不可能如我們所願。

朵：你們決定怎樣做？
裘：我們決定飄離，離得遠遠的。
朵：現在他們抓不到你們了，是嗎？
裘：不能，甚至他們沒有注意到我們。其實他們是完全忘了這回事。
朵：通常他們會把你放進另一個機器人身體裡。
裘：是的，是這樣沒錯。他們太晚才想到吧。我不知道。
朵：或許他們是覺得你們不是他們要的類型，所以最好把你們除掉。
裘：也有可能。我不知道。
朵：不過結局很棒。你逃走了，不是嗎？
裘：確實，我們都辦到了，是很好。
朵：你們逃走了，做法和你們原先想的不同。（**是的。**）你們再也不必那樣生存，過那種生活了。你們可以隨心所欲到任何地方。
裘：是的，是這樣沒錯。

接著，我要求和裘安娜的潛意識說話。這是我獲得解答，進行治療的做法，我必須和保存人格記錄的部分直接對話，它可以受到影響並做出正向的改變。我這樣要求接觸，從來沒有被拒絕過，因為它了解，我做這項工作的最主要考量就是個案的福祉。我相信它非常清楚我的動機，若是動機不純正，我就會被拒絕接觸。潛意識發言時，都很容易區辨，因為它會很客觀，提到個案時，都是使用第三人稱，把他們當成獨立的另一個人格看待。

朵：潛意識為什麼要讓裘安娜回到這個不尋常的一世？

裘：讓她知道，她至今還強烈感受到這個羞辱。她害怕受到羞辱是因為這個經驗。

這是裘安娜這輩子的問題之一，她很容易就有被羞辱的感受，即使是別人無心之舉也一樣。這讓她無法發揮完整的潛力，無法去追尋許多目標。

朵：那具身體不是人類的。喬安娜有沒有在完整的人類身體裡度過很多人世？

裘：有，她有過許多次人類生命。不過，那段過去對她仍然有影響。那也可以幫她了解，為什麼她是那麼強烈需要自由，渴望獨立。

朵：不過我覺得奇怪，她被打造出來的方法是那麼奇特，卻只得到靈魂的一小部分。

裘：那也難怪，因為先前她在一段人世中，不是那麼賞識自己的靈魂部分。有些人會說：「噢，那只不過是你的靈魂。喔，那種情緒小事沒有大不了的。」她從這段經歷可以看出，當靈魂找不到表現出路的時候會是什麼情形。或者，如果靈魂不完整，只有百分之十或二十，會有多麼受限。

朵：我覺得很困惑的一點是，她認為打造她的人，也把自己的部分靈魂給了她。事情是不是這樣？

裘：是的。不過，她在那段機器人生命中，她仍然是她自己，她是個完整的人——也可以算是完整吧。所以，她必須體驗那種受限感，經歷那種機器性比靈魂多的日子是怎樣的處境。

朵：不過，當另一個人把部分靈魂給她，靈魂不就是那個人的，不是嗎？

裘：但那也是屬於她的一部分，不是嗎？我的意思是，她兩者都是。

朵：你的意思是，她同時也正是給她生命的那個人？

裘：是的，但她當時完全不知道。如果他們告訴她，那她就不會有這段體驗了。因此才沒有讓她知道。我們都不只是一個人，我們有片片靈魂分布各處。

朵：因為他們原本就不能創造出生命，所以只能夠轉讓出自己的一部分？

裘：沒錯。

朵：在機器人裡面，她就會知道自己是次要的，她會領悟到那種低下的處境。（是的。）所以，部分的她和那個男子一起，而這也產生了業。（是的。）而其他的部分現在存在於裘安娜裡面。

裘：而且這也解釋了為什麼她這輩子會把靈魂看得比一切都重要。

朵：在這個時候，她了解到靈魂的價值，因為她一度只擁有非常細小的片段靈魂。（對。）她還有其他幾個問題。這是不是也能解釋，為什麼她的女性器官在這世會出現問題？

她在療程之前，討論到經期不規律，而且常有痙攣現象。

裘：是的，這就是理由。她害怕被男性羞辱，因為決定打碎她的人是個男性。而那整個感覺也和羞辱有關。同時，當他們嘲笑他們兩人時，還一邊用工具採入戳弄私處，這也成為她靈魂記憶的一部分。所以當她今生扮演女性角色時，才會沒有安全感。

朵：所以她不想扮演完整的女性，不想生兒育女。

她迄今未婚，也從來不想要孩子。目前，她和一名男子建立了柏拉圖式的情誼。

裘：是的。被擁有更強大力量的人打碎，似乎是非常真實的風險。

我拿她提出的問題繼續詢問潛意識，結果有許多現有的困擾都是因為她容易有羞辱感所致，即使不是故意的也一樣。我的治療工作主要就是拼湊真相，並說服潛意識來釋放身體的不適，因為這輩子並不需要了。它們都是源自另一段人世。一旦釐清其中的關係並有所認識，困擾就會被釋出，而且身體和情緒都能立刻受益。這些症狀的目的達到了，它們已經吸引了意識心智的注意，因此也就不再需要它們了。許多案例的婦科和不孕等等問題，都可以回溯到前世事件。然而，這次身體問題的起因，卻是我見過的最奇特解釋。

問題與療癒之間的關聯很重要，而在這個案例裡，我覺得其中最有趣的是，靈魂能夠移植到機器人體內。而且靈魂還能自行分裂，一塊裂片變成另一個人格，學習著不同的課程，和原有的靈魂分道揚鑣。這兩者可能永遠不會覺察到彼此。所以，究竟我們有多少塊靈魂裂片分離出去，而我們的意識卻沒有察覺？我們或許永遠不會知道。這又回歸到了那個概念，那就是我們本質上都是每個人的一部分，因為，萬物原為一體。

* * *

在進行回溯治療之初，我曾經碰到一個案例，和這件有些類似。當時，我完全不知道自己的發現有何意義。那和我當時想建立的模式並不相符，不過我還是將所有個案都記錄下來，其中多半是直線式輪迴的案例。有位女士進入一段前世，當時她是受過嚴格訓練的女祭司，全心全意在神廟裡工作，也對人們提供忠告。她原本打算留在神廟保持獨身，度過孤寂的一生。

直到有一天，某個陌生人搭船入港，結果他們墜入愛河。她面臨艱難的選擇：和她的情人離開，或者謹守誓言留在神廟。最後她決定搭船離去，這時便出現（讓我感到）混亂的局面。她陳述了從兩個不同觀點看到的情景：一個她快樂地出航離去，另外一個她站在岸上，錐心抽泣，因為她的心上人就要離開了。顯然，她在船上的那個部分沒有察覺到留下來的那個部分。這幾乎就像是那個兩難決定讓她分裂為兩個人。這是我永遠無法理解的。

然而，這也和我們第六章討論的平行生命和平行次元的概念相符。當我們做出某個決定，我們所沒有選擇的那個選項的能量必須有個去處，於是它便分裂脫離，成為另一個「你」，活出另一個選項。也許在這個案例裡，由於那位女祭司所受過的訓練，使得她察覺到一般不可能察覺到的事情。要不，她看到的將會是情人乘船離開，然後她為自己感到傷悲，而不是因為另一個自己的離開。這類個案也為我上了一課，讓我知道要敞開心胸，去思考和探索複雜的概念。

第十一章：上帝源頭？

二〇〇〇年十一月，我到柏克萊參加幽浮研討會並演講，當時我住在附近的基督教青年會館。我在那裡進行了幾次療程，雪麗是個案之一。她四十幾歲，一直希望能進行療程，但每次我到加州，總是有許多人排隊等候。這次我們終於找到機會了。當時對街正在進行營建工事，一棟五層樓建築已接近完工。我在這個地點進行的療程，全都遇上相同的噪音干擾問題，然而一旦個案進入狀況，卻似乎不會受到影響。有一次，我在曼菲斯碰到龍捲風，我住的汽車旅館隔棟建築的屋頂警報器響起。警報連續響了半個小時，在錄音帶裡聽得非常清楚，結果個案卻完全不記得有這回事。

雪麗很快就進入深度出神狀態，我帶她進入了一段前世，針對她的問題來尋求解答。她回溯到一段鄉間生活，農夫成群在田間工作。她看到自己在一名男子的身體，但她不像是參與者，她只是觀察。每當出現這種情況，通常他們都不是當地人，可能只是旅行經過並駐足觀賞風景。遇到這種時候，我通常會帶他們回到旅程起點，或是帶他們前往目的地。但這一次對雪麗卻行不通。不管她到了哪個場景，她都沒有參與。儘管回溯情景的的細節鮮明，她卻都只是個觀察者。

她說：「我認得這些地方，不過我在那裡並不自在。我覺得自己格格不入，就好像我不是我。我覺得沒有任何東西是熟悉的，我好像一直在掙扎。」

由於她覺得格格不入，我便要求她到一個她覺得自在，有歸屬感的地方。一個她熟悉的地方。結果她很快就說出令人意外的回答：「太陽！」我請她解釋她的意思。

雪：我們能進入太陽裡面。這是我覺得自在和熟悉的地方。

朵：在太陽裡面？

雪：在太陽裡面，有光。我是屬於那裡的一部分。純粹是一片巨大的光，很熱。

朵：我們的太陽，還是……類似的東西？

雪：就是太陽。

朵：就是太陽？（是的。）噢，應該說屬於太陽的一部分是什麼感覺？

雪：（深呼吸）很正常！覺得像是回到家一樣。我沒有身體。我有意識。我是整體的一部分，沒有分開。

既然她相當肯定，也很滿意，於是我決定接受。我有些個案曾經描述過一些出乎意料的奇特經驗。他們的潛意識總是會帶他們去看該看的東西，而且通常都有重要的理由。這對個案有幫助，所以就算我不了解也沒關係。

朵：整片光的一部分？在太陽裡面是什麼感覺？很多人都很想知道。

雪：當你逐漸接近，會覺得它非常的亮、非常的熱。但當你進到裡面，就不會再熱了。一旦你變成它，它就只是一個帶有意識的光球。

朵：太陽也有意識？

雪：是的。它是一個較大的意識。它會永遠延續下去。

朵：可是在其他地方不是也有許多像太陽的恆星嗎？

雪：和這顆不一樣，這個只有一顆。

朵：它和星星不一樣？你是不是這個意思？

雪：是的，它是純能量。

朵：宇宙裡有很多恆星，是不是同樣有很多行星環繞著它們運行？

雪：我不知道。我只知道當我向自己認得的這個光球前進時，我知道它是我的家。當我進到裡面，我並沒有形體。只有意識和能量。

朵：你覺得那裡就像是你的家？（是的。）你在那裡很自在？（是的。）那非常好。沒有身體不會覺得奇怪嗎？

雪：不會。覺得很正常。

朵：你在那裡很久了嗎？你知不知道有多久？

雪：我不知道，不過我認得它。它就是我。

朵：那裡有沒有其他的生命體跟你在一起？

雪：有，不過一旦你來到這裡，就沒有區別了，彷彿你們都是一個存在體。但當我離開太陽，或者說脫離這團能量和光球後，就不一樣了。這裡也有其他存在體，他們離開後，也會是個別的存在。當他們在這裡面時，就只有一體。

朵：所以，那種合而為一的歸屬感是一種很舒服的感覺？（是的。）然後，你們還可以離開。

雪：是的，只要我想，就可以離開。

朵：你有沒有名字來稱呼這個地方？

雪：那裡沒有名字。

朵：我們喜歡把東西命名和歸類。你在那裡很久了嗎？

對這麼陌生的東西，實在很難想出問題提問。

雪：我可以在這裡很長一段時間。只要來到這裡，我就不可能想要離開。不過我能自由來去。

朵：你不能總是待在一個地方，不是嗎？

雪：我能。但我不明白自己為什麼要出去，不過我們偶爾會出去。

我那時心想該如何帶她離開呢？這恐怕會一直下去而沒有進展。她很可能心滿意足就永遠待在那裡了。

朵：你可以出去，然後再回到裡面？（是的。）當你出去時，你就分離成為個別的存在體？（是的。）好，讓我們來看看，當你出去時，你去了哪裡？告訴我，當你出去成為個別的存在之後，接下來發生什麼事。

雪：不舒服，非常不愉快。那裡是……那個形體……那種感覺很不舒服。

朵：你的意思是，當你離開那片光，你變成了有身體的存在？

雪：有身體的靈魂。差別很明顯，我不再是整體的一部分，這令人非常非常不安。而且非常冷，非常沉重。非常孤單。

朵：你現在分離了，而在另一種狀況下你是萬物的一部分？這麼說對嗎？

雪：你不是它的一部分，你就是它。

朵：你就是它？

雪：這不是化零為整。而是你就是它。沒有分野，沒有差別。只有當你出去時，才會有差別。也就是當你離開時，才會成為「我們」和「他們」，或是說，有了邊界。

朵：你說的邊界是什麼意思？

雪：因為你有了形體，身體輪廓就是你的邊界，又因為有了形體，讓你無法不受區隔。

朵：我在試著瞭解，那麼你為什麼要有形體呢？

雪：我想這是為了要為你選定的對象服務，我想那是一種服務和犧牲，所以我們才要去……去幫忙……

朵：幫誰的忙？

雪：幫助那些可能不知道該怎麼回來的一群。

朵：所有的人都來自同一個地方嗎？

雪：我想是的。如果我能更靠近它，我就能回答得更好更清楚。如果我進入它裡面。不過，當我從裡面出來，待在它的外面的時候，我就沒辦法知道一切。差別很大。

朵：你的意思是，你失去了部分資訊或知識？

雪：是的，我想就是這樣。當我朝太陽那邊接近時，我知道（指答案），我確定我知道。當我離開它時，我就失去了一些。然而，我卻選擇離開。

朵：不過，你是不是認為這些獨立的個體都來自同一個地方？

雪：這是我唯一知道的地方。

朵：你熟悉的唯一地方。（是的。）我很好奇，別處還有沒有像那樣的地方。

雪：我感覺只有這一處了。

朵：那麼大家都是以個體形式來來回回嗎？（是的。）他們是不是會間隔一段週期回來一次？

雪：是的，但不是全部同時回來。是隨機的，當事情完成了，或者當你需要回來補充能量的時候。

朵：你的意思是，你們必須定期回來補充能量？（是的。）如果你沒有的話，會發生什麼事？

雪：不會發生這種事。我們都必須回家。你會回來。補充了能量才能繼續出去。而且你也絕對不會不回來。

朵：所以，你們就這樣來來去去。

雪：是的。有時候你會待得比較久，有時候你會停留得比較短。

朵：不過，最後你們都會回到這個地方？（是的。）當你們離開這片光，外出旅行時，你們到了哪裡？

雪：我想我去了地球，也去了其他幾個地方。

朵：你能不能再說得詳細點？你會到其他哪些地方？

對面的營建工地所傳來的重機具噪音越來越大聲，令我分心。然而，雪麗卻似乎絲毫不受干擾。

雪：不一樣的地方。不像地球那麼多彩多姿。那裡有不同的形式——不是物質的。

朵：你的意思是？

雪：沒有植物，沒有顏色。沒有花，沒有鳥。只有黃褐色、濁紅色。土丘，黏土……

朵：你周圍有沒有實體的東西，像是山脈或泥土什麼的？

雪：有山，不過很不一樣。它們都很陡峭，有稜有角。

朵：當你外出前往不同地方的時候，你是怎麼知道該去哪裡？

雪：當我移動時，我裡面有某個東西，讓我…… 我是奉派出去的，被派去幫助宿主（host）。

朵：你是怎麼知道自己該去哪裡？

雪：意識派我們出去。我們就是知道。

朵：你的意思是，你離開的那個巨大的光？那個意識？你是這樣稱它的？（是的。）它派你去，告訴你該去哪裡？

雪：是的。比較像是一種精神感應，彷彿我就是知道。我知道我是整體的一部分，我知道我該去哪裡。當我離開它，我就像是變成一個個別的光體。

朵：那時候你們是分離的，然後你似乎本能就知道自己該往哪裡去。（是的。）當你到了那裡，接下來呢？

雪：我就會變成跟那個地方一樣的形式／形體。當有需要時，我就會幫忙。

朵：所以這個形體在你去的地方都可能是不同的。（是的。）你是怎麼變成這些形體的？

雪：我想我只要想著他們就好了。

朵：我想到的是靈魂或心靈。靈魂是如何進入形體裡的？和地球的做法不同？

雪：我只要想著那種形體，然後我就在那裡了。

朵：我是以地球人的概念來想的。

雪：你是說，就像我是被生下來？（是的。）我沒有看到自己被生下來。在地球上……讓我想想，如果我去的是地球。

朵：因為地球是我熟悉的地方。我知道別的地方可能不一樣。

雪：我去的是別的地方。

朵：等一下我們還可以再回到那裡。可能的話，我希望先把這部分問清楚。如果你前往的是地球，你會怎麼做？

雪：首先，我必須先想我要去地球。有時候我會被生下來，但不必然是要這樣。

朵：我想到的是靈魂或心靈，不論你怎麼稱它，靈魂在嬰兒出生時進入人的身體。
雪：我不必那樣。
朵：如果你用的是不同做法，你是怎麼做的？
雪：我就會直接進入（指不透過出生這個過程）。
朵：可是那裡面不是已經有一個靈魂了嗎？
雪：我進去的話就沒有了。我要進入的時候，就不會有了。不過這很少見，我們在地球很少會那樣做。
朵：我聽說每個靈魂都有一個分配的身體，是這個原因嗎？
雪：有時你會離開、會撤退。有時候，靈魂會離開——這是雙方協議好的——然後我就可以進去了。

聽起來這有點像是「靈魂替換」。這在《生死之間》有所描述。當原有靈魂負荷不了重擔時，另一個靈魂就會與它互換棲居場所。跟自殺比起來，這是可以接受的做法。

朵：你稱你自己靈魂還是心靈？
雪：我不是心靈，我是靈魂。
朵：你怎麼定義你自己？我知道語言有時候會不敷使用。
雪：是的，我不習慣使用語言。想，你就只是想。我是意識，事情可以發生得非常快。
朵：所以，你覺得自己是靈魂，是意識？

雪：我就是意識。

朵：你就是意識，不過，你也是獨立的個體。

雪：那是在地球上或其他幾個地方的時候，當我回到家，我就是一。

朵：當你來到地球時，你是在嬰兒出生時進到他的身體裡？

雪：當我們前往地球的時候，我會這麼做，但不是隨便找個嬰兒就進去。我進入的那個身體是需要我幫助的那個。我可以看到我接近的嬰兒裡有個靈魂，我覺得我是跟那個靈魂會合。

朵：所以這和其他靈魂的做法不同？你是不是這個意思？（是的。）他們是被指派給某個身體，而你則是不同的做法？

雪：我想應該是這樣的，因為我沒有看到自己被生下來。我看到自己做出決定。而且那是雙方同意。

朵：和已經在裡面的那個靈魂？

雪：是的，就像這樣。

朵：無論是在哪個生命階段，你都可以這麼做嗎？

雪：我就是這麼做的，然後一直都和它待在一起，直到我離開為止。我在任何的生命階段都可以這麼做。

朵：我就是這個意思，並不一定要小嬰兒？任何生命階段都可以進去？（是的。）只要和原本就在裡面的靈魂達成協議就可以？（是的。）意識會以直覺的方式告訴你，你接下來應該去哪裡？（是的。）你說當你前往其他地方，其他行星或界域的時候，你的做法又會不同？

雪：我想我是以成年形式去的。我看到那個形體，直接就變成了它。前提是，那裡已經有了那個生命形式。

朵：所以並沒有比較小的版本，像小嬰兒那樣，他們都是成熟、成年的形式了？

雪：如果我在那個階段進去。至少在這裡是這樣的。

朵：我一直在想實體，不過或許不是那樣的。

雪：是進入實體。當我說我離開能量意識團時，我是個獨立個體，我是在那個能量意識外的一個形體。我還不是以後會變成的形體，我依然是能量意識，但我有一個無法描述的形體。

朵：而且你有意識，有個能思考的個體，是嗎？

雪：是的，是一種意識。

朵：這樣看來，雖然你是能量，你也確實是個個體。你是這個意思嗎？

雪：是的。而且我的本質就是服務。

朵：你剛剛說的那些你只要想著身體就能去到的地方，在那裡的其他存在體是不是也是這樣創造出身體？（是的。）

我們附近有好幾所學校，這時除了營建噪音之外，樓下街上還傳來一群孩子聚集的喧嘩聲，他們叫喊、歌唱、打鼓。雪麗似乎也完全不受干擾。

朵：我提出了很多問題，因為我很努力想要了解這些艱深的概念。那麼，在那些地方的人或存在體並不必有成長的歷程。他們就只要透過思想創造出他們想要的形體進入，正確嗎？（**是的。**）所以說，除了我們在地球上知道的做法之外，另外還有許多種方式。（**是的。**）這就是我覺得有點難理解的地方。不過，如果你是藉由意念創造出一個身體，那麼它就不會死亡了，不是嗎？

雪：我不會死。但我所進入的身體，將來都會死去，那時候我們就會分開。然後他們的靈魂走他們自己的路，我就回家了。

朵：所以每一次你這麼做，你都是和另一個靈魂一起在那具身體裡面？

雪：是的，我想是的。

朵：你從來不曾自己在一個身體裡？聽起來跟我們一般對心靈和靈魂的認知不同。

雪：我是意識。

朵：你的意思是，在這些身體，這些肉體形式裡面，還有另一個靈魂？（**是的。**）然後你就和那個靈魂合併？

雪：我不用合併。

朵：那你是怎樣做的？加入？那就是合併。

雪：我不是和它合併，我服務它。完成任務後我就回家。

朵：這樣一來，你不是比較像個觀察者？或許這不是正確的字。

雪：我不是觀察者。

朵：你說，你為那個靈魂服務，而你是個意識。你可以再解釋清楚一點嗎？

雪：躺在這裡的這個人（指個案），也同樣聽不懂。

朵：先讓訊息就這樣流過吧，我們可以以後再來整理。這樣我們就都能瞭解。你說，你不是觀察者。如果你是為那具身體裡的靈魂服務，那麼你就不是在體驗的那個靈魂了。

雪：或許可以這樣說，我跟那個靈魂會合，我是純粹的意識，我有個靈魂，但那不是我本身的靈魂。我現在是純意識，一股能量。我在太陽裡的時間很久了，那裡是我的家。我幫助各個星球，我會前往特定地點，那些都是需要我的地方，然後我會幫助那個星球上的生命體。我會進入他裡面，在他需要我的時候。不論我進入的是靈魂或嬰兒，我的意識都會居主導地位。我會覆蓋過那個意識，直到它不再需要我為止。

朵：這會在身體死亡之前就發生嗎？就不再需要你了？

雪：會，不過不常發生。

朵：如果有另一個靈魂指派給那具身體，而你多少是在幫那個靈魂的忙，這是不是表示你不會給自己製造出業力？

雪：我可以製造業力，但沒有必要。不過有時我會忘了太多東西，然後造出業力。接著我會忘了自己的家，直到我再度想起為止。就是在那種時候，我才會離家較長的時間。然後，我會再以不同方式被生下來。不過一旦我記起來了，我就會回家。我不可能永遠忘記。但如果我累積了一些嚴重的業力，就必須等業解決後才會想起來。

朵：在那個時候，你就是那具身體的主導靈魂，而不是幫手了？（沒錯。）你可以轉換身分？（是的。）你可以幫助其他的靈魂，而當你產生業力時，你就變成了那個靈魂來體驗。這麼說對嗎？（沒錯。）我想人們總是會想到附身，不過聽起來不是這樣的。

雪：不是，這都是經過選擇的，而且只在我被需要的時候才會。

朵：可是有時候你的確會受困在身體裡，因此你必須扮演主導角色，直到你解決了業力。（是的。）然後你就可以回家，或是再次轉換身份？

雪：我會回家。但有時我也會忘記。

朵：那麼你的身分大多數是幫手，而不是在實體生命裡度過一生。你是這個意思嗎？（是的。）甚至在其他星球，在其他次元，你也會去幫忙？（是的。）但現在你是在雪麗的身體裡，你是幫手或主導靈魂？

雪：我進去看看再來回答你。（停頓）我是個主導靈魂。

朵：在這一世。（是的。）這是為什麼她在意識上總是感覺和生命脫節的原因嗎？（是的。）她一直說她想要回家，她知道她不屬於這裡？（是的。）因為她和你的連結比一般人都深？（是的。）這很合理，不是嗎？

這個案例和本書提到的其他個案相仿，個案都渴望能夠回家，卻不知道「家」在哪裡。就這些案例而言，他們回去的家都是一處陌生的實體行星。但在雪麗這個例子，似乎還隱含了更深沉、迫切的回家念頭，重要性遠遠超過了她現在居住的這個宿主星球。其他的個案往往都會覺得他們歸屬的地方，就是他們催眠時回去的那個地方，而且都會躊躇地不想離開。然而，雪麗的例子聽起來更根本，更貼近本質。也許源自我們最原始心智的一段記憶，在實體世界創造出現之前就已經存在的心智的記憶，自始至終都會是我們的一部分。

朵：你為什麼會被困在這具身體裡面，變成了支配／主要的靈魂？（停頓）我猜是因為你製造了業力，否則不會成為主導靈魂被困在這裡，是嗎？

雪：小我。我誤用了一些力量。

朵：說來聽聽。

雪：我創造了虛假的東西。

朵：你說過，你可以用意念讓事物成形？

雪：不能，當我從我的中心（指太陽）出來後，我可以用意念就讓自己存在於不同地方。但我不能以意念創造出有形事物。

朵：你說你在別的時期創造了虛假的東西？

雪：我在動物身上做實驗，我把牠們改造成不同的形體。

朵：這是不是發生在另一段生命？（是的。）你為什麼要那樣做？

雪：因為我希望創造出一些東西，而且我有這種能力。

朵：你是以實體形式來做這些事？（是的。）我猜是科學家？（是的。）你純粹是基於好奇心才那樣做的嗎？

雪：是想要知道那是否行得通。

朵：其他人也在做同樣的事嗎？

雪：是的。不過，我是為首者之一。那麼做並不道德。

朵：你是指你創造出了虛假的東西。

雪：人類和動物。我對不同動物進行實驗。創造身體部位，透過手術及基因改造。

朵：這類古怪生物能不能活下去？（能。）你做這些實驗的地方，有沒有名字？

雪：亞特蘭提斯。但不是就在那裡，是在附近。

朵：你純粹是好奇，想知道能不能做到。

雪：是的，那是來自小我。

朵：你怎麼處理那些被製造出來的動物？

雪：放走牠們。

朵：牠們能不能自行複製？能不能繁殖？

雪：有些可以，有些不能。我先前進入的靈魂是一個科學家，那個靈魂的自我意識很強，於是我就迷失了。

朵：因為捲入太深，於是就成為你的業力了。（是的。）不過，那個時代不是也有許多人因為好奇而做了很多不正確的事嗎？

雪：是的。可是因為我陷在小我裡，我的意識被錯誤使用。而我又有那個力量。

朵：於是你就陷入輪迴，必須償還業力。（是的。）這使得你困在人類的地球層面？（是的。）所以你一直在償還這些業？

雪：我已經償清了。

朵：那是很大的業債，你覺得你的業債已經幾乎完全償清了？（是的。）所以，或許用不了多久，你就可以回家了。不過這個時候，你必須跟雪麗，跟這具身體在一起？（是的。）這就表示雪麗擁有大量的知識和資訊，她甚至不知道有這些東西？（沒錯。）如果她希望在這輩子使用，她可以接觸到那個力量和資訊嗎？

雪：某種程度可以。

我繼續請問她這個部分（我不知道自己是不是在和她的潛意識對話），詢問她在療程前寫下來的幾個問題。這部分和她的關係相當密切，可以給她非常重要的忠告，協助她了解發生在她生命中的事件。她特別問的一個問題跟她對動物的親近與喜愛有關，她能在心裡和動物溝通。我揣測，答案應該和亞特蘭提斯的那段生命有緊密關聯，因為當時她曾嚴重虐待動物。我是對的，因為潛意識說她演進到這個階段，已經跟動物建立起正面的關係了。

幾年前，雪麗曾經有個奇特的經驗，她希望我能幫她詢問。她在一段重新經驗出生過程的療程時，看到自己曾是外星生物，在一種爬行動物體內度過了一生。當個案重新體驗出生過程，偶爾會在放鬆階段產生很戲劇性的經驗，而且往往會超越了出生的經歷，出現前世的情景。她希望在這方面獲得更多資料。

朵：有一次，她在經驗出生過程的療程時，進入了一段生命體驗，那時她是在爬行動物裡。她想要知道，這是一段真實記憶嗎？還是怎麼回事？

雪：是的，那是真實的記憶。但不是她本人，而是我。事實上我和她不是分開的，但那段生命體驗是我的。

我又被弄糊塗了。這整段療程一直出現我從來沒有接觸過的資料。

朵：你說，你是支配的主導靈魂，現在則是雪麗的身分。（是的。）你們這兩個靈魂一直都在一起嗎？（是的。）你活過的每段生命，她也都活過？（是的。）而且有時候她是主導靈魂，有時候是你？

雪：她一向都是佔主導地位的靈魂，我是現在要開始成為主導靈魂。

朵：可是你們一直都在一起，而且你一直都在幫她。（是的。）她曾經在另一個地方以爬行類動物的形式度過一生？

雪：那是我擁有的一段記憶。因為我一直在她的靈魂裡，是她的一部分，我們不是分隔的，也不是同一個……沒有字彙可以描述。我原本就帶著我的記憶而來。於是當她重新經歷出生的時候，她就看到自己是那個樣子了。

朵：就是這部分我很難理解，我試著要把這兩件事分開，因為我們很習慣用具體的語彙來思考。

雪：那些都是設限。

在請教了和雪麗身體狀況有關的幾個問題之後，我請她那個不尋常的部分離開，便把她帶回完全清醒的意識狀態。不用說，我被這些新資訊給弄得暈頭轉向，很清楚自己得花好些時間才能消化。我也好奇當雪麗有機會聆聽錄音帶的內容時，她能理解多少？

這次療程之後，二〇〇一年我在對某個男子進行催眠時，也碰到了類似的經驗。他也是回溯到強光那裡，同樣感到自在舒服，並且希望能留在光裡。他談到當他離開時，心中湧出了強烈的孤寂和分離感。但他必須離開並且個體化，以便進行靈魂的探索旅程。

我們接觸到的是什麼？源頭？宇宙意識？靈魂的片段？上帝源頭？

我們提出的問題愈多，帶出的問題也愈多。這似乎永無止境。我們或許永遠都無法全盤了解，而且也一直都會有更複雜的概念位於我們伸手可及之外。然而，就我和我永不滿足的好奇心而言，這正是繼續搜尋的熱情所在，也是探究未知的冒險之旅。

這趟旅程，我會繼續走下去。

宇宙花園　先驅意識05
迴旋宇宙1——地球謎團與平行宇宙
The Convoluted Universe-Book One

作者：Dolores Cannon
譯者：法藍西斯、蔡承志
出版：宇宙花園
通訊地址：北市安和路1段11號4樓
特約編輯：莊雪珠
編輯：張志華　排版：黃雅藍
網址：www.cosmicgarden.com.tw
e-mail：gardener@cosmicgarden.com.tw
總經銷：聯合發行股份有限公司　電話：(02)2917-8022
印刷：鴻霖印刷傳媒股份有限公司
初版一刷：2013年11月　六刷：2023年5月　定價：NT$ 640元
ISBN: 978-986-89496-4-5
The Convoluted Universe--Book One

國家圖書館出版品預行編目資料

迴旋宇宙1——地球謎團與平行宇宙 / 朵洛莉絲・侃南（Dolores Cannon）作 ; 法藍西斯譯.
-- 初版. -- 臺北市：宇宙花園, 2013.11
面；　公分. --（先驅意識 ; 5）
譯自：The Convoluted Universe—Book One
ISBN：978-986-89496-4-5（平裝）
1. 輪迴　2. 催眠術

216.9　　102023139